Hammer, Business back to Basics

Michael Hammer

BUSINESS
back
TO BASICS

Die 9-Punkte-Strategie
für den Unternehmenserfolg

Aus dem Amerikanischen
von Nikolas Bertheau

Econ

Die amerikanische Originalausgabe erschien 2001 unter dem Titel *The Agenda* bei Crown Business, New York, in Random House, Inc.

Der Econ Verlag ist ein Unternehmen
der Econ Ullstein List Verlag GmbH & Co. KG, München

1. Auflage 2002

ISBN 3-430-13908-2

In Erinnerung an meine Mutter
Helen Gartner Hammer
1911–1997
Eine Frau von außergewöhnlicher Intelligenz,
mit viel Humor und unvergleichlichem Mut.
Sie lehrte mich mehr,
als ich jemals zu lernen vermocht hätte.

Inhalt

Vorwort 9

1 **Zurück zum Ernst der Unternehmensführung**
Willkommen in der Customer Economy 15

2 **Managen Sie für die Kunden**
Werden Sie ETDBW 29

3 **Geben Sie Ihrem Kunden, was er wirklich will**
Geben Sie ihm MVA 53

4 **Prozesse haben Vorrang**
Machen Sie Höchstleistung möglich 67

5 **Schaffen Sie Ordnung, wo Chaos regiert**
Systematisieren Sie Kreativität 99

6 **Messen Sie, was Ihnen wichtig ist**
*Machen Sie die Bewertung zu einem Teil
des Managements, nicht der Buchhaltung* 125

7 **Managen Sie ohne Struktur**
Profitieren Sie von der Macht der Unbestimmtheit 153

8 Konzentrieren Sie sich auf den Endkunden
*Verwandeln Sie Vertriebsketten in Vertriebs-
gemeinschaften* 179

9 Reißen Sie Ihre Außenwände ein
Kooperieren Sie, wo immer Sie können 199

10 Erweitern Sie Ihr Unternehmen
Integrieren Sie virtuell, nicht vertikal 239

11 Lassen Sie es geschehen
Verwirklichen Sie die Agenda 265

**12 Bereiten Sie sich auf eine Zukunft vor, die Sie nicht
vorhersagen können**
Institutionalisieren Sie Ihre Fähigkeit zur Veränderung . 289

Danksagung 315

Index 317

Vorwort

Wenn ich daran denke, wie dieses Buch zustande kam, fühle ich mich an eine Zeile aus dem Lied »Truckin'« der Grateful Dead aus dem Jahre 1970 erinnert: »Im Nachhinein fällt mir auf, wie lang die Reise war.« Meine eigene Reise zu diesem Buch war sehr lang und zuweilen recht seltsam.

Zusammen mit neunhundert Mitstudenten kam ich 1964 zum Massachusetts Institute of Technology, kurz MIT. Auch wenn wir es damals nicht wussten, wurden wir Zeugen – und in einigen Fällen aktiv Beteiligte – des beginnenden Computerzeitalters. Damals war die Informatik noch eine beargwöhnte und von der Öffentlichkeit kaum beachtete Disziplin. Die Computer der sechziger Jahre wurden fast ausschließlich für wissenschaftliche und buchhalterische Zwecke eingesetzt und waren nach heutigen Standards außerordentlich schwach. Und doch übte der Computer auf viele meiner Altersgenossen eine starke Faszination aus. Wir schätzten seine Genauigkeit und seine Klarheit, und wir genossen das Gefühl, eine Maschine beherrschen zu können, die auch damals schon den menschlichen Geist an Leistung übertraf. Viele von uns folgten diesem Sirenengesang und verzichteten auf die traditionellen Studienfächer, um sich mit Hardware- und insbesondere Softwarefragen zu beschäftigen. Wir wurden Softwareingenieure und Informatiker, bevor diese Begriffe in Umlauf kamen. Die moderne Computerbranche mag zwar heute ihr Zentrum in Silicon Valley haben, ihren Anfang nahm sie jedoch in den sechziger und siebziger Jahren im Schmelztiegel von Cambridge. Zu meinen Professoren und Mitstudenten sowie später zu meinen Kollegen und Studenten gehörten der Erfinder des Ethernets, der Schöpfer von Lotus 1-2-3 und die Architekten des Internets. Die von Kreativität und Erfindergeist geprägte Atmosphäre von Cambridge hatte es mir angetan, und so blieb ich dort, um meinen Ph.D. in Informatik zu machen und anschließend in diesem Bereich eine Lehrtätigkeit aufzunehmen.

Allmählich jedoch erkannte ich, dass ich die Leidenschaft meiner Kollegen für die ausschließliche Beschäftigung mit der Computerwissenschaft nicht teilte. Mich interessierten ebenso die Anwendungsmöglichkeiten des Computers, ich wollte wissen, wie sich unsere Erfindungen tatsächlich einsetzen ließen, und welchen Einfluss diese Technologie auf die Arbeits- und Lebensweise der Menschen hatte. 1982 gab ich also meine sichere Position am MIT auf (ein Schritt, der in den Augen mancher an Wahnsinn grenzte) und machte mich daran, die »reale Welt« der Wirtschaft zu erkunden.

Dabei kam mir nun ungemein zugute, dass ich niemals eine Wirtschaftsschule besucht hatte. Folglich nahm ich die Wirtschaftswelt nicht durch den Filter vorgekauter Theorien und Erwartungen wahr. Ich sah sie, wie sie wirklich war, unverstellt und ungeschönt. Und was ich sah, erschreckte mich zutiefst.

Naiver Akademiker, der ich war, hatte ich angenommen, dass findige Geschäftsleute von den Möglichkeiten des Computers einfallsreich Gebrauch machen würden. Stattdessen machte ich jetzt die Beobachtung, dass die überwiegende Mehrzahl der Unternehmen sich damit begnügte, antiquierte Geschäftspraktiken mit etwas Computertechnologie zu überziehen. *Paving the cowpaths*: Statt neue Straßen anzulegen, wurden lediglich alte Trampelpfade gepflastert. Wo blieben Einfallsreichtum, Kreativität und Eleganz? Und als ich näher hinsah, musste ich sogar bei viel gelobten Unternehmen feststellen, dass von einem geordneten und planmäßigen Betrieb nicht die Rede sein konnte, dass vielmehr abenteuerliche Improvisation, Ineffizienz und Verschwendung an der Tagesordnung waren. Die Unternehmen, die sich in der Sicherheit eines günstigen wirtschaftlichen Klimas und an-

spruchsloser Kunden wiegten, versäumten es, von den Möglichkeiten der Computertechnologie zu profitieren. Sie verfuhren
nach alter Manier, ohne sich über die eingesetzten neuen Hilfsmittel tiefere Gedanken zu machen, geschweige denn die Möglichkeiten des Computers zu nutzen, um wirklich innovative
Geschäftsstrategien zu entwickeln. Für einen Ingenieur wie mich
war dies ein Missstand, der an Sünde grenzte.

In dieser Dunkelheit gab es einige Lichtflecke. Auf meiner Pil-
gerreise begegnete ich einigen Unternehmen, die tatsächlich begannen, hie und da etwas anders zu machen. Meistens befanden
sich diese Unternehmen in einer verzweifelten Lage, in der der einzige Ausweg in fundamentalen Veränderungen bestand. Sie über-
dachten ihre Arbeitsweise und entwickelten neue Methoden. Sie
ersetzten ihre alten Verfahrensweisen durch neue, anstatt sie lediglich zu automatisieren, und sie verstärkten diese Innovationen
durch den Einsatz von Technologie. Diese Unternehmen erzielten
atemberaubende Erfolge, die die eingegangenen Risiken mehr als
rechtfertigten. Hier geschah etwas Neues und Aufregendes.

Was ich beobachtete, faszinierte mich, aber es genügte mir
nicht. Meine mathematische und ingenieurwissenschaftliche Ausbildung trieb mich, nach der diesen Innovationen zugrunde liegenden Theorie und nach den Axiomen und Grundprinzipien zu
suchen, nach denen diese Unternehmen verfahren waren. Aber
leider gab es dort nichts zu finden. Diese Unternehmen hatten aus
dem Stegreif gehandelt und sich an kein Skript gehalten. Sie
waren vollauf damit beschäftigt, neue Arbeitsweisen zu erzeugen;
diese mit Theorien zu untermauern war ein Luxus, den sie sich
nicht leisten konnten. Folglich fiel diese Aufgabe mir zu. Nur mit
dem Rohmaterial ihrer Erfahrungen gewappnet, machte ich mich
auf die Suche nach einer Theorie, die erklärte, was diese Unternehmen erreicht hatten, und die anderen Unternehmen, die es
ihnen gleichtun wollten, als Leitfaden dienen konnte. Das war die
Geburtsstunde des Reengineering.

Der Begriff *Reengineering* stammt von mir und bezeichnet die
Gesamtheit dieser Innovationen, die es zu ergründen galt. Im
Lauf der neunziger Jahre gesellten sich zu den von mir gefunde-

11

nen Pionieren viele weitere Unternehmen, und aus dem hypothetischen Modell entwickelte sich eine ausgereifte, in Hunderten von größeren und einer Unzahl von kleineren Unternehmen angewandte Geschäftspraxis. Das ganze Jahrzehnt über beobachtete ich diese Unternehmen, ihr Geschäftsgebaren und die Schwierigkeiten, die sie in der Praxis zu meistern hatten; die Resultate dokumentierte ich in zwei weiteren Büchern.

Das Wichtigste, was ich neben vielen anderen Dingen aus meinen Untersuchungen lernte, war, dass Curly in geradezu gefährlicher Weise falsch lag. Ich meine nicht den Curly aus der Slapsticktruppe der Three Stooges, sondern den von Jack Palance gespielten schweigsamen Cowboy aus dem Film *City Slickers* (*Helden der Großstadt*). Darin gibt Curly Billy Crystal, der einen Mann auf der Suche nach dem Sinn des Lebens verkörpert, einen zenmäßigen Rat: »Es geht um ein Einziges«, womit er meint, dass sich jeder Mensch auf ein einziges Ziel konzentrieren sollte. Vielleicht taugt dieser Rat für das Privatleben, aber wenn sich Unternehmen so verhalten, drohen Desaster, die schlimmer sind als wild gewordene Viehherden. In der Wirklichkeit gibt es, anders als in Filmen, nicht die eine große Lösung für alle Geschäftsprobleme, nicht die eine Technik oder Idee, die Rettung und Erfolg bringt.

Zu den (unabsichtlich begangenen) Sünden, für die ich einst zur Rechenschaft gezogen werden könnte, gehört, dass ich eine Lawine von Wirtschaftsbüchern losgetreten habe, die der ahnungslosen Welt mittlerweile »große Ideen« zu verkaufen suchen. Die zentrale Aussage von »Reengineering the Corporation« (auf Deutsch erschienen unter dem Titel »Business Reengineering«) lautete, dass sich mit radikalen Veränderungen im Geschäftsbetrieb dramatische Leistungsverbesserungen erzielen lassen. Ich habe nicht behauptet, dass Reengineering ausreicht, um den Unternehmen den nötigen Vorsprung vor ihren Wettbewerbern zu garantieren. Dennoch haben die Popularität des Buches und der Erfolg des Konzepts manch einen dazu verführt, ein Allheilmittel darin zu erkennen, was wiederum andere ermutigt hat, ihre eigenen Wunderwaffen unters Volk zu bringen. Fast ein Jahrzehnt lang wurden die Geschäftsleute mit Büchern überschüttet, die einfache Rezepte für den ewigen Sieg versprachen. Ein Teil meiner Sühne für dieses unabsichtliche Vergehen bestand vielleicht darin, dieses Buch zu schreiben.

Denn Curly hatte tatsächlich Unrecht. Es gibt keinen Königsweg. Meine Untersuchungen während des letzten Jahrzehnts haben gezeigt, dass die besten Unternehmen Innovation auf breiter Front betreiben: Reengineering von Geschäftsprozessen gehört mit Sicherheit dazu, reicht aber bei weitem nicht aus. Es gibt kaum etwas, das in diesen Organisationen nicht hinterfragt und umgestaltet wurde, angefangen von der Rolle der Manager über die Struktur des Bewertungssystems bis zu den Beziehungen zu Lieferanten und Kunden. Und ebenso wie im Fall von Reengineering beschränkten sich diese Innovationen nicht auf die Anwendung einer zuvor entwickelten Theorie oder festgelegter Prinzipien. Vielmehr stellten sie taktische Reaktionen auf die jeweils aktuellen Herausforderungen eines neuen Geschäftsumfelds dar. Die Wirksamkeit und der Erfolg dieser Innovationen verlangten geradezu danach, dokumentiert und erklärt zu werden. Herausgekommen ist dabei dieses Buch.

Das vorliegende Buch will neun junge Geschäftskonzepte beleuchten, die erklären, wie die besten Unternehmen die Turbulenzen des heutigen Geschäftsumfelds meistern. Während einige Motive – die Macht des Prozesses, verschwindende Grenzen, tief greifender Kulturwandel – im ganzen Buch immer wieder auftauchen, sind diese neun Ideen, denen jeweils ein eigenes Kapitel gewidmet ist, weitgehend in sich abgeschlossen. Indem ich sie so klar herausstelle, möchte ich sie der gesamten Geschäftswelt verständlich und zugänglich machen. Damit ein Unternehmen überleben und gedeihen kann, müssen alle Beteiligten, von den vordersten Linien bis zur Vorstandsetage, ein Verständnis für diese Themen entwickeln und sich dementsprechend verhalten. Diese Themen spiegeln die augenblickliche Entwicklung an der Geschäftsfront, und sie werden die Managementdiskussion des kommenden Jahrzehnts in ähnlicher Weise bestimmen, wie Reengineering die Diskussion des letzten Jahrzehnts bestimmt hat.

So lang und unwegsam die Reise zu diesem Buch auch gewesen sein mag, sie war faszinierend und aufregend. Ich hoffe, dass es gelungen ist, einiges von der Spannung dieser Reise einzufangen, auf dass Sie auf Ihrer genauso viel Spaß haben werden wie ich in ihrem Verlauf.

1 Zurück zum Ernst der Unternehmensführung

Willkommen in der Customer Economy

Plötzlich ist alles nicht mehr so einfach.

In den späten Neunzigern sah es eine kurze Zeit lang so aus, als seien alle Probleme der Unternehmensführung gelöst. Wohin man schaute, boomten die Geschäfte. Alteingesessene Unternehmen fuhren Rekordumsätze und Rekordgewinne ein. Start-ups wurden mit Kapital überschwemmt. Allen ging es gut und alle verdienten. Wachstum und Erfolg schienen garantiert zu sein. Überall herrschte Zuversicht. Die Kunden waren spendabel. Der Aktienmarkt bewegte sich stets in eine Richtung – aufwärts.

Jeder war offenbar in der Lage, erfolgreich ein Unternehmen zu führen. Wissen, Technik und Erfahrung waren nicht vonnöten, sondern lediglich Energie, Initiative und Wille. Man musste ein Unternehmen nicht in harter und ausdauernder Arbeit aufbauen; es reichte, ein paar gute Beziehungen und eine coole Idee zu haben und binnen eines Jahres an die Börse zu gehen. Selbst ernannte Visionäre riefen das Zeitalter der »New Economy« aus, in der es keine Konjunkturzyklen mehr gab. Das Internet hatte alles verändert, und so profane Fragen wie Kosten, Qualität und Lagerhaltung waren bedeutungslos geworden.

Damit ist es nun vorbei. Die längste ökonomische Expansionsperiode der Geschichte geht zu Ende, und der Übermut der neunziger Jahre ist nur noch Erinnerung. Heute berichten die Wirtschaftsseiten der Zeitungen nicht mehr von Kapazitätsengpässen, fehlenden Arbeitskräften oder risikokapitalfinanzierten Start-ups, die ganze Branchen revolutionieren. Stattdessen lesen wir von Entlassungen und Geschäftsschließungen, von Energieverknappung und steigenden Kosten, von verminderter Werbetätigkeit und geringeren Profiten, von nicht erfüllten Ertragserwartungen und steilen Talfahrten auf dem Aktienmarkt. Die Wirtschaftsschulen haben Konjunktur, und bei den Neuemissionen herrscht Flaute.

Bei den Geschäftsleuten ist die Überheblichkeit der Angst gewichen. Sie können nicht länger mit Wachstum rechnen oder damit, dass dieses Jahr besser wird als das letzte. Stattdessen müssen sie mit der Unsicherheit leben, ob sie Käufer finden, die Kosten steigen oder ein Wettbewerber sie schlucken wird. In schlaflosen Nächten fragen sie sich, ob die fundamentalen Parameter ihrer Geschäftstätigkeit gültig bleiben werden. Mit Entsetzen erkennen sie, dass die Märkte ebenso schnell verschwinden, wie sie entstehen, und dass Wachstum geschaffen und nicht nur geerntet werden muss. Die Manager lernen einmal mehr, dass die meisten neuen Ideen erfolglos bleiben, dass viele Unternehmen scheitern, dass Ressourcen stets knapp sind und dass Unternehmensführung kein Spiel für Amateure ist.

Die Manager lernen wieder, dass Unternehmensführung ein mühsames Handwerk ist. Da reicht es nicht, das richtige »Geschäftsmodell« zu präsentieren, viele Augen zu erreichen, Arbeitsplätze extravagant auszustatten oder Einstiegspartys zu geben. Seit die Geschäftsleute sich nicht mehr auf ihren überhöhten Aktienkursen ausruhen können – die ihnen erlaubten, Akquisitionen gratis zu tätigen und ihre Mitarbeiter mit Optionen statt mit Geld zu entlohnen, und die den Kunden zur gleichen Zeit das Gefühl vermittelten, gut bei Kasse zu sein –, beginnen sie wieder, jeden Cent zweimal umzudrehen. Sie wurden daran erinnert, dass Aufträge nicht nur akquiriert, sondern auch ausgeführt werden müssen, dass eine Produktidee nichts nützt, solange aus ihr nichts entwickelt wird, und dass auch Wall-Street-Analysten sich nicht dauerhaft lumpen lassen. Unternehmensführung ist nicht länger die Domäne der großen Visionäre und jugendlichen Draufgänger. Die Zeiten des Leichtsinns und der Träumerei sind vorbei. Wer heute ein Unternehmen führen will, muss wieder sein Einmaleins beherrschen.

Selbst wenn sich der gegenwärtige Abwärtstrend als kurzlebig erweisen sollte und Steuer- und Finanzpolitiker noch mehr Kaninchen aus ihren Hüten zaubern, werden wir nicht zur Unschuld der neunziger Jahre zurückkehren. So wie die Weltwirtschaftskrise bei einer ganzen Generation von Investoren ihre Narben hinterlassen hat, so wurde eine ganze Generation von Managern durch das Platzen der Seifenblase der späten neunziger Jahre geprägt. Sie sind bescheiden und ernst geworden, betrachten ihr Umfeld mit Sorge und sehen verunsichert in die Zukunft.

So muss es auch sein. Die friedlichen neunziger Jahre waren die Ausnahme. Raue Zeiten sind die Norm. Nur selten bilden die äußeren Ereignisse Konstellationen, die es den Unternehmen erlauben, ihre Geschäfte beinahe mühelos zu tätigen. Die frühen Fünfziger waren für die USA eine solche Periode, als die Vereinigten Staaten als einzige eine intakte Wirtschaft hatten und dementsprechend von der Nachkriegsexpansion profitieren konnten. Und ebenso die späten Neunziger. Aber zwischen diesen seltenen Perioden pflegt die Unternehmensführung ein hartes Geschäft zu sein. In gewöhnlichen Zeiten müssen sich die Geschäftsleute ihren Marktanteil von ihren Wettbewerbern erkämpfen, sie müssen den Kunden ihr knappes Geld entlocken, den eigenen Erfolg redlich verdienen und jeden Morgen erneut konstatieren, dass alle gestrigen Errungenschaften heute schon nicht mehr zählen. So war es in den Siebzigern im Gefolge der Energiekrise, und so war es in den Achtzigern, als wir von japanischen Importen überrollt wurden. So ist es heute, und so wird es auch in Zukunft sein.

Die Manager haben also wieder einmal erkannt, dass die Unternehmensführung kein einfaches Geschäft ist. Management war immer schon eine der kompliziertesten, riskantesten und unsichersten menschlichen Betätigungen. Und das wird auch so bleiben. Wer hätte etwas anderes behaupten wollen?

Denn wenn Management einfach ist, wie kommt es dann, dass die meisten Unternehmensneugründungen scheitern? Wenn die Ärzte dieselbe Erfolgsrate hätten wie die Executives, dann hätten die medizinischen Fakultäten längst dichtmachen können.

Wenn Management einfach ist, wie kommt es dann, dass so viele neue Produkte im Markt scheitern? Ford Edsel, Apple Newton

17

oder New Coke: Allerorten begegnen wir den Überresten ach so Erfolg versprechender Produkte, die am Ende keiner wollte.

Wenn Management einfach ist, wie kommt es dann, dass selbst erfolgreiche Unternehmen ihren Triumph nur so kurze Zeit auskosten können? Warum machte Pan Am dicht, warum ist Xerox beinahe bankrott, und warum wurde Digital Equipment geschluckt? Warum sind ehemalige Branchenriesen wie Lucent, General Motors, Levi Strauss oder Rubbermaid mittlerweile zu Schatten ihrer selbst verkommen?

Wenn Management einfach ist, warum lassen sich dann führende Unternehmen von Up-starts überrunden? Wie konnte Nokia Motorola den Wind aus den Segeln nehmen? Warum erzittern heute riesige gestandene Bankhäuser vor GE Capital?

Wenn Management einfach ist, wie kommt es dann, dass so viele erfolgreiche Manager Schwierigkeiten haben, ihren Erfolg in einem anderen Unternehmen zu wiederholen? Warum ging es AT&T unter Michael Armstrong, der bei Hughes so erfolgreich gewesen war, beinahe an den Kragen?

Wenn Management einfach ist, warum fallen die Unternehmen dann dem erstbesten Quacksalber anheim? Warum greifen sie gierig nach jedem Moderezept? Wenn sie nicht erdrückt wären von der komplizierten Last ihrer Verantwortung, würden sie niemals zu oberflächlichen und simplifizierenden Lösungen Zuflucht nehmen. Sie kämen nicht in die Versuchung zu glauben, dass sie das Geschäftsungeheuer damit zähmen könnten, dass sie ihr Unternehmen wie ein Silicon-Valley-Start-up führen, sich überspannte Ziele setzen oder sich blind ins Internet stürzen.

Die Schwierigkeiten der Unternehmensführung sind immerwährend und riesengroß. Wie kann ein Unternehmen mit seinen Produkten und Dienstleistungen die Kunden zufrieden stellen und dabei gleichzeitig einen Profit erwirtschaften, der auch die Anteilseigner glücklich macht? Wie kann ein Unternehmen angesichts neuer Wettbewerber seine Kundschaft halten und auf neue Bedürfnisse reagieren, ohne seine bestehende Position zu gefährden? Wie kann sich ein Unternehmen von anderen mit ähnlicher Produktpalette und identischen Zielen abheben, und wie kann es erfolgreich bleiben, wenn sich die Zeiten ändern? Antworten auf diese Fragen zu finden ist seit jeher die Aufgabe des Managements.

Von Zeit zu Zeit werden die Antworten systematisch zusammengetragen, in Managementkompendien niedergeschrieben, in Wirtschaftsschulen gelehrt und von den praktizierenden Managern aufgesogen und verinnerlicht. Peter Druckers 1973 erschienenes Opus magnum »Management« war ein solches Werk. Ebenso Tom Peters' und Bob Watermans 1982 erschienenes Buch »In Search of Excellence« (»Auf der Suche nach Spitzenleistungen«). Aber mögen auch die Probleme ewig sein, die Lösungen sind es nicht. Jede Managergeneration sieht sich einer anderen Welt gegenüber als ihre Vorgängergeneration, und deshalb muss eine jede ihre eigene Richtung finden.

Von Albert Einstein wird erzählt, wie er einst seinem Sekretär die Examensaufgaben für seine Studenten aushändigte. Der Sekretär überflog das Blatt und wandte ein: »Aber Professor Einstein, das sind dieselben Fragen wie letztes Jahr. Kennen die Studenten dann nicht schon die Antwort?« »Das hat seine Richtigkeit«, erwiderte Einstein. »Die Fragen sind dieselben, aber die Antworten sind andere.« Was für die Physik gilt, gilt auch für die Unternehmensführung. Die Geschäftswelt von heute ist nicht die von Drucker oder von Peters und Waterman, und sie verlangt nach einer neuen Ausgabe der Managementagenda. Dieser Aufgabe widmet sich das vorliegende Buch.

Die Manager brauchen heute eine neue Agenda, weil sich mittlerweile ein epochaler Wandel vollzogen hat. Im letzten Viertel des zwanzigsten Jahrhunderts verloren die Anbieter, die bis dato die industrialisierten Volkswirtschaften beherrscht und die Geschäftsbedingungen diktiert hatten, ihre Vormachtstellung an ihre Abnehmer. Während der letzten fünfundzwanzig Jahre haben in so gut wie allen Branchen die Abnehmer gegen die Anbieter revoltiert und ihnen das Zepter entrissen. Kunden kehrten Unternehmen, denen sie stets treu gewesen waren, den Rücken und bevorzugten stattdessen Generika, Hausmarken, internationale Wettbewerber, wer immer bessere Konditionen bot. Sie taten dies bei Autos und Haushaltsprodukten, bei Bankdienstleistungen und Fernsehstationen. Großkunden ließen sich nicht länger von Zulieferern gängeln, die sich ihrer Aufträge allzu sicher wähnten. Sie weigerten sich fortan, hohe Preise, schlechte Qualität und miserablen Service hinzunehmen. Heute sind es die Abnehmer, die ihren Zulieferern Preisschranken setzen, Mindestqualitätsstandards vorschreiben und sogar die Lieferfristen diktieren. Aus Lieferanten, die diese Erwartungen nicht erfüllen, werden Exlieferanten.

Die Führungskräfte der mächtigsten Unternehmen der Welt zittern heute vor ihren unabhängigen und anspruchsvollen Kunden. Sie wissen, dass die Kunden die Macht haben und davon Gebrauch machen werden. Willkommen in der Customer Economy.

Wie kamen die Kunden zu dieser Macht? Wie bei den meisten »plötzlichen« Veränderungen haben wir es hier mit einem Zusammentreffen mehrerer langfristiger Trends zu tun. Erstens ist die Knappheit dem Überschuss gewichen, seit das Angebot zugenommen und die Nachfrage hinter sich gelassen hat. Im späten zwanzigsten Jahrhundert haben in so gut wie allen Branchen die Kapazitäten deutlich zugenommen. Die Unternehmen waren nun in der Lage, sehr viel mehr zu produzieren, als die Kunden ihnen abnahmen, ganz gleich, ob es sich um Stahl, Versicherungspolicen oder Zahnpasta handelte. So übertreffen die Kapazitäten der weltweiten Autohersteller heute die Nachfrage des globalen Marktes um fast zwanzig Millionen Fahrzeuge. Der Hauptgrund für diese bemerkenswerte Entwicklung ist die fortschreitende Technologie, die in vielen Branchen zu einer dramatischen Produktivitätssteigerung und damit zu einer Senkung der Markteintrittskosten geführt hat. Gleichzeitig erweiterten die Unternehmen ihre Kapazitäten, um entsprechend den Wachstumsansprüchen der Wall Street ihren Marktanteil zu erhöhen. Der Trend verstärkte sich noch durch die Globalisierung, weil jetzt zunehmend mehr Anbieter um dieselben Kunden buhlten. Diese Angebotsvermehrung brachte den Kunden zwangsläufig mehr Macht. Sie brauchten nicht länger um die knappe Ware zu betteln; die Rollen waren vertauscht, sodass sich nun die Anbieter um die knappen Käufer bemühen mussten.

Gleichzeitig erwiesen sich die Kunden als immer gewitzter und informierter. Theoretisch hatten die Kunden immer Wahlmöglichkeiten gehabt; diese jedoch hatten bis vor kurzer Zeit praktisch nur auf dem Papier bestanden. Die Verbraucher hatten nicht die Zeit, das Land nach Alternativen abzuklappern, wie ebenso wenig die Einkäufer der Unternehmen die Spezifikationen und Preise sämtlicher infrage kommender Lieferanten vergleichen konnten. Folglich blieben die Kunden der Einfachheit halber bei den ihnen vertrauten Anbietern, was diesen eine vorteilhafte Position verschaffte. Mit der servilen Haltung der Kunden war es jedoch vorbei, als es immer praktikabler wurde, von den Alternativen anderer Anbieter zu profitieren. Die Informationstechnologie (nicht zuletzt das Internet) versetzte sie in die Lage, konkurrierende Produkte aufzuspüren und zu analysieren und intelligente Entscheidungen zu treffen. Die Kunden entdeckten, dass sie die Wahl und die damit einhergehende Macht hatten. Als sich Kunden und Unternehmen zunehmend gezwungen sahen, mit ihrem Geld sparsam umzugehen, konnten sich nur die wenigsten den Luxus leisten, ihren alten Anbietern unbesehen treu zu bleiben. Die meisten Kunden begannen, nach Alternativen zu suchen, Angebote zu vergleichen und nach der besten Lösung Ausschau zu halten.

Die Macht der Kunden nahm noch weiter zu, als aus vielen Produkten Massenartikel wurden. Einst entwickelte sich die Technologie langsam genug, sodass die Produkte über lange Zeiträume voneinander unterscheidbar blieben. Ich verkaufte mein Produkt, Sie verkauften das Ihre; jedes hatte seine Stärken und Schwächen, die es für einige Kunden zur besten Wahl machten, während andere Kunden vielleicht mit einem anderen Produkt besser beraten waren. Mittlerweile hat die rasche technologische Entwicklung zu einer dramatischen Verkürzung der Produktlebenszeiten geführt. Kaum bringe ich ein neues Produkt auf den Markt, da ist es entweder schon wieder obsolet, oder Sie imitieren es. Die Folge davon sind viele ähnliche Angebote, die es mir sehr schwer machen, mich von Ihnen abzuheben; und auch davon profitieren unsere Kunden.

Zur Illustration lassen Sie uns vergleichen, wie es heute ist, ein Auto zu kaufen, und wie diese Erfahrung vor fünfzig Jahren aussah. In den frühen Fünfzigern war Ihre Wahlmöglichkeit auf die Großen Drei beschränkt. Sofern Sie kein Autoexperte waren, stammte Ihr gesamtes Autowissen von Ihrem Händler, der somit in den Verhandlungen alle Karten in den Händen hielt. Heute hingegen wetteifern rund fünfundzwanzig Hersteller um Ihre Gunst. Unzählige Informationsquellen, von Zeitschriften wie *Consumer Reports* (vergleichbar *Stiftung Warentest*) bis zu Websites, bereiten Sie auf die Kaufverhandlungen vor und versetzen Sie in eine Position der Stärke. Jetzt haben Sie das Zepter in der Hand, und die Hersteller und Händler wissen das.

Gemeinsam haben diese Phänomene eine anbieterdominierte Wirtschaft in eine abnehmerdominierte verwandelt. Das also ist die eigentliche New Economy. Sie begann nicht erst 1995, hat wenig mit dem Internet zu tun und erfordert mit Sicherheit keine anspruchsvolle Kapitalisierung. Sie ist nichts anderes als die Customer Economy, die seit fünfundzwanzig Jahren ständig an Bedeutung zunimmt. Die Umstände, die zur Entstehung der Customer Economy geführt haben, haben noch nicht ausgedient; im Gegenteil, ihr Einfluss nimmt noch zu. Bisher ist kein Ende der Entwicklung hin zu immer mehr globalem Wettbewerb, wachsenden Überkapazitäten, zunehmender Produktstandardisierung und immer informierteren und dementsprechend mächtigeren Kunden abzusehen.

Die Manager waren nicht untätig, als die neue Customer Economy die alte Supplier Economy abzulösen begann, in der sie einst groß geworden waren. Während der achtziger und frühen neunziger Jahre absolvierten sie ein beispielloses Programm zur Erneuerung des Managements. Von der Öffentlichkeit weitgehend unbemerkt erfanden und implementierten die amerikanischen Manager radikal neue Methoden der Unternehmensführung. Ein neues Arsenal von Managementstrategien ersetzte die Prinzipien und Techniken, die mindestens seit den Tagen Henry Fords und Alfred Sloans die Norm gewesen waren.

Selbst wenn wir uns nur auf die wichtigsten Innovationen der achtziger und neunziger Jahre beschränken, sollte unsere Liste mindestens die folgenden Stichworte enthalten: Just-in-time-Lagerhaltung; Total Quality Management samt der Variante Six Sigma Quality; funktionsübergreifende Arbeitsteams; der Einsatz von Portfoliomanagement und Stage-Gate-Prozessen in der Produktentwicklung; Supply Chain Integration inklusive Vendor-Managed Inventory (VMI) und Collaborative Planning and Forecasting; leistungsbezogene Vergütung; Kompetenzprofile in der Personalführung; auf EVA (Economic Value Added) basierende Bewertungssysteme oder Balanced Scorecards; Customer-Supplier Partnership; Business Process Reengineering (BPR) und vieles mehr. Ausmaß und Tragweite dieser Veränderungen lassen sich gar nicht hoch genug einschätzen. Wäre Rip Van Winkle in den Siebzigern eingeschlafen, um heute aufzuwachen, würde er die Geschäftswelt nicht wiedererkennen.

Diese Innovationen wurden erwartungsgemäß zuerst in jenen Branchen umgesetzt, die die Wucht der neuen Customer Economy am frühesten zu spüren bekamen – Autos, Elektronik, Computer –, und griffen von dort auf praktisch alle Wirtschaftsbereiche über. Aufgrund dieser Veränderungen war die US-amerikanische Volkswirtschaft in der Lage, der ersten Welle zunehmender Kundenmacht standzuhalten. Unternehmen, die anfangs dem Ansturm anspruchsvoller Kunden und zäher neuer Wettbewerber nicht gewachsen zu sein schienen, konnten mittels dieser neuen Managementmethoden Terrain zurückerobern. Start-up-Unternehmen, die diese Prinzipien von Anfang an berücksichtigten, überrundeten selbst gestandene Wettbewerber und erlebten steile Wachstumskurven.

Die Managementinnovationen der vergangenen zwei Jahrzehnte retteten IBM aus der Krise und machten Dells Entwicklung von einem Hinterzimmerbetrieb zu einem weltweit führenden Unternehmen erst möglich. Sie sind die Wurzel der Vormachtstellung von GE Capital auf fast allen Märkten, auf denen der Finanzdienstleister aktiv ist, wie auch der Tatsache, dass Progressive Insurance sein Prämienaufkommen von hundert Millionen US-Dollar auf über sechs Milliarden in einer Branche steigern konnte, die im Übrigen mehr oder weniger stagniert. Sie sind der Grund, warum Wal-Mart Sears überrundete und eine dominierende Stellung im Lebensmitteleinzelhandel erringen konnte; warum Motorola zu den wenigen Elektronikherstellern gehörte, die die japanischen Wettbewerber in die Schranken zu weisen vermochten; warum

23

Ford zum erfolgreichsten Autohersteller der Welt wurde; warum Intel und Texas Instruments imstande waren, in einer Branche zu gedeihen, in der so viele scheiterten. Die neuen Managementtechniken versetzten diese Unternehmen in die Lage, schneller bessere Produkte zu entwickeln und sie zuverlässiger und zu geringeren Kosten herzustellen. Sie erlaubten es ihnen, ihre Fabriken besser auszunutzen, kleinere Lager zu halten, Ausschuss und Fehler zu reduzieren, Aufträge rascher auszuführen und auf Kundenwünsche flexibler zu reagieren. Die Einführung dieser Techniken resultierte unmittelbar in gestiegener Produktivität, verminderten Kosten, höherer Qualität und verbessertem Service, und davon profitierten alle Beteiligten: Die Kunden bekamen bessere Produkte zu geringeren Preisen, die Beschäftigten hatten einen sicheren Arbeitsplatz, und die Anteilseigner erzielten höhere Gewinne.

Der Wirtschaftsboom der späten Neunziger war in Wirklichkeit diesen innovativen Managementmethoden der Achtziger und frühen Neunziger und nicht einer Zentralbank, dem Internet oder einem Haushaltsüberschuss zu verdanken. Den Unternehmen ging es nicht deshalb gut, weil die Zeiten gut waren; vielmehr waren die Zeiten gut, weil die Unternehmen ihre Sache so gut machten. Ökonomische Leistungsfähigkeit lebt von Produktivität und Innovation. Wenn die Unternehmen ihre Kosten reduzieren, ohne den Wert zu mindern, wenn sie neue Produkte schaffen und Qualität und Service verbessern, dann – und nur dann – herrschen glückliche Zeiten. Die Kunden erhalten mehr Wert für dasselbe Geld und können folglich mehr für andere Dinge ausgeben; die Unternehmen erhöhen ihre Umsätze und Gewinne und können entsprechend höhere Löhne zahlen und Kapitalinvestitionen tätigen; die Anteilseigner profitieren von steigenden Aktienkursen; und wir alle reiten alsbald fröhlich auf der ökonomischen Wachstumsspirale.

Aber in solchen Boomzeiten vergessen wir nur allzu leicht, welche Arbeit es gekostet hat, überhaupt so weit zu kommen, und wir beginnen, Unternehmensführung für ein Kinderspiel und Erfolg für selbstverständlich zu halten. Zu viele Unternehmen und zu viele Manager verfielen in den späten Neunzigern diesem Irrtum. Sie begingen den unverzeihlichen Fehler, sich vom Haussemarkt einlullen zu lassen und die Kontrolle aus der Hand zu geben. Sie verließen sich auf die gute Wirtschaftslage. Heute, nachdem sie durch die jüngsten Entwicklungen schmerzhaft daran erinnert wurden, dass gute Wirtschaftsperioden einmal zu Ende gehen und wir mittlerweile in höchst unversöhnlichen Zeiten leben, bedauern sie diese Entscheidung. Die Manager müssen jetzt dort wieder ansetzen, wo sie stehen geblieben waren, bevor sie sich dem Übermut der New Economy hingaben. Aber es wird nicht reichen, den bisherigen Weg fortzusetzen. Mögen die Managementinnovationen der letzten zwanzig Jahre auch noch so beeindruckend sein, sie waren nur der Anfang. In der Customer Economy sind die Innovationen von gestern heute bereits Standard und morgen überholt. Was einst unvorstellbar war, wird schnell zur Routine, und die Erwartungen steigen unablässig. Kunden haben nun einmal die Eigenschaft, dass sie immer mehr fordern – mehr Wert zu geringeren Kosten, mehr Innovation, mehr Service, mehr von allem. Unternehmen, die diesen Anforderungen nicht gerecht werden, können sehen, wo sie bleiben. Die Neuerfindung der Wirtschaft ist noch lange nicht abgeschlossen.

Rückblickend betrachtet war die Managementrevolution der achtziger und neunziger Jahre lediglich die erste Phase eines viel langfristigeren Programms: der Anpassung sämtlicher Aspekte der Unternehmensführung an die Bedingungen der Kundenvormacht. In der Customer Economy reicht es nicht, lediglich enge Beziehungen zu den Kunden aufzubauen – Stichwort »Customer Intimacy« oder Kundennähe. Häufig geht dieser Schritt nicht einmal in die richtige Richtung. Vielmehr müssen sämtliche Aspekte der Unternehmensführung von den einzelnen Arbeitsprozessen über die Belohnungssysteme bis hin zur Organisationsstruktur unter dem Vorzeichen der Kundenvormachtstellung überdacht werden.

Zwar ist in dieser Richtung bereits viel geschehen, vieles steht jedoch noch aus. Ziel dieses Buches ist es, die nächste Phase dieses Programms zu umreißen und eine Reihe von Innovationen vorzustellen, die die Managementagenda für das erste Jahrzehnt des einundzwanzigsten Jahrhunderts prägen werden. Dabei ist es mein Anliegen, konkrete Ideen und praktische Methoden zu präsentieren, die leibhaftigen Managern in realen Unternehmen dabei helfen können, ihren Unternehmen für das kommende Jahrzehnt eine dominierende Marktposition zu sichern. Ich spreche mit Bedacht von Dominanz statt vom bloßen Überleben. In einem strengen Wettbewerbsklima ist das bescheidene Ziel des Über-die-Runden-Kommens nicht realistisch. Nur Unternehmen, die es darauf anlegen, besser als alle anderen zu sein, haben eine Überlebenschance in einer Welt, in der alle übrigen dasselbe versuchen.

Dieses Buch beschäftigt sich mit den Methoden der Unternehmensführung und der Unternehmensorganisation. Es ist nicht meine Absicht, Empfehlungen oder Prognosen hinsichtlich bestimmter Produkte und Dienstleistungen abzugeben. Ich kann weder voraussagen, welche neuen Geräte Technofreaks in Zukunft mit sich herumtragen werden, noch, ob und wie Versicherungs- und Bankwesen zusammenwachsen werden. Ich weiß nicht, wie in fünf Jahren die Autos aussehen werden, und ich möchte bezweifeln, dass irgendein anderer es weiß. Ich konzentriere mich auf das Wie, nicht auf das Was. Mein Schwerpunkt sind die Veränderungen, die jedes Unternehmen, ob klein oder groß, vornehmen muss, wenn es angesichts der stark gestiegenen Ansprüche der Customer Economy eine Aussicht auf Erfolg haben will.

Die in diesem Buch vorgestellten Managementinnovationen entstammen nicht meiner eigenen Phantasie. Ich habe sie kennen gelernt, indem ich beobachtete, wie innovative und gut geführte Unternehmen mit den Herausforderungen der Customer Economy fertig werden. Um einen Vorgeschmack auf die Zukunft zu geben, zitiere ich in diesem Buch Unternehmen aus vielen verschiedenen Branchen. Nur die wenigsten sind Hightech-Start-ups oder glitzernde Medienfirmen, die Lieblinge der Wirtschaftspresse. Das meiste habe ich von reifen Unternehmen in reifen Branchen gelernt. Sie können nicht länger allein aufgrund der einen brillanten Erfindung des einstigen Gründers überleben; sie schwimmen nicht auf der Flutwelle eines säkularen Marktwachstums; sie können nicht ihr eigenes Leistungsdefizit durch Akquisitionen ausgleichen. Diese Unternehmen haben nicht deshalb Erfolg, weil das Glück es will, dass sie sich zur rechten Zeit im richtigen Markt befinden, sondern weil es ihnen mittels neuer Managementideen gelang, ihre Wettbewerber aus dem Feld zu schlagen. Meine Rolle war es, aus ihren Erfahrungen die wesentlichen Prinzipien und Techniken herauszufiltern, die jedes Unternehmen erlernen und anwenden kann. Diese Prinzipien gelten für jede Organisation, die in der abnehmerdominierten Welt des einundzwanzigsten Jahrhunderts erfolgreich sein will: ob klein oder groß, Hersteller oder Dienstleister, hightech oder lowtech.

Ich behaupte nicht, dass die in diesem Buch genannten Unternehmen perfekte Vorbilder sind. Keines von ihnen hält alle Schlüssel zur Customer Economy in der Hand. Viele haben sogar in einigen Bereichen schwerwiegende Fehler gemacht, ungeachtet ihres Erfolgs und ihrer führenden Position in anderen. Aber aus der Summe ihrer Erfahrungen lässt sich ein Unternehmensprofil ableiten, das jedem Unternehmen als Richtschnur dienen sollte.

Die Managementagenda für die Customer Economy umfasst neun Elemente. Die ersten beiden übersetzen bestimmte Binsenweisheiten über Kunden in konkrete Handlungsanweisungen; sie definieren zwei Strategien – mit den Kürzeln ETDBW und MVA –, mit deren Hilfe sich Unternehmen von ihresgleichen abheben und treue Kunden gewinnen können. Die Elemente drei und vier betreffen Prozesse, ein bescheidenes Wort, das den Unternehmen ordentlich zusetzt. Um die von den Kunden heute verlangten Leistungsstandards zu erreichen, müssen die Unternehmen entlang der Prozessachse strukturiert und gemanagt werden; zudem dürfen selbst die kreativsten und bis dato chaotischsten Unternehmensbereiche nicht von der Prozessdisziplin ausgenommen bleiben. Prinzip Nummer fünf fordert einen neuen Bewertungsansatz, der die Mitarbeiterbewertung aus der Zuständigkeit der Buchhaltung herauslöst und zum zentralen Bestandteil eines systematischen Ansatzes zur Verbesserung der Unternehmensleistung macht. Der sechste Punkt der Agenda betrifft den Rollenwechsel des Managers vom autonomen Souverän über einen engen Aufgabenbereich zu einem Teamspieler, dessen Aufmerksamkeit dem ganzen Unternehmen gilt. Bei den folgenden drei Punkten geht es um die wechselseitige Verflechtung von Unternehmen mittels des Internets. Der Vertrieb muss aus der Perspektive des Endkunden, der die Gehälter aller in der Vertriebskette Beteiligter bezahlt, neu überdacht werden. Die Unternehmen müssen die sie trennenden Mauern, die für enorme Gemeinkosten und Ineffizienzen verantwortlich sind, durch Zusammenarbeit und unternehmensübergreifende Prozessintegration (Inter-Enterprise Process Integration) ersetzen. Der letzte Punkt der Agenda ist der radikalste. Er besagt, dass sich die Unternehmen nicht länger als in sich geschlossene Einheiten begreifen dürfen, sondern sich stattdessen als Komponenten virtuell integrierter erweiterter Unternehmen positionieren müssen.

Die folgenden neun Kapitel befassen sich mit diesen neun Elementen. Ich werde jeweils erklären, warum das Thema für die heutigen Unternehmen so überlebenswichtig ist, ich werde zeigen, inwiefern wir es dabei mit einer radikalen Abkehr von der bisherigen Praxis zu tun haben, und ich werde Unternehmen vorstellen, die den neuen Ansatz bereits zu ihrem Vorteil zu nutzen wussten. Die letzten zwei Kapitel des Buches erläutern Ihnen, wie Sie die Agenda in Ihrem Unternehmen in die Praxis umsetzen und sie in einer Zeit kontinuierlicher Veränderungen aktuell halten können.

Dieses Buch ist als Anleitung für Geschäftsleute gedacht, denen es nicht genügt, auf ein rettendes Wunder zu hoffen, sondern die entschlossen sind, dieses Wunder selbst hervorzubringen. Um es mit den Worten Alan Kays, des Vaters des Personal Computers, zu sagen: »Am besten lässt sich die Zukunft vorhersagen, indem man sie erfindet.«

Wenn ich gefragt werde, ob diese Agenda aus Rezepten oder aus Beobachtungen besteht, lautet meine Antwort: »Sowohl als auch.« Sie fasst zusammen, was einige Unternehmen bereits tun und was die übrigen in Zukunft tun müssen. Sklavische Nachahmung wird Ihnen jedoch nichts nützen. Dies ist kein Kochbuch mit einfachen Rezepten. Innovation ist keine Arznei, die Sie fertig kaufen können – Sie müssen sie zu Hause brauen. Es liegt an Ihnen, die von mir vorgestellten Prinzipien in die Wirklichkeit Ihres Unternehmens zu übersetzen. Auch wenn andere den Weg beleuchtet haben, niemand kann ihn für Sie zurücklegen. Er liegt wartend vor Ihnen.

2 Managen Sie für die Kunden

Werden Sie ETDBW

Vor ein paar Jahren setzte ein Berater dem Vorstandsvorsitzenden eines mittelgroßen Herstellers von Geräten für die Wissenschaft ein Video vor. Auf dem Bildschirm erschien das Gesicht des President des größten Kunden des Herstellers, der sich in die Kamera lehnte und durch die zusammengepressten Zähne zischelte: »Ich *hasse* Sie.« Eine ähnliche Gefühlslage brachte kürzlich ein hoher Manager eines wichtigen Kunden dem Führungsteam eines großen Herstellers von Telekommunikationsausrüstung gegenüber zum Ausdruck: »Selbst wenn Sie uns Ihre Produkte umsonst überließen, könnten wir es uns nicht leisten, mit Ihnen Geschäfte zu machen.«

Was diese Kunden ebenso wie unzählige andere in allen Branchen in Rage brachte, hatte nichts mit Produkten, Spezifikationen, Qualität oder Preis zu tun. Die Produkte ihrer Lieferanten waren auf der Höhe der Zeit, sorgfältig hergestellt und nicht überteuert. Der Grund für die enorme Unzufriedenheit der Kunden war vielmehr der Umstand, dass sich die geschäftlichen Beziehungen mit diesen beiden Unternehmen außerordentlich kompliziert, problemanfällig und ermüdend gestalteten. Diese Unternehmen muteten ihren Kunden dermaßen obskure Produktbeschreibungen zu, dass die Kunden Mühe hatten zu entscheiden, welche Produkte sie kaufen wollten; ihre undurchschaubaren Bestellprozeduren bewirkten, dass die Kunden viel Zeit mit der Aufgabe der Bestellung verloren; ihre fehleranfälligen Vertriebsprozesse zwangen die Kunden, jede einzelne Lieferung zu überprüfen und nicht wenige davon zurückgehen zu lassen; ihre Buchungssysteme produzierten Rechnungen, deren Entzifferung selbst Hiob auf die Folter gespannt hätte; und die wichtigste Regel ihrer »Kundenserviceabteilung« schien darin zu bestehen, Kunden von einem nicht zuständigen Sachbearbeiter zum nächsten zu verweisen. Diese Unternehmen waren definitiv nicht ETDBW: *Easy To Do Business With.*

Easy to do business with bedeutet, dass der geschäftliche Umgang mit Ihnen aus der Sicht des Kunden so unaufwändig und mühelos wie irgend möglich vonstatten geht. Das bedeutet, dass Sie Aufträge zu dem Zeitpunkt und in der Form akzeptieren, wie es für den Kunden am bequemsten ist; es bedeutet, dass Auftragsformulare in der Terminologie des Kunden und nicht in Ihrem firmeninternen Kauderwelsch abgefasst sind. Es bedeutet, dass Sie es dem Kunden einfach machen, den Status seines Auftrags zu überprüfen; dass Sie ihm jene unzähligen Telefonate mit desinteressierten und uninformierten Posteninhabern ersparen, deren einzige Tätigkeit darin zu bestehen scheint, Anrufer an ebenso uninformierte Kollegen weiterzuleiten. Es bedeutet, dass Sie eine einfache Rechnung schicken, die in verständlichen Begriffen und nicht in Ihrem internen, mit Geheimcodes gespickten Unternehmenschinesisch abgefasst ist, sodass der Kunde sie lesen und verarbeiten kann; mit anderen Worten: eine Rechnung, deren Entzifferung keinen Geheimschriftexperten erfordert.

Die Bedeutung von ETDBW entspricht der Aussage, dass »der Produktpreis nur einen Teil der Kosten ausmacht, die der Kunde zu tragen hat«. Was der Kunde Ihnen entrichtet, ist nicht der ganze Preis, den er bezahlen muss, wenn er mit Ihnen Geschäfte macht. Der Kunde muss außerdem mit Ihrem Handelsvertreter verhandeln, eine Bestellung formulieren, die Ware entgegennehmen, prüfen und inventarisieren, Ihre Rechnung entgegennehmen, verstehen und bezahlen, fehlerhafte Ware zurücksenden und so weiter. All diese Aktivitäten kosten den Kunden Geld, das nicht in Ihren Taschen landet. Gelegentlich stehen die Gemeinkosten, die im Zusammenhang mit einer Transaktion entstehen, dem tatsächlich bezahlten Preis nicht nach.

Wenn Ihre Bestellformulare unverständlich sind, muss der Kunde für ihre Entzifferung Zeit und Geld vergeuden. Wenn Sie dem Kunden keine einfache Möglichkeit anbieten, wie er den Stand seiner Bestellung überprüfen kann, muss er sich durch endlose Telefongespräche vorarbeiten, um schließlich bei irgendwelchen Bandansagen ohne Informationswert zu landen. Wenn Ihr Vertriebssystem undurchschaubar und unzuverlässig ist, muss Ihr Kunde Zeit und Geld verschwenden, um Wege zu finden, wie er Ihre Unzuverlässigkeit kompensieren kann. Wenn Sie ihm eine verklausulierte Rechnung schicken, muss er Zeit investieren, um mit Ihrer Rechnungsabteilung zu konferieren (deren Zeit und Geduld ebenfalls nicht unbegrenzt ist).

Wenn Ihre Arbeitsweisen in erster Linie auf Ihre und nicht auf die Bedürfnisse Ihres Kunden abstellt sind, muss er, und müssen somit langfristig auch Sie, dafür blechen. Je mühevoller es ist, mit Ihnen Geschäftsbeziehungen zu unterhalten, je größer die Lasten und die Kosten sind, die Sie Ihren Kunden aufbürden, desto schlechter ist es um Ihre Wettbewerbsfähigkeit bestellt. Preissenkungen durch Margenverzicht sind nur *eine* Möglichkeit, wie Sie sich von Ihren Wettbewerbern unterscheiden können, und noch dazu eine unerquickliche. Einige Unternehmen, wie der oben erwähnte Hersteller von Telekommunikationsausrüstung, könnten nicht einmal damit, dass sie ihre Produkte verschenkten, den Verdruss wettmachen, den es ihren Kunden bereitet, sich mit ihnen herumzuschlagen. In der Customer Economy ist ETDBW keine Option, sondern eine Überlebensnotwendigkeit.

Ist es einfach, mit Ihnen Geschäftsbeziehungen zu unterhalten? Ich will es bezweifeln. Viel wahrscheinlicher ist, dass Sie Ihre Kunden dafür bestrafen, dass sie mit Ihnen Geschäfte machen. Die Erfahrungen, die Ihre Kunden mit der Bestellung, Entgegennahme, Verwendung und Bezahlung Ihrer Produkte und Dienstleistungen machten, haben sie vermutlich dazu veranlasst, ihre Dartscheibe mit Ihrem Konterfei zu schmücken. Falls die Erfahrungen Ihrer Kunden nicht ganz so schlecht sind, ist dies vermutlich eher die Folge »zufälliger freundlicher Gesten gegenüber den Kunden«, wie ein Unternehmen es formulierte, als von etwas

Beständigem und Wiederholbarem. Ich will damit nicht sagen, dass Sie es mit Absicht so eingerichtet haben; es hat sich nun einmal so ergeben. Und Sie haben sich niemals um eine Veränderung bemüht, weil Sie dies auch niemals für wichtig hielten.

Dieser Zustand ist die unmittelbare Konsequenz aus der traditionellen Einstellung der Manager zur Unternehmensführung. Das traditionelle Unternehmen war auf sich selbst bezogen. Es definierte sich über seine Produkte und Dienstleistungen und sah es als seine primäre Aufgabe an, aus ihnen Profit zu schlagen. Es sah sich lediglich seinen Anteilseignern und Managern verpflichtet. Erst danach kamen die Kunden, die eher als notwendiges Übel betrachtet wurden und lediglich existierten, um die Produkte des Unternehmens zu kaufen. Die Rolle des Unternehmens war es, Produkte herzustellen und zu verkaufen, die Rolle der Kunden hingegen, diese zu erwerben und dafür zu bezahlen. Natürlich verbargen die Unternehmen ihre Missachtung der Kunden hinter politisch korrekten Slogans wie »Der Kunde ist König«, doch handelte es sich dabei um bloße Floskeln, denen nur in den seltensten Fällen Taten folgten. Einem solchen Unternehmen wäre es natürlich niemals in den Sinn gekommen, dass etwas anderes als seine Produkte und Dienstleistungen wichtig sein könnte oder dass es sich um das Attribut ETDBW bewerben sollte.

Als das moderne Unternehmen noch eine Neuerscheinung war, mag diese selbstbezogene Sichtweise angebracht gewesen sein. Die Kunden waren so wild auf die Produkte, dass man sie getrost ignorieren durfte. Die Unternehmen waren zu sehr damit beschäftigt, Produkte zu entwerfen, herzustellen, zu verkaufen und zu vertreiben, als dass sie sich auch noch um die Kunden kümmern mochten. Aber jene Zeiten sind längst vorbei. Heute haben die Kunden die Oberhand, und die Unternehmen sind für sie das notwendige Übel. Auf der Leinwand des Geschäftsgeschehens haben Motiv und Hintergrund die Rollen getauscht; Ihre Kunden belegen jetzt den Vordergrund, während Sie sich mit dem Hintergrund begnügen müssen. Die mächtigen, gewitzten und anspruchsvollen Kunden von heute wollen sich weder nach Ihren Produkten noch nach Ihren Geschäftsgepflogenheiten richten.

Die Kunden sind nicht länger dazu da, Ihre Produkte zu kaufen; vielmehr sind Sie es, der bitte sehr die Probleme seiner Kunden zu lösen hat. Nur Unternehmen, die den Kunden in den Mittelpunkt stellen, haben eine Überlebenschance.

Natürlich werden viele Unternehmen – vielleicht auch das Ihre – treuherzig beteuern, wie kundenorientiert sie seien. Aber in Wirklichkeit sind dies leere Behauptungen; die meisten Unternehmen meinen es nicht ernst. Zu viele Manager denken, sie hätten ihre Schuldigkeit getan, wenn sie an alle Beschäftigten des Unternehmens Kärtchen mit der ominösen Überschrift »Unsere Werte« und der großspurigen Zeile »Der Kunde hat bei uns erste Priorität« verteilen. Andere stecken ihren Beschäftigten Smileys an und instruieren sie, Kunden gegenüber stets ein strahlendes Lächeln aufzusetzen. Wieder andere glauben, eine erweiterte Kundenserviceabteilung mit einer 0800-Nummer und einer Website löse alle Probleme. Selbstverständlich sind alle diese Rituale nutzlos. Das Konzept der »Kundenorientierung« lässt sich nicht einfach wie eine neue Schicht Farbe auf ein produktzentriertes Unternehmen auftragen. Das Unternehmen, seine Mission und seine Betriebsprozesse müssen unter dem Kundenaspekt neu durchdacht werden. Die Unternehmen müssen sich selbst aus der Perspektive des Kunden erleben und ihre Arbeitsweise dementsprechend umgestalten.

Um eine Krankheit heilen zu können, müssen Sie sie zuerst diagnostizieren. Falls Ihr Unternehmen zu den vielen gehört, mit denen der geschäftliche Umgang alles andere als einfach ist, werden Sie vermutlich von Ihren Kunden Klagen wie diese zu hören bekommen:

- Es ist verwirrend, mit so vielen verschiedenen Leuten zu tun zu haben.
- Sie sind inflexibel und zwingen jeden, sich genau an Ihre Geschäftsgepflogenheiten zu halten.
- Sie sind passiv und unvorbereitet und reagieren überrascht, wenn der Kunde Sie um etwas bittet.
- Sie zwingen den Kunden, sich mit vielen Teilen Ihres Unternehmens herumzuschlagen, bevor auch nur irgendetwas geschieht.

- Weil sich der Kunde wiederholt mit Ihnen ins Einvernehmen setzen und den Fortgang der Arbeit kontrollieren muss, entstehen ihm zusätzliche Gemeinkosten.
- Und vor allem scheinen Sie weder zu wissen noch daran interessiert zu sein, woran dem Kunden wirklich gelegen ist.

Klingt das vertraut? Zum Glück gibt es sechs spezifische Maßnahmen, wie Sie auf diese verbreiteten Klagen reagieren und auf diese Weise das ETDBW-Attribut erwerben können.

1. Weisen Sie dem Kunden einen einzigen Ansprechpartner zu

Die Manager von 3M pflegen es so auszudrücken: »Der Kunde kann nichts dafür, dass wir ein Unternehmen mit vielen Abteilungen und vielen Produkten sind.« Organisationsstruktur und Arbeitsweise der meisten Unternehmen richten sich nach internen Bedürfnissen; die Kunden haben die Nachteile dieser unternehmenszentrierten Struktur zu tragen. Beispielsweise wurde jüngst ein Unternehmen mit Entsetzen gewahr, dass es im Telefonbuch mit dreiundzwanzig verschiedenen 0800-Kundenservicenummern vertreten war.

Viele Unternehmen präsentieren ihren Kunden aufgrund der Undurchlässigkeit der historisch gewachsenen Abteilungsgrenzen viele jeweils nur für Teilbereiche zuständige Ansprechpartner. Für die unterschiedlichen Produkte sind jeweils andere Gruppen zuständig, und der Kunde muss erst an die richtige Gruppe geraten, bevor er ein Produkt bestellen, eine Frage stellen oder Service bekommen kann. In der Regel weiß keine dieser Gruppen etwas über die übrigen Produkte oder über die Beziehungen des Kunden zum Unternehmen. Mal ist diese Fragmentierung das Erbe einer Geschichte sukzessiver Akquisitionen, mal ist sie die unvermeidliche Konsequenz aus den durch die produktzentrierte Perspektive entstandenen Scheuklappen.

Die Folge davon ist jedenfalls, dass den Kunden zusätzliche Kosten und Mühen entstehen, wenn sie mit einem solchen Unternehmen geschäftlich zu tun haben. Sie müssen ihre Bestellungen an unterschiedliche Einheiten richten, erhalten getrennte Lieferungen, müssen diverse Rechnungen begleichen und Anfragen an zahlreiche Adressen richten. Ich weiß von einem großen Bankhaus mit völlig getrennten Abteilungen für Girokonten, Kreditkarten, Hypothekenkredite und gewerbliche Kredite. In Bankierskreisen weiß man sehr wohl, dass gerade diejenigen Kunden am gewinnbringendsten sind, denen die Bank eine breite Produktpalette verkaufen kann. Diese Bank jedoch tut nichts zur Förderung solcher vielfältigen Beziehungen. Aus der Sicht des Kunden ist der Verkehr mit dieser Bank genauso umständlich, wie wenn er es mit lauter verschiedenen Banken zu tun hätte. Und es fehlt nicht an Horrorgeschichten wie derjenigen von dem Kunden mit einer Millionenhypothek, dem auf seine Kreditkarte ein Kreditrahmen von maximal dreitausend Dollar gewährt wurde, oder dem Kunden, dem der Kragen platzte, als seine Bank ihm ein Dutzend verschiedener Anschreiben zusandte. Ich kenne auch einen Konsumgüterhersteller, dessen zahlreiche Produktabteilungen verbissen an ihrer Unabhängigkeit festhielten, sodass ihnen niemals in den Sinn kam, Lieferungen an ein und denselben Einzelhändler zu bündeln. Am Ende musste der Adressat die Frachtkosten für zwei halb gefüllte Lastwagen statt für einen gefüllten zahlen, nur weil die rechte Hand dieses Unternehmens von der linken noch nicht einmal gehört hatte.

Ein Unternehmen kann nach Funktionen oder nach Produkten gegliedert sein. Wenn eine Bestellung von einer Abteilung zur nächsten wandert, bevor sie ausgeführt wird, hat der Kunde keinen einheitlichen Ansprechpartner, um die Bestellung zu verfolgen. In vielen Unternehmen kann es passieren, dass allein schon zur Feststellung des Preises und der Verfügbarkeit eines Produkts Telefonate mit mehr als einem Dutzend Abteilungen erforderlich sind: die Herstellungsabteilung, um die Produktionsfristen zu erfahren; die Lagerhaltung, um die Verfügbarkeit von Lagerkapazitäten sicherzustellen; die Logistik wegen der Lieferzeiten; die Marketingabteilung wegen eventueller Sonderrabatte; die Finanzabteilung wegen der gültigen Konditionen; und so weiter. Wenn ein Unternehmen keinen einheitlichen Ansprechpartner bereitstellt, müssen sich seine Kunden einen zusammensuchen. Das ist eine Art von Stückwerk, die für alle Beteiligten äußerst aufwändig und unbequem ist. Oliver Wendell Holmes schrieb einst: »Die Steuern sind der Preis, den wir für die Zivilisation zahlen«; im Geschäftszusammenhang ist Stückwerk der Preis, den wir dafür zahlen, dass wir dem Kunden ein fragmentiertes Gesicht entgegenhalten.

Als wirkungsvolle Alternative bietet sich ein integriertes Team an, das über alle Produkte und Funktionen hinweg mit dem Kunden den Kontakt hält und die nötige Befugnis hat, um jede Art von Hindernissen aus dem Weg zu schaffen, die dem Kunden in die Quere kommen könnten. Johnson & Johnson verfährt mit seinen Kunden aus dem Krankenhaus- und Klinikbereich nach dieser Methode. J & J ist ein stark dezentralisiertes Großunternehmen mit zahlreichen unabhängigen Einheiten, die für verschiedene Produkte zuständig sind. In der Vergangenheit hatte jede Einheit ihre eigene Verkaufsabteilung, mit der Folge, dass die Kunden häufig von verschiedenen Einheiten parallel betreut wurden. Die verschiedenen Geschäftsbereiche des Unternehmens wetteiferten miteinander um die Gunst des Kunden und produzierten dabei unnötige Kosten. Das drückte selbstverständlich die Performance und die Gewinne des Gesamtunternehmens, und die Kunden beklagten sich darüber, dass sie von den Handelsvertretern in gegensätzliche Richtungen gezogen wurden.

In den späten Neunzigern richtete J & J seine Verkaufsbemühungen neu aus. Die Handelsvertreter der verschiedenen Geschäftsbereiche werden heute zu Kundenbetreuungsteams gruppiert, die einen Kunden bei allen seinen Geschäftsbeziehungen mit J & J betreuen. Die Teams arbeiten gemeinsam an der Verwirklichung breit gefasster Ziele, und die Vertreter werden nicht länger ausschließlich nach dem Umsatz für ihre jeweiligen Geschäftsbereiche bewertet und vergütet. Ihre Belohnung richtet sich stattdessen nach dem Erfolg der Gesamtbeziehung des Unternehmens zum Kunden sowie nach dem Erfolg des Kundenbetreuungsteams bei seiner Bemühung, dem Kunden bei der Verwirklichung seiner Ziele zu helfen, wie beispielsweise bei der Standardisierung der Bedienungsweise der verschiedenen Produkte. Der einheitliche Kontakt – das Kundenbetreuungsteam – garantiert, dass der Kunde nicht von einem Handelsvertreter zum nächsten geschickt wird und nicht befürchten muss, dass seine Anliegen durch den Rost der riesigen Organisationsstruktur des Unternehmens fallen. Der Kunde, der sich jetzt mit allen Anliegen und Fragen an ein und dieselbe Stelle wenden kann, fühlt sich dadurch besser behandelt und honoriert dies, indem er J & J zu mehr Umsatz verhilft.

Einige Unternehmen denken, sie präsentierten dem Kunden ein einheitliches Gesicht, wenn sich der Kunde mit all seinen Fragen stets an ein und denselben Kundenservicevertreter wenden kann. Doch damit täuschen sie sich selbst, denn ein solcher Kundenservicevertreter besitzt denselben Außenseiterstatus wie der Kunde. Es stellt lediglich eine marginale Verbesserung dar, wenn statt des Kunden der Kundenservicevertreter die endlose Reihe unkooperativer Abteilungen durchtelefonieren muss, um auf die Frage des Kunden eine Antwort zu bekommen, denn der Kunde muss immer noch eine Ewigkeit warten, um am Ende eine Antwort zu erhalten, die mit großer Wahrscheinlichkeit unvollständig, nicht relevant oder schlechterdings falsch ist.

Das in Austin, Texas, beheimatete Unternehmen 3M Telecom Products verkauft Komponenten an Hersteller von Telekommunikationssystemen. Seine Kundenservicevertreter machen ihren Kunden das Leben in der Tat um vieles einfacher. Sie können jede Frage bezüglich Bestellungen, Auftragsstatus, Lieferung, Retouren, Produkte und Preisgestaltung in Eigenregie beantworten, und sie tun dies schnell und zuverlässig. Sie sind dazu in der Lage, weil sie gleichzeitig als vollgültige Mitglieder in Kundenbetreuungsteams eingebunden sind. Dadurch haben sie Zugang zu aktuellen Informationen und sind in den Unternehmensbetrieb eingebunden. Der Kundenservicevertreter dient dem Kunden von dem Moment der Aufgabe der Bestellung bis zur Begleichung der Rechnung als einziger Ansprechpartner. Bei 3M Telecom machen es die Kundenservicevertreter den Kunden leicht, verlässliche Antworten auf knifflige Fragen zu bekommen.

2. Segmentieren Sie nach Kundenmerkmalen

Marktsegmentierung ist in der Produktentwicklung und -vermarktung ein vertrautes Instrument. Dabei passt ein Unternehmen seine Produkte und seine Werbebotschaft an die spezifischen Bedürfnisse unterschiedlicher Gruppen an. Sobald jedoch ein Kunde gewonnen ist, wird er vom Unternehmen typischerweise in einen gemeinsamen Kundenpool geworfen und erhält dieselbe Behandlung wie alle übrigen. In der Customer Economy sollte die Marktsegmentierung nicht so früh Halt machen. Die Idee, dass verschiedene Kunden unterschiedlich behandelt werden, sollte über den Verkaufszyklus hinaus auf den gesamten Unternehmensbetrieb übertragen werden.

Wenn der Kunde einer Autoversicherung einen Schadensfall meldet, schickt – zumindest in den USA – der Versicherer in der Regel einen Schadenssachbearbeiter, der das Fahrzeug inspiziert. Vordergründig geht es darum, den Schaden zu begutachten und die Entschädigungssumme festzulegen; die unausgesprochene Absicht ist es jedoch festzustellen, ob der Schaden tatsächlich eingetreten ist oder nur vorgetäuscht wurde. Der häufigste Fall sind gebrochene Windschutzscheiben, für die kein Sachbearbeiter kommen müsste, denn die Kosten für das Ersetzen einer Windschutzscheibe lassen sich auch ohne persönliche Inaugenscheinnahme bestimmen. Dennoch lassen viele Versicherer den Schaden inspizieren. Warum? Weil der Versicherer die Vertrauenswürdigkeit der Versicherten automatisch anzweifelt und sicherstellen will, dass sie niemals eine Chance haben, das Unternehmen zu beschwindeln.

Ein Versicherer hat jedoch erkannt, dass es nicht nötig ist, allen Versicherten grundsätzlich unehrliche Absichten zu unterstellen. Wenn ein Kunde seit vielen Jahren regelmäßig seine Prämien zahlt und niemals einen Unfall gemeldet hat, ist es unwahrscheinlich, dass er sich über Nacht für ein Leben als Verbrecher entscheidet und dieses mit einer fingierten gebrochenen Windschutzscheibe beginnt. Wenn ein solcher Kunde einen Schaden an der

Windschutzscheibe meldet, kann das Unternehmen getrost davon ausgehen, dass der Schaden tatsächlich eingetreten ist, und das einfachste und schnellste Vorgehen wäre, den Scheck unmittelbar auszustellen. Dagegen lohnt es sich bei Kunden mit einer schadenshäufigen Vergangenheit, den Inspekteur zu schicken. Anstatt also alle Kunden über einen Kamm zu scheren, berücksichtigt diese neue Vorgehensweise bei der Schadensregulierung die Unterschiede zwischen den verschiedenen Kundengruppen.

Dieses Prinzip funktioniert auch bei der Vertragsschließung. Viele Autoversicherer schenken den Angaben der Antragsteller zu ihrer bisherigen Fahrbilanz kein Vertrauen. Sie überprüfen grundsätzlich sämtliche Angaben bei der Kfz-Zulassungsbehörde. Derselbe Versicherer beschloss, dass es für einen Serviceanbieter möglicherweise geschäftsschädigend ist, wenn er seine Kunden wie potenzielle Verbrecher behandelt. Das Unternehmen analysierte Tausende von Anträgen und filterte gewisse demografische Merkmale heraus (beispielsweise Alter oder Geschlecht), die auf die Wahrscheinlichkeit hinweisen, dass ein Kunde seine Fahrbilanz wahrheitsgemäß wiedergibt. Wenn ein Kunde diesen demografischen Kriterien entspricht, werden seine Angaben ohne Gegencheck bei der Zulassungsstelle akzeptiert. Eine beschleunigte Antragsbearbeitung und glückliche Kunden sind die Folge. Nur Kunden, die den aufgestellten Kriterien nicht entsprechen, werden von diesem Versicherer überprüft.

Auch viele Konsumgüterhersteller erkennen mittlerweile, dass verschiedene Kundengruppen eine unterschiedliche Behandlung erfordern. Große Einzelhändler wie beispielsweise Wal-Mart legen aufgrund ihres komplizierten Betriebsablaufs Wert auf Lieferungen zu festgelegten Zeiten. Kleinere Kunden bevorzugen zur Minimierung ihrer Vorratshaltung häufig eine rasche Lieferung. Dementsprechend stellen Konsumgüterhersteller Auftragsbearbeitungsteams zusammen, die sich jeweils um eine spezifische Gruppe von Kunden kümmern und sich in ihrer Arbeitsweise auf die Bedürfnisse dieser Kunden einstellen. Einige Teams betreuen die großen Einzelhändler, andere die regionalen Supermarktketten und wieder andere die Großhändler, die an Nachbarschaftsläden und andere kleinere Händler weiterverkaufen. Die Teams haben im Rahmen einheitlicher Grundrichtlinien die Freiheit, die Auftragserfüllungsprozedur an die jeweiligen Bedürfnisse der unterschiedlichen Kunden anzupassen.

3. Antizipieren Sie Kundenwünsche

Eine dritte Möglichkeit, wie Sie den geschäftlichen Umgang mit Ihnen vereinfachen können, besteht darin, dass Sie Kundenwünsche im Voraus erkennen und sich darauf vorbereiten, bevor der Auftrag eintrifft. Vorausschauende Vorbereitung ist eine Kunst, die jedes Unternehmen erlernen sollte.

Lucent Technologies, der große Hersteller von Telekommunikationsausrüstung, orientiert sich in vielerlei Hinsicht an diesem Prinzip. Früher schickte Lucent einem neuen Kunden einen Verkaufstechniker ins Haus, ohne dass sich das Unternehmen zuvor ein Bild von den Bedürfnissen des Kunden gemacht hätte. Erst nach dem Besuch entwarf der Techniker eine Systemlösung für diesen Kunden. Häufig waren die ersten Versuche noch weit von der Lösung entfernt, weil die Kunden ihre Wünsche nicht klar genug zum Ausdruck brachten. Die erforderlichen Nachverhandlungen waren für Lucent kostspielig und für die Kunden unerfreulich.

Heute betreibt das Unternehmen vorbereitende Vorausschau und stellt Nachforschungen über den Kunden an, bevor es seine Verkaufstechniker losschickt. Der Verkaufstechniker kann dem Kunden auf der Basis dieser Informationen sogleich einen Lösungsvorschlag unterbreiten. Beide Seiten haben etwas Konkretes zu untersuchen, und der Kunde kann direkt auf den Lösungsvorschlag reagieren und braucht sich nicht in vagen Vorstellungen zu artikulieren, die mehrere Interpretationen zulassen. Auf diese Weise verliert der Kunde weniger Zeit und erlebt eine erfreulichere Zusammenarbeit mit Lucent.

Lucent hat zudem gelernt, den Reparaturbedarf seiner Kunden vorherzusehen. So reagierten die Manager des Unternehmens rasch auf Überflutungsmeldungen aus einem Gebiet, in dem einer seiner Kunden, Verizon, ein wichtiges Umspannwerk betrieb. Die Manager von Lucent konsultierten unverzüglich ihre Datenbank, riefen den Bauplan des Umspannwerks auf, bestimmten die gefährdetsten Komponenten und Systeme und bereiteten alles Erforderliche für die Reparaturarbeiten vor. Als Verizon in der Lage war, zu telefonieren und um Hilfe zu bitten, hatte Lucent die richtigen Teile bereits für die Auslieferung bereitgestellt.

Auch im Kundenservice können Vorhersagen helfen, die Geschäftsbeziehungen für die Kunden unkomplizierter zu gestalten. Denken Sie an die Schwierigkeiten mit anderssprachigen Kunden. Sie wählen die allgemeine Kundenservicenummer und werden mit dem nächsten freien Mitarbeiter verbunden, der in der Regel die Sprache des Anrufenden nicht versteht. Es dauert einen Augenblick, bis der Mitarbeiter registriert, dass hier ein zweisprachiger Kollege gefragt ist. Der Kunde wird erneut in die Warteschleife geschickt und schließlich mit dem geeigneten Ansprechpartner verbunden. Erst jetzt kann die eigentliche Arbeit beginnen. Dieser Umweg ist für das Unternehmen teuer und für den Anrufer lästig und unangenehm.

Mehrere Unternehmen verwenden Techniken, um vorauszusagen, wann ein Anrufer vermutlich einen zweisprachigen Ansprechpartner benötigt. Dazu analysieren sie die Telefonnummer (Caller ID) des Anrufers. Aus der Gegend, aus der der Anruf erfolgt, folgert das Unternehmen, ob der Anrufer möglicherweise in einer anderen Sprache betreut werden möchte. In bestimmten Teilen Floridas beispielsweise wird Spanisch bevorzugt, während in Teilen Kaliforniens Chinesisch überwiegt. Der Anruf wird dann automatisch an einen geeigneten zweisprachigen Ansprechpartner weitergeleitet. Dem Kunden werden dadurch potenziell beleidigende Unannehmlichkeiten erspart, und er fühlt sich gut betreut. Und wenn das Unternehmen falsch geraten hat? Das ist auch kein Unglück, denn immerhin ist der Mitarbeiter, der den Anruf entgegennimmt, zweisprachig.

41

4. Geben Sie dem Kunden ein Profil, das seine sämtlichen Interaktionen mit Ihnen umfasst

Wir alle haben schon einmal erlebt, dass ein Unternehmen, mit dem wir seit Jahren zu tun hatten, uns plötzlich wieder wie einen Fremden behandelt. Keiner scheint uns zu kennen oder sich an unsere speziellen Erfordernisse zu erinnern, und wir durchlaufen dieselben Prozeduren wie ein Erstkunde. Wir checken in einem Hotel ein, das wir seit Jahren frequentieren, und werden nach unseren Vorlieben gefragt; wir bestellen Ersatzteile für eine Maschine, die wir bei demselben Unternehmen gekauft haben, und müssen erklären, welches Modell wir haben; wir bezahlen eine Rechnung in einer Filiale, und eine andere Filiale weiß später nichts davon. Das Problem ist, dass das Unternehmen als Institution sich nicht an uns erinnert. Das Wissen des Unternehmens über uns beschränkt sich auf das persönliche Gedächtnis einzelner Mitarbeiter. Wenn diese Mitarbeiter die Position wechseln oder das Unternehmen verlassen, nehmen sie ihr Wissen mit. Solange wir nicht an die richtige Person geraten, die Zugang zur richtigen Datenbank hat, sind wir aufgeschmissen.

In den frühen Neunzigern gestalteten sich die Kundenbeziehungen von AlliedSignal Aerospace äußerst kompliziert. Damals war AlliedSignal Aerospace ein Milliardenunternehmen mit einer reichhaltigen Produktpalette von Motoren über Navigationssysteme bis zu Landesystemen für Fluggesellschaften, Besitzer von Privatflugzeugen, den Verteidigungs- und Weltraummarkt. (AlliedSignal verschmolz 1999 mit Honeywell.) Ein Kunde, der verschiedene Produkte kaufen wollte, musste sich mit mehreren Geschäftsbereichen und unzähligen Unterabteilungen herumschlagen: Bei der einen bestellte er das Produkt, bei der nächsten bezahlte er es, die dritte war für Reparaturen zuständig, und so weiter.

Schließlich verschlechterte sich die Situation dermaßen, dass der damalige CEO von American Airlines, Bob Crandall, zum damaligen CEO von AlliedSignal, Larry Bossidy, sagte, wenn er könnte, würde er seine Teile bei einem anderen Lieferanten kaufen. AlliedSignal erkannte, dass die Kundenzufriedenheit einen kritischen Punkt erreicht hatte, und reagierte mit der Schaffung von Kundenbetreuungsteams, die für die Gesamtbeziehung zu den ihnen zugeteilten Kunden verantwortlich waren. Jedem Betreuungsteam gehörten abgesehen von Außendiensttechnikern Mitglieder aus der Verkaufsabteilung, den verschiedenen Produktgruppen, der Kreditabteilung und dem Kundenservice an.

Die Zuständigkeit dieser Kundenbetreuungsteams ging über die Verkaufstätigkeit weit hinaus. Sie hatten die Aufgabe, die Geschäftsbeziehungen für die Kunden zu vereinfachen, die Kundenzufriedenheit zu verbessern und das Kundenumsatzvolumen zu steigern. Fortan wandten sich die Kunden, wann immer sie in irgendeinem Stadium ihrer Beziehung zu AlliedSignal hinsichtlich irgendeines Produkts ein Problem hatten, an stets dasselbe Kundenbetreuungsteam. Auch wenn einzelne Mitarbeiter kamen und gingen, behielt das Kundenbetreuungsteam sein Wissen über den Kunden; die in einer gemeinsamen Datenbank gesammelten Informationen waren allen Teammitgliedern zugänglich. Die Folge dieser Anstrengungen waren eine dramatisch verbesserte Kundenzufriedenheit und eine Zunahme des Betriebsgewinns von fünfhundert Millionen US-Dollar im Jahr 1996 auf über 1,9 Milliarden im Jahr 1999.

Ein anderes Unternehmen, das mit der Beachtung dieses Prinzips spektakuläre Erfolge erzielte, ist der Finanzdienstleister Charles Schwab. Viele Brokerfirmen sahen im beginnenden Internet eine Bedrohung für ihr Geschäft. Entweder versuchten sie das Internet zu ignorieren, oder sie richteten eine separate Abteilung für Onlineinvestoren ein, die keinen Kontakt zu den Handelsvertretern und Servicemitarbeitern hatte, die die traditionellen Kunden betreuten. Das Problem lag jedoch in der Beliebigkeit dieser Kundensegmentierung (online kontra offline), die für das Brokerunternehmen möglicherweise praktisch, für die Kunden jedoch äußerst unbequem war. Die meisten Kunden sahen sich nicht als ausschließliche Nutzer oder Nichtnutzer des Internets. Derselbe Kunde wollte mit der Brokerfirma möglicherweise zu verschiedenen Zeiten auf unterschiedliche Weise Kontakt aufnehmen: telefonisch, über das Internet oder persönlich in einer Filiale. Dave Pottruck, der President und stellvertretende CEO von Schwab, erkannte das Problem. Er sagte zu seiner Organisation: »Die Unternehmen haben nicht länger Besitzrechte am Kunden. Der Kunde ist sein eigener Herr. Es bringt also nichts, wenn wir versuchen, Mauern um sie zu errichten.« Das veranlasste Schwab zur Implementierung seiner gefeierten »Clicks and Mortar«-Strategie, die dem Kunden flexible Optionen an die Hand gibt, wie er seine Geschäftsbeziehung mit Schwab gestalten will. Natürlich birgt dieser Ansatz das Risiko, dass der Kontakt jedes Mal eine andere Qualität hat. Zur Vermeidung dieses Risikos entwickelte das Unternehmen ein Kundendatenbanksystem, das es jedem Mitarbeiter, der mit einem Kunden in Kontakt kommt, erlaubt, alles über dessen übrige Kontakte mit dem Unternehmen zu erfahren. Jede vom Kunden gewählte Form der Kontaktaufnahme führt also zum selben Resultat.

Schwab hat auch sein Vergütungssystem so eingerichtet, dass die Mitarbeiter ermuntert werden, sich auf das Gesamtgeschäft zu konzentrieren, das der einzelne Kunde dem Unternehmen einbringt, statt auf ihren speziellen Tätigkeitsbereich an irgendeinem speziellen Tag. Wie Pottruck sagt: »Wir schauen nicht so sehr auf die Rentabilität einzelner Vertriebskanäle, sondern auf die Rentabilität jedes Kunden.« Mit dieser integrierten Behandlung des Kunden setzte sich Schwab an die Spitze des internetgestützten Versicherungsgeschäfts.

Etliche Versandhäuser nutzen die Möglichkeit, vor der Annahme eines Gesprächs die Telefonnummer des Anrufers zu analysieren, um dem Kunden eine integrierte Betreuung zuteil werden zu lassen. Diese Unternehmen identifizieren den Anrufer anhand seiner Nummer und leiten, wenn möglich, das Gespräch an denselben Servicemitarbeiter weiter, mit dem der Kunde das letzte Mal sprach. Die Kunden können ihre Unterhaltung mit dem Servicevertreter dort fortsetzen, wo sie beim letzten Mal stehen geblieben waren, anstatt dass sie alles noch einmal von vorn erzählen müssen. Das erspart sowohl dem Kunden als auch dem Unternehmen Zeit.

5. Profitieren Sie von der Mitarbeit des Kunden

Paradoxerweise machen Sie Ihrem Kunden das Leben gerade dadurch einfacher, dass Sie ihn einen Teil Ihrer Arbeit tun lassen. IBM beispielsweise bietet seinen Kunden einen Internetzugang zu Systemen, die ihnen gestatten, die passenden Produkte für ihre Erfordernisse auszuwählen, Preise und Verfügbarkeit zu recherchieren, eine Bestellung aufzugeben und den Status der Auftragserfüllung zu verfolgen. Die Mitarbeiter von IBM brauchen sich um diese Aufgaben nicht mehr zu kümmern, weil die Kunden sie jetzt selbst erledigen können.

Das ist nichts Ungewöhnliches; viele Unternehmen aus einer Vielzahl von Branchen gestatten ihren Kunden mittlerweile, ihre Bestellungen selbst einzugeben und zu steuern. Bemerkenswert ist, dass die Kunden so begeistert mitspielen. Auf den ersten Blick überrascht es vielleicht, dass sie nicht nur bereit sind, Ihre Arbeit für Sie zu erledigen, sondern sich sogar danach drängen; das erinnert an Tom Sawyer, der seinen Freunden »erlaubt«, für ihn den Zaun zu tünchen. Bei näherer Betrachtung hält sich die Überraschung jedoch in Grenzen. Vielen Kunden macht es weniger Mühe, diese Arbeit für Sie zu erledigen, als Sie darum zu bitten, dass Sie sie tun. Denn selbst wenn Sie sich um die Bestellung des Kunden kümmern, muss er Ihnen immer noch seine Wünsche mitteilen, das Bestellformular zurücksenden und sich nach dem Status erkundigen. Diese Interaktionen können für den Kunden schnell lästig werden. Ihre Handelsvertreter beschreiben Ihre Produkte möglicherweise nicht genau genug, verstehen die Wünsche des Kunden falsch oder machen Fehler bei der Entgegennahme der Bestellung. Ihre Sachbearbeiter können sich schlicht und einfach bei der Eingabe vertippen. Ihre Servicemitarbeiter sind möglicherweise nicht erreichbar, wenn der Kunde sich nach dem Status seiner Bestellung erkundigen oder Änderungen vornehmen will. Mit anderen Worten, wenn Sie sich um die Bestellung kümmern, muss sich der Kunde immer noch mit Ihnen herumschlagen, was im Zweifelsfall aufwändiger ist.

Wenn Sie dem Kunden Zugang zu Ihrem Computersystem gewähren, sodass er seine Bestellung selbst eingeben kann, hat er möglicherweise weniger Arbeit. Eine gut gestaltete Computeroberfläche ermöglicht eine unkomplizierte Auftragseingabe und hilft, Fehler zu vermeiden. Der Computer nennt keine falschen Preise oder unzutreffende Produktkenndaten. Ein Computersystem lässt sich so einrichten, dass die Kunden jederzeit darauf zugreifen können, sodass sie weder auf die Geschäftszeiten angewiesen sind noch auf einen freien Kundenbetreuer warten müssen; sie können das Gewünschte tun, wo und wann sie wollen. Für Ihre Kunden ist es einfacher, diese Dinge selbst zu erledigen, als sie durch Ihre Mitarbeiter erledigen zu lassen.

Ebenso lassen viele Hersteller von Computer- und Telekommunikationssystemen die Kunden mittlerweile bestimmte Reparaturen selbst durchführen. Nach der traditionellen Variante meldete der Kunde ein Problem und wartete dann auf den nächsten verfügbaren Außendiensttechniker, der sich häufig mit dem speziellen Modell des Kunden nicht auskannte oder das benötigte Ersatzteil nicht bei sich hatte; die Folge waren Verzögerungen und frustrierte Kunden. Nach der neuen Variante erledigen die Kunden die Reparaturen eigenhändig. Wie, werden Sie fragen, kann denn ein Kunde ein kompliziertes elektronisches Gerät reparieren? Elektronische Systeme sind mittlerweile so komplex geworden, dass praktisch niemand mehr in der Lage ist, sie zu reparieren; selbst der Außendiensttechniker des Herstellers kann lediglich Teile austauschen. Die Systeme haben eine modulare Bauweise, damit eine unkomplizierte Wartung vor Ort möglich ist.

Der neue Ablauf sieht folgendermaßen aus: Wenn sich ein Kunde zwecks Meldung einer Gerätestörung mit dem Hersteller in Verbindung setzt, wird er mit einem technischen Berater verbunden, der mit dem Kunden eine Fragenliste durchgeht, um das Problem zu orten. Der Berater erklärt dem Kunden, wie er das Gerät ausschalten, das defekte Teil entfernen und durch ein anderes ersetzen kann, das beim Kunden auf Lager liegt. Innerhalb weniger Minuten ist das Gerät wieder einsatzbereit. Dem Kunden macht es nichts aus, die Reparatur selbst durchzuführen; das ist ihm allemal lieber, als wenn er erst auf das Wartungspersonal des Herstellers warten muss.

Technisch gesprochen leisten die Kunden in diesen Beispielen zusätzliche wertschöpfende Arbeit (Bestellungen eingeben, Geräte reparieren), während sie gleichzeitig in sehr viel größerem Umfang von wertschöpfungsfreier Arbeit (die sich in den Gemeinkosten niederschlagen) entlastet werden. Davon profitieren Kunden und Lieferanten gleichermaßen.

6. Verwenden Sie kundenzentrierte Bewertungsmaßstäbe

Eine alte Geschäftsregel besagt: »Wenn Sie etwas verbessern wollen, müssen Sie es messen.« Wenn ein Unternehmen in den Augen der Kunden besser dastehen will, muss es logischerweise diejenigen Dinge messen, die dem Kunden am wichtigsten sind; das ist jedoch selten der Fall. Die meisten Unternehmen messen, was sich leicht messen lässt, was sie immer schon gemessen haben und was ihnen selbst wichtig ist – selbst wenn es für den Kunden bedeutungslos ist. Anschließend stellen diese Unternehmen entsetzt fest, dass ihre Kunden unzufrieden sind und die Zusammenarbeit als schwierig empfinden.

Hier ist eine Situation, der ich häufig begegnet bin. Ein Unternehmen maß und verbesserte eifrig seine Auftragserfüllungszeiten (also die Zeit von der Bestellannahme bis zur Versendung der Lieferung an den Kunden). Unnötige Aktivitäten und Verzögerungen wurden konsequent eliminiert. Stolz auf ihre Errungenschaft, erwarteten die Manager des Unternehmens, dass die Kunden sie dafür loben würden – nur um festzustellen, dass die Kunden weiterhin höchst unzufrieden waren mit der Zeit, die die Ausführung ihrer Bestellungen in Anspruch nahm. Die Manager waren überrascht und ratlos; wofür hatten sie sich so angestrengt?

Der Fehler des Unternehmens lag in der solipsistischen Definition von Auftragserfüllung. Die Manager stoppten die Zeit von dem Augenblick, als die Bestellung einging, bis zu dem Moment, als die Ware die Laderampe verließ. Für den Kunden hatten jedoch weder Start- noch Endpunkt, wie sie vom Unternehmen gemessen wurden, eine Bedeutung. Die Uhr des Kunden begann in dem Augenblick zu ticken, als er erkannte, dass er das Produkt des Unternehmens benötigte, und hielt erst an, als das Produkt eingetroffen und einsatzbereit war. Selbstverständlich geht die vom Lieferanten gemessene Auftragserfüllungszeit in die Rechnung ein, aber sie ist lediglich eine Komponente unter vielen.

Ebenso wichtig sind die Zeit, die der Kunde benötigt, um ein Produkt auszuwählen und dem Lieferanten seine Bestellung zu übermitteln, die Zeit, die der Lieferant benötigt, um die Ware anzuliefern, sowie die Zeit, die der Kunde benötigt, um sie auszupacken und zu installieren. Eine Reduzierung der Auftragserfüllungszeit nützt wenig, wenn die Produktinformationen schwer zu bekommen oder zu verstehen sind, wenn der Bestellvorgang umständlich und fehleranfällig ist oder wenn die Versandmethoden ineffizient sind. Hätte sich das Unternehmen von vornherein an den richtigen Bewertungsmaßstäben orientiert, hätte es erkannt, dass Verbesserungen auf breiterer Front erforderlich waren, und es hätte seine Bemühungen auf die Reduzierung dieses größeren Intervalls gerichtet.

Progressive Insurance, der viertgrößte Autoversicherer der USA, hat von der Einführung kundenorientierter Messkriterien stark profitiert. Ursprünglich konzentrierte sich das Unternehmen ähnlich wie andere Versicherer auf interne Kriterien wie beispielsweise die Produktivität seiner Schadensgutachter. Den Kunden ging es jedoch um etwas anderes: um die rasche Abwicklung von Schadensfällen. Bei Progressive und den meisten anderen Versicherungen dauerte es häufig sieben bis zehn Tage, bis ein Gutachter kam, um das Auto zu inspizieren und den Schaden zu schätzen, und während dieser Zeit wurden die Kunden immer ungehaltener. Größere Gutachterproduktivität würde dieses Problem nicht lösen. Progressive gab sich daraufhin einen Ruck und stellte seine Kriterien, nach den Worten des Unternehmens, »von Progressive-Zeit auf Kundenzeit« um. Fortan maß es die Zeit vom Unfall bis zum Erscheinen des Gutachters, und zwar in Stunden und nicht in Tagen. Dies führte zu einer gesteigerten Kundenzufriedenheit und damit zu einer höheren Kundenbindungsrate. Auch der Marktanteil vergrößerte sich, da die Kunden ihren Freunden erzählten, wie einfach es bei Progressive ist, einen Schaden begutachten zu lassen. Derzeit bemüht sich Progressive um die Verbesserung eines weiteren, in den Augen der Kunden sehr wichtigen Wertes: der Gesamtzeit vom Augenblick des Unfalls bis zur Zahlung des Erstattungsbetrags.

Viele Unternehmen machen sich selbst etwas vor, wenn sie die Kundenzufriedenheit danach messen, wie häufig sie ihre Produkte innerhalb der zugesagten Frist liefern. Denn die vom Unternehmen zugesagte Frist entspricht nicht unbedingt der vom Kunden gewünschten. Häufig wird Kunden, die um Lieferung zu einem bestimmten Zeitpunkt bitten, mitgeteilt, dies sei unmöglich, und es wird ihnen ein Ersatztermin angeboten. Die Einhaltung dieses Termins ist zwar empfehlenswert, bedeutet jedoch wenig für den Kunden, der seinen Betrieb auf den vom Lieferanten genannten Termin umstellen muss. (Umso ärgerlicher ist es, dass die meisten Unternehmen in mehr als vierzig Prozent der Fälle nicht einmal diesen Termin einhalten!)

Der Stromversorger Duke Power und das Chemieunternehmen Solutia gehen mittlerweile beide so weit, dass sie messen, wie häufig sie den vom Kunden genannten Termin einhalten können. Eine geringere Zahl gemäß diesem neuen Messkriterium ist mehr wert als eine hohe Zahl gemäß dem alten. Beiden Unternehmen gelang es übrigens, diesen entscheidenden Messwert deutlich zu steigern; sobald sie sich auf die richtigen Ziele konzentrierten, fanden sie Wege, wie sie diesem Ziel tatsächlich näher kommen konnten.

Manager, die den Vorschlag machen, Dinge zu messen und zu verbessern, die für die Kunden wirklich zählen, bekommen möglicherweise zu hören, diese Messwerte ließen sich nur schwer beeinflussen. In einigen Fällen handelt es sich dabei lediglich um

Ausreden von Leuten, die die dazu erforderlichen Anstrengungen scheuen. In anderen Fällen mag der Einwand eine gewisse Berechtigung haben insofern, als das Unternehmen nicht die volle Kontrolle über die Kriterien hat. Dennoch ist der Einwand letztlich nicht relevant. Sie müssen einen Weg finden, wie Sie die Dinge verbessern können, auf die es aus der Sicht der Kunden wirklich ankommt.

Das Unternehmen GE Capital begegnete diesem Problem in einer Geschäfteinheit, die Büroausstattern Finanzdienstleistungen in Form von Einkaufskrediten für deren Kunden anbietet. Mit seinen viel gerühmten Prozessverbesserungstechniken gelang es GE Capital, die für die Genehmigung eines Kredits erforderliche Zeit von zwei Tagen auf wenige Stunden zu reduzieren. Anschließend stellten die Manager jedoch fest, dass ihre Kunden dies kaum registrierten; den Büroausstattern ging es vielmehr um die erforderliche Zeit, bis sich ein Auftrag ihrer Kunden in eine Zahlung verwandelte. Dieser Wert lag ungefähr bei siebenundvierzig Tagen. Die Reduzierung, ja selbst die Eliminierung des zweitägigen Anteils von GE Capital spielte da keine Rolle. Wenngleich das Unternehmen seinen Teil geleistet hatte und keine weiteren Verpflichtungen hatte, versuchte es trotzdem zu helfen. Schulterzucken funktioniert in der Customer Economy nicht. GE Capital setzte sich mit den Händlern zusammen und half ihnen, den Siebenundvierzig-Tage-Prozess auf mittlerweile fünfundzwanzig Tage zu drücken. Da überrascht es nicht, wenn die Händler finden, dass sich mit GE Capital gut Geschäfte machen lassen.

Ebenso konzentriert sich GE Aircraft Engines nicht länger nur auf die Reparaturdauer je Flugzeugtriebwerk. Was zählt, ist »Wing to Wing« – die Zeit von der Demontage des Triebwerks vom Flugzeugflügel bis zu seiner erneuten Montage –, denn in dieser Zeit ist das Flugzeug nicht einsatzbereit. In vielen Fällen stellte sich heraus, dass die tatsächliche Reparaturzeit gerade einmal die Hälfte der Wing-to-Wing-Zeit betrug. GE bot daraufhin den Fluggesellschaften Hilfe bei der Reduzierung der anderen Zeithälfte an und erwarb sich damit deren Kundentreue.

Eine Konzentration auf kundenzentrierte Messkriterien bringt in vielerlei Hinsicht Vorteile mit sich. Es kommen Probleme ans Tageslicht, die andernfalls unentdeckt blieben. Wenn Sie beispielsweise die Zeit messen, die eine Auftragsbearbeitung aus Kundensicht erfordert, stellen Sie möglicherweise fest, dass Ihre Bestellverfahren umständlich und kundenfeindlich sind. Indem Sie Ihre Mitarbeiter nach neuen Kriterien belohnen, lenken Sie ihre Energien auf die Dinge, die die meiste Aufmerksamkeit erfordern. Kundenorientierte Messkriterien können auch ein nützliches Verkaufsinstrument sein; Sie können Kunden gewinnen oder an sich binden, indem Sie ihnen zeigen, dass eine Zusammenarbeit mit Ihnen positive Auswirkungen auf jene Messwerte hat, die den Kunden besonders wichtig sind.

Die soeben vorgestellten sechs Techniken entsprechen den sechs verbreitetsten Symptomen eines kundenunverträglichen Geschäftsgebarens. Mit diesen Techniken erreichen Sie, dass sich Ihre Kunden auf jeden Geschäftskontakt mit Ihnen freuen, anstatt davor zurückzuschrecken. Zusätzlich können sich noch andere, möglicherweise überraschende Vorteile ergeben.

In den frühen Tagen der Quality-Bewegung schrieb Phil Crosby ein einflussreiches Buch mit dem Titel »Quality is Free«. Darin vertrat er die These, dass eine extrem hohe Produktqualität keineswegs mit höheren Kosten verbunden sein muss, sondern vielmehr die Kosten vermindern kann. Eine ähnliche Beobachtung lässt sich bezüglich ETDBW machen. Wenn es einfach ist, mit Ihnen Geschäfte zu machen, hat das für Sie einen doppelten Vorteil: Nicht nur schonen Sie den Geldbeutel Ihrer Kunden, die es Ihnen mit Treue danken werden, Sie sparen auch selbst. So gut wie alle der betrachteten Techniken wirken sich kostenentlastend auf Ihren Unternehmensbetrieb aus. So sparen Sie Geld, wenn Sie den Kunden Ihre Arbeit verrichten lassen. Eine Vorhersage von Kundenbedürfnissen ermöglicht es Ihnen, sich besser darauf vorzubereiten und Ihre Ressourcen effektiver einzusetzen; indem Sie den Kunden konstante Ansprechpartner zuweisen und auf integrierte Kundenprofile zurückgreifen, sparen Sie Kosten für Versöhnungs-, Koordinierungs- und Problemlösungsmaßnahmen und all die anderen (teuren) Mechanismen, die üblicherweise dazu dienen, die Unzulänglichkeiten des Kundenkontakts zu kompensieren. Fast alle zitierten Beispiele zeugen von substanziellen Kosteneinsparungen bei einer deutlichen Verbesserung der Kundenzufriedenheit.

Der große Jazzmusiker Fats Waller wusste alles über ETDBW. Er sagte: »Findet heraus, was sie wollen und wie sie es wollen, und gebt es ihnen genau so.« Er hatte Recht. Wenn Sie das tun, sparen Sie Ihren Kunden und sich einen Batzen Geld, und Sie heben sich von Ihren faden und eintönigen Mitbewerbern ab. Andernfalls werden Sie zu einem leichten Fressen für Ihre immer mächtigeren Kunden. Aber selbst wenn Ihre Kunden gern mit Ihnen zusammenarbeiten, haben Sie damit erst die Hälfte des erforderlichen zugkräftigen Wertversprechens für Ihre Kunden beisammen. Die andere Hälfte wird Gegenstand des folgenden Kapitels sein.

Agenda Punkt 1

Erleichtern Sie es Ihren Kunden, mit Ihnen zusammenzuarbeiten:

- Weisen Sie dem Kunden einen einzigen konstanten Ansprechpartner zu.
- Behandeln Sie jede Kundengruppe anders.
- Erraten Sie im Voraus, worum Ihre Kunden Sie bitten werden.
- Lassen Sie die Kunden spüren, dass Sie sich an sie erinnern.
- Regen Sie die Kunden zu Mitarbeit an.
- Messen Sie das, was für die Kunden wirklich zählt.

3 Geben Sie Ihrem Kunden, was er wirklich will

Geben Sie ihm MVA

Wenn ich Sie auf der Straße anhalten und nach Ihrer Branche fragen würde, würden Sie die Frage für naiv und die Antwort für furchtbar einfach halten: Ihre Branche ist durch Ihre Produkte und Dienstleistungen definiert. Deere ist ein Traktorenhersteller, Prudential ein Versicherer und Microsoft ein Computerunternehmen. Wenn ich Sie weiter fragen würde, was die Kunden von Ihrem Unternehmen wollen, würden Sie wahrscheinlich etwas sagen wie: »Innovative und qualitativ hochwertige Produkte [oder Dienstleistungen] zu fairen Preisen.« Vielleicht werden Sie nach der Lektüre des vorherigen Kapitels schnell hinzufügen: »… und eine unkomplizierte Zusammenarbeit.«

Schlechte Antworten.

Diese Antworten verraten viel darüber, warum Ihr Unternehmen so viel Mühe hat, sich mit der Customer Economy zu arrangieren. Sie repräsentieren eine klassische introvertierte, produktzentrierte Weltsicht. Sie sind die Überreste einer antiquierten Denkweise, der zufolge Ihre Produkte wichtiger sind als Ihre Kunden, die Kunden ausgerechnet das haben wollen, was Sie zufällig herstellen und verkaufen, und Ihnen nichts anderes zu tun bleibt, als diese Produkte, nun, herzustellen und zu verkaufen.

Sie unterliegen einem großen Irrtum. Ihre Kunden haben kein Interesse an Ihnen oder Ihrem Unternehmen und nur geringes Interesse an Ihren Waren. Dass Sie und Ihre Produkte in dem Drama Ihres eigenen Geschäftslebens die Hauptrollen spielen,

53

ändert nichts an der Tatsache, dass Sie im Leben Ihres Kunden nur Randfiguren sind. Dem Kunden geht es lediglich um sich selbst, und für ihn existieren Sie nur deshalb, weil Sie ihm sein Leben und seine Geschäftstätigkeit vereinfachen können. Es mag ja sein, dass Ihre Produkte und Dienstleistungen, Ihre edlen Kreationen, denen Ihre ganze Liebe und Aufmerksamkeit gilt, Ihnen dabei helfen, jenes Ziel zu erreichen; und doch sind Ihre ultramodernen, qualitativ hochwertigen und preisgünstigen Waren lediglich der Anfang der Geschichte.

Das vorige Kapitel beschäftigte sich mit dem Imperativ, den Kunden den geschäftlichen Umgang mit Ihnen so einfach wie möglich zu gestalten. Dem Kunden das Leben einfacher zu machen, ist zwar eine Notwendigkeit, reicht aber bei weitem nicht aus. In der Customer Economy müssen Sie sehr viel mehr tun. Es reicht nicht, wenn Sie dem Kunden Ihre Produkte und Dienstleistungen geben; Sie müssen ihm bei der Lösung der Probleme helfen, die für ihn überhaupt der Grund waren, warum er sich für Ihre Angebote interessierte. Kurz, Sie müssen ihm zusätzlichen Mehrwert oder MVA (*More Value Added*) bieten. ETDBW bedeutet, dass Sie dem Kunden dasselbe bieten wie zuvor, jedoch auf eine unkompliziertere Weise; MVA bedeutet, dass Sie dem Kunden mehr bieten, möglicherweise mehr, als Sie ihm je zuvor geboten haben. Statt dass Sie lediglich die Zusammenarbeit mit dem Kunden vereinfachen, müssen Sie ihm für seine Probleme Lösungen anbieten, die weit über die einzelnen Produkte oder Dienstleistungen hinausgehen.

Es gibt eine Anekdote von der Jahresversammlung eines größeren Herstellers von Elektromaschinen. Der Chairman steht auf und wendet sich an die versammelten Anteilseigner. »Ich habe eine schlechte Nachricht für Sie«, sagt er. »Niemand will unsere Bohrmaschinen.« Die Zuhörer sind entsetzt. Der letzte Unternehmensbericht hatte noch einen Marktanteil von neunzig Prozent ausgewiesen. Der Chairman fährt fort: »Ja, das ist richtig, niemand will unsere Bohrer. Was sie wollen, sind Löcher.«

Alle Kunden, ob Einzelpersonen oder Unternehmen, haben Probleme, für die sie Lösungen suchen. Ihr Produkt oder Ihre

Dienstleistung ist bestenfalls Bestandteil der Lösung für diese Probleme. Wenn Sie beispielsweise Autos verkaufen, dann ist dieses Auto nur Teil der Lösung für das Transportproblem des Kunden. Daneben benötigt der Kunde Benzin als Treibstoff sowie Wartungsdienst und Ersatzteile, um das Auto fahrtüchtig zu halten. Er braucht eine Finanzierung, um es kaufen zu können, eine Versicherung, um das Auto und sich zu schützen, und Straßenkarten, um von einem Ort zum nächsten zu gelangen. Ebenso ist auch die Bohrmaschine nur Teil dessen, was der Kunde benötigt, um zu seinen Löchern zu kommen; er braucht außerdem einen Zollstock, den richtigen Bohraufsatz und Kenntnisse in der Verwendung dieser Werkzeuge. Jedes Element für sich ist ein Produkt oder eine Dienstleistung, zusammen bilden sie jedoch eine Systemlösung für das zugrunde liegende Problem des Kunden.

Wenn all diese Produkte von unterschiedlichen Spezialunternehmen kommen, muss der Kunde diese Komponenten selbst kombinieren, damit sie funktionieren. In komplizierten Fällen trägt dieser Vorgang den Namen »Systemintegration« – ein Unterfangen, das häufig seine Tücken hat.

Wenn die Produkte in vielen Varianten angeboten werden, möchten die Kunden möglicherweise selbst die jeweils beste Variante auswählen und nehmen dafür auch die Mühe des Integrierens in Kauf. Aber in einer Welt standardisierter Produkte und mächtiger Kunden können Sie nur dann erfolgreich sein, wenn Sie sich weniger auf sich und auf Ihre Produkte, als vielmehr auf Ihre Kunden und die von ihnen gesuchten Lösungen konzentrieren.

Sie können sich das MVA-Prinzip wie eine Leiter mit Ihrem Produkt als unterster und der Lösung für das Kundenproblem als oberster Sprosse vorstellen. Je mehr Sie Ihrem Kunden helfen, den Abstand zu überwinden, desto mehr Wert bieten Sie ihm, wodurch Sie sich selbstverständlich von Ihren Wettbewerbern abheben, die immer noch um den Fuß der Leiter herumkrabbeln. Es ist zudem Ihr Vorteil, so viel wie möglich von der Leiter zu kontrollieren – Sie verringern damit die Wahrscheinlichkeit, dass Ihre Kunden Ihnen zugunsten eines Wettbewerbers untreu werden, der sich weiter unten auf der Leiter befindet und weniger

Wert bietet. Gleichzeitig steigen Ihre Chancen auf Margen und Gewinne.

Dies ist keine neue Idee. In den Fünfzigern hatte IBM mit einer solchen Strategie großen Erfolg. Damals hätte niemand behaupten können, dass IBM die besten Computer herstellte. Die Computer des Unternehmens waren zwar handwerklich solide, jedoch boten die Wettbewerber häufig ein besseres Preis-Leistungs-Verhältnis oder fortgeschrittenere Technologie. Doch IBM hatte die glückliche Eingebung, dass die Kunden nicht einfach Computer wollten. Sie wollten vielmehr Lösungen für ihre aktuellen Geschäftsprobleme: Gehaltsabrechnung, Buchführung und Lagerverwaltung. Das Unternehmen umgab seine Basiscomputer mit zahlreichen verwandten Produkten und Dienstleistungen, die den Kunden bei der Lösung dieser Probleme halfen, wie beispielsweise Anwendungssoftware, Systemanalysetools, Installation, Training und laufende Wartung. Diese Idee ist nicht auf Computersysteme beschränkt; sie lässt sich auf so gut wie jedes Produkt und jede Dienstleistung übertragen. Offenbar muss jede Geschäftsgeneration dieses Grundprinzip erst einmal vergessen, um es anschließend neu zu entdecken.

Um Ihren Kunden zusätzlichen Mehrwert zu bieten, müssen Sie sich folgende Fragen stellen: Was beabsichtigen unsere Kunden mit unserem Produkt oder unserer Dienstleistung zu tun, nachdem sie sie von uns erhalten haben? Welches sind die branchenspezifischen oder individuellen Probleme unserer Kunden? Was können wir zusätzlich tun, um unseren Kunden bei der Lösung dieser Probleme zu helfen? Dieser Denkansatz zwingt Sie, Ihre alte Produktorientierung aufzugeben und sich stattdessen in Ihre Kunden hineinzuversetzen.

Denken Sie an Trane, den zu American Standard gehörenden milliardenschweren Hersteller von Kühl- und Heizgeräten. Eine Einheit von Trane stellt Komponenten (Air Handlers, Chillers etc.) für Kühlsysteme in großen Geschäftsanlagen wie Hotels oder Bürogebäuden her.

In der Vergangenheit konzentrierte sich das Unternehmen ausschließlich auf seine Produkte und bestritt den Wettbewerb über deren Qualität. Mit der Zeit wurden sich die Produkte in der Air-Conditioner-Branche ebenso wie in vielen anderen Branchen immer ähnlicher. Für Trane wurde es immer schwerer, sich nur auf der Basis der Produkteigenschaften von seinen Wettbewerbern abzuheben. Das Unternehmen beschloss daraufhin, sich fortan statt auf Produkte auf Systeme zu konzentrieren und statt Geräte Lösungen zu verkaufen.

Das Unternehmen erkannte, dass seine Kunden, die Besitzer und Betreiber von Geschäftsgebäuden, in Wirklichkeit nicht bloß Air-Conditioning-Komponenten benötigten. Die Gebäudeeigentümer mussten ihren Mietern ein komfortables Klima bereitstellen. Die Eigentümer wollten ein klimatisiertes Gebäude, keine Klimageräte. Oder wie die Manager von Trane es formulierten: Die Kunden wollten Mahlzeiten, keine Zutaten. Infolgedessen positioniert sich Trane nunmehr als Anbieter von Systemlösungen für Gebäudeeigentümer.

Anstatt ausschließlich Komponenten an Kühlinstallationsfirmen und andere Zwischenhändler zu verkaufen, bietet das Unternehmen jetzt auch integrierte Systeme an, mit denen es sich direkt an die Gebäudeeigentümer wendet. In diesem Fall analysiert Trane den Kühlbedarf des Gebäudes, konfiguriert das richtige System, beschafft, montiert und installiert die Komponenten des Systems (inklusive Komponenten anderer Hersteller) und übernimmt die langfristige Wartung. Trane erledigt nicht alle Arbeiten selbst. Das Unternehmen beschäftigt für besondere Tätigkeiten Subunternehmen. Aber es fungiert als Generalunternehmer mit der entsprechenden Gesamtverantwortung für die Lösung des Kundenproblems. Die Manager von Trane haben also den Markt mit den Augen ihrer Kunden noch einmal neu untersucht. Sie sagen, sie hätten sich von einem Hersteller mit Vertriebskapazitäten in ein Vertriebsunternehmen mit Produktionskapazitäten verwandelt – wobei Letzteres besser mit den Bedürfnissen der Kunden harmoniert. Trane hat diesen Geschäftsbereich zügig ausgebaut, und mittlerweile wirft er eine äußerst attraktive Rendite ab.

Der britische Triebwerkhersteller Rolls-Royce verwendet eine ähnliche Strategie. Bis vor kurzem übernahmen die Fluggesellschaften, die von Rolls-Royce Triebwerke kauften, die Verantwortung für deren Wartung und für die Bereithaltung von Ersatzteilen. Für einige Fluglinien waren diese Aufgaben aber eine Belastung. Als sich die Manager von Rolls-Royce in die Lage ihrer Kunden versetzten, wurde ihnen bewusst, dass es diesen Kunden lieber war, wenn sie ihre Ressourcen ganz auf die Vermarktung ihres Namens und die Verbesserung des Kundenservices konzentrieren konnten. Rolls-Royce reagierte umgehend mit einem neuen Angebot unter dem Slogan »Power by the Hour«. Bei diesem Ansatz behält Rolls-Royce sowohl die Besitzrechte als auch die Wartungszuständigkeit für seine Triebwerke, nachdem sie in die Maschinen der Kunden installiert wurden. Die Fluglinie least praktisch das Triebwerk und bezahlt Rolls-Royce für jede Stunde, die es betriebsbereit ist.

Es gibt noch andere Möglichkeiten, wie Sie Ihre Produkte oder Dienstleistungen in Lösungen verwandeln können. Allegiance gehört zu den größten Großhändlern von medizinischem und chirurgischem Bedarf in den Vereinigten Staaten; das Angebot umfasst so gut wie alles, was ein Krankenhaus für den Operationsbetrieb benötigt. Vor Jahren funktionierte Allegiance nicht anders als alle anderen Großhändler. Allegiance erhielt von einem Krankenhaus eine Bestellung, verpackte die Materialien und lieferte sie bis zur Laderampe des Krankenhauses – und dachte anschließend nicht mehr daran.

Die eigentlichen Probleme des Krankenhauses begannen jedoch dort, wo sie für Allegiance endeten. Sämtliche Lieferungen mussten eingelagert, inventarisiert und über das (gelegentlich riesige) Gelände zu den verschiedenen Bestimmungsorten verfrachtet werden. In den Operationssälen mussten die Schwestern die für jeden Eingriff benötigten Materialien zusammentragen, was sehr zeitaufwändig sein kann. Für eine kardiovaskuläre Operation sind bis zu hundert Teile erforderlich, wie beispielsweise verschiedene Skalpelle, Retraktoren und Tupfer.

Allegiance beschloss, mehr für den Kunden zu tun und sich damit ein besonderes Profil zu geben. Allegiance bietet deshalb an, die Lagerhaltung für das Krankenhaus größtenteils mit zu erledigen. In Abwandlung der als Vendor-Managed Inventory (VMI) bekannten Praxis führt Allegiance über die Lagerbestände des Krankenhauses Buch, stellt fest, wann ein Artikel aufgestockt werden muss, und liefert ihn an den Ort, wo er benötigt wird. Im Rahmen des Programms garantiert Allegiance tägliche Lieferung, damit wichtige Produkte stets verfügbar sind. Zudem kann Allegiance Materialien je nach Verwendungszweck gebrauchsfertig zusammenstellen. Im Angebot sind auch verpackte Einheiten mit allen Teilen, die ein Patient von der Aufnahme bis zum Verlassen des Krankenhauses benötigt. Diese Dienstleistungen ersparen den Krankenhäusern viel Zeit, Geld und Platz.

Andere Großhändler verwenden ähnliche Strategien, um sich gegen Wettbewerber abzusetzen. Grainger ist der wichtigste Großhändler für MRO-Bedarf (*maintenance/repair/operating*) in den Vereinigten Staaten. Dort gibt es alles: von Luftschläuchen über Glühbirnen bis zu kleinen Motoren. Grainger hat erkannt, dass das eigentliche Problem der Kunden in der Verwaltung dieser volumenintensiven, niedrigpreisigen Einkäufe besteht, die einzeln kaum etwas kosten, zusammengenommen aber ziemlich teuer sind. Die mit der Beschaffung dieser Artikel verbundenen Verwaltungskosten übersteigen mitunter sogar die tatsächlichen Einkaufspreise, weil die Beschaffungsprozesse vieler Organisationen äußerst gemeinkostenintensiv sind. Der Großhändler hat sein Geschäft dahingehend erweitert, dass er den Kunden jetzt dabei hilft, die MRO-Beschaffung effizienter zu gestalten. Grainger entwickelt zusammen mit den Kunden bessere Methoden, wie sie MRO-Artikel finden, bestellen und bezahlen können; das vermindert die Kosten des Kunden und erhöht den Wert von Grainger.

Während des letzten Jahrzehnts fand die Methode des Vendor-Managed Inventory (VMI) große Verbreitung in der Supermarktbranche, wo es häufig als Continuous Replenishment Program (CRP) oder Efficient Consumer Response (ECR) bezeichnet wird. Angesichts der Ähnlichkeiten zwischen den Marken ein und derselben Produktkategorie haben die Einzelhändler in ihren Beziehungen zu den Lieferanten eine neue Machtstellung bekommen.

Die Lieferanten können heute nur noch auf eine Weise erfolgreich sein: Wenn sie zusätzlich zur Warenlieferung auch noch die Geschäftsprobleme der Einzelhändler lösen. Konsumgüterhersteller haben mittlerweile gelernt, dass die Supermarktketten weniger an ihren Produkten als vielmehr an dem Gewinn interessiert sind, den sie mit diesen Produkten erwirtschaften können. Für die Supermärkte sind die Produkte lediglich ein lästiges Mittel zu einem triumphalen Zweck.

Diese Perspektive eröffnet innovativen Konsumgüterherstellern gute Chancen. Die Cleveren unter ihnen positionieren sich heute eher als Gewinnerzeuger denn als Produktverkäufer. Ihre Mission besteht darin, den Einzelhändlern dabei zu helfen, mehr Gewinn aus dem Verkauf der Produkte des Herstellers zu schlagen. Der erste Schritt dabei ist VMI: Ein Lieferant übernimmt die Verwaltung seiner Produkte im Lager des Supermarkts. Der Supermarkt braucht für diese Arbeit kein Personal mehr abzustellen und spart dementsprechend Kosten ein.

Der nächste Schritt ist das Category Management. Hier wird unter den Lieferanten einer bestimmten Warenkategorie, wie beispielsweise Getränke oder Gefriergemüse, ein so genannter Category Manager bestimmt. Dieser *Captain of the aisle* ist für die ganze Abteilung des Supermarkts zuständig, darunter auch für die Produkte der Wettbewerber. Der Category Manager entscheidet, wie viele Regalmeter jedem einzelnen Produkt zugewiesen werden, um den Gesamtgewinn des Supermarkts in dieser Kategorie zu maximieren, und er stellt daraufhin sicher, dass der Supermarkt von jedem Produkt einen ausreichenden Vorrat im Lager hat. Dem Category Manager erwachsen aus seiner Rolle viele Vorteile, wie beispielsweise die enge Beziehung zum Supermarktbetreiber oder der genaue Überblick, wie gut oder schlecht sich die Produkte seiner Wettbewerber verkaufen. Der Category Manager wird sich hüten, seine Position zu missbrauchen, denn ein wachsamer Supermarktbetreiber könnte ihn sonst durch den nächsten begierigen Anwärter ersetzen.

Unter Jack Welch achtete GE besonders auf den Punkt, an dem ein Produkt beginnt, seine Einzigartigkeit zu verlieren und zu einer reinen Standardware zu werden, die nur noch über den Preis konkurriert. Rechtzeitig bevor dieser Punkt erreicht ist, positioniert der Hersteller das Produkt neu, indem er es mit Serviceleistungen versieht und damit dem Kunden eine komplette Problemlösung anbietet. Nach diesem Schema verfährt das Unternehmen in zahlreichen seiner Geschäftsbereiche.

GE Appliances beispielsweise unterstützt Home Depot beim Verkauf von Großgeräten wie etwa Kühlschränken an Endverbraucher. GE bietet eine weite Palette von Produkten an, weil die Verbraucher sich Geräte wünschen, die in Größe und Farbe genau auf ihre Küchen abgestimmt sind. Aus der Sicht von Home Depot stellt diese Produktvielfalt ein Problem dar, weil der Einzelhändler sich genötigt sieht, die verschiedensten Modelle vorrätig zu halten, was reichlich Platz (Ausstellungsfläche und Lagerraum) in Anspruch nimmt und sehr viel Kapital bindet. GE hat sich dieses Problems angenommen, indem das Unternehmen nun selbst umfangreiche Lager unterhält und die Geräte bei Bedarf direkt aus seinen Lagern an die Kunden des Einzelhändlers liefert. Home Depot hält in seinen Ausstellungsräumen nur noch eine kleine Auswahl von GE-Produkten zu Demonstrationszwecken vorrätig und beschränkt sich in der Lagerhaltung auf die gängigsten Modelle; die übrigen GE-Produkte sind in den Home-Depot-Filialen über einen Computerkatalog erhältlich. Wenn sich ein Endverbraucher für ein bestimmtes Modell entscheidet, gibt der Verkäufer die Bestellung über den Computer direkt an das GE-Lager weiter und vereinbart mit dem Kunden die Hauslieferung direkt durch GE. In den meisten Fällen liefert GE innerhalb von achtundvierzig Stunden. Jeder ist mit diesem Arrangement zufrieden. Der Verbraucher freut sich, dass er schnell das gewünschte Modell erhält, ganz gleich wie gut das Lager von Home Depot gerade bestückt ist; der Einzelhändler freut sich, weil er Ausstellungs- und Lagerkapazitäten gewinnt und der Verantwortung für die Lieferung ledig ist, ohne dass die Kunden auf irgendwelche Produkte verzichten müssen; und der Hersteller freut sich ganz besonders, weil er keine Umsatzeinbußen mehr zu befürchten hat, falls Home Depot bestimmte Produkte nicht auf

Lager hat, und weil er durch diesen Extraservice zum bevorzugten Lieferanten von Home Depot geworden ist. Im Prinzip enthebt GE den Einzelhändler seiner gewinnzehrendsten Verpflichtung, sodass dieser sich voll und ganz auf den Verkauf von Produkten – insbesondere GE-Produkten – konzentrieren kann.

Einen ähnlichen Ansatz verfolgt das Unternehmen in seinem Geschäftsbereich für medizinische Geräte, der Kernspintomografen und Computeraxialtomografen an die Röntgenabteilungen von Krankenhäusern verkauft. GE versteht, dass es diesen Kunden nicht um extravagante Geräte geht – was sie benötigen, ist die Fähigkeit, ihren eigenen Kunden, den Patienten, zu helfen. (Es ist wichtig, die Kunden auf jeder Ebene im Blick zu haben. In vielen dieser Beispiele geht es darum, Kunden dabei zu helfen, wiederum ihren Kunden gerecht zu werden.) Folglich sieht GE Medical Systems die eigene Rolle nicht auf den Verkauf von Computertomografen beschränkt. Vielmehr gilt es sicherzustellen, dass das Krankenhaus das gekaufte Gerät möglichst effektiv einsetzt. Zu diesem Zweck versieht das Unternehmen seine Geräte mit einem Zusatzteil, das es ihm erlaubt, die Geräteleistung fortlaufend zu beobachten. Wenn das Gerät ein Problem anzeigt, kann GE einen Wartungstechniker schicken, bevor das Krankenhaus überhaupt weiß, dass etwas nicht stimmt. GE bietet zudem Informationen zur Gerätenutzung an, die dem Krankenhaus helfen, seinen radiologischen Gerätepark effektiver zu nutzen.

GE Transportation Systems bietet den Eisenbahngesellschaften an, ihre Wartungsanlagen für Lokomotiven zu betreuen, Zugfahrpläne zu erstellen und den Aufenthaltsort der Lokomotiven lückenlos zu verfolgen. All diese Schritte erweitern das Wertversprechen, mit dem die GE-Geschäftseinheiten ihren Kunden bei der Lösung ihrer grundsätzlichen Probleme helfen.

Wenngleich dieser Ansatz besonders im Herstellungsbereich verbreitet ist, lässt er sich auch auf den Dienstleistungsbereich anwenden. GE Capital bietet zusammen mit Home Depot so genannte Home-Improvement-Kredite an, für die sich die Kunden am Tresen bei Home Depot bewerben und innerhalb von zehn Minuten eine Bestätigung erhalten können. In der Vergangenheit definierte sich der Geschäftsbereich IDS von American Express als Anbieter von individuellen Finanzprodukten wie offenen Investmentfonds, bis er erkannte, dass die Kunden in Wirklichkeit an langfristigen Finanzierungsplänen und aufeinander folgenden Produkten interessiert waren, mit denen sie ihre Ziele erreichen konnten; die Investmentfonds waren lediglich ein kleiner Teil in dieser Gleichung. IDS positionierte sich dementsprechend neu, nannte sich 1994 um in American Express Financial Advisors und konzentrierte sich fortan auf die wirklichen Bedürfnisse der Kunden statt auf die Produkte, die für die alte Identität von IDS standen.

Dell Computer ist natürlich für seine Neuerfindung des PC-Markts bekannt, wo der Computerhersteller das Built-to-Customer-Order-Modell erfand, das seither vielfach imitiert wurde. Kein wirklich erfolgreiches Unternehmen ruht sich jedoch auf seinen Lorbeeren aus, weil es weiß, dass seine Wettbewerber ihm auf den Fersen sind. Deshalb konzentriert sich Dell auf eine Vielzahl von Problemen, mit denen die Kundenunternehmen zu kämpfen haben.

Für ein Unternehmen stellen PCs eine bedeutende Investition dar. Sie werden in den Büchern als Anlagevermögen geführt und müssen entsprechend sorgfältig verwaltet werden. Das Unternehmen muss wissen, wie viele PCs es hat, wo sie stehen, wann sie gekauft wurden und andere ähnliche Daten. Das ist kein Problem, solange Sie zwei, drei oder sogar zwanzig Computer haben. Wenn es fünf-, zehn- oder zwanzigtausend sind, wird daraus eine echte Herausforderung.

Dell bietet einen internetgestützten Service an, der den Kunden bei der Verwaltung ihres bei Dell gekauften Computerbestands behilflich ist. Dell unterhält für die Kundenunternehmen Datenbanken, in denen der Hersteller jeden gelieferten PC verzeichnet. Die Kundenunternehmen haben Zugang zu der sie betreffenden Datenbank, um diesen wichtigen Anlagebestand zu verwalten und zu pflegen.

Das Straßentransportgewerbe ist ein Beispiel für eine ganze Branche, die sich auf die Probleme der Kunden neu ausgerichtet hat. Transportunternehmen alten Stils definierten die Bedürfnisse der Kunden dahingehend, Lieferungen von einem Ort zum anderen zu bringen. Heute haben die Transporteure erkannt, dass es den Kunden vor allem darum geht, die richtigen Dinge zur richtigen Zeit am richtigen Ort zu haben. Der moderne Transporteur (Stichwort Third-Party Logistics oder 3PL) hilft einem produzierenden Kundenunternehmen bei der Entscheidung, wie viel in welchen Lagern vorrätig gehalten, wann Waren von einem Lager zum nächsten verfrachtet und wann Produkte von den Fabriken in die Lager gebracht werden sollten. Und sie tun dies so, dass die Lager- und Frachtkosten minimiert und die Fähigkeit des Kunden zur Auftragserfüllung maximiert wird.

Für einige mag das MVA-Konzept als Ketzerei gegen die orthodoxe Lehre von der Kernkompetenz erscheinen. Diese Doktrin besagt, dass die Unternehmen ihre Wachstumsstrategien an ihren angestammten Stärken ausrichten sollten. Es mag auf den ersten Blick so aussehen, als unternähmen einige der soeben besprochenen Unternehmen lediglich einen riskanten Vorstoß in fremdes Gebiet. Mag das Ziel, den Kunden mehr Wert zu bieten, noch so löblich sein, Trane verfügte nicht über Fähigkeiten im Bereich der Installation. Was veranlasste dieses Unternehmen zu denken, es könnte in diesem Bereich erfolgreich sein? Die Antwort ist, dass Kernkompetenzen keine Zwangsjacke darstellen; ebenso wie alte Kernkompetenzen genutzt werden können, lassen sich neue entwickeln. Trane musste einige wichtige Fähigkeiten erwerben, die für seine neuen MVA-Strategien erforderlich waren, aber das stellte kein unüberwindliches Hindernis dar. Es bot diese Fähigkeiten nicht als isolierte Produkte an, sondern als Erweiterung eines Geschäftsfelds, in dem es bereits sehr stark war. Zudem erkennen viele Unternehmen, sobald sie sich auf die breit gefassten Kundenbedürfnisse konzentrieren, dass sie Kompetenzen besitzen, deren sie sich bis dahin nicht bewusst waren. Solche sekundären Fähigkeiten (wie Projektmanagement), die nicht unmittelbarer Bestandteil des Primärangebots des Unternehmens sind, lassen sich im Rahmen einer Lösungsstrategie hervorheben und nutzbringend einsetzen.

Nortel Networks repräsentiert ein besonders eindrucksvolles Beispiel für die Erzeugung von MVA. Bis 1999 definierte sich Nortel als ein Unternehmen, das Telekommunikationsausrüstung entwarf und produzierte. Dann gab jedoch der CEO die Losung aus, dass das Unternehmen in Wirklichkeit kein Hersteller, sondern ein Anbieter von Kundenlösungen sei; folglich lagerte das Unternehmen fast die gesamte Produktsparte aus. Mit der Zeit ging Nortel noch weiter. Das Unternehmen erkannte, dass seine Kunden – Betreiber von Telefonnetzen – weder Geräte noch Netzwerklösungen wollten. Vielmehr ging es ihnen um Übertragungskapazität. Nortel begann also, ihnen Kapazitäten zu verkaufen, und die Kunden zahlten für die Inanspruchnahme dieser Kapazitäten. Das ist analog zu dem Beispiel von Rolls-Royce; Nortel bleibt der Eigentümer der im Netz des Kunden installierten Geräte und lässt sich für deren Benutzung bezahlen. In einigen Fällen geht das Unternehmen sogar Partnerschaften mit diesen Netzbetreibern ein.

Mindestens ein großer Stromversorger arbeitet an Lösungen für Kundenprobleme, die über den angebotenen Grundservice hinausgehen. Die Verbraucher müssen jeden Monat zahllose Rechnungen begleichen – für Strom, Gas und Wasser, für Festnetz- und Mobiltelefon, Kabelfernsehen und Internetanschluss, um nur einige zu nennen. Eine einzelne Rechnung zu bezahlen ist kein Problem; sie alle zu bezahlen, kann durchaus zu einem werden. Der Stromversorger plant, dem Verbraucher eine einzige Rechnung für alle wiederkehrenden monatlichen Dienstleistungen zu schicken und den eingezahlten Betrag anschließend aufzuteilen und an die übrigen Anbieter weiterzuleiten. Damit wird dem Kunden eine Problemlösung angeboten, die über die üblichen Dienstleistungen des Stromversorgers hinausgeht, für den Kunden jedoch einen echten Nutzen bringt.

Vielleicht denken Sie, dass Sie jetzt alles über den Verkauf von Lösungen statt von Produkten wissen, und möglicherweise sind Sie sogar überzeugt, dass Sie dies bereits praktizieren. Seien Sie versichert, dass Sie bislang kaum an der Oberfläche gekratzt haben. Das Thema MVA ist außerordentlich ergiebig; seine

Implikationen sind weit reichend, und sein Widerhall durchdringt dieses Buch. Wie Sie in den Kapiteln 8, 9 und 10 sehen werden, bildet es den Schlüssel zur erfolgreichen Nutzung des Internets. Zusammen mit ETDBW ist es die Achse des kundenorientierten Unternehmens. Und dennoch scheinen die meisten Unternehmen seltsam unfähig zu sein, in diesen wichtigen Bereichen Fortschritte zu machen. Warum das so ist und was ein Unternehmen tun kann, um diese Ziele zu erreichen, werden wir im nächsten Kapitel ergründen.

Agenda Punkt 2

Bieten Sie Ihren Kunden zusätzlichen Wert:

- Denken Sie von sich selbst als einem Anbieter von Lösungen, nicht von Produkten oder Dienstleistungen.
- Unterscheiden Sie zwischen dem, was Sie verkaufen, und dem, was Ihre Kunden kaufen.
- Machen Sie sich ein klares Bild von den eigentlichen Problemen Ihrer Kunden, die über Sie und Ihre Produkte hinausweisen.
- Stellen Sie fest, was Ihre Kunden mit den Dingen anstellen, die Sie ihnen geben, und erledigen Sie dies entweder selbst oder helfen Sie Ihren Kunden dabei.
- Orientieren Sie sich bei der Preisgestaltung an Wert statt an Kosten.

4 Prozesse haben Vorrang

Machen Sie Höchstleistung möglich

Ein mir bekannter Hersteller von Industrieanlagen erlebt es häufig, dass die Kunden ihre Bestellungen mit Änderungswünschen versehen, die sich aus dem speziellen Verwendungszweck ergeben. Die weitere Geschichte dieser Anfragen lässt sich gut und gern als eine Komödie von Fehlern bezeichnen. Der Kundenservicevertreter, der den Änderungswunsch entgegennimmt, geht damit zu einem Ingenieur, der ihn in der Regel für undurchführbar erklärt. In Wirklichkeit sieht der Ingenieur nur keinen Anreiz darin, seine Zeit mit der Änderung eines bestehenden Entwurfs zu verlieren, weil seine Jobbeschreibung und seine Belohnungen auf die Entwicklung neuer Entwürfe ausgerichtet sind. Und warum sollte er auf diesen Kundenservicevertreter hören? Nach langem Ringen gelingt es dem Kundenservicevertreter bisweilen, den Ingenieur zu überreden. Aber dann wiederholt sich die Szene mit dem Systemtechniker (der sein Produktionssystem nicht verändern will), dem Fertigungsplaner (der seinen hübschen Plan nicht über den Haufen werfen will) und mit fast jedem, der an der Auftragserfüllung beteiligt ist. Jedes Kundengesuch schafft eine solche Krise; jedes Gesuch wird unterschiedlich behandelt, der Ausgang ist jedes Mal ungewiss, und jedes Mal wird viel Energie für interne Auseinandersetzungen verschwendet. Das Unternehmen hat errechnet, dass die Erfüllung eines solchen Spezialwunsches einen Monat und länger dauert, obwohl die tatsächlich benötigte produktive Arbeitszeit weniger als drei Tage beträgt. Die übrige Zeit wird mit Diskussionen vertan.

Das Unternehmen hat ein Prozessproblem. Und wenn Ihnen diese Geschichte vertraut klingt, dann haben Sie ebenfalls eines.

Fast das ganze letzte Jahrzehnt über dachte ich, ich hätte ein Wort gefunden, das meine Tätigkeit, meine Sicht von der Welt und meinen Standpunkt zusammenfasst. Das Wort lautete *radikal*. Ich verwendete es nicht im politischen Sinn, sondern in seiner lexikalischen Bedeutung: »fundamental, weit reichend, auf die Wurzel zurückgehend«. Die von mir in den späten Achtzigern initiierte Reengineering-Bewegung handelte davon, dass die Unternehmen ihre Arbeitsweise fundamental verändern, alles von Grund auf überdenken und gewissermaßen noch einmal mit einem leeren Blatt Papier beginnen müssten. Mein Gefühl sagte mir, und andere Mitglieder der Bewegung unterstützten mich darin, dass *radikal* das Schlüsselwort in der Definition von Reengineering war: radikale Veränderung der Geschäftsprozesse zwecks dramatischer Verbesserung der Unternehmensleistung. Reengineering war der kompromisslose Versuch, die Unternehmensführung zu revolutionieren. Nieder mit den ausgelaugten Ideen, unwirksamen Methoden und obsoleten Systemen. Es lebe die neue Kundenwirklichkeit, die neue Unternehmensstruktur und die neue Informationstechnologie.

Ich habe mich geirrt.

Verstehen Sie mich nicht falsch. Ich bin weder ruhiger geworden, noch habe ich meine Vorliebe für radikale Ideen abgelegt. Ich bin nicht wie jene einstigen Politaktivisten, die sich mittlerweile im bürgerlichen Leben gemütlich eingerichtet haben. Ich bin immer noch überzeugt, dass die gewaltigen Veränderungen im wirtschaftlichen Umfeld radikale Antworten erfordern. Aber ich betrachte *radikal* nicht länger als den Kern meiner Definition, noch als das erste Wort im Reengineering-Lexikon. Diese Ehre gebührt mittlerweile dem harmlosen und bescheidenen Wort *Prozess*. Ich betrachte mich nicht länger als radikalen Menschen; stattdessen bin ich zu einem Prozessfanatiker geworden.

Der Prozess ist der Clark Kent unter den Geschäftsideen: scheinbar harmlos und bescheiden, in Wirklichkeit aber äußerst mächtig. Prozesse stehen für die Art und Weise, wie das abstrakte

Ziel der Kundenhofierung in praktische Konsequenzen übersetzt wird. Ohne Prozesse geraten Unternehmen in eine Spirale des Chaos und der internen Konflikte.

Seit wir in einer Welt leben, in der die Kunden das Sagen haben, ist es nur naheliegend, wenn sich die Unternehmen an dem orientieren, was für ihre Kunden am meisten zählt. Wenn wir jedoch einen Augenblick nachdenken, erkennen wir, dass die Kunden gar nicht interessiert sind an den Aktivitäten, auf die die Unternehmen den Großteil ihrer Managementenergie verschwenden: Jahresbudget, Organisationsstruktur, Nachfolgeplanung, Vergütungsprogramm. Zumindest stellen sie lediglich Mittel zu einem Zweck dar. Die Kunden interessieren sich nur für eines: Resultate.

Aus der Sicht der Kunden existiert ein Unternehmen nur, um für sie Wert zu erzeugen und ihnen Resultate zu liefern. In allzu vielen Unternehmen jedoch ist niemand konkret für die Erzeugung und Lieferung von Wert verantwortlich. Man sucht vergebens nach Mitarbeitern, deren Aufgabe und Verantwortung es ist, dass Kundenaufträge von vorn bis hinten ausgeführt werden; dass neue Produkte alle Phasen vom Konzept bis zur Realisierung durchlaufen oder dass Kundenprobleme gelöst werden. Stattdessen wird die Arbeit, die für den Kunden Resultate erzeugt, in Einzelteile zerlegt und auf zahlreiche Abteilungen und Einheiten verteilt. In diesen Unternehmen gibt es für alle Schritte, die zur Erzeugung von Ergebnissen für die Kunden führen, irgendwelche Arbeiter, Manager und Abteilungen, die sich damit beschäftigen, aber niemand hat alle Schritte als einen zusammenhängenden Vorgang im Blick. Einer nimmt die Kundenanrufe entgegen, ein anderer sammelt die nötigen Informationen, ein Dritter entscheidet, was zu tun ist, ein Vierter führt es aus, und niemand überblickt den ganzen Ablauf. Diese Unternehmen leiden ebenso wie unser Hersteller von Industrieanlagen an einer Prozesskrise.

Dass Wort *Prozess* wird heutzutage in der Unternehmenswelt reichlich verwendet, doch häufig nicht im korrekten Sinn. Prozesse erzeugen einfach ausgedrückt die Resultate, die das Unternehmen den Kunden liefert. *Prozess* ist ein Fachterminus mit einer präzisen Definition: *eine strukturierte Gruppe verbundener Akti-*

vitäten, die zusammen ein Resultat erzeugen, das für die Kunden Wert besitzt. Hierbei ist jedes Wort wichtig. Ein Prozess ist eine *Gruppe* von Aktivitäten, nicht nur eine einzige. Die Erfüllung eines Auftrags beispielsweise ist ein Prozess, der sich aus vielen Aktivitäten zusammensetzt – Entgegennahme und Eingabe der Bestellung, Überprüfung der Kreditwürdigkeit des Kunden und ob die Ware vorrätig ist, Zusammenstellung und Verpackung der Ware, Planung und Durchführung der Lieferung. Keine einzelne Tätigkeit erzeugt das Resultat. Der Wert wird durch den gesamten Prozess erzeugt, in dem sich all diese Tätigkeiten systematisch und gemäß einer klaren Zielvorgabe vereinen.

Zweitens sind die Aktivitäten in einem Prozess nicht zufällig oder improvisiert; sie sind *verbunden* und *strukturiert*. Sie umfassen keine isolierten, in diesem Kontext unwichtigen Tätigkeiten, und sie können nicht in beliebiger Reihenfolge ausgeführt werden. Der Prozess der Auftragserfüllung ist eine Folge wichtiger, miteinander verknüpfter Tätigkeiten, die nacheinander ausgeführt werden müssen, um das gewünschte Resultat zu erzeugen. Wir packen die Ware nicht ein, bevor wir sie zusammenstellen. Wir überprüfen die Kreditwürdigkeit nicht erst dann, wenn die Ware schon versandt wurde. Wir vergessen auch keines von beidem, und wir suchen auch nicht auf den Sportseiten nach den Spielergebnissen von vorgestern. Wir tun jedes Mal das Richtige zur richtigen Zeit.

Drittens müssen alle Aktivitäten eines Prozesses *zusammen* auf ein bestimmtes Ziel hinarbeiten. Die Mitarbeiter, die die verschiedenen Schritte eines Prozesses ausführen, müssen alle ein gemeinsames Ziel vor Augen haben, anstatt sich lediglich auf ihre individuelle Aufgabe zu konzentrieren.

Und schließlich ist ein Prozess kein Selbstzweck. Er hat ein Ziel, das über alle seine Einzelaktivitäten hinausweist und diese bestimmt. Wir erfüllen keine Aufträge, nur um uns beschäftigt zu halten; wir tun es, um das vom Kunden gewünschte *Resultat* – die Lieferung von Waren, so wie bestellt – zu erzeugen.

Während der letzten Jahre habe ich über das Konzept des Prozesses mit Tausenden von Leuten gesprochen. Wenn ich meine Definition vorgebracht habe, frage ich die Zuhörer für gewöhnlich, ob ihre eigenen Unternehmen Auftragserfüllungsprozesse haben. Im Durchschnitt heben nur fünfundzwanzig Prozent die Hand, worauf ich mich jedes Mal überrascht zeige. Natürlich haben all diese Unternehmen Kunden, deren Aufträge sie auf die eine oder andere Weise erfüllen. Ich frage sie, warum diese Methoden nicht als Prozesse gelten können – und was demnach fehlt. Ohne Unterschied zitieren meine Zuhörer jedes Mal zwei Worte aus meiner Definition – *zusammen* und *strukturiert*.

Diese Unternehmen führen alle Schritte aus, die zu einer Auftragserfüllung gehören, aber die Mitarbeiter, die diese Jobs tun, arbeiten nicht *zusammen*. Jeder konzentriert sich ausschließlich auf den engen Bereich der eigenen Aufgabe; sie agieren losgelöst voneinander und haben kein gemeinsames Ziel vor Augen. Der Prüfer der Kreditwürdigkeit will bestimmte Kreditstandards einhalten. Der Lagermanager versucht, den Lagerbestand zu minimieren. Die Versandabteilung ist bestrebt, Kosten zu reduzieren. Es ist nichts davon zu spüren, dass alle zusammen auf ein gemeinsames Ziel hinarbeiten, das dem kollektiven Interesse aller dient – das Produkt zum Kunden zu bringen.

Wenn den an dieser Arbeit Beteiligten das gemeinsame Ziel fehlt, bleibt es nicht aus, dass jeder in eine andere Richtung zieht. Jeder hat entsprechend dem Zuständigkeitsbereich seiner Abteilung ein eng gefasstes Arbeitsziel, das jedoch wenig oder gar nichts mit den Gesamterfordernissen des Prozesses zu tun hat. Während jeder Manager sicherstellt, dass seine Abteilung seine eng gefasste Arbeit mit Bravour erledigt, achtet niemand auf die Bravour der ganzen Operation; und niemand sieht die Auftragserfüllung als Gesamtvorgang durch das Prisma des Prozesses.

Außerdem sind die Aktivitäten, aus denen sich die Auftragserfüllung zusammensetzt, nicht *stukturiert*. Das heißt, sie unterliegen keinem Gesamtplan. Es fehlt das Gerüst, das Rahmenkonzept, das detailliert vorgibt, welche Arbeit von wem wann und wo auszuführen ist. Die Arbeit wandert stattdessen von Abteilung zu Abteilung, mal in dieser, mal in jener Reihenfolge. Es fehlt die Gesamtstruktur, die alle Teile zu einem ganzen Prozess zusammenfügt.

71

Ein Prozessplan beschreibt, wie die einzelnen Arbeitseinheiten zusammenkommen müssen, um das Gesamtziel zu erreichen. Er legt genau fest, welche Arbeit in welcher Abfolge wo und von wem zu tun ist. Ein Prozessplan ist die Voraussetzung für die Wiederholbarkeit; ohne ihn ist die Wahrscheinlichkeit groß, dass der Möchtegernprozess jedes Mal anders ausgeführt wird. Die einzelnen mögen noch so hart arbeiten, gegen einen ungenügenden Prozessplan kommen sie nicht an, geschweige denn gegen einen fehlenden.

Traditionelle Organisationen stellen kein prozessfreundliches Umfeld dar. Sie sind um Abteilungen herum organisiert, deren jede nur auf eine einzige Aufgabe ausgerichtet ist. In solchen Organisationen weiß oder interessiert sich niemand dafür, dass es noch andere gibt, die mit verwandten Tätigkeiten beschäftigt sind. Die Kreditabteilung hat keine Vorstellung davon, was die Verkaufsabteilung oder die Lagerverwaltung vorhat. Jede Einheit spricht ihre eigene Sprache und bleibt zu den anderen auf Distanz. Infolgedessen sind die Aufträge der Kunden wie Reisende, die eine Reihe rivalisierender Königtümer passieren, deren Grenzhüter ihnen jedes Mal das Leben schwer machen, bevor sie ihr Visum stempeln und sie weiterziehen lassen.

Solange die Prozesse in unzusammenhängende und in verschiedenen Abteilungen verborgene Einzelteile zerlegt sind, ist niemand in der Lage, den Prozess von Anfang bis Ende zu überblicken, geschweige denn für einen reibungslosen Ablauf zu sorgen. Die Abteilungsmanager kümmern sich nur um ihren eigenen Kram, während die Topmanager zu weit vom Geschehen entfernt sind, um die Arbeitsvorgänge im Einzelnen zu verstehen.

In diesem balkanisierten Umfeld gedeihen schlechte Angewohnheiten und sinnlose Beschäftigungen. Jede Abteilung hat ihre Kontrolleure, Terminjäger, Vorarbeiter und so weiter – Leute, deren Arbeit ein Kunstprodukt des zerstückelten Prozesses ist und keinerlei direkten Wert für den Kunden erzeugt, der doch angeblich das Ziel der Anstrengung ist. Leider erzeugt Arbeit, die dem Kunden keinen Wert bringt, dennoch Kosten.

In einem Umfeld ohne Prozesse häufen sich Fehler. Wenn die Abteilungen weder eine gemeinsame Vision haben, noch eine gemeinsame Terminologie verwenden, kommt es zu Verständigungsproblemen und zu Fehlern, die Korrekturen erforderlich machen, den Kunden entfremden oder beides. Unternehmen ohne Prozesse werden zudem träge und schwerfällig. An den Schnittstellen zwischen den Abteilungen kommt es zu großen Verzögerungen. Und weil niemand für den Gesamtprozess zuständig ist oder den Überblick hat, ist niemand in der Lage, Anpassungen an spezifische oder sich verändernde Kundenerfordernisse vorzunehmen.

Wie vermochten dann traditionelle Organisationen, die ihre Prozesse den funktionalen Abteilungsstrukturen unterordneten, Hunderte von Jahren zu überleben und den großen Wohlstand der industrialisierten Welt zu erzeugen? Die kurze Antwort lautet: Das war damals, und jetzt haben wir heute. Was einst genügte, reicht nicht mehr aus. In einer Welt, in der die Kunden gefügig, der Wettbewerb zivil und die Veränderungen moderat waren, waren hohe Kosten, geringe Qualität und fehlende Flexibilität für die Unternehmen nur selten mit negativen Folgen verbunden. Was konnten die Kunden denn schließlich tun? Sie hatten keine Alternativen. In der heutigen Customer Economy hingegen sind die Kunden nicht länger bereit, jene schlechten Leistungsniveaus zu tolerieren, mit denen sie sich einst zufrieden geben mussten. Niedrige Kosten, hohe Qualität und rasche Reaktion werden heute für selbstverständlich genommen; sie sind die Voraussetzung, um überhaupt die Aufmerksamkeit des Kunden zu gewinnen, ganz zu schweigen von seinem Geschäft.

Solange wir unsere Aufmerksamkeit nicht rigoros den Prozessen widmen, bleibt selbst diese minimal akzeptable Leistung unerreichbar. Ein Unternehmen, das sich nicht auf Prozesse konzentriert, kann nicht zuverlässig jene Leistungsstufe erbringen, die sich die Kunden immer gewünscht haben, und die sie heute verlangen können. Es wird stattdessen von Gemeinkosten erdrückt, von Verzögerungen heimgesucht und von Fehlern geplagt; sein Betrieb wird unvorhersehbar und unzuverlässig sein. Besonders die Zwillingsziele ETDBW und MVA sind ohne einen Prozessschwerpunkt unerreichbar. Eine kurze Durchsicht der letzten beiden Kapitel wird erweisen, dass Prozesse den Kern dessen bilden, was die beschriebenen Unternehmen taten, um diese beiden Ziele zu verwirklichen. Ohne präzise Prozesspläne und gemeinsame Ziele haben die Mitarbeiter kaum eine Chance, mit ihrer Tätigkeit die Kunden zuverlässig zufrieden zu stellen. Noch geringer sind die Chancen, jene breitere Palette von Tätigkeiten erfolgreich durchzuführen und zu koordinieren, die erforderlich sind, um höhere Stufen von Mehrwert bereitzustellen. Je anspruchsvoller und komplexer die Arbeit wird, desto unerlässlicher sind Prozesse.

Kunden, Resultate und Prozesse sind in einem eisernen Dreieck aneinander gekoppelt. Sie können sich nicht ernsthaft auf einen dieser Aspekte konzentrieren, ohne die beiden anderen ebenfalls im Auge zu haben. Die Fähigkeit, die von den Kunden erwarteten Resultate abzuliefern, hängt stark davon ab, wie gut Sie Ihre Prozesse entwerfen und managen. Prozesse sind der Weg zu Resultaten und somit zum Erfolg in der Customer Economy.

Angesichts seines steten und behäbigen Stils – ähnlich einer Schildkröte – wird über den Prozessansatz wenig berichtet in den Wirtschaftszeitschriften, die eher auf die sexy Themen aus sind. Der Prozess ist das Terrain der stillen Unternehmen, die leise sprechen, aber große Gewinne machen. Glitzernde Start-ups konzentrieren sich selten auf Prozesse, weil sie es noch nicht nötig haben. In ihrer Pionierphase können sie von der boomenden Nachfrage nach ihren einzigartigen Produkten leben.

Für etablierte Unternehmen in reifen Branchen jedoch sind Prozesse überlebenswichtig. IBM, Ford, Duke Power, 3M, Cadbury Schweppes, GE Capital, Mead Paper, Progressive Insurance, Air Products and Chemicals, Detroit Edison, UPS, Motorola und John Deere sind nur einige unter Dutzenden und Aberdutzenden von Unternehmen, die sich mittlerweile entschieden auf ihre Prozesse konzentrieren. In einigen Bereichen, wie beispielsweise der Chemie- und der Strombranche, sind mittlerweile fast alle Unternehmen dabei, Prozesse in den Mittelpunkt zu stellen. In diesen und anderen heiß umkämpften Branchen reicht ein gewöhnliches Marktwachstum nicht, damit ein Unternehmen erfolgreich ist. Dazu ist Spitzenleistung erforderlich, und die wiederum setzt Spitzenprozesse voraus.

Das Comeback und die anhaltende Stärke vieler der auf dieser Liste vertretenen Unternehmen sind tatsächlich eine Konsequenz ihrer Prozessorientierung. IBM beispielsweise gehört zu den gefeiertsten Turnarounds der letzten dreißig Jahre. Die Boulevardpresse hat dies zu Recht größtenteils dem außergewöhnlichen Führungsgeschick Lou Gerstners zugeschrieben. Was aber hat er konkret getan, um IBM zu transformieren? Sein Ausgangspunkt war eine Strategie zur Integration der Geschäftsbereiche des Unternehmens, um das Unternehmen kundenzentriert zu machen. Daraufhin konzentrierte er sich auf die unternehmensweite Steuerung und Standardisierung von Prozessen, wodurch die Produktentwicklungs- und die Auftragserfüllungszeiten reduziert, die Beschaffungskosten um mehrere Hundert Millionen US-Dollar gesenkt und ein Unternehmen, dem bereits das Sterbeglöckchen läutete, in die Ränge der zuverlässig Erfolgreichen zurückgeführt werden konnte.

Ein anderes Unternehmen, dem die Prozessorientierung gut tat, ist Progressive Insurance mit einem jährlichen Prämienertrag von mittlerweile über sechs Milliarden US-Dollar. In den frühen Achtzigern hatte diese Zahl noch um die hundert Millionen gelegen. Das entspricht einem sechzigfachen Wachstum in zwei Jahrzehnten. Während derartige Wachstumsraten in den Bereichen Biotechnologie und PC-Software nicht ungewöhnlich sind, sind sie in der Autoversicherungsbranche mit ihrem jährlichen Wachstum von drei bis vier Prozent so gut wie unvorstellbar. Mittels einer intensiven Konzentration auf seine Prozesse hat der Versicherer dramatische Leistungsverbesserungen erreicht, die wiederum das außergewöhnliche Wachstum des Unternehmens auslösten.

Selbst die heutigen Hightech-Wunderkinder müssen an irgendeinem Punkt ins Prozesslager wechseln; kein Unternehmen kann sich auf Dauer allein durch Marktwachstum über Wasser halten. Irgendwann werden aus den Produkten Standardwaren, der Wettbewerb wird härter, die Nachfrage geht zurück, die Kunden werden anspruchsvoller, und der Erfolg gehört denen, die ihre Sache besser machen als die Konkurrenten. Auf Dauer werden diejenigen die Gewinner sein, die sich erfolgreich auf Prozesse konzentrieren.

Die Prozessorientierung verspricht ungeheure Vorteile. Die Kosten schmelzen dahin, Qualität steigt gen Himmel, und die Zeitspannen schrumpfen auf einen Bruchteil ihrer selbst. Im Jahr 1999 untersuchte meine Firma Dutzende von Unternehmen, die den Prozessansatz auf ihre Arbeits- und Geschäftsweise übertragen hatten. Bei der Auftragserfüllung waren die Zeitspannen typischerweise um sechzig bis neunzig Prozent geschrumpft, und die »perfekten Aufträge« (jene, die rechtzeitig und fehlerlos ausgeführt wurden) hatten um fünfundzwanzig Prozent zugenommen. Die Kosten für die Ausführung von Beschaffungstransaktionen waren um mehr als achtzig Prozent zurückgegangen, während die Beschaffungszeiten um neunzig Prozent schrumpften. In der Produktentwicklung nahm der Anteil der gelungenen Markteinführungen um dreißig bis fünfzig Prozent zu. Die erforderliche Zeit, um ein neues Produkt auf den Markt zu bringen, verkürzte sich um fünfzig bis fünfundsiebzig Prozent. Diese Verbesserungen in der Prozessleistung machten sich in den entscheidenden Unternehmenswährungen Kundenzufriedenheit, Kundenbindung und Unternehmensgewinne bezahlt.

Die gute Nachricht ist, dass diese bemerkenswerten Verbesserungen nicht untypisch sind. Sie sind vielmehr die Norm. Die schlechte Nachricht ist, dass sie ein uneingeschränktes Bekenntnis zum Prozess und ein Ende der Denk- und Verhaltensweisen voraussetzen, die für die funktionalen Organisationen kennzeichnend sind. Dieses Bekenntnis verlangt als Erstes, dass wir uns auf die beiden Wörter konzentrieren, die meine Seminarbesucher in ihren Unternehmen vermissten – *strukturiert* und *zusammen*.

Strukturiert bedeutet, dass die Prozesse einen konkreten und detaillierten Plan haben, sodass ihre Leistung nicht von Improvisation und Glück abhängt. *Zusammen* bedeutet, dass ein Umfeld geschaffen wird, in dem alle am Prozess Beteiligten ein gemeinsames Ziel verfolgen und sich gegenseitig als Mitstreiter und nicht als Kontrahenten wahrnehmen. Beide Aspekte fehlten bei dem Gerätehersteller, mit dem dieses Kapitel begann.

Diese miteinander verwandten Prinzipien – gewissenhafte Planung und gemeinsame Zielsetzung – lassen sich leicht beschreiben, aber ihre Umsetzung in einer traditionellen, funktionalen

Organisation ist nahezu unmöglich. Deshalb ist es notwendig, das Unternehmen mittels unzähliger fundamentaler Veränderungen an diese Prinzipien anzupassen. Keines der Prinzipien reicht allein aus. Beide brauchen einander. Mitarbeiter, die an einem gemeinsamen Ziel arbeiten, aber nicht der Disziplin eines gut geplanten Prozesses unterliegen, werden es auch zusammen nicht weit bringen. Ebenso hat der bestgeplante Prozess keine Überlebenschance, wenn die Mitarbeiter sich nicht für den Prozess und seine Ziele einsetzen.

Ein größeres Elektronikunternehmen lernte diese Lektion auf leidvolle Weise. In den frühen Neunzigern war das Unternehmen von langen Produktentwicklungszeiten geplagt. Das Management identifizierte den Grund: Fehler im Produktentwicklungsprozess. Der existierende Prozess war unter anderem gekennzeichnet durch Verzögerungen, Missverständnisse und mangelnde Einsicht in die Bedürfnisse der Kunden. Die Manager planten den Prozess von Grund auf neu; ihr neuer Plan berücksichtigte die neuesten Methoden für eine schnelle und billige Produktentwicklung.

Die neuen Prozesse erforderten die Zusammenarbeit von Ingenieurs-, Marketing- und anderen Teams an einem Ort. Jedes Team trug für das betreffende Produkt die volle Verantwortung von der Konzeption bis zur Markteinführung, inklusive so verschiedener Dinge wie Dokumentations-, Werbe- und Schulungsmaterial. Weil jedes Team die Kontrolle über jeden Aspekt des Prozesses hatte, wurden alle Aktivitäten auf kohärente, stromlinienförmige Weise und ohne Engpässe und Verzögerungen ausgeführt.

So lautete die Theorie, die jedoch nicht funktionierte. Dem ersten Pilotteam gelang es nicht nur nicht, die Produktentwicklung zu beschleunigen, es war kaum in der Lage, überhaupt seine Arbeit zu tun. Es wurde im Prinzip von der existierenden Organisation behindert, die in ihm einen Störfaktor sah. Die funktionalen Abteilungen waren nicht bereit, Menschen, Raum oder Zuständigkeit an die Teams abzugeben. Die Schulungseinheit des Unternehmens weigerte sich, die Kontrolle über das Trainingsmaterial abzugeben. Die Werbeabteilung weigerte sich, das Team Produktwerbung erstellen zu lassen, weil das ihr Vorrecht sei.

Statt die von den Planern angestrebte Harmonie in der Produktentwicklung herzustellen, verstärkte der Teamplan den Missklang, den er beheben sollte. Was stimmte nicht mit dem neuen Prozess? Eigentlich gar nichts. Das Problem war, dass sich sämtliche alten funktionalen Abteilungen an ihre Befugnisse klammerten, mit der Folge, dass diese Bereiche sich nicht mit dem Prozess und seinen Zielen identifizierten. Wie ein Spitzenmanager es formulierte: »Schließlich sahen wir ein, dass unsere funktionale Organisation nicht mit Hochleistungsprozessen vereinbar war.« Das Unternehmen erkannte, dass es tief greifende, fundamentale Veränderungen durchführen musste, um den Prozessansatz zu verstärken. Auf diese Weise verwandelte es sich sozusagen in ein *Prozessunternehmen.*

Ein Prozessunternehmen ist ein Unternehmen, das seine Mitarbeiter ermuntert, in die Lage versetzt und befugt, Prozessarbeit zu verrichten. Prozessarbeit ist Arbeit, die sich auf den Kunden konzentriert; die den größeren Kontext berücksichtigt, in dem sie stattfindet; die darauf abzielt, Resultate zu erreichen, und nicht als Selbstzweck dient; und die einem disziplinierten und wiederholbaren Plan folgt. Prozessarbeit ist Arbeit, die den hohen Leistungsgrad bietet, den die Kunden heutzutage verlangen.

Traditionelle Organisationen behindern ihre Mitarbeiter auf vielfältige Weise in ihrer Fähigkeit, Prozessarbeit zu leisten. Ein Prozessunternehmen hingegen unterstützt und ermuntert sie darin. Infolgedessen erzielen all seine Prozesse eine fortgesetzt hohe Leistung. Beachten Sie die Schlüsselworte: *alle* und *fortgesetzt.* Es ist nicht schwierig für ein Unternehmen, sich in die Pedale zu werfen und Spitzenleistung zu erzielen – kurzfristig. Durch ein entschiedenes Downsizing oder indem Sie Ihre Leute hart fordern, können Sie eine augenblickliche Beschleunigung herauspressen, zumindest bis den Beschäftigten der Atem ausgeht. Aber überarbeitete Mitarbeiter verlieren ihre Leistungsfähigkeit und ihren Antrieb und verlassen irgendwann das Unternehmen. Mit einer Prozessorientierung erreichen Sie das Gegenteil – Sie ermuntern die Mitarbeiter, die gemeinsam an einem Ziel interessiert sind, zu einem dauerhaft hohen Leistungsniveau.

Jeder Mitarbeiter eines Prozessunternehmens kennt die Prozesse des Unternehmens und den eigenen Platz darin, er weiß, welche Resultate die Kunden benötigen und wer für ihre Erbringung verantwortlich ist. Jeder konzentriert sich auf die Ergebnisse und weiß, dass der wirkliche Feind nicht in den anderen Abteilungen innerhalb des Unternehmens, sondern bei den Wettbewerbern jenseits der Tore zu suchen ist. Jeder schaut nach außen auf den Kunden, nicht nach oben auf die Managementhierarchie.

Woran erkennt man ein Prozessunternehmen? GE Capital, wo Prozess die Lingua franca ist, verwendet die folgende Charakterisierung:

- Die Prozesse spielen eine ebenso große Rolle wie die Funktionen.
- Die Beschäftigten verinnerlichen die Prozessziele.
- Die Beschäftigten verstehen, wie der Prozess funktioniert.
- Jeder kennt die Kundenanforderungen und ist bestrebt, sie zu erfüllen.
- Die Beschäftigten helfen, Konflikte untereinander zu lösen.
- Die Prozesse werden objektiv – und regelmäßig – bewertet.

Einige Executives versuchen, wenn sie sich mit der Notwendigkeit konfrontiert sehen, ein Prozessunternehmen zu schaffen, nach der altgewohnten Methode vorzugehen: sie restrukturieren, verändern die Zuständigkeiten der Manager oder führen neue Computersysteme ein. Wenngleich viele dieser Schritte wichtig sind, betreffen sie nicht das Wesentliche. Pierre Leroy, der President der Construction Equipment Division (CED) von John Deere und der Deere Power Systems Group, hat es auf den Punkt gebracht: »Ein Prozess ist eine gedankliche Revolution, die in eine veränderte Unternehmensführung mündet.« Prozesse stehen in erster Linie für eine neue Denkweise hinsichtlich der Arbeitsweise eines Unternehmens. Der erste Schritt zur Erzeugung eines Prozessunternehmens besteht darin, diese neue Denkweise im Unternehmen zur Norm zu machen; alles Übrige ergibt sich daraus.

Die neue Denkweise, auf die Pierre Leroy verweist, zeichnet sich durch vier Eigenschaften aus.

Erstens sind Prozesse *teleologisch* (von griechisch *telos*, was so viel wie Ziel oder Mission bedeutet). Das heißt, sie konzentrieren sich auf das Ergebnis der Arbeit und nicht auf die Arbeit als Selbstzweck. In einer Organisation, die ihren Prozessen Beachtung schenkt, versteht jeder Mitarbeiter ebenso das *Warum* wie das *Was* seiner Tätigkeit. Die Mitarbeiter müssen so geschult und ihre Leistung so gemessen werden, dass dadurch die Ergebnisorientierung der Prozesse verstärkt wird.

Zweitens sind Prozesse *kundenorientiert*. Das Prozessdenken zwingt ein Unternehmen dazu, sich und seine Arbeit aus der Perspektive des Kunden statt aus seiner eigenen zu betrachten. Deere CED denkt nicht länger in Begriffen von Marketing und Verkauf von Produkten und Dienstleistungen; das Unternehmen sieht seine Tätigkeit heute durch die Linse einer partnerschaftlichen Zusammenarbeit mit den Kunden, um deren Geschäftsprobleme zu lösen. Deeres Hauptaugenmerk hatte früher auf der Optimierung der eigenen Produktionszeitpläne gelegen; heute konzentriert sich das Unternehmen darauf, den Kunden rechtzeitig Lösungen zu präsentieren. Diese neuen Perspektiven führen zu neuen Arbeitsweisen.

Drittens sind Prozesse *holistisch*. Das Prozessdenken geht über die individuellen Tätigkeiten hinaus. Es konzentriert sich vielmehr darauf, wie die Tätigkeiten zusammenwirken, um das beste Ergebnis zu produzieren – die Resultate, die dem Kunden präsentiert werden müssen. Das wichtigste Ziel – überlegener Wert für den Kunden – wird dadurch erreicht, dass die einander bekämpfenden Abteilungen einem geschlossenen Netz von Mitarbeitern weichen, die zusammen an einem Strang ziehen.

Und schließlich basiert das Prozessdenken auf der Überzeugung, dass geschäftlicher Erfolg das Ergebnis *gut geplanter* Arbeitsweisen ist. Es verwirft ausdrücklich die Vorstellung, wonach es (im Sinne Thomas Carlyles) in der Unternehmensführung in erster Linie auf große Einzelpersonen ankomme und der Erfolg eines Unternehmens stets einem visionären CEO, einem

Marketinggenie oder einem brillanten Produktentwickler zu verdanken sei; dass mit anderen Worten ein Unternehmen dann und nur dann Erfolg hat, wenn ein solcher Einzeltäter *die* große Strategie, *die* geniale Werbekampagne oder *das* Killerprodukt entwickelt. Der Prozessansatz verwirft diese Vorstellung, weil sie vom Glück abhängt und deshalb nicht zuverlässig ist. Wir können nicht damit rechnen, dass der Blitz einschlagen wird, geschweige denn, dass er regelmäßig einschlagen wird. Prozessunternehmen versuchen, den Erfolg zu institutionalisieren, indem sie leistungsstarke Arbeitsweisen entwerfen. Sie leugnen nicht die Bedeutung des Talents begabter Einzelner, erkennen aber, dass das menschliche Talent durch einen umfassenden Prozess verstärkt werden kann und muss. Sie glauben, dass ein Unternehmen dann sein höchstes Potenzial erreicht, wenn es Prozesse entwirft, die die Fähigkeiten jedes Einzelnen mobilisieren, anstatt sich allzu sehr auf Einzelne zu verlassen, seien sie noch so begabt.

Das Prozessdenken muss sich auf alle Tätigkeiten und alle Mitarbeiter erstrecken. Es darf nicht auf die oberen Schichten der Organisation oder diejenigen beschränkt bleiben, die hochgeistige »Wissensarbeit« leisten. Das Prozessdenken ist ebenso wichtig in der Fabrikhalle wie in den Verkaufsfilialen. Der traditionelle Hausmeister sieht seine Aufgabe darin, mit einem Besen den Fußboden zu fegen. Ohne Besen kann er nicht arbeiten; wenn etwas hartnäckig am Boden festhängt, fegt er eben darum herum. Der Prozesshausmeister hingegen sieht seine Aufgabe darin, ein Ergebnis zu erzielen: einen sauberen Ort. Er versteht dieses Ziel und die Rolle, die es für das Gesamtziel der Zufriedenstellung des zahlenden Kunden spielt. Folglich wird er, falls man ihm keinen Besen gibt, einen suchen gehen. Und wenn sich etwas nicht mit dem Besen säubern lässt, wird er sich eine bessere Methode ausdenken.

Das Prozessdenken muss einer Organisation im Rahmen einer breit angelegten und universellen Erziehungsanstrengung eingehämmert werden. In konventionellen, nicht prozessorientierten Unternehmen wissen die Mitarbeiter wenig über die engen Grenzen ihrer individuellen Tätigkeit hinaus. Die Unternehmensmanager sehen keinen Sinn darin, ihren Mitarbeitern irgendetwas jenseits der spezifischen Fähigkeiten beizubringen, die diese benötigen, um eng umrissene Aufgaben zu erfüllen. Zu dieser Isolierung kommt noch der Umstand hinzu, dass die Unternehmen Informationen sehr restriktiv handhaben und sie nur im äußersten Bedarfsfall herausrücken, als ob die Organisation ein Spionagedienst und kein Unternehmen wäre. Wenn jedoch ein Prozess sein volles Potenzial entfalten soll, muss jeder Beteiligte den ganzen Prozess kennen und muss verstehen, in welcher Weise seine eigenen Bemühungen zu dessen Gelingen beitragen. Sie benötigen ausreichend Informationen über Kunden, Wettbewerber und die Unternehmensfinanzen, um Entscheidungen zu treffen, wie sie für Prozessjobs charakteristisch sind. Duke Power gibt allen Kundendienstmitarbeitern Kurse mit Basisinformationen zur Strombranche, wie beispielsweise Deregulierung, Tarifstrukturen und Kundenerfordernisse. Sie erhalten eine Einführung in das Konzept des Geschäftsprozesses, eine detaillierte Erläuterung ihres eigenen Prozesses und eine Einführung in die zwischenmenschlichen Fähigkeiten, die für die produktive Zusammenarbeit erforderlich sind.

Jeder Mitarbeiter eines Prozessunternehmens sollte die folgenden Fragen beantworten können: Zu welchem Prozess gehören Sie? Können Sie ihn in höchstens fünfundzwanzig Worten beschreiben? Was ist sein Ziel? Wie erzeugt Ihr Prozess für den Kunden Wert? Was machen die Mitarbeiter unmittelbar vor und nach Ihnen im Prozessfluss? Nach welchem Kriterium misst das Unternehmen die Leistung Ihres Prozesses? Was ist der augenblickliche Wert dieses Maßes? Woran erkennen Sie, dass Sie persönlich gute Leistung erbringen? Wie hängen andere Prozesse mit Ihrem Prozess zusammen? Was brauchen diese Prozesse von Ihrem Prozess, und was braucht Ihr Prozess von den anderen? Welche Anstrengungen werden gegenwärtig unternommen, um Ihren Prozess zu verbessern? Mitarbeiter, die diese Fragen beantworten können, haben das Prozessdenken erfolgreich verinnerlicht.

Zu den wichtigsten, wenn auch von außen nicht auf Anhieb erkennbaren Merkmalen eines Prozessunternehmens gehört, dass jedermann mitdenkt. Auch in einem Prozessunternehmen verbringen die Mitarbeiter die meiste Zeit damit, individuelle Aufgaben zu erfüllen. Sie halten sich jedoch nicht länger an das alte Motto: »Tu deine Arbeit und überlasse das Denken anderen.« Heute heißt es: »Tu deine Arbeit und mache dir über deinen Prozess Gedanken.« Jeder ohne Ausnahme muss den übergeordneten Sinn (die Teleologie) seiner Arbeit verstehen. Er muss erkennen, wie sich seine Tätigkeit in das größere Bild einfügt, er muss wissen, wann und wie er mit anderen zusammenzuarbeiten hat, und er darf das Ziel von alledem – den äußerst zufriedenen Kunden – niemals aus den Augen verlieren.

Die Überwindung des traditionellen Denkens ist eine notwendige, aber nicht hinreichende Bedingung für zuverlässige, leistungsstarke Prozesse. Ein weiteres Hindernis, das es zu überwinden gilt, ist das Fehlen einer Einzelperson, die für den Prozess insgesamt verantwortlich ist. In einem funktionalen Unternehmen sind die bestehenden Manager nur für enge Teilstücke eines Prozesses verantwortlich. Niemand hat die Befugnis, einen neuen Prozessplan zu entwerfen oder zu implementieren, Barrieren abzubauen und dafür zu sorgen, dass der Prozess bestimmungsgemäß funktioniert.

Infolgedessen benötigt jeder Prozess in einem Prozessunternehmen einen *Prozesseigentümer* – einen Manager, dessen Verantwortung es ist, dafür zu sorgen, dass der gesamte Prozess von Anfang bis Ende und auf stetiger Basis funktioniert und gedeiht. Um es klarzustellen: Jeder Beteiligte eines Prozesses, vom Verkäufer bis zum Lastwagenfahrer, sollte sich den Prozess in dem Sinn »zu Eigen« machen, dass er sich für sein Gedeihen einsetzt. Der Prozesseigentümer hingegen ist ein Manager, dessen Aufgabe es ist, den Prozess zu planen, Unterstützungstools zu erstellen, den Prozess in der Organisation zu installieren und sicherzustellen, dass er ständig Höchstleistung erbringt.

Bei Duke Power, einer Geschäfteinheit von Duke Energy, ist Rob Manning der Prozesseigentümer eines Prozesses mit der Bezeichnung »Produkte und Dienstleistungen bereitstellen«, worunter im Prinzip die Einrichtung von Stromanschlüssen für Kunden aus der Baubranche zu verstehen ist. Bevor Manning diesen Posten 1996 antrat, war dieser Prozess in einem desolaten Zustand. Obwohl er in allen geografischen Regionen des Unternehmens ausgeführt wurde, gab es in keiner jemanden, der speziell für diesen Prozess verantwortlich war. Der Prozess wurde teils von Kundenservicevertretern ausgeführt, die Aufträge entgegennahmen und die Ausführung der Arbeiten für einen bestimmten Tag zusagten, teils von Aufgabenplanern, die den Projekten Mitarbeiter zuwiesen, und teils von Außendiensttechnikern, die die eigentliche Arbeit taten. Aber niemand von ihnen verschwendete viele Gedanken an die übrigen Beteiligten oder den Prozess als Ganzen. Jeder gehörte zu einer anderen Abteilung, die sich auf die Steigerung der eigenen Leistung konzentrierte. Es gab kein *strukturiert* und kein *zusammen*. Der Prozess war folglich unsichtbar und improvisiert und wurde in den verschiedenen geografischen Regionen des Unternehmens unterschiedlich und inkonsistent ausgeführt. Diese Probleme manifestierten sich unter anderem darin, dass Duke häufig nicht in der Lage war, den Stromanschluss bis zum zugesagten Termin bereitzustellen; in einigen Gebieten hielt das Unternehmen seine Zusage nur in dreißig Prozent der Fälle ein. Die Bauunternehmer waren natürlich verärgert darüber, dass sie ihre untätig wartenden Elektriker bezahlen mussten, bis Duke endlich den Strom bereitstellte.

Als Rob Manning die Rolle des Prozesseigentümers übernahm, bestand seine erste Aufgabe darin, den bestehenden Prozess zu analysieren und einen besseren Plan zu erstellen. Er untersuchte die Frage, warum das Unternehmen die den Kunden zugesagten Installationstermine so selten einhielt. So stellte er beispielsweise fest, dass derjenige, der die Terminzusage machte, über keine genauen Informationen verfügte, wer an einem bestimmten Tag für die Arbeiten zur Verfügung stand. Er wusste möglicherweise, wie viele Installateure insgesamt verfügbar waren, aber er kannte nicht ihre speziellen Fähigkeiten, und so geschah es, dass er einem Kunden einen Termin zusagte, obwohl die für den Job benötigten Spezialisten nicht verfügbar waren. Zudem wurden die Crews mit der ihnen für den Tag zugeteilten Arbeit häufig nicht fertig, weil sie das Depot am Morgen später als geplant verließen.

Manning und seine Mitarbeiter planten den Prozess unter Berücksichtigung dieser Probleme neu. Beispielsweise brauchten die Installationscrews zuvor jeden Morgen rund siebzig Minuten, um ihre Lieferwagen zu bepacken. Mittlerweile wurden die Lager des Unternehmens umstrukturiert, sodass die von den Crews benötigten Teile und Werkzeuge am Vorabend bereitgestellt werden. Somit benötigen die Crews nur noch zehn Minuten zum Beladen ihrer Fahrzeuge, wodurch ihnen sechzig zusätzliche Minuten bleiben, um die Installationen zu beschleunigen und die Wartezeiten der Kunden zu verkürzen. Das Unternehmen führte zudem ein neues Schedulingsystem ein, das detaillierte Informationen über die verfügbaren Außendienstmitarbeiter bereithält, was eine genauere und korrektere Projektzuteilung ermöglicht. Der neue Prozess umfasst ferner Mitarbeiter, deren Aufgabe darin besteht, mit den Kunden Termine auszuhandeln und sie über alle Änderungen auf dem Laufenden zu halten.

Ein zentraler Aspekt der Neuplanung von Prozessen ist die Auswahl von Leistungskriterien. Wie Manning sagt: »Leistungskriterien sind meine besten Freunde.« Ein Prozesseigentümer muss die zu messenden Aspekte des Prozesses bestimmen, das vom Kunden verlangte Leistungsniveau ermitteln und die Indikatoren berechnen, die den Fortschritt auf die gewünschten Ziele hin am besten messen. Ein Prozesseigentümer ist für die Implementierung der Messsysteme, die Bewertung der Prozessleistung, die Veröffentlichung des Leistungsniveaus an alle Beteiligten und die Durchführung jeglicher für seine Verbesserung notwendigen Schritte verantwortlich.

Indem sich Rob Manning auf die Planung und Bewertung seines Prozesses konzentrierte, erreichte er dramatische Leistungsverbesserungen. Die Terminzusagen an die Kunden werden mittlerweile in sämtlichen Regionen in mehr als achtundneunzig Prozent der Fälle eingehalten. Aber Mannings Job endete nicht mit dieser einmaligen Prozesskorrektur. Da jeder Prozess mit ständigen Umfeldveränderungen, technologischen Neuerungen und den wachsenden Ansprüchen der Kunden mithalten muss, bleiben Prozessbewertung und -verbesserung Mannings – und jedes Prozesseigentümers – nicht endende Aufgabe.

Der Prozesseigentümer tut jedoch mehr, als den Prozess zu planen und zu bewerten. Er unterstützt darüber hinaus die Mitarbeiter, die die eigentliche Arbeit verrichten, mit Training und Expertenwissen. Wenn ein Prozess viele, unter Umständen geografisch weit verstreute Mitarbeiter umfasst, benötigt der Prozesseigentümer vermutlich lokale Stellvertreter. Rob Manning hat über ganz Duke Power verteilt Prozesskoordinatoren, die jeder rund dreißig Außendienstmitarbeiter betreuen. Die Prozesskoordinatoren sammeln Leistungsdaten, beantworten Fragen und helfen bei der Lösung von Problemen. Ein Prozesskoordinator ist gewiss kein Aufseher im traditionellen Sinn, der dreißig Leute den ganzen Tag lang überwacht. Die Außendienstcrews treffen nach Maßgabe der Prozessziele und -leistungskriterien ihre eigenen Entscheidungen. Ein Prozesskoordinator ist eine Instanz, an die sie sich wenden können, wenn sie Hilfe brauchen.

Ein Prozesseigentümer vertritt die Interessen des Prozesses, sowohl gegenüber den Mitarbeitern, die diesen ausführen, als auch gegenüber dem übrigen Unternehmen. Rob Manning beschreibt sich selbst als Prozessevangelisten. Er verbringt einen Großteil seiner Zeit damit, die Mitglieder des Prozessteams davon zu überzeugen, dass ihr wichtigstes Ziel in der Erfüllung der Kundenbedürfnisse besteht und dass sein Prozessplan die beste Grundlage dafür bietet, dieses Ziel zu erreichen. Er vertritt seinen Prozess zudem in den Korridoren der Macht, um die Ressourcen zu bekommen, die erforderlich sind, damit der Prozess seine Mission erfüllen kann.

Bei IBM ist die Prozessinteressenvertretung Sache der höchsten Unternehmensmanager. Jeder Prozess hat einen Vollzeiteigentümer, den so genannten Business Process Executive, der für die Erstellung und Implementierung des Prozessplans verantwortlich ist. Zusätzlich hat jeder Prozess einen Interessenvertreter im Worldwide Management Council (WMC), einem Gremium, dem die rund fünfzig Senior Executives angehören, die den einzelnen Geschäftssparten von IBM vorstehen. Auf jedem WMC-Treffen berichten die Prozessvertreter über die Leistung ihres Prozesses und die erzielten Fortschritte. Bezeichnenderweise muss der Prozessvertreter dies höchstpersönlich tun; er darf keinen Mitarbeiter vorschicken.

Bei einigen Unternehmen sind die Prozesseigentümer gleichzeitig Linienmanager, und die Ausführenden des Prozesses sind ihre Untergebenen. Das bedeutet jedoch nicht, dass sie oder ihre lokalen Stellvertreter traditionelle Aufseher oder Manager sind. Die Ausführenden benötigen keinen Aufseher. Weil sie die Kundenbedürfnisse und den Gesamtplan des Prozesses kennen und nach der Prozessleistung bewertet und zur Verantwortung gezogen werden, benötigen sie niemanden, der ihnen über die Schulter schaut. Prozessarbeit erfordert Unabhängigkeit, Autonomie und eigenständige Entscheidungsfindung.

Bei Unternehmen wie Duke Power hingegen sind die Prozesseigentümer keine direkten Vorgesetzten der Ausführenden des Prozesses. Die regionalen Manager stellen die Mitarbeiter bereit, und die Prozesseigentümer entwickeln den Plan, nach dem sie vorgehen. Der Unterschied zwischen diesen beiden Prozessformen fällt nicht sonderlich ins Gewicht. Ich habe verschiedene leitende Mitarbeiter von Duke Power gefragt, ob die Prozessausführenden in einer Region dem regionalen Manager oder dem Prozesseigentümer unterstellt sind. Jedes Mal erhielt ich gleichlautend die Antwort: »Das spielt keine Rolle.« Da jeder Beteiligte – die Ausführenden des Prozesses, die Prozesseigentümer und die regionalen Manager – nach denselben Prozessergebnissen bewertet und zur Verantwortung gezogen werden, haben alle Manager dieselbe Agenda, sodass die Frage der Vorgesetztenbeziehungen weniger eine Frage der strategischen Richtung als vielmehr eine administrative ist. (Dies wird ein zentrales Thema von Kapitel 7 sein.)

Welche Variante ein Unternehmen auch wählt, der Prozesseigentümer muss zu den höchsten Managern der Organisation gehören. Unternehmen, die von den Vorteilen des Prozessansatzes profitieren wollen, aber durchgreifende Veränderungen scheuen, machen häufig den Fehler, dass sie den Titel des Prozesseigentümers einigen ihrer mittleren Manager zusprechen. Aber ein Titel garantiert natürlich noch nicht, dass der Betreffende für den Job geeignet ist. Der Prozesseigentümer muss in dem Unternehmen hoch genug angesiedelt sein, um Autorität über den gesamten Prozess zu besitzen. Er muss ausreichend Durchsetzungskraft haben, um den Prozess gegenüber anderen hoch gestellten Managern vertreten zu können. Ein auf unteren Ebenen angesiedelter erfolgreicher Prozesseigentümer ist ein Ding der Unmöglichkeit.

Jeder Prozesseigentümer ist in Wirklichkeit der Verwalter eines wichtigen Vermögenswerts des Unternehmens: eines jener Geschäftsprozesse, die bestimmen, wie das Unternehmen arbeitet und all seinen Wert erzeugt. Es ist mittlerweile allgemein bekannt, dass sich der reale Wert eines Unternehmens nach seinen intellektuellen Vermögenswerten und nicht nach den Komponenten der Jahresbilanz bemisst. Ein Prozessplan ist eine besonders wertvolle Form von intellektuellem Vermögen. Er ist konkret und direkt verwendbar, nicht diffus und abstrakt. Fehlerlos gestaltete und ausgeführte Prozesse erzeugen überlegene Produkte, außergewöhnliche Marketingprogramme, eine fehlerfreie Ausführung, erfolgreiche Verkaufsanstrengungen und beneidenswerte Kundenzufriedenheit. Heute werden die Identität eines Unternehmens und seine Möglichkeiten zu Wachstum und Diversifikation mehr noch als von seinen kurzlebigen Produkten von seinen Prozessen bestimmt. Solche unschätzbaren Vermögenswerte benötigen jemanden, der sich um sie kümmert.

Die Einsetzung von Prozesseigentümern ist möglicherweise das sichtbarste Anzeichen für die Entscheidung eines Unternehmens für den Prozessansatz, aber damit allein ist noch wenig erreicht. Selbst mit Prozesseigentümern haben die bestgestalteten Prozesse in traditionell strukturierten Organisationen keine Chance. Die Executives müssen bereit sein, auf viele vertraute Aspekte ihrer Unternehmen zu verzichten, um alles auf den neuen Prozessschwerpunkt hin auszurichten.

So ist die elementare Struktureinheit in einem Prozessunternehmen nicht die funktionale Abteilung, sondern das Prozessteam – die Mitarbeiter (meistens eine interdisziplinäre Gruppe), die zusammen einen Prozess von Anfang bis Ende ausführen. Prozessteams sind keine kurzfristigen Zuweisungen oder improvisierte Überlagerungen einer funktionalen Organisationsstruktur. Das Prozessteam stellt vielmehr den primären Arbeitsplatz seiner Mitglieder dar. Die primäre Verbundenheit eines Mitarbeiters muss dem Team und seinen Mitgliedern gelten, nicht der funktionalen Abteilung, die aus Mitarbeitern mit denselben Spezialfähigkeiten besteht.

Ein Prozessunternehmen muss sich räumlich neu organisieren, damit diese Teams funktionieren können. Bei American Standard wird der Auftragserfüllungsprozess von diversen Spezialisten ausgeführt, von Buchhaltern bis zum Versandpersonal. Diese Beschäftigten, die in getrennten Abteilungen zu arbeiten pflegten, sind jetzt alle im selben Bereich untergebracht. Die örtliche Nachbarschaft ermöglicht ihnen einen besseren Überblick über den Gesamtprozess, und die benachbarte Tätigkeit von Mitarbeitern mit unterschiedlicher Spezialisierung erweitert den Horizont aller Beteiligten. Die Teammitglieder können ihre Ideen unkompliziert austauschen, und die tägliche Interaktion ermöglicht ihnen einen besseren Einblick in den Gesamtprozess. Wenn die Arbeit als Prozessarbeit wahrgenommen werden soll, muss sie in einem Prozessraum stattfinden.

Wenn sich die Beschäftigten und ihre Manager in erster Linie auf Prozesse konzentrieren sollen, dann macht es Sinn, wenn ihre Vergütung – zumindest teilweise – von der Prozessleistung abhängig gemacht wird. Bei Allmerica Financial, einem Versicherer aus der Riege der *Fortune 500*, erhalten alle Prozessteams Boni, die sich danach richten, inwieweit bestimmte, von den Prozesseigentümern gesetzte Leistungsziele erreicht wurden. Zu diesen Zielen gehören zeitliche Vorgaben für die vollständige Bearbeitung von Anträgen oder der Prozentsatz fehlerfrei ausgestellter Verträge. (Kapitel 6 wird erklären, wie die Prozesseigentümer diese Ziele bestimmen.) Die Prozesseigentümer können zusätzliche Boni an Mitglieder vergeben, die besondere Beiträge zu den Teamresultaten leisten. Bei immer mehr Unternehmen basiert die Vergütung auf drei Faktoren: Prozessleistung, persönlicher Beitrag und Unternehmensleistung. Ein Vorteil dieser neuen Belohnungssysteme ist, dass sie jedermann daran erinnern, dass der eigentliche Sinn der gemeinsamen Tätigkeit die Erzeugung von Kundenwert und nicht die Geschäftigkeit an sich ist. Sie erinnern jedermann daran, dass er in einem Prozessunternehmen nur gemeinsam mit seinem gesamten Team gewinnen kann.

Teamarbeit kann nicht auf die unteren Beschäftigten beschränkt bleiben. Die Prozesseigentümer und das übrige Managementteam müssen ebenfalls lernen, im Interesse der größeren Ziele, die das gesamte Unternehmen anstrebt, zu kooperieren. Andernfalls wird die Umwandlung eines Unternehmens in ein Prozessunternehmen lediglich aus funktionalen Silos Prozesssilos machen, sodass das Unternehmen unter einer neuen Art von Fragmentierung leidet. Die Kunden profitieren von einem Wettbewerb zwischen den Prozessen ebenso wenig wie von einem Krieg der Funktionen. Die einzelnen Prozesse eines Unternehmens müssen harmonieren, und die Menschen, die in diesen Prozessen arbeiten und dafür verantwortlich sind, müssen miteinander kooperieren, wenn das Unternehmen als Ganzes erfolgreich funktionieren soll. (Diese Idee wird ebenfalls Gegenstand von Kapitel 7 sein.)

Um diese Art von Integration und Kooperation sicherzustellen, ernennen einige Unternehmen einen so genannten Chief Process Officer, CPO. Der CPO ist dafür zuständig, ein allgemeines Prozessmodell aufzustellen, das alle Prozesse des Unternehmens identifiziert und das festlegt, wie sie miteinander interagieren, sowie allgemein Regeln für ihr Management bekannt zu geben. Der CPO definiert also im Prinzip den Job des Prozesseigentümers. Seine Aufgabe ist es überdies, einen Prozessrat, der sich aus allen Prozesseigentümern und anderen wichtigen Executives zusammensetzt, einzuberufen und zu leiten. Der Rat ist zuständig für die Lösung prozessübergreifender Probleme hinsichtlich Unternehmenspolitik, Prioritäten und Ressourcenzuteilung.

Auf diesen Ratstreffen spielt der Unternehmenschef eine entscheidende Rolle. Er muss dafür sorgen, dass die Ratsmitglieder als Team zusammenarbeiten und nicht nur ihre Partialinteressen vertreten. Er ist bestrebt, die Gesamtvision des Unternehmens zu stärken und gleichzeitig sicherzustellen, dass die Bedürfnisse einzelner Prozesse nicht diejenigen des Gesamtunternehmens dominieren.

Manager haben gelegentlich gemischte Gefühle hinsichtlich Prozessunternehmen. Einerseits erkennen sie die Logik und die Wirksamkeit einer solchen Vorgehensweise. Andererseits sind sie wegen der möglichen Auswirkung der Umwandlung in ein Prozessunternehmen um ihr eigenes Schicksal besorgt. Erstens wird ihre eigene Zahl reduziert werden. Eine gute Faustregel besagt, dass ein Prozessunternehmen nur ungefähr halb so viele Manager benötigt wie eine traditionelle Organisation. Untere Beschäftigte, die den Plan und die Logik ihres Prozesses verstehen, in Teams zusammenarbeiten und für ihre Resultate geradestehen, müssen kaum beaufsichtigt werden. Statt des klassischen Arbeiter-Manager-Verhältnisses von circa zehn zu eins liegt dieses Verhältnis in Prozessunternehmen zwischen zwanzig und dreißig zu eins. Zweitens unterscheiden sich die verbleibenden Managerjobs stark von ihren Vorgängern, indem sie sich auf die Prozessplanung und -bewertung und die Mitarbeiterentwicklung statt auf Arbeitsbeaufsichtigung konzentrieren. Und die Teamarbeit unter Managern ist etwas für traditionelle Manager völlig Ungewohntes. Kein Wunder, dass die Managerränge häufig nicht allzu enthusiastisch sind, wenn die Umwandlung in ein Prozessunternehmen bevorsteht.

Die unteren Beschäftigten hingegen haben häufig eine positive Einstellung zum Prozessunternehmen. Dieses behandelt seine Beschäftigten wie verantwortliche Erwachsene, die sich lieber selbst antreiben, anstatt angetrieben zu werden, die wissen, was zu tun ist, und die bereit sind, dafür Verantwortung zu übernehmen. Das Prozessunternehmen ist kein Ort für passive Arbeiter, die lediglich tun, was man ihnen aufträgt, sondern es verlangt nach engagierten, autonomen und motivierten Geschäftsleuten, die nicht für ihre Bosse, sondern für ihre Kunden arbeiten.

Die Macht der Kunden bedeutet das Ende der paternalistischen Organisation. In der Vergangenheit konnten es sich die Unternehmen leisten, den Mitarbeitern im Gegenzug zu ihrer Treue und ihrem Gehorsam regelmäßige Gehaltserhöhungen, kräftige Belohnungen und dauerhafte Arbeitsplatzsicherheit zu gewähren.

Die damit verbundenen Kosten konnten ohne weiteres an die armen Kunden weitergegeben werden. In der Customer Economy hingegen können die Unternehmen ihren Beschäftigten gegenüber keinerlei Garantien mehr geben. Der Paternalismus muss der Partnerschaft weichen. Das Unternehmen und seine Beschäftigten sitzen im selben Boot. Das stellt, vorsichtig ausgedrückt, eine gewaltige Abweichung von den traditionellen Arbeitsbeziehungen dar, und doch habe ich festgestellt, dass die meisten Arbeiter in Prozessunternehmen gut damit leben können. Hören Sie, was einige Menschen, die tatsächlich in Prozessunternehmen arbeiten, darüber sagen:

- Jerry P. ist ein Teamleiter in einem Fertigungsunternehmen. »Früher hat sich niemand um den Nächsten gekümmert«, sagt er. »Wenn etwas schief ging, war es das Problem eines anderen. Jetzt haben wir Teamarbeit, und wir arbeiten als Gruppe gemeinsam an der Lösung von Problemen. Diejenigen, die die Arbeit tun, kennen sie am besten, und jetzt hört das Unternehmen auf das, was sie sagen. Die Leute arbeiten jetzt gern. Es ist keine Last mehr, jeden Tag zur Arbeit zu kommen. Die Leute sind stolz auf ihre Arbeit.«
- Ed B. arbeitet in der Debitorenbuchhaltung eines Fertigungsunternehmens: »Das Beste an unserer heutigen Arbeitsweise ist, dass wir sehen können, wo wir hingehören und wie alle Teile des Unternehmens ineinander greifen.«
- John D. arbeitet seit dreiunddreißig Jahren bei einem Stromversorger und war ehemals President der lokalen Gewerkschaft. »In den alten Tagen gab es strenge Zunftregeln«, erinnert er sich. »Ein Mechaniker tat nicht die Arbeit eines Elektrikers und umgekehrt. Heute verschwimmen die Grenzen, und die Leute können eher das tun, wozu sie fähig sind. Es gibt weniger Vorarbeiter, und die unteren Beschäftigten haben die Befugnis, über ihre eigene Arbeit zu entscheiden. Die Leute haben mehr Einfluss auf das Geschehen, und Sie können den Unterschied an ihrer Einstellung ablesen. Sie empfinden mehr Verantwortung für das Unternehmen. Die Moral ist ausgezeichnet.«

Damit Sie den Wechsel zum Prozessunternehmen nicht als unüberwindlich groß empfinden, lassen Sie mich sagen, dass Sie möglicherweise schon auf dem Weg sind, eines zu werden, ohne es zu merken. Nicht alle Unternehmen führen die Prozessorientierung bewusst oder im Rahmen einer expliziten Kundenausrichtung ein. In vielen Fällen haben sie anfangs andere Dinge im Kopf und werden sich der überragenden Macht des Prozesses erst nachträglich bewusst.

Zu den wichtigsten Wirtschaftsereignissen der neunziger Jahre gehörte die Einführung der so genannten ERP(Enterprise Resource Planning)-Systeme. Die mit diesem etwas uneleganten Namen bezeichneten Softwareprodukte boten den Kunden eine Kombination von Anwendungsmodulen (für Finanzen, Produktion, Logistik und so weiter), die auf eine gemeinsame Datenbank zugriffen und übergangslos miteinander kompatibel waren. Viele Unternehmen implementierten in den neunziger Jahren ERP-Systeme zur Lösung eng gefasster technischer Probleme: zur Lösung des Jahr 2000 Problems, als Ersatz für ein antiquiertes System, das schwer zu handhaben war, zur Reduzierung der für die Software erforderlichen Hardwareinvestitionen und so weiter.

Die Unternehmen, die ERP mit derlei Intentionen einführten, waren fast immer von den Resultaten enttäuscht. In einigen Fällen endete der Versuch, das System zu installieren, mit einem katastrophalen Fehlschlag. In anderen gelang es nach vielen Kopfschmerzen schließlich, das System zu installieren, aber es lieferte magere Ergebnisse. Das kam daher, dass diese Unternehmen die wahre Natur von ERP nicht zu schätzen wussten. Weil seine Module so eng miteinander verwoben sind, ist ein ERP-System im Prinzip ein Instrument zur Unterstützung vollständiger Geschäftsprozesse, was eine große Rarität in der Welt der vorgefertigten Software ist. Hören Sie die folgenden Kommentare von zwei Unternehmen, die erfolgreich ERP-Systeme implementiert haben:

»Der traditionelle Ablauf war, dass die Buchhaltung die Bestellung aufnahm. Dann wurde sie von der Kreditabteilung geprüft. Anschließend wurde sie an die Fabriken weitergereicht, wo Versand- und Lagerabteilung die Lieferung planten und die Frachtpapiere zusammenstellten. Die Beschaffungsabteilung orderte Materialen von verschiedenen Stellen. Der Auftrag wurde fakturiert, unter die Debitoren aufgenommen und verbucht. Heute durchläuft der Auftrag nicht länger eine Abteilung nach der anderen, sondern bleibt von Anfang bis Ende in der Obhut eines Teams.«

»Wir haben erkannt, wie schlecht wir wirklich waren. Jeder tat, was er wollte, und der Rest des Unternehmens musste sich anpassen. Wenn es am Dienstag regnete, wurde es auf die eine Art gemacht. Wenn es Mittwoch war und die Sonne schien, machten wir es auf eine andere Art. Das ERP-System hat dazu geführt, dass unsere Arbeitsweise formalisiert und in der ganzen Organisation vereinheitlicht wurde.«

Das erste Zitat beschreibt die Tatsache, dass ein ERP-System die funktionsübergreifende Teamarbeit fördert: Stichwort *zusammen*. Das zweite Zitat betont, dass ein ERP-System Disziplin in eine Organisation bringt: Stichwort *strukturiert*. Ein ERP-System ist ein trojanisches Pferd, das in seinem Bauch unsere zwei alten Freunde, Disziplin und Teamarbeit, *strukturiert* und *zusammen*, mit sich trägt. Es führt in einem Unternehmen Prozesse ein, ob wir es wissen und dazu bereit sind oder nicht. Wenn sich ein Unternehmen effektiv darauf vorbereitet, indem es sich um Prozesse herum organisiert, wird es vom ERP-System profitieren. Wenn nicht, dann wird es damit scheitern.

Ein kurzer Blick auf die meisten anderen aktuellen Business-Schlagworte zeigt, dass es auch bei ihnen im Prinzip um Prozesse geht. Beispielsweise lässt sich Six-Sigma-Qualität ausschließlich über eine sorgfältige Prozessumgestaltung erreichen. GE, der Meister von Six Sigma, sagt, dass »Prozesse das A und O von Six Sigma sind«. Wie ich in Kapitel 9 zeigen werde, besteht der wichtigste Aspekt des Internets darin, dass es dazu dienen kann, unternehmensübergreifende Prozesse, also Prozesse zu integrieren, die sowohl die Grenzen der Funktionen als auch diejenigen der Unternehmen überschreiten. Auch die vielerorts hoch im Kurs stehende Supply Chain Integration lässt sich am besten als eine Übung in unternehmensübergreifender Prozessverbesserung verstehen. Prozessorientierung ist wesentlicher Bestandteil jeder erfolgreichen Fusion oder Akquisition. Die bloße Vereinigung zweier Unternehmen unter dem Dach einer gemeinsamen Holding ergibt noch lange keine Fusion oder Akquisition, sondern lediglich eine nachbarschaftliche Nähe. Wenn die Vereinigung zweier Unternehmen das Ziel hat, deutliche Kostenreduzierungen zu erzeugen und von Marktsynergien zu profitieren, müssen ihre Prozesse standardisiert und integriert werden.

Wenn Initiativen wie diese durch die Prozesslinse verstanden und gemanagt werden, steigt ihre Erfolgswahrscheinlichkeit sprunghaft. Mit anderen Worten, viele Unternehmen kommen auf indirektem Weg zum Prozessansatz, indem sie entdecken, dass Prozesse die effektivste Methode sind, um eine andere wichtige Initiative zu implementieren, für die sie sich bereits entschieden haben. Sobald ein Unternehmen dies erkennt, werden Prozesse zum Fundament nicht nur des ursprünglich angepeilten Projekts, sondern ebenso fast aller folgenden. Viele Auffahrten führen auf die Prozessautobahn.

Die Geschäftswelt ist für ihre Moden bekannt – simplifizierende Lösungen für komplexe Probleme, die einen Augenblick im Rampenlicht stehen, bevor sie im harten Schein der Wirklichkeit in sich zusammenfallen. Die Schaffung eines Prozessunternehmens ist etwas anderes – eine tief greifende Veränderung der Art, wie wir produktive Arbeit verstehen und organisieren. Es ist eine dauerhafte Veränderung, wie sie nicht alle paar Jahre, sondern eher alle paar Jahrhunderte geschieht. Sie liefert atemberaubende Verbesserungen in der Betriebsleistung, verlangt aber einen Preis: die komplette Neukonzeption der Struktur und des Managements eines Unternehmens. Arbeitsplatzbeschreibungen, Fähigkeiten und Schulung, Bewertungs- und Belohnungssysteme, Managerfunktionen, Örtlichkeiten und viele andere Systeme, von denen die tägliche Arbeit des Unternehmens abhängt, müssen komplett überdacht werden. Unternehmen, die vom Prozessansatz profitieren, zeichnen sich dadurch aus, dass sie diesen Weg entschlossen beschritten haben.

Ein halbherziges Engagement für Prozesse ist nicht besser als gar keines. Der CEO eines großen Chemieunternehmens startete ein groß angelegtes Programm zur prozessorientierten Leistungsverbesserung. Die Manager des Unternehmens identifizierten ihre Prozesse, bestimmten Prozesseigentümer und machten sich daran, die Prozesse umzugestalten. Binnen kurzem erreichten sie massive Kosteneinsparungen, eine gewaltige Reduzierung der Lagerbestände und deutliche Verbesserungen bei den Erträgen und der Kundenbindung. Bald darauf ging der CEO in Ruhestand. Der neue CEO kam von außerhalb des Unternehmens und wusste nichts von Prozessen. Für ihn war der Prozessapparat ein unnötiger Überbau, und er machte die Initiativen seines Vorgängers rückgängig.

Erwartungsgemäß verschlechterte sich daraufhin die Unternehmensleistung. Die konventionellen Antworten des neuen CEO – Downsizing und Entlassungen – verstärkten diesen Niedergang zusätzlich. Nach Experimenten mit diversen modischen Schnellrezepten, von globaler Konsolidierung bis zu Portfolioveräußerungen, brach das Geschäft noch weiter ein. Mittlerweile ist es um die Unternehmensleistung weit schlechter bestellt als vor der ersten Hinwendung zum Prozessgedanken.

Der eigentliche Grund für diese entmutigende Entwicklung ist darin zu sehen, dass der erste CEO die Prozesse nicht entschieden genug implementierte. Es gelang ihm, die neuen Prozessstrukturen zu implementieren, ohne dass er jedoch sämtliche Aspekte des Unternehmens darauf ausrichtete. Sein Nachfolger fand nicht ein zutiefst prozessorientiertes Unternehmen vor, sondern ein traditionelles Unternehmen mit einer lediglich aufgesetzten Prozessstruktur. Andernfalls wäre es ihm nicht gelungen, die Initiativen seines Vorgängers so schnell rückgängig zu machen.

Glücklicherweise verstehen heute immer mehr CEOs, was es braucht, um die Macht ihrer Prozesse voll auszuschöpfen. Der Trend geht klar in die Prozessrichtung. Die meisten Fertigungsbranchen sind bereits ins Prozesslager übergewechselt. Zum Ende des Jahrzehnts werden Unternehmen, die sich nicht zu Prozessunternehmen mausern, eher die Ausnahme als die Regel bilden. Auf dem Markt der Geschäftsideen hat der Prozess an Wert zugelegt, weil er besser funktioniert als alles Übrige. Die prozessorientierte Unternehmensführung, die einst eine Sache der Visionäre, der Wagemutigen und der Verzweifelten zu sein schien, entwickelt sich rasch zur allgemeinen Norm.

Das bedeutet nicht, dass Ihnen Erfolg oder Nirwana sicher ist, sobald Sie sich öffentlich zum Prozessansatz bekennen. Entscheidend ist die Durchführung. Unternehmen, die lediglich die Formen übernehmen, ohne ihr Denken zu ändern, die nur die Terminologie einführen, ohne ihre Kultur anzupassen, werden damit keinen Erfolg haben. Unternehmen, die lediglich alten Jobs einen neuen Titel geben, Funktionen in Prozesse umtaufen oder sich auf die Managementränge beschränken, können sich auf ein Scheitern gefasst machen.

Auch eine erfolgreiche Umsetzung des Prozessansatzes bringt ihre eigenen Herausforderungen mit sich. Erstens benötigen Prozessunternehmen sehr viel feiner eingestellte Bewertungs- und Belohnungssysteme als traditionelle Organisationen. Damit die Mitarbeiter quer durch das Unternehmen das Prozessdenken kennen lernen und übernehmen können, muss das Budget für Training und Ausbildung drastisch erhöht werden. Zudem wird nicht jedermann fröhlich auf den Zug aufspringen. Einige Arbeiter werden die Verantwortung scheuen, die das Prozessunternehmen ihnen auferlegt, und nicht wenige Manager werden sich sträuben, ihre traditionellen Zuständigkeiten und Pfründe aufzugeben. Die mit dem Prozessgedanken verbundenen kulturellen Verschiebungen – vom Einzelnen zum Team, vom Boss zum Kunden, von der Improvisation zur Disziplin, vom Konflikt zur Gemeinsamkeit, von der Drückebergerei zur persönlichen und kollektiven Verantwortung – sind für die Beteiligten nicht immer leicht zu verdauen.

Der häufigste Einwand, den ich von Leuten hörte, die diese Erfahrung gemacht haben, lautet: »Dieser Übergang war furchtbar, aber ich würde niemals wieder zurückgehen.« Welche Härten der Übergang auch mit sich bringt, die Schaffung eines Prozessunternehmens bietet den Anteilseignern, den Managern und den Beschäftigten gewaltige Vorteile. Die Prozessstruktur garantiert in allen Unternehmensbereichen zuverlässig hohe Leistung. Sie erlaubt es, Ressourcen flexibel einzusetzen. Sie gibt allen Beteiligten ein gemeinsames Ziel und eine einheitliche Ausrichtung. Sie gibt den Managern die nötigen Instrumente an die Hand, damit sie die Ergebnisse wirklich beeinflussen können. Sie bietet den unteren Beschäftigten befriedigendere Jobs und die Selbstachtung von Menschen, die als Erwachsene behandelt werden und frei sind von dem Paternalismus und der Herablassung, wie sie für die Hierarchien von gestern kennzeichnend waren.

Das Prozessunternehmen existiert, und es wird auch in Zukunft existieren.

Agenda Punkt 3
Schaffen Sie ein Prozessunternehmen:
- Richten Sie vollständige Prozesse ein, die für Ihre Kunden den gesamten Wert erzeugen.
- Stellen Sie sicher, dass jeder Beteiligte den Prozessgedanken und seine Rolle darin versteht.
- Ernennen Sie hoch gestellte Prozesseigentümer, die die Prozesse messen, managen und verbessern.
- Schaffen Sie ein prozessfreundliches Unternehmen, indem Sie örtliche Gegebenheiten, Vergütung und Organisationsstruktur auf die Prozesse ausrichten.
- Schaffen Sie eine Kultur der Teamarbeit und der gemeinsam getragenen Verantwortung.
- Richten Sie einen Prozessrat ein, damit keine Prozesssilos an die Stelle der funktionalen Silos treten.
- Halten Sie sich bei allem, was Sie zur Verbesserung Ihres Unternehmens tun, an das Prozessprinzip.
- Machen Sie den Prozess zu Ihrer Lebensweise.

5 Schaffen Sie Ordnung, wo Chaos regiert

Systematisieren Sie Kreativität

Modernen Mythen zufolge gleichen erfolgreiche Unternehmen einem geölten Räderwerk – einem Muster an Effizienz, wo Arbeit präzise definiert, fachkundig ausgeführt und streng gemanagt wird. Nur wer niemals hinter die Fassade eines wirklichen Unternehmens geschaut hat, glaubt dieses Märchen. Tatsache ist, dass in vielen Unternehmen gleich mehrere Bereiche außer Kontrolle sind. Die einzelnen Mitarbeiter mögen noch so hart arbeiten und stets beschäftigt sein, insgesamt herrscht dennoch das Chaos vor. Endlose Anstrengungen werden vergeblich unternommen, die Leute arbeiten gegeneinander, und es grenzt an ein Wunder, dass überhaupt etwas passiert. Jede Situation wird anders gehandhabt, man improvisiert und handelt aus dem Stegreif. Dieses Chaos kann überall auftreten, besonders häufig ist es jedoch in jenen Teilen des Unternehmens, die mit neuen Situationen umgehen müssen: nicht Herstellung, Logistik oder Finanzen, sondern Produktentwicklung, Verkauf und Marketing.

Bei einem mir bekannten Elektronikunternehmen kam der Verkauf von großen Systemen vorwiegend nach dem Zufallsprinzip zustande. Die Handelsvertreter verfolgten Projekte, die ihren persönlichen intuitiven Präferenzen entsprachen; ob die Ingenieursabteilung bereit war, Produktmodifizierungen nach den Wünschen der Kunden vorzunehmen, entschied sich von Fall zu Fall; die Kunden bekamen Preise genannt, bevor die Finanzabteilung Gelegenheit hatte, sie zu bewerten; die Kunden erhielten auf ein und dieselbe Frage unterschiedliche Antworten, je nachdem ob sie sich an den Verkaufs-, die Konstruktions- oder die Finanzabteilung wandten und so weiter.

Ein Chemieunternehmen schien alles daranzusetzen, die Produktentwicklung unmöglich zu machen. Wenn die Marketingabteilung eine neue Produktidee brachte, wurde diese häufig von der Konstruktionsabteilung als nicht machbar verworfen – ein Codewort für »zu viel Ärger« oder »nicht sehr interessant«. Die Marketingabteilung verwarf von der Forschungsabteilung vorgeschlagene Projekte regelmäßig als unpraktisch – was bedeutete, dass sie sie nicht verstanden hatte. Gelegentlich – aber nur gelegentlich – war ein »Produktchampion« von einer neuen Idee so begeistert, dass er es schaffte, sie mit der Kraft seiner Persönlichkeit an all diesen Torhütern vorbeizuschleusen. Aber sobald das neue Produkt Formen annahm, schlossen sich die Wasser wieder über ihm. Die Entwicklungsabteilung behauptete plötzlich, dass der Bau einer neuen Fabrik zur Herstellung des Produkts Ewigkeiten dauern würde. Die Finanzabteilung sagte, der vorgeschlagene Preis würde zu einem Verlustgeschäft führen. In diesem Chemieunternehmen erlangten neue Produkte nur durch Zufall Marktreife. Jede Abteilung arbeitete hart, jedoch in völliger Isolation; alle Räder drehten sich, aber die Transmissionen zwischen ihnen wurden niemals in Betrieb genommen.

Leider sind derlei Szenarios allzu verbreitet. In vielen Organisationen lässt sich die Arbeit am besten mit der Brownschen Bewegung vergleichen, wo die Partikel vollkommen zufällig umherspringen.

Außenstehende können möglicherweise gar nicht glauben, dass es in scheinbar gut geführten, erfolgreichen Unternehmen in Wirklichkeit so chaotisch zugeht. Der Grund, warum sie das tun, ist denkbar einfach: Sie funktionieren immer noch nach demselben Muster wie zu der Zeit, als sie viel kleiner waren – auf höchst informelle Weise. Ein sehr kleines Unternehmen kann ohne genau definierte Arbeitsweisen auskommen, weil seine Mitarbeiter sich gegenseitig gut genug kennen und ausreichend miteinander kommunizieren, um erfolgreich improvisieren zu können. Die Konstruktionsabteilung befindet sich wenige Schritte von der Verkaufsabteilung; den Finanzleiter treffen Sie beim Mittagessen in der Kantine. Die zentralen Projekte des Unternehmens sind jedermann vertraut. Selbst der CEO lässt sich mit Vornamen anreden, und die Formalität wurde beim Fabriktor hinterlegt. Fähige Leute, die zusammenarbeiten, können sich im Einzelfall bewähren und fast alles möglich machen.

Mit der Größe kommen jedoch die Probleme. Die alten Arbeitsweisen des Unternehmens lassen sich nicht »vergrößern«. Je mehr Mitarbeiter eingestellt werden, desto weniger kennen sie einander, die Kunden oder das Gesamtunternehmen. Es wird für jedermann schwerer, den Überblick zu behalten, und die Beschäftigten des Unternehmens stellen ähnlich den heutigen Wissenschaftlern fest, dass sie immer mehr über immer weniger wissen. Aber es ist niemand da, um systematische Betriebsweisen zu entwickeln, und die alten improvisierenden Arbeitsmethoden bleiben im genetischen Code des Unternehmens verwurzelt. Wenn viele Leute versuchen, viele Situationen ohne eine klar definierte Vorgehensweise zu handhaben, sind die Resultate entsprechend verheerend.

Neben der Größe gibt es noch andere Gründe, warum die informelle Arbeitweise von einst nicht länger genügt. Erstens ist die Arbeit komplexer geworden. Der Verkauf war in den alten Tagen vornehmlich ein Akt des persönlichen Heldentums. Um erfolgreich zu verkaufen, musste man die Produkte und die Kunden kennen. Der erfolgreiche Handelsvertreter stellte sein Produkt oder seine Dienstleistung im bestmöglichen Licht dar, knüpfte eine Beziehung zum Käufer und triumphierte über die Konkurrenz.

Wie Sie hoffentlich noch aus Kapitel 3 erinnern, wollen die Kunden von heute keine Produkte; sie verlangen nach Lösungen, und Lösungen gibt es nicht von der Stange. Sie müssen nach den spezifischen Wünschen des Kunden entworfen werden. Um solche Verkäufe zu tätigen, braucht es mehr als persönliches Charisma. Heute wollen Systeme und Lösungen verkauft werden, und der Verkäufer ist gleichzeitig Berater; er muss die Kundenbedürfnisse analysieren, alternative Lösungen entwerfen, Kosten hinterfragen, Systeme entwickeln und implementieren und vieles mehr. Das ist nicht die Arbeit eines einzelnen heroischen Handelsvertreters; vorbei sind die Tage, in denen Dustin Hoffman als Willy Loman seinen Musterkoffer auf einsamer Straße mit sich herumschleppte. Der moderne Verkauf ist ein Mannschaftssport, und noch dazu ein komplizierter. Um zu gewinnen, sind Disziplin und Struktur gefragt. Stegreiflösungen sind ein Rezept fürs Scheitern.

Dasselbe gilt für die Produktentwicklung. Der amerikanische Mythos besagt, dass Produkte von einsamen Genies in ihren Laboratorien entwickelt werden, die ihre plötzliche Inspiration in praktische Innovationen verwandeln. Das traf nicht einmal auf die Zeiten eines Thomas Edison zu und gilt mit Sicherheit nicht für heute. Die Realität ist viel komplexer. Talent und Inspiration sind notwendig, aber nicht hinreichend. Die Schaffung und die Markteinführung fast jedes Produkts erfordert heute die Zusammenarbeit vieler Menschen mit vielen verschiedenen Fähigkeiten. Die Ingenieure müssen das Produkt konzipieren und entwerfen und dabei das von den Handelsvertretern vermittelte Kundenecho berücksichtigen; dann müssen die Marketingexperten das Potenzial des Produkts einschätzen und seine spezifischen Eigenschaften herausarbeiten. Die Mitarbeiter aus der Finanzabteilung müssen die Herstellungskosten analysieren und einen wettbewerbsfähigen Preis bestimmen. Die Fertigungsspezialisten müssen entscheiden, wie sich große Stückzahlen herstellen lassen. Die Juristen müssen klären, wie das Produkt vor Nachahmern geschützt werden kann.

Die Erfolgsschlüssel sind hier Koordination und Disziplin. Die Tätigkeiten müssen nicht nur ausgeführt werden, sie müssen auch miteinander harmonieren und eine bestimmte Reihenfolge einhalten, damit das neue Produkt das Licht der Welt erblicken kann. Eine verspätete Berücksichtigung des Kundenechos ist wie eine unterlassene Berücksichtigung. Dennoch fehlen in den meisten Unternehmen verlässliche Mechanismen, die eine solche Koordination gewährleisten könnten. Diese Unternehmen haben keine leitende Intelligenz, keine standardmäßige Arbeitsweise, die alle Teile zusammenfügt, und keine wiederholbare Struktur.

Stattdessen handelt jede Abteilung nach ihrer eigenen Fasson und ohne Verständnis für das große Bild.

Die schnell veränderliche Geschäftswelt von heute ist ein unwirtliches Umfeld für improvisierte und informelle Methoden der Erzeugung und des Verkaufs von Produkten. Ross Johnson, einstiger CEO von RJR Nabisco, ist bekannt für seine Bemerkung über das Flaggschiffprodukt seines Unternehmens: »Irgendein Genie erfand Oreo. Wir leben lediglich von dieser Erbschaft.« Es gab eine Zeit, als die meisten Unternehmen von ihren jeweiligen Oreos abhingen: Produkte mit einer scheinbar unendlichen Lebensdauer. Damals besaß die Entwicklung neuer Produkte keine Dringlichkeit; irgendwann würden schon welche auftauchen. Das ist heute nicht länger der Fall. Die heutigen Produktlebensspannen berechnen sich nach Monaten statt nach Jahrzehnten. Mögen Ihre Produkte noch so glänzend dastehen, besser ist es, wenn Sie noch eine ganze Reihe ähnlich glänzender in der Entwicklung haben. Wenn nicht, dann ist Ihrem Unternehmen ein frühes Ende sicher. Die Entwicklung neuer Produkte ist heute viel zu wichtig, als dass sie dem Zufall überlassen bleiben dürfte. Dasselbe gilt für den Verkauf. Die Kunden beweisen nicht länger Kundentreue; sie müssen ständig neu umworben werden. Arbeitsmethoden, die möglicherweise dazu taugten, den gelegentlichen neuen Kunden zu gewinnen, eignen sich nicht dafür, die bestehende Kundenbasis jeden Tag von neuem zu gewinnen.

Kurz, um heute erfolgreich zu sein, müssen die kritischen Bereiche Verkauf und Produktentwicklung auf Disziplin und Struktur ausgerichtet werden; die Improvisation muss der methodischen Vorgehensweise weichen. Um in der Sprache von Kapitel 4 zu sprechen: Diese reflexiven Tätigkeiten müssen zu vollgültigen, systematischen Prozessen entwickelt werden.

Für viele Menschen leiten sich Attraktivität und Macht des Prozesses aus seiner funktionsübergreifenden Natur, dem Aspekt des *Zusammen* ab. Indem sich Prozesse auf vollständige Arbeitsfolgen konzentrieren, reißen sie die Mauern zwischen den funktionalen Silos ein, vermeiden Staffelwechsel und die daraus unvermeidlich resultierenden Fehler, Verzögerungen und Kosten.

Indem sich das Prozessdenken auf die Kunden und das gemeinsame Ergebnis konzentriert, hilft es, alle Mitarbeiter einer Organisation hinter einem Ziel zu versammeln und die bizarren Konsequenzen inkongruenter funktionaler Ziele und widersprüchlicher Bewertungssysteme zu vermeiden. Ein anderes Schlüsselwort aus der in Kapitel 4 gegebenen Definition von Prozess lautete *strukturiert*. Struktur, Disziplin und Entwurf eines Prozesses helfen ebenso gegen Chaos wie die gemeinsame Zielsetzung gegen Fragmentierung.

Indem wir eine genaue Schrittfolge und die Verantwortlichkeiten für ihre Ausführung festlegen, führen wir Komposition und Ordnung in Bereiche ein, in denen sonst das Chaos herrschen würde. Das zahlt sich in Wiederholbarkeit, Vorhersehbarkeit und Lenkbarkeit aus. Die Leute müssen nicht länger ihre Energien darauf verschwenden, Arbeitsweisen zu erfinden; sie können sich auf die Verrichtung der Arbeit selbst konzentrieren. Entsprechend verbessert sich die Leistung: Wenn Sie Ihre Zeit nicht mit unfruchtbaren Tätigkeiten vergeuden, können Sie Ihre Arbeit viel schneller und kostengünstiger ausführen.

Disziplin ist kein Ersatz für Individualität oder Kreativität. Im Gegenteil, Disziplin fördert Individualität und Kreativität, indem sie einen Rahmen bereitstellt, innerhalb dessen jeder Einzelne seine Fähigkeiten voll zur Geltung bringen kann. Die Struktur garantiert, dass sich die Teile am Ende zu einem Ganzen zusammenfügen.

Nehmen wir die Unordnung, die einst bei einem größeren Hersteller von Sprechfunksystemen herrschte, wie sie von Polizeikräften, Sicherheitsdiensten, Regierungseinrichtungen oder Stromversorgern verwendet werden. Dabei handelt es sich um umfangreiche Systeme, die auf die besonderen Bedürfnisse der Käufer zugeschnitten werden. Sie umfassen Komponenten wie einen Sendeturm, eine Basisstation, die Empfangsgeräte selbst, zahlreiches Zubehör und eine Schulung für die Nutzer.

Zum »Verkauf« dieser Systeme gehört mehr, als dass ein Vertreter einem Einkäufer ein Mittagessen spendiert. Die Bedürfnisse des Kunden müssen bestimmt und analysiert werden. Ein System, das diesen Anforderungen entspricht, muss entworfen, seine Kosten müssen bestimmt und es muss geklärt werden, ob es machbar, profitabel und mit der Geschäftsstrategie des Herstellers vereinbar ist. Danach folgt die Abgabe eines detaillierten Angebots, die Suche nach den richtigen Mitarbeitern für die erforderlichen Implementierungsschritte, Verhandlungen mit dem Kunden und so weiter.

Diese Arbeit kann niemals von einem Einzelnen geleistet werden, mag er noch so talentiert oder heroisch sein. Sie erfordert die disziplinierte Koordination der Arbeit vieler verschiedener Teile des Unternehmens. Bis vor kurzem waren die Verkaufsbemühungen dieses Herstellers so gut strukturiert wie eine Kissenschlacht.

In den Augen der übrigen Abteilungen waren die Verkäufer »zu jedem Deal bereit«. Egal wie unsicher das Ergebnis – oder der Gewinn – war, sie zogen jedes Geschäft bis zu Ende durch. In ihrem Eifer, die Konkurrenz abzuschütteln, nannten sie dem Kunden häufig einen Preis, bevor irgendwer sich eine realistische Vorstellung davon hätte machen können, wie viel das System kosten würde. (Die Klage in diesem Unternehmen lautete, dass das, was in den ersten fünf Minuten des ersten Verkaufsgesprächs gesagt wurde, das Unternehmen für die nächsten drei Jahre verpflichtete.)

Während die Informationen über die Bedürfnisse des Unternehmens von Abteilung zu Abteilung wanderten, wurden sie verdreht und mit persönlichen Interpretationen angereichert. Die Mitarbeiter, die das System entwerfen mussten, waren so weit vom Kunden entfernt, und die Informationen, die ihnen zur Verfügung standen, waren, bis sie sie erhielten, so entstellt, dass sie sich die Erfordernisse der Kunden teilweise aus den Fingern saugen mussten. Die Vor- und Nachteile der Angebote der Wettbewerber wurden nicht rechtzeitig genug berücksichtigt, um noch in den Vorschlag des Unternehmens einzufließen. Die Produktmanager propagierten den Einsatz der Produkte, für die sie zuständig waren, auch wenn sie für die Erfordernisse des Kunden nicht besonders geeignet waren. Die Mitarbeiter wurden ständig wechselnden Projekten zugeteilt; ein Team, das an einem Kundenauftrag arbeitete, musste morgens unter Umständen feststellen, dass der Hälfte seiner Mitglieder über Nacht andere Aufgaben zugeteilt worden waren. Bei den »Team«-Treffen führte niemand den Vorsitz; wer die lauteste Stimme hatte, setzte sich durch. Die Kunden wussten nicht, an wen sie sich wenden sollten, und bekamen unterschiedliche Auskünfte, je nachdem mit wem sie sprachen.

So absurd und destruktiv dieses Verhalten auch erscheinen mag, eine solche Situation ist in Unternehmen eher die Norm als die Ausnahme. Dass solche Unternehmen überhaupt Umsatz machen, haben sie einigen wenigen außergewöhnlichen Mitarbeitern zu verdanken, die sich über das sie umgebende Chaos hinwegsetzen. Manch ein Handelsvertreter leistet Unglaubliches. (»Diesen Auftrag lassen wir uns nicht entgehen.«) Er wird zu einem Kämpfer, der lange Stunden mit der Beschaffung von Informationen verbringt, seine Mitarbeiter anfeuert, die Bürokratie überwindet, Hoffnung und Begeisterung streut und überhaupt alles Erforderliche unternimmt.

Eine ähnliche Figur hat sich auch im Bereich der Produktentwicklung einen festen Platz in der Unternehmensmythologie erobert: der Produktchampion. Der Produktchampion sorgt mit persönlichem Einsatz und Willenskraft dafür, dass ein Produkt bis zur Marktreife gedeiht, obwohl die Organisation nichts unversucht lässt, es zu Fall zu bringen. Man sagt sogar, dass ein Produkt nur dann überhaupt eine Erfolgschance hat, wenn sich ein starker Champion dafür einsetzt.

Sowohl der heroische Handelsvertreter als auch der Produktchampion versuchen, die Unordnung der Organisation damit zu kompensieren, dass sie persönlich die unkoordinierten Aktivitäten zu einem zielgerichteten Ganzen bündeln. Sie sind ein Ersatz für Disziplin und Prozess, auf die Dauer jedoch können sie nicht erfolgreich sein. Erstens haben Heroen die bedauerliche Eigenschaft, dass sie entweder irgendwann das Unternehmen verlassen oder ans Ende ihrer Kräfte geraten. Zweitens sollten bei jedem Unternehmen die Alarmglocken läuten, wenn es seinen Erfolg nicht seinen normalen Arbeitsweisen verdankt. Dass die Verkaufsabteilung Heroen und die Produktentwicklung Champions benötigt, ist ein erschreckendes Indiz. Neue Produktentwicklungen oder größere Verkäufe sollten keine ungewöhnlichen Ereignisse sein, die von dem besonderen Einsatz Einzelner abhängen; sie sollten vielmehr das natürliche Resultat durchdachter und ausgefeilter Betriebsprozesse sein.

Was unserem Hersteller in seinen Verkaufsbemühungen fehlte und was den meisten Unternehmen in Verkauf, Produktentwicklung und ähnlichen Bereichen fehlt, sind Disziplin und Prozess. Viele Unternehmen gehen immer noch von der falschen Vorstellung aus, diese Begriffe bezögen sich nur auf Unterstützungsaktivitäten wie Einkauf, Auftragserfüllung oder die Beantwortung von Kundenanfragen. Irgendwie haben sie das Gefühl, die Anwendung von Disziplin und Struktur auf kreative Tätigkeiten – Produktentwicklung, Gestaltung von Marketingkampagnen, Verkauf von Produkten und Dienstleistungen an Kunden – würde die Mitarbeiter behindern und in eine Schablone zwängen, aus der sie nicht entkommen können. Diese Unternehmen assoziieren die Konzepte Disziplin und Prozess mit Bürokratie und Inflexibilität. Nichts ist weiter von der Wahrheit entfernt. Teamarbeit und Disziplin sind für die kreativen Tätigkeiten mindestens ebenso wichtig wie für die Unterstützungstätigkeiten.

Den alten Verkaufsmethoden des Sprechfunkgeräteherstellers fehlte beides. Die vielen beteiligten Mitarbeiter hatten je unterschiedliche Ziele, und es gab keine übergeordnete Verkaufsmethode, die sie alle zusammengebracht hätte. Mit der Zeit hielten Disziplin und Prozess dennoch Einzug. Die Manager des Unternehmens diagnostizierten ihre zufallsabhängige Geschäftsweise und identifizierten deren fundamentale Mängel, die von diffusen Entscheidungsfindungsprozessen bis zu einer unklaren Kundenkommunikation reichten. Anschließend entwarfen sie eine exakte Fünfundzwanzig-Stufen-Formel, die bei jeder Verkaufsgelegenheit anzuwenden ist. Es lohnt sich, diese Formel genauer zu untersuchen, um zu verstehen, wie die Prozessstruktur das Chaosungeheuer zähmen kann.

Der Prozess beginnt, wenn der Handelsvertreter eine Verkaufsgelegenheit identifiziert. Anstatt dass jeder Prozessschritt von jemand anderem ausgeführt wird, wird zu Beginn ein Team gebildet, das die Gelegenheit auslotet und untersucht. Diesem Team gehören neben dem für den Kunden zuständigen Handelsvertreter weitere Mitarbeiter aus den Produktgruppen, der Konstruktionsabteilung, der Systemintegration, aus der Vertragsabteilung und anderen wichtigen Teilen der Organisation an. Die Teammitglieder bearbeiten die ersten fünf Prozessschritte gemeinsam:

1. Erarbeiten Sie gemeinsam mit dem Kunden eine genaue Formulierung der Verkaufsgelegenheit, entwickeln Sie eine allgemeine Beschreibung des Kunden und seiner Erfordernisse – diese Informationen werden in den folgenden Schritten benötigt.

2. Bewerten Sie diese Gelegenheit im Kontext unserer Zielsetzungen und Möglichkeiten. Fügt sich diese Gelegenheit in unsere technischen und geschäftlichen Strategien ein?

3. Analysieren Sie die Konkurrenz: Wie würden andere Anbieter auf diese Gelegenheit reagieren? Haben wir eine Chance, den Auftrag zu bekommen? Wie sollten wir die Stärken und Schwächen der Konkurrenz bei unserem Vorgehen berücksichtigen?

4. Entwickeln Sie einen vorläufigen »Geschäftsüberschlag«. Das ist eine grobe, aber vollständige Schätzung der Kosten und Erträge aus dem Deal sowie seines erwarteten Beitrags zum Unternehmensgewinn.

5. Entscheiden Sie im Licht all dieser Faktoren, welche Priorität Sie dieser Gelegenheit geben wollen. Wenn wir eine echte Chance haben, den Auftrag zu bekommen, wollen wir ihn dann überhaupt? Stellt er eine gute Verwendung unserer Energien dar? An diesem Punkt werden Gelegenheiten mit geringerer Priorität aufgegeben, um die vorhandenen Ressourcen für die besten aufzusparen.

Die Schritte sechs bis elf befassen sich ausführlich mit den Erfordernissen des Kunden und der Entwicklung einer Projektstrategie.

6. Stellen Sie ein vielseitig befähigtes Projektteam mit den erforderlichen Spezialkenntnissen zusammen (Konstruktion, Verkauf, Marketing, Finanzen und dergleichen). Die Aufgabe des Teams: die Handhabung dieser Gelegenheit bis zu ihrem erfolgreichen Abschluss. Sorgen Sie für die richtigen Ressourcen, damit niemand von dem Projekt abgezogen wird.

7. Verfeinern Sie in gründlichen Diskussionen mit dem Kunden Ihr Bild von dessen Erfordernissen.

8. Bestimmen Sie die mit der weiteren Verfolgung dieser Gelegenheit verbundenen Risiken, von technologischen Unsicherheiten bis zur Reaktion der Wettbewerber.

9. Verfeinern Sie auf der Basis der bisher gesammelten Informationen die Finanzdaten.

10. Lassen Sie das Management die Teamstrategie überprüfen. Seine Ablehnung bedeutet das Ende des Projekts.

11. Checken Sie mit dem Kunden gegen, ob Sie seine Bedürfnisse richtig verstanden haben. Korrigieren Sie alle Ungenauigkeiten.

In den nächsten sechs Schritten investiert das Unternehmen beträchtliche Ressourcen in die Entwicklung einer Lösung für die Erfordernisse des Kunden.

12. Organisieren Sie so viele zusätzliche Ressourcen, wie für die Entwicklung der Lösung erforderlich sind.

13. Entwickeln und bewerten Sie mehrere alternative Lösungsansätze. Wählen Sie einen Ansatz aus, den Sie dem Kunden präsentieren wollen.

14. Analysieren Sie die wahrscheinlichen Reaktionen der Wettbewerber auf diese Gelegenheit sowie deren voraussichtliche Preisangebote.

15. Aktualisieren Sie die Risikoabschätzung und konkretisieren Sie die Situationen, unter denen das Projekt auf Probleme stoßen könnte.

16. Erstellen Sie überarbeitete Gewinn- und Verlustszenarien.

17. Formulieren Sie den Wortlaut der Antwort an den Kunden, und lassen Sie ihn von allen beteiligten Seiten prüfen und absegnen.

Die nächsten fünf Schritte vervollständigen die Projektstrategie und präsentieren ein Angebot:

18. Prüfen Sie die formale Aufforderung zur Angebotsabgabe des Kunden. Beachten Sie, dass das Unternehmen, statt sich überraschen zu lassen, seit langem seinen Ansatz entwickelt hat und bereit ist, umgehend auf das Angebot zu reagieren, sobald es schließlich eintrifft. Passen Sie das Projekt nötigenfalls an die Details der Aufforderung an. Wenn diese von dem Erwarteten stark abweicht, sollte von dem Projekt abgesehen werden.

19. Überprüfen Sie die vorgesehene technische Lösung und die damit verbundenen Unterstützungsdienstleistungen auf Übereinstimmung mit der Formulierung der Aufforderung zur Angebotsabgabe.

20. Erarbeiten Sie eine Endfassung Ihres Angebots.

21. Erarbeiten Sie eine konkrete Formulierung Ihres Angebots.

22. Nach der letzten Überarbeitung und Absegnung durch alle beteiligten Seiten präsentieren Sie den Vorschlag dem Kunden.

Die letzten drei Prozessschritte erfolgen, nachdem der Kunde uns den Zuschlag gegeben hat:

23. Handeln Sie die Vertragsdetails aus. Damit soll sichergestellt werden, dass unsere Verantwortlichkeiten klar formuliert sind, um zu vermeiden, dass später kostenaufwändige Serviceleistungen zum »Nulltarif« verlangt werden.

24. Führen Sie eine rückblickende Bewertung des Projekts durch, um festzustellen, was funktioniert hat und was nicht.

25. Unterrichten Sie das übrige Unternehmen von allen wettbewerbsrelevanten Informationen, die Sie möglicherweise im Verlauf des Projekts gewonnen haben.

Dies ist eine Nahaufnahme von einem sorgfältig entworfenen Prozess. Wir haben nicht vor, seine Details zu analysieren, sondern wollen lediglich demonstrieren, dass sich Disziplin sogar auf einen scheinbar so unstrukturierten und »kreativen« Bereich wie den Verkauf anwenden lässt.

Manch ein erfahrener Verkäufer mag einwenden, an diesem Prozess sei nichts Bemerkenswertes oder Innovatives. Er mag darin lediglich die Selbstverständlichkeiten des Verkaufsgeschäfts sehen. Aber das ist gerade der Punkt. Ein Prozess ist besser als kein Prozess. Bevor das Unternehmen diese fünfundzwanzig Schritte formalisierte, wurde jede Verkaufsgelegenheit unterschiedlich gehandhabt. Häufig wurden wichtige Schritte ausgelassen, und die Reihenfolge wurde regelmäßig vertauscht. Die Konsultation des Managements beispielsweise unterblieb oder erfolgte zu spät, lange nachdem das Unternehmen große Summen achtlos in ein verlorenes Projekt investiert hatte. Die Antworten an die Kunden erfolgten zu früh. Projekte, die nicht im langfristigen Interesse des Unternehmens lagen, wurden dennoch verfolgt. Mit der Installation des Prozesses war sichergestellt, dass alle erforderlichen Schritte jedes Mal und ohne Ausnahme ausgeführt wurden. Was zuvor dem Zufall oder persönlichen Vorlieben überlassen war, wurde jetzt zu einer Domäne der strukturierten und formellen Vorgehensweise.

Dieser Ansatz führte zu einer dramatischen Verbesserung der Verkaufsleistung. Das Unternehmen gewinnt einen größeren Anteil der Projekte, für die es ein Angebot abgibt – ein Zuwachs von fünfzehn Prozent gegenüber dem Zustand vor Einführung des Prozesses. Zudem werden nicht länger Zeit und Geld für hoffnungslose oder unpassende Projekte verschwendet. Das Unternehmen ist jetzt sehr viel effektiver – und sehr viel profitabler. Meiner Schätzung zufolge kletterten die Gewinne der Geschäftseinheit infolge einer besseren Preispolitik, eines wachsenden Marktanteils und einer geschickteren Ressourcenverwendung um rund fünfhundert Prozent in die Höhe.

Manch einer mag sich fragen, ob diese Erfahrung allgemein anwendbar ist. Schließlich verkauft nicht jeder Produkte von der Komplexität von Sprechfunksystemen. Das stimmt, aber in vielen Branchen ist der Verkauf von Systemlösungen dieser Art bereits die Norm. Beim Verkauf von Konsumgütern an Supermärkte beispielsweise ist es nicht länger damit getan, auf Auftragseingänge zu warten. Sie müssen vielmehr einen gemeinsamen Verkaufsförderungs- und Werbeplan entwickeln, Preise festsetzen, die eine höhere Verbrauchernachfrage belohnen, ein Programm zur lieferantengesteuerten Lagerhaltung (Vendor-Managed Inventory) installieren und viele andere Fragen berücksichtigen. Je mehr zusätzliche wertschöpfende Serviceleistungen zu den Produkten gehören (ein Thema, das ich in Kapitel 3 besprochen habe), desto komplizierter wird das Verkaufsgeschehen und desto größer ist der Bedarf an Disziplin.

Viele andere Unternehmen wenden ebenfalls Disziplin und Struktur auf die Verkauftätigkeit an und profitieren davon entsprechend. Das Unternehmen BellSouth beispielsweise verwendet einen Prozessansatz für den Verkauf von Werbeplatz in seinen Gelben Seiten. Der Prozess ist so konzipiert, dass sichergestellt ist, dass Kundenbeziehungen eine langfristige Perspektive haben, dass mit einer Verkaufsgelegenheit stets der dafür am besten qualifizierte Handelsvertreter betraut wird und dass Kundendaten für strategische Zwecke gesammelt und verwendet werden. Der Prozess vereinigt zudem eine Reihe von Aktivitäten, die zuvor von verschiedenen Abteilungen nacheinander und unabhängig voneinander ausgeführt wurden, in den Händen eines funktions- übergreifenden Teams. Zykluszeiten wurden um zwei Drittel kür- zer, der Überarbeitungsbedarf drastisch reduziert und Rettungs- aktionen in letzter Minute so gut wie eliminiert, was zu größerer Kundenzufriedenheit und verringerten Kosten führte. In den frü- hen Neunzigern implementierte Electronic Data Systems (EDS) einen disziplinierten Verkaufsprozess unter dem Namen SVS (Strategic Value Selling), der wesentlich zur Verkaufssteigerung des Unternehmens um dreiundneunzig Prozent zwischen 1996 und 1997 beitrug.

Ich will noch einmal betonen, dass Struktur nicht bedeutet, dass aus Mitarbeitern Automaten werden. Im Gegenteil, Struktur befreit. Disziplin liefert den Rahmen, der gewährleistet, dass krea- tive und talentintensive Aktivitäten von den richtigen Leuten zur richtigen Zeit und mit den richtigen Informationen ausgeführt werden. Sie erfordert jedoch Veränderung und Anpassung. Die Handelsvertreter können nicht länger wie einsame Wölfe agieren. Sie müssen lernen, den Prozess einzuhalten, in Teams zu arbeiten und ihre improvisatorischen Neigungen im Zaum zu halten. Das fällt ihnen nicht immer leicht, und die oberen Manager müssen sicherstellen, dass der Prozess tatsächlich befolgt wird. Bei EDS instruierte der Vice-Chairman die Verkäufer mit leicht drohendem Unterton: »Es mag okay sein, einen Auftrag ohne SVS zu gewin- nen, aber es ist nicht ratsam, einen Auftrag ohne SVS zu verlie- ren.« (Am deutlichsten kommt die Drohung wohl in dem Wört- chen *mag* zum Ausdruck.) Erwartungsgemäß lernten die Verkäu- fer die Kraft und Schönheit von SVS rasch zu schätzen.

Was diese Unternehmen mit dem Verkauf machten, machten andere mit der Produktentwicklung. Ein gutes Beispiel ist Cater- pillar, der Hersteller von schwerem Baugerät. Caterpillar hat sei- ne Vorgehensweise bei dem, was es als NPI (New Product Introduction) bezeichnet, komplett umgestaltet. Der Prozess hat jetzt vier Hauptphasen:

113

1. Strategie

Ein funktionsübergreifendes Team von Geschäftsanalysten, Ingenieuren und anderen kümmert sich um die Markteinführung eines neuen Produkts. Das Team trifft sich mit Kunden und Händlern, um den Bedarf zu bestimmen, die Anforderungen an das Produkt zu ermitteln und die Geschäftsziele zu formulieren.

2. Konzept

Das Team übersetzt die Kundenanforderungen in technische Spezifikationen, stellt fest, welche Neuentwicklungen erforderlich sind, und erstellt einen Geschäftsplan, der Marketing, Herstellung, Preisgestaltung und zukünftigen technischen Support für das vorgeschlagene Produkt umfasst. Alle diese Aspekte werden gleich zu Anfang entwickelt, damit das Unternehmen nicht später feststellt, dass es ein Produkt entwickelt hat, das sich nicht verkaufen lässt oder für das es keinen Support anbieten kann. Realitätsprüfung: Die Executives von Caterpillar prüfen den Plan auf Plausibilität und Konsistenz mit den Unternehmenskriterien für neue Produkte.

3. Entwicklung

Jetzt ist es an der Zeit, Geld zu investieren. Die Verwandlung des Konzepts in einen konkreten Entwurf erfordert viel Aufwand und ständige Wachsamkeit, um die Angemessenheit und Vollständigkeit des Entwurfs sicherzustellen. Diese Kontrollen sind rigoros. Bei Caterpillar ist es nicht unüblich, dass ein Projekt, das den Zielkriterien nicht entspricht, gekippt wird.

In weniger kohärenten Unternehmen entwickelt ein Embryoprodukt rasch ein Eigenleben. Sobald ein Team dafür zuständig ist, haben seine Mitglieder ein Eigeninteresse daran, das Projekt bis zum bitteren Ende zu verfolgen. Selbst wenn ein Scheitern abzusehen ist, stürmen sie vorwärts und hoffen auf göttliche Intervention. Sie haben alle Veranlassung, eine Einstellung des Projekts zu vermeiden. In den meisten Unternehmenskulturen wird ein abgesetztes Projekt mit einer persönlichen Niederlage der Beteiligten gleichgesetzt, und die so Gezeichneten können nicht sicher sein, dass sie so bald oder überhaupt jemals wieder eine Chance erhalten. Da scheint es besser zu sein, an einem aussichtslosen Projekt festzuhalten, als ohne Projekt dazustehen.

Es liegt auf der Hand, dass diese Mentalität zu geisterhaften – weder lebendigen noch toten – Produktentwicklungsprojekten führt, die nicht im Interesse des Unternehmens sind.

Systematische Überprüfungen (so genannte »Stage Gates«) bewahren Caterpillar davor, untaugliche Ideen auf ewig weiterzuverfolgen. Zudem wird der Realismus des Unternehmens durch ein kulturelles Gebot verstärkt, das im Prinzip besagt: »Der Abbruch eines Projekts, das am Ende gescheitert wäre, stellt einen Sieg und keine Niederlage dar.« Er ist deshalb ein Sieg, weil er den Irrsinn vermeidet, gutes Geld auf ein totes Pferd zu setzen. Diese Haltung wird dadurch gefördert, dass Teams, die beweisen, dass ein Projekt aussichtslos ist, und daraus die Konsequenzen ziehen, sicher sein können, dass ihnen in Zukunft neue Projekte zugewiesen werden. Kurz gesagt, Caterpillar belohnt Ehrlichkeit.

Zur Entwicklungsphase gehören im Übrigen Analyse und Simulation, die in die Erstellung eines Prototyps münden – einer Maschinenversion, die im Labor getestet werden kann. Nach den Tests wird der Entwurf überarbeitet und verfeinert, um sicherzustellen, dass die Leistungs- und Kostenvorgaben weiterhin eingehalten werden. Caterpillar prüft dann die allgemeine Bereitschaft für das neue Produkt. Läuft die Marketingorganisation auf Touren? Ist die Finanzabteilung bereit, es zu unterstützen? Ist das Vertriebssystem bereit? Am Ende dieser Phase wird das Projekt noch einmal im Licht dieser Bewertungen und der neuen Pläne überprüft. Wenn größere Probleme erkennbar werden, kann das Projekt immer noch eingestellt werden.

Caterpillar baut eine begrenzte Zahl echter Einheiten des Produkts und lässt sie in der Praxis erproben. Echte Kunden verwenden sie für echte Aufgaben, sodass Caterpillar sehen kann, ob sie die Erwartungen der Kunden erfüllen und die nötige Qualität und Zuverlässigkeit aufweisen.

4. Produktion und Support

Zum Schluss wird das Produkt der Kundenbasis vorgestellt. Die Produktion wird hochgefahren, und alles wird auf die Fertigung und den Vertrieb des neuen Modells in großem Maßstab vorbereitet.

Nichts hiervon ist besonders tiefgründig oder überraschend, aber Caterpillars Entschlossenheit, seine Produkteinführungen in dieser Weise zu koordinieren, ist mit enormen Vorteilen verbunden. Früher brauchte das Unternehmen sieben bis acht Jahre, um ein neues Produkt herauszubringen; heute genügen maximal drei Jahre, damit aus einem Konzept ein marktreifes Produkt wird. Ein neuer Dreihundertsechzig-Tonnen-Schwerlastkraftwagen beispielsweise wurde in achtzehn Monaten entwickelt. Das erlaubt dem Unternehmen, die Hebel schneller zu ziehen und früher auf Marktveränderungen zu reagieren. (Interessanterweise gibt es mehr als nur ein paar Ähnlichkeiten zwischen dem Verkaufsprozess des Sprechfunkgeräteherstellers und Caterpillars Produktentwicklungsprozess. Auf einer bestimmten Ebene ist Entwicklung dasselbe, ob es sich nun um die Entwicklung von Produkten oder von Verkaufsgelegenheiten handelt.)

Warum genau führt Disziplin zu einer solchen Beschleunigung?

Erstens werden die richtigen Schritte zum richtigen Zeitpunkt ausgeführt. Es besteht keine Notwendigkeit, den Prozess anzuhalten, um zurückzugehen und etwas nachzuholen, das mangels Prozess versäumt wurde. Es gibt auch keine Verständigungslücken oder problematische Übergaben, die zu Fehlern, Überarbeitungen und unnötigen Verzögerungen führen. Zweitens bedeutet die wiederholte Bewertung aller Projekte, dass Zeit und Geld so effektiv wie möglich eingesetzt werden. Wenn mehr Projekte frühzeitig eingestellt werden, scheitern weniger Projekte in den teureren Stadien. Folglich bekommen die erfolgversprechendsten Projekte die Zeit, das Geld und die Aufmerksamkeit, die sie benötigen.

Mit der Berücksichtigung des Kundenechos zu einem frühen Zeitpunkt wird sichergestellt, dass die Endausführung den Bedürfnissen der Kunden und nicht nur den unternehmensinternen spekulativen Phantasien gerecht wird. Und wenn die Manager während des ganzen Entwicklungsprozesses Marketing- und Preisbildungsexperten einbeziehen, können sie darauf vertrauen, dass das Endprodukt sich geeignet positionieren lässt, um es mit gutem Profit zu verkaufen. Im Ergebnis besteht eine viel höhere Wahrscheinlichkeit, dass die Produkte, die den Markt erreichen, sowohl für die Kunden als auch für den Hersteller zu einem Erfolg werden.

Viele Unternehmen haben begonnen, die Prozessdisziplin auf die Produktentwicklung anzuwenden. Eli Lilly beispielsweise hat die Zeit, die das Unternehmen braucht, um eine wissenschaftliche Entdeckung in ein marktfähiges Medikament zu verwandeln, um mehr als fünfzig Prozent reduziert. IBM hat die erforderliche Zeit, um neue Hardware auf den Markt zu bringen, um fünfundsiebzig Prozent gekürzt.

Wenn es in der Wirtschaft eine Sparte gibt, die für Disziplin unzugänglich ist, dann ist es die Entwicklung von Computersoftware. Die Art, wie die meiste Software auf den Markt kommt, lässt noch die chaotischste Produktentwicklung in anderen Branchen stringent aussehen.

Softwareentwickler haben allgemein (und insbesondere in den eigenen Augen) das Image von Cowboys und Freigeistern. Sie haben möglicherweise großes Talent, zeigen aber wenig Interesse an Disziplin oder Regeln. Sie begreifen ihre Arbeit seit jeher als eine kreative, künstlerische Ausdrucksform statt als ingenieurmäßige Tätigkeit.

Chaos ist eine allzu freundliche Beschreibung für die Art, wie die Software Engineering Division von Hewlett-Packard gewohnt war, neue Software zu produzieren. Unzählige Computerspezialisten bastelten einsam vor sich hin und folgten dabei ihren persönlichen Launen. Häufig begannen sie, ein neues Programm zu schreiben, bevor überhaupt die Spezifikationen festgelegt waren. Merkmale wurden planlos hinzugefügt oder getilgt. Wichtige Schritte wie die Analyse der Kundenbedürfnisse fanden je nach Tageslaune entweder statt oder auch nicht; und wenn sie stattfanden, dann möglicherweise erst, wenn die Software im Wesentlichen fertiggestellt war. Tests wurden regelmäßig »in letzter Minute« durchgeführt, da die Programmierer bis zuletzt an ihren Kreationen herumbastelten. Selten bildeten so viele begabte Leute zusammen eine so orientierungslose Gruppe.

Selbstverständlich war die neue Software von Hewlett-Packard stets verspätet, überteuert und voller Fehler. Mitte der neunziger Jahre sprach der damalige CEO Lewis Platt reuevoll davon, schätzungsweise siebzig Prozent der ernsten Probleme, die seinen Tisch erreichten, beträfen die Softwareentwicklung.

Die Manager stellten fest, dass sich die Lösung dieser Probleme als ähnlich schwierig erwies wie der Versuch, eine Meute Katzen zu hüten. Eine Zeit lang nahmen die Manager des Geschäftsbereichs dieses Durcheinander als notwendige Begleiterscheinung der Softwareentwicklung hin. Aber vor einigen Jahren stellten sie sich schließlich auf die Hinterbeine. Sie beschlossen, dass eine chaotische Softwareentwicklung kein unabwendbares Schicksal war. Somit entwickelten sie einen disziplinierten Prozess und machten ihn für ihre Softwareautoren verbindlich. Der Prozess verzahnte alle Aspekte der Softwareentwicklung miteinander, von der Konzipierung über die Testphase bis zur Standardisierung. Er verlangte, dass die Kunden frühzeitig identifiziert wurden, dass Zeitpläne auf Analysen und nicht auf Schätzungen basierten, dass die erforderlichen Tests rechtzeitig erfolgten, dass der Fortgang der Arbeit rigoros überprüft wurde und dass Mängel eher früher als später entdeckt und behoben wurden. Der neue Prozess unterlag einem strengen Bewertungssystem, und er garantierte Vorhersagbarkeit und Wiederholbarkeit.

Zum Beweis ihrer Entschlossenheit zur Durchsetzung von Disziplin beging die Unternehmensleitung von HP eine Softwareketzerei. In der Softwarewelt hatten die Eigenschaften eines Produkts stets höchste Priorität – sie definierten das Produkt. Die Zeitpläne mussten sich dieser Notwendigkeit beugen. Einen Prozess gab es gar nicht erst. Diese Zeiten sind vorbei. Bei HP regiert heute der Prozess. Die Manager erklärten ihren Mitarbeitern, dass der Prozess vor dem Zeitplan und der Zeitplan vor den Produktmerkmalen kommt, die sich wiederum aus dem Prozess selbst ergeben. Die Befolgung des neuen Prozesses wurde obligatorisch. Wie der

Leiter der Softwareeinheit seinen Leuten erzählte: »Die Einhaltung des Prozesses ist Bestandteil des Vergütungsplans.«

Erwartungsgemäß sahen einige freiere Geister der Softwareeinheit darin einen Rückfall in Fords Fließbandmethoden oder gar in die satanischen Mühlen der industriellen Revolution. Sie behaupteten, das neue System mache aus ihnen Kulis, nicht unähnlich den Weberknechten des frühen neunzehnten Jahrhunderts. Die Führer der Veränderung erzählten ihnen etwas anderes – dass es nämlich nicht darum gehe, ihre Kreativität einzuschränken, sondern sie vielmehr zu stärken. Durch die Einhaltung eines strukturierten Prozesses werde die Kreativität in immer effektivere und wichtigere Bahnen gelenkt. Ihre Mission war es, das Produkt und nicht den Prozess kreativ zu gestalten.

Mit ihren Bedenken brachten die Freigeister ein allgemeines Missverständnis zum Ausdruck. Die Möglichkeit, zu improvisieren und einzigartige Arbeitsweisen zu entwickeln, mag als Freiheit erscheinen, ist in Wirklichkeit aber eine Belastung. Sie verurteilt die Menschen zu ständiger Unsicherheit, wer wann was zu tun hat. Das Fehlen eines Prozesses untergräbt in Wirklichkeit die kreative Tätigkeit. Disziplin und Struktur hingegen kanalisieren und verstärken die kreative Energie. Sie machen die Menschen frei, um sich auf die Arbeit zu konzentrieren, die sie am besten verstehen, anstatt sich mit ihrer Strukturierung herumzuschlagen.

Die Manager von HP haben eine nette Methode, um zu bestimmen, wie viel Prozess in einem Unternehmen erforderlich ist. Sie sagen, ein Mangel an Prozess liege dann vor, wenn es außergewöhnliche Leute braucht, um gewöhnliche Dinge zu tun – wenn Heroen gefragt sind, um eine Arbeit zu leisten, die eigentlich Routine sein sollte. Wenn Sie hingegen zu viel Prozess haben, sind außergewöhnliche Leute manchmal nicht in der Lage, außergewöhnliche Dinge zu tun – wenn der Prozess zu einer Zwangsjacke wird, der die Leute beschränkt und einengt. Die Wahrheit ist, dass sehr viel mehr Unternehmen an zu wenig Prozess als an zu viel Prozess leiden. Viele Unternehmen arbeiten unter Bedingungen, die mehr an Chaos als an Starre erinnern.

HP wurde für seine Bereitschaft, das Ungeheuer der Software-

119

entwicklung zu zähmen, reichlich belohnt. Die Durchschnittszeit, die es braucht, um ein Softwareprodukt außer Haus zu bringen, schrumpfte um fünfzig Prozent. Der Umfang der erzeugten Software, gemessen in Quellcodezeilen, fiel um zehn Prozent, seitdem unnötige Merkmale nicht länger mitgeschleppt wurden; dadurch lässt sich die Software billiger produzieren und einfacher warten. Die Software wird heute innerhalb des Budgets und innerhalb des Zeitplans entwickelt, Begriffe, die einst unbekannte Vokabeln gewesen waren. Und die Qualität ist ebenfalls dramatisch gestiegen; die Zahl ernsthafter Bugs ging gegen null. Und all dies wurde erreicht, ohne dass die Innovationskraft der Softwareentwicklerriege des Unternehmens nachgelassen hätte.

Neben den unmittelbaren Leistungsverbesserungen geht die Einführung von Disziplin und Struktur in ehemals chaotischen Bereichen noch mit anderen Vorteilen einher. Dazu gehört, dass die Arbeit reproduzierbarer, vorhersehbarer und weniger von Glück, Heroen und außergewöhnlichem Talent abhängig ist. Sie benötigen nicht länger Leute, die auch wider das System etwas erreichen können. Disziplin befähigt gewöhnliche Leute dazu, durch Bündelung ihrer Talente und Fähigkeiten außergewöhnliche Resultate zu erzielen. Dadurch verringert sich die Abhängigkeit eines Unternehmens von einer kleinen Schar talentierter Mitarbeiter, die häufig nur allzu gut wissen, dass sie nahezu unabkömmlich sind. Talentierte und fähige Mitarbeiter sind immer noch wichtig. Aber sie machen nicht länger den Unterschied zwischen totaler Niederlage und triumphalem Erfolg aus.

Ein Unternehmen, das von seinen Helden abhängt, kann sich in einer verzweifelten Notlage wiederfinden, wenn diese Helden plötzlich das Unternehmen verlassen. Ein disziplinierter Prozess hingegen gehört dem Unternehmen – und wenn jemand geht, können andere seinen Platz im System einnehmen.

Disziplin macht es auch möglich, ein Unternehmen zu managen, häufig zum ersten Mal. Chaos lässt sich kaum managen; es lässt sich bestenfalls beobachten. Gehen Sie in ein Unternehmen, das bei der Produktentwicklung oder dem Verkauf keinen disziplinierten Ansatz verfolgt, und fragen Sie einige elementare Fragen: Wie ist der Stand eines bestimmten Vorhabens? Wie groß ist die Erfolgswahrscheinlichkeit? Wie viele Verträge werden Sie in den nächsten sechzig Tagen abschließen? Wie viele Produkte werden in den nächsten sechs Monaten auslieferbereit sein?

Ohne Disziplin lassen sich diese Fragen nicht nur nicht beantworten, sie sind praktisch bedeutungslos. Ohne die definierte Folge von Stadien, wie sie von einer strukturierten Entwicklung vorgegeben werden, haben Sie keine Möglichkeit festzustellen, in welchem Stadium Sie sich befinden. Mit Disziplin jedoch ist der Unternehmensbetrieb nicht länger ein Würfelspiel. Er wird zu etwas, das gemessen, gemanagt, kontrolliert und verbessert werden kann.

All diese Vorteile sind jedoch nicht umsonst zu haben. Sie müssen um den Preis eines gewaltigen kulturellen Wandels erworben werden. Ein disziplinierter Ansatz ist nur zusammen mit einer neuen Perspektive und neuen Einstellungen und Verhaltensweisen aller Mitglieder der Organisation – Manager ebenso wie einfacher Beschäftigter – zu haben.

Möglicherweise fällt es vielen Mitarbeitern besonders schwer, die Wichtigkeit der Disziplin einzusehen. Viele hoch talentierte Leute, die ihre Karriere in einem kreativen (sprich »chaotischen«) Umfeld gemacht haben, haben gelernt, dass sie ihren Erfolg ihrem persönlichen Einsatz und Talent zu verdanken haben. Ihnen fällt es schwer zu akzeptieren, dass Improvisation und eigenmächtiges Arbeiten keine Gütesiegel, sondern Mankos darstellen. Der Verkäufer, der überzeugt ist, dass Erfolg mit Sturheit und Kompromisslosigkeit zu tun hat, wird vielleicht nicht gern hören, dass es Regeln gibt, die eingehalten werden müssen, und dass sich persönliches Talent in einen Kontext einpassen muss. Die Leute müssen auch lernen, das neue Primat des Teams zu akzeptieren. Der Held der Geschichte ist nicht länger der einsame Wolf, das visionäre Genie, der Einzelkämpfer. Vielmehr ist es die Gruppe, die Gesamtheit der Leute, die gemeinsam auf ein Resultat hinarbeiten.

Diese Änderungen fallen vielen Menschen außerordentlich schwer. Die amerikanische Kultur idealisiert seit langem den Cowboy, den Pionier, den Erfinder in seiner einsamen Werkstatt. Diese tapferen Helden, Geschöpfe gelegentlich weniger der

Geschichte als vielmehr der Phantasie, sind in unserem Bewusstsein tief verwurzelt.

In vielen Unternehmenskulturen ist es dementsprechend schwer, die Mitarbeiter für den Prozessansatz zu begeistern, so groß die zu erwartenden Vorteile auch sein mögen. Manche Mitarbeiter werden ernsthaft glauben, dass die Einführung von Disziplin und Prozess die Kreativität zerstören und alles das verbannen wird, was die Organisation einst erfolgreich machte. Andere werden sich bedroht fühlen, weil sie fürchten, dem neuen System nicht gewachsen zu sein. Oder sie fühlen sich dadurch in ihrem Wert herabgesetzt. Einige dieser Sorgen haben ihre Berechtigung. Nicht jedem gelingt der Übergang zu einem disziplinierten Umfeld. Einigen mangelt es am Arbeitsstil und an den Fähigkeiten, die von dem neuen Prozess verlangt werden. Selbst Leute, die Erfolg haben könnten, entscheiden sich unter Umständen dagegen und verlassen das Unternehmen.

Bei Hewlett-Packard stieg die Fluktuation in der Softwareabteilung nach dem großen Wandel für eine gewisse Zeit auf das Dreifache. Bei denen, die gingen, handelte es sich um die Unverbesserlichen, die sich an die neue Arbeitsweise nicht anpassen wollten oder konnten. Die Übrigen, die blieben, waren von den Resultaten angetan, vielleicht sogar überrascht. Hewlett-Packard führt eine jährliche Umfrage zur Mitarbeitermoral durch. Nach der Einführung der Disziplin (und nach dem Exodus der Verweigerer) wies die Softwareabteilung unter allen Unternehmenseinheiten den höchsten *Esprit* auf. Die Leute gaben zu Protokoll, dass sie effektiver arbeiten konnten und mehr Freude an ihrer Arbeit hatten als vor der Veränderung. Die Vorstellung, dass Disziplin die Kreativität weniger begrenzt als vielmehr kanalisiert, ist demnach nicht bloß Rhetorik, sondern Realität.

Wie lässt sich dies alles erreichen? Wichtigste Zutat ist sicherlich die klare und fortgesetzte Unterstützung durch die Unternehmensführung. Ein gelegentliches Memo reicht nicht aus. Die Unternehmensspitze muss die neuen Denk- und Verhaltensweisen ständig wiederholen und bestätigen, und sie muss allen zu verstehen geben, dass es kein Zurück geben wird.

Der kulturelle Wandel muss auch durch Anpassungen im Vergütungssystem verstärkt werden. Die Vergütung kann Verhaltensveränderungen fördern und kann signalisieren, was wichtig ist. Selbst wenn Mitarbeiter die richtigen Resultate erzielen, sollten sie nur dann dafür belohnt werden, wenn sie es auf die richtige Art und Weise tun. Binnen kurzem werden sie erkennen, wo ihr wirkliches Interesse liegt. Sie werden erkennen, dass sie als Freigeister vielleicht ihren Spaß und ihre persönliche Erfüllung bekommen, dass Resultate jedoch mittlerweile anders erreicht werden.

Innovation braucht nicht mit Chaos gleichbedeutend zu sein, ebenso wenig, wie Verkauf eine Sache von Helden sein muss. In einer Welt, in der Produkte über Nacht obsolet werden und Kunden jeden Tag neu gewonnen werden müssen, können wir es uns nicht leisten, solche Dinge dem Glück zu überlassen, denn das Glück hat die ärgerliche Eigenschaft, gerade dann auszubleiben, wenn wir es am meisten brauchen. Mark Twain sagte: »Der größte aller Erfinder ist der Zufall.« Wir können ihn mithilfe des Prozesses Lügen strafen. Prozess bedeutet nicht Bürokratie; Prozess bedeutet Klarheit. Die Abwesenheit eines Prozesses ist nicht Freiheit, sondern Anarchie. Die Wahl zwischen beidem sollte nicht schwer fallen.

Agenda Punkt 4
Zähmen Sie das Chaosungetüm mit der Kraft des Prozesses:
- Erkennen Sie Champions und Helden als das, was sie sind: Anzeichen einer Funktionsstörung.
- Verstärken Sie die Kreativität Ihrer Leute mit der Kraft des Prozesses.
- Machen Sie Innovation durch eine detaillierte Prozessgestaltung wiederholbar.
- Lassen Sie sich nicht sagen, Kreativität und Prozess stünden im Widerspruch zueinander.
- Stehen Sie entschlossen zu Disziplin und Teamarbeit.
- Akzeptieren Sie die Tatsache, dass nicht jeder mitzumachen bereit ist.

6 Messen Sie, was Ihnen wichtig ist

Machen Sie die Bewertung zu einem Teil des Managements, nicht der Buchhaltung

In der Theorie der Unternehmensführung spielen Bewertungssysteme eine wichtige Rolle. Demnach liefern Messkriterien den Managern wertvolle aktuelle Informationen über die Leistung ihres Unternehmens, anhand derer sie effektive Entscheidungen treffen können, wie diese Leistung verbessert werden kann. In der Praxis jedoch liefern die Bewertungssysteme den Unternehmen in der Regel eine Flut von mehr oder weniger bedeutungslosen Daten, die alles und jedes unabhängig von seiner Wichtigkeit quantifizieren; die keinem Schema und keiner Logik folgen; die so umfangreich sind, dass sie schon deshalb nicht zu gebrauchen sind; die so spät kommen, dass sie keine Aktualität mehr besitzen; und die folglich in Ausdrucken und Referenzbüchern ein so gut wie nutzloses Dasein fristen.

Kurz, um die Bewertungssysteme ist es schlecht bestellt.

Ich habe einige Beobachtungen von Managern gesammelt, die für den Zustand des Messwesens in den heutigen Organisationen kennzeichnend sind:

- »Wir verwenden zwei Prozent dessen, was wir messen. Der Rest ist Makulatur.« Die Unternehmen vergeuden Unmengen Zeit und Geld zur Sammlung von Messdaten, mit denen sie meistenteils nichts anzufangen wissen. Ein mir bekanntes Telekommunikationsunternehmen sammelt mehr als zehntausend Messwerte zu den Aktivitäten des Unternehmens, auf die meistenteils nie jemand einen Blick wirft.

125

- »Wir sind die Meister des Details. Wir messen Büroklammerbeschaffungszeiten.« Viele Unternehmen haben keine Idee, was sie messen sollen, und ersetzen Substanz durch den Anschein von Präzision. Sie messen, was sich einfach messen lässt, ob wichtig oder unwichtig.
- »Wenn Sie meinen Lagerbestand vom zweiten März wissen wollen, können Sie ihn Mitte April erfahren.« Die von den heutigen Messsystemen gelieferten Daten sind veraltet, wenn sie schließlich die Manager erreichen, die angeblich von ihnen Gebrauch machen sollen.
- »Wir messen viel zu viel und bekommen für das, was wir messen, viel zu wenig, weil wir nie artikulieren, worin wir besser werden müssen, und weil unsere Messwerte nicht so miteinander verknüpft sind, dass sich mit ihrer Hilfe wichtige Entscheidungen treffen ließen.« Den meisten Messsystemen liegt kaum ein durchdachter Plan zugrunde. Die Unternehmen sammeln Messdaten ohne ein klares Ziel und ohne eine reale Vorstellung, was die Messdaten tatsächlich repräsentieren oder mitteilen.
- »Die Führungskräfte vernachlässigen das Messwesen, weil sie in den Wirtschaftsschulen die Geringschätzung für das Rechnungswesen eingeimpft bekommen.« Trotz des vollmundigen Bekenntnisses vieler Manager zum Messwesen sehen sie dieses in Wirklichkeit nur als lästige Verpflichtung statt als integralen Bestandteil der Unternehmensführung. Geschäftstätigkeit heißt für sie, Produkte zu entwerfen und herzustellen, Kundenbeziehungen zu knüpfen, Verkäufe zu tätigen, den Vertrieb zu organisieren und Geld zu kassieren, während sie das Messwesen als die Domäne der Buchhalter, der Erbsenzähler, verstehen. Sie sehen darin ein Werkzeug für Leichenbeschauer und nicht für Ärzte, für diejenigen, die im Nachhinein eine Geschäftsaktivität einer Autopsie unterziehen, und nicht für diejenigen, die am lebendigen, atmenden Unternehmen interessiert sind.
- »Es ist schwer, das Richtige zu messen, weil unsere Executives es nicht für wichtig halten.« Bei manchen Managern herrscht eine gewisse Art von Machodenken vor, nach dem Motto:

»Echte Executives haben es nicht nötig zu messen.« Diese Executives glauben offenbar, dass sie wissen können, was im Unternehmen vor sich geht, ohne seitenweise ausgedruckte Daten zu studieren, und dass sie mit zu viel Aufmerksamkeit für Zahlen ihre eigene Schwäche eingestehen würden. Sie halten mutige Vision und eigene Erfahrung für die Schlüsselvoraussetzungen für effektive Unternehmensführung, während die Messdaten für diejenigen armen Seelen da sind, die aufgrund ihrer Unfähigkeit, den wahren Puls des Unternehmens zu fühlen, Zuflucht nehmen zu den trüben Schatten, die das Unternehmen auf die Zahlentabellen der Buchhaltung wirft. Diese Executives machen sich möglicherweise die Mühe, ihren Unternehmensbetrieb zu messen, aber sie meinen es nicht ernst.

Die gefährdete Situation der meisten Messsysteme sollte uns nicht verwundern; sie ist angesichts der Entstehungs- und Entwicklungsgeschichte dieser Systeme gewissermaßen unvermeidlich. Deren erstes Manko ist ihre überwiegend finanzielle Natur. Messsysteme wurden ursprünglich entwickelt, damit die Unternehmen die Anteilseigner und die Steuerbehörden über die finanziellen Ergebnisse auf dem Laufenden halten konnten; anschließend wurden diese Systeme als Grundlage für Managemententscheidungen zweckentfremdet, wozu sie im seltensten Fall taugen. Wenn ein Manager Ertrag, Kosten und Gewinn kennt, versteht er besser, was in der Vergangenheit geschehen ist, aber nicht, wie er in der Zukunft bessere Resultate erreichen kann. Wenn Sie sehen, dass die Kosten hoch, der Umsatz niedrig und die Gewinne rückläufig sind, wissen Sie zwar, dass Sie etwas tun müssen, aber Sie wissen nicht was.

Finanzielle Messwerte – Profitabilität, Investitionsrendite, diskontierter Cashflow und alle anderen technisch komplizierten Parameter, die von den Finanzexperten eingesetzt werden – erzählen Ihnen wenig oder nichts über das, was Sie über Ihr Unternehmen wissen müssen. Um ein verbreitetes Klischee zu zitieren: »Ein Unternehmen aufgrund finanzieller Messwerte zu führen ist, als würden Sie beim Autofahren ausschließlich in den

Rückspiegel schauen.« Oder als würden Sie heute ein Baseball-spiel zu managen versuchen, indem Sie aufgrund der Gewinn-und-Verlust-Rechnung des letzten Jahres entscheiden, ob Sie einen Hit oder einen Bunt ausrufen, und ob Sie Ihren Starting Pit-cher im Spiel belassen oder ihn durch einen Reliever ersetzen.

Das zweite Problem mit traditionellen Messsystemen ist, dass ihre nicht finanziellen Elemente fragmentiert und frei von jeder zugrunde liegenden Logik sind. Sie bildeten sich heraus, als die Abteilungsmanager von ihren Vorgesetzten aufgefordert wurden, die Leistung ihrer jeweiligen Bereiche zu verbessern. Zu diesem Zweck erfanden die Manager Messkriterien, mit denen sie die Leistung ihrer Mitarbeiter messen konnten: sie maßen Kosten, Genauigkeit, Geschwindigkeit und Produktivität, häufig mit Dut-zenden von Parametern. Weil sie nur selten wussten, was sie damit wirklich bezweckten, ersetzten sie Nützlichkeit durch Quantität und multiplizierten die Zahl der gemessenen Dinge in der Hoffnung, dass wenigstens etwas davon Sinn machte. Die Manager trugen diese Statistiken unter der stillschweigenden Annahme zusammen, eine gute Leistung ihrer Beschäftigten gemäß diesen Messkriterien sei gleichbedeutend damit, dass das Gesamtunternehmen seine übergeordneten Ziele erreichte. Das war eine eitle Hoffnung, denn es wurde niemals eine explizite Verbindung zwischen den gemessenen Details und den angestreb-ten Gesamtresultaten des Unternehmens hergestellt.

Angesichts dieser Realitäten überrascht es nicht, dass die meis-ten Manager es nicht für nötig hielten, ihren Messsystemen viel Aufmerksamkeit zu widmen. Diese Haltung ist verzeihlich, denn lange Zeit hatte sie kaum negative Auswirkungen. Vor dem Anbruch der Customer Economy hatten die Manager tatsächlich wenig Bedarf an ausgefeilten Messsystemen. Erstens besaß die Verbesserung der Leistung in einer Welt anspruchsloser Kunden und zahmer Wettbewerber eine vergleichsweise untergeordnete Bedeutung. Höhere Kosten konnten weitergegeben, unzufriedene Kunden getrost ignoriert werden, und Innovationen waren optio-nal. Wenn Verbesserungen notwendig waren, konnten sie auch ohne Rückgriff auf umständliche Messverfahren durchgeführt werden. In vielerlei Hinsicht waren die Unternehmen weniger anspruchsvoll als heute: Die Kundenbedürfnisse waren enger konzentriert, die Produktlinien schmaler; die Vertriebskanäle zahlenmäßig weniger; die Fertigungstechnologien weniger ausgefeilt. Größe und Volumen der meisten Betriebe betrugen einen Bruchteil des heute Üblichen.

Zudem konnten die Manager ihre Unternehmen tatsächlich mit Intuition und relativ einfachen Eingriffen führen. Wenn der Umsatz sank, konnten sie ihre regionalen Verkaufsmanager ermahnen, ihre Handelsvertreter stärker anzutreiben; sie konnten Preise senken oder heben; oder sie konnten alle Verkaufsmanager entlassen; aber sie konnten wenig anderes tun. Wenn die Optionen so beschränkt sind, besteht kaum Bedarf an einer komplizierten Diagnose. Darauf ausgefeilte Messverfahren anzusetzen hätte bedeutet, mit Kanonen auf Spatzen zu schießen.

Heute hingegen kommt von den Kunden und den Anteilseignern ein ständiger Druck, die Leistung zu verbessern, und zwar je schneller, desto besser. Zudem ist bei der Komplexität heutiger Unternehmen keineswegs offensichtlich, welche Schritte erforderlich sind, um die gewünschten Verbesserungen zu bekommen. Die Messsysteme eines Unternehmens müssen in der Lage sein, die Quellen der Leistungsmängel aufzuzeigen. Die Messsysteme halten jedoch keineswegs Schritt mit der Realität, mit der sich die Unternehmen heute konfrontiert sehen. Nach wie vor liefern sie den Managern wenig anderes als veraltete Finanzdaten und einen Waschzettel voller zusammenhangloser Leistungsparameter.

In welch desolatem Zustand sich das heutige Messwesen befindet, wurde mir bewusst, als ich bei einem größeren Elektronikunternehmen ein Senior Executive Meeting besuchte, auf dem die Führungsspitze die wichtigsten Leistungsparameter des Unternehmens diskutierte. Bei diesen Parametern handelte es sich um Kundenzufriedenheit, Vertragsabschlussrate (der Prozentsatz der Vorschläge, die zu akzeptierten Angeboten gediehen), Marktanteil, Auftragserfüllungszeit, Mitarbeiterzufriedenheit, Betriebskapital, Servicekosten je Kunde, Kundenbindung, Deckungszeitpunkt neuer Produkte, Erträge je Mitarbeiter und Eigenkapital-rendite.

Um eine seltsame britische Formulierung zu verwenden: Diese Liste von Messwerten war ein Hundefrühstück – ein bisschen von diesem und ein bisschen von jenem. Sie enthielt übergreifende Unternehmensziele (wie beispielsweise Eigenkapitalrendite und Marktanteil), einige Betriebskriterien (Servicekosten je Kunde und Auftragserfüllungszeit) und einige vermischte Punkte (Mitarbeiterzufriedenheit, Kundenbindung). Das eigentliche Manko dieser Liste war jedoch, dass die Manager, die diese Details so sorgfältig studierten, in Wirklichkeit keine Vorstellung hatten, wie sie irgendeinen dieser Werte verbessern konnten. Waren die Zahlen gut, so freuten sie sich; waren sie schlecht, so schnalzten sie mit der Zunge, machten ein sorgenvolles Gesicht und gaben gewissenhaft zu Protokoll, dass bis zum nächsten Executive Meeting unbedingt etwas zur Verbesserung des betreffenden Wertes geschehen müsse; anschließend gingen sie zum nächsten Wert über. Das Messsystem dieses Unternehmens stellte keinen sinnvollen Zusammenhang zwischen den Zahlen her, noch bot es den Executives Anhaltspunkte, wie sie sie verbessern konnten.

Die übergreifenden Unternehmensziele – zum Beispiel Marktanteil – gehorchen dem so genannten Prinzip des indirekten Zugriffs: Wichtige übergreifende Ziele lassen sich nicht direkt verfolgen. Die Manager haben keine direkte Kontrolle über den Marktanteil. Dieser folgt vielmehr aus anderen Faktoren, auf die die Manager Einfluss haben. Es ist jedoch die Frage, um welche Faktoren es sich genau handelt. Wenn der Marktanteil gering ist, welche Hebel müssen dann gezogen werden, um ihn zu erhöhen? Zur Auswahl stehen beispielsweise die Senkung der Preise, die Einführung neuer Produkte, die Verbesserung der Fertigungsqualität oder die Vereinfachung der Rechnungen. Die Manager können unter Hunderten von möglichen Rezepten wählen, um die Unternehmensleistung zu verbessern. Wie können sie wissen, welches das richtige ist? Ohne eine explizite Verbindung zwischen den gewünschten Ergebnissen und kontrollierbaren Phänomenen konnte das Elektronikunternehmen sein Messsystem zwar als Beobachtungs-, nicht aber als Korrekturinstrument verwenden, sodass seine Executives dazu verdammt waren, hilflos zuzusehen, wie die Zahlen scheinbar zufällig auf und ab pendelten.

Es war nicht immer so. In einfacheren Zeiten war die Dynamik der Unternehmensführung einfacher zu verstehen, und wenn ein Messwert Probleme anzeigte, wussten die Manager intuitiv, was zu tun war. Heute aber ist die Zeit der Intuition abgelaufen. Die Unternehmen sind so komplex und ihre Geschäftssituation verändert sich so schnell, dass es außerordentlich schwer geworden ist, ein intuitives Gefühl für das, was wichtig ist, zu entwickeln und zu bewahren. Die Manager kennen sich in ihren Unternehmen nicht länger wirklich aus, sodass sie auch nicht wissen können, wie sie eingreifen müssen, um die Leistung zu verbessern. Infolgedessen bleibt ihnen nichts anderes übrig, als entweder eine passive Rolle zu spielen oder aber mehr oder weniger nach dem Zufallsprinzip Initiativen anzustoßen in der Hoffnung, damit etwas zu bewirken. In modernen und komplexen Unternehmen zeigen die Führungskräfte einen traurigen Mangel an Intuition, wie sie etwas verbessern können – und die Messsysteme bieten wenig oder gar keine Hilfe.

Die traditionellen Messverfahren sind in aller Regel nicht nur nutzlos, sie können sogar schädlich sein und die Bemühungen des Unternehmens um eine Leistungsverbesserung konterkarieren.

Eine größere Telefongesellschaft, die sich infolge der Deregulierung ihres Marktes zum ersten Mal mit Wettbewerbern konfrontiert sah, versuchte verzweifelt, die Kundenzufriedenheit zu verbessern – und doch schienen ihre Messwerte dafür in Beton gegossen zu sein. Die Intuition der Manager war gut genug, um sie erkennen zu lassen, dass es von der Qualität des gebotenen Kundenservices abhängen musste, ob die Kunden zufrieden waren und wie wahrscheinlich es war, dass sie zu einem Wettbewerber wechselten. Aber ihre Bemühungen zur Verbesserung des Kundenservices wurden von ihrem Messsystem zunichte gemacht.

Wenn ein Kunde anrief, um von einem Problem zu berichten, nahm ein Kundenservicebetreuer die Information entgegen. Die-

131

ser wurde nach seiner persönlichen Produktivität bewertet, die sich nach der Zahl der bearbeiteten Anrufe bemaß (beziehungsweise nach der durchschnittlichen Dauer eines Kundenanrufs). Als Nächstes kam der Koordinator, an den der Kundenservicebetreuer die Störmeldung weiterleitete und der dafür zuständig war, Außendiensttechniker loszuschicken, um das Problem zu lösen. Der Koordinator wurde nach der Auslastung der Außendienstteams bewertet – das heißt, wie viele Arbeitsstunden die Teams bei den Kunden und nicht auf den Wegen zwischen den Einsätzen zubrachten. Der Außendiensttechniker wurde nach Produktivität – der Zahl der erledigten Einsätze – bewertet.

Diese Messkriterien waren keine abstrakte Statistik; sie prägten das Verhalten der Mitarbeiter. Kundendienstbetreuer, Koordinator und Außendiensttechniker taten jeweils ihr Bestes, um im Sinn dieses Messsystems gute Leistung zu erbringen – das gebot ihnen nicht nur ihr persönlicher Stolz, sie verbesserten dadurch auch ihre Bewertung und somit ihre Aussichten auf Boni und Beförderungen. Unglücklicherweise standen diese Messkriterien und der dadurch ausgelöste Fleiß in Wirklichkeit dem Unternehmensziel entgegen, die Kunden zufrieden zu stellen, die in keiner Weise an der durchschnittlichen Gesprächsdauer oder der Produktivität der Außendienstmitarbeiter interessiert waren. Was sie interessierte, war die augenblickliche Wiederherstellung ihres Telefondienstes – aber das Messsystem sorgte dafür, dass niemand mit ihnen dieses Interesse teilte. Die Kriterien des Kundenservicebetreuers trieben ihn, jeden Anruf so schnell als möglich zu bearbeiten und sich dem nächsten Kunden zuzuwenden, selbst wenn das hieß, dass die Informationen unvollständig blieben. Der Koordinator sah sich durch das Messsystem ermuntert, Reparaturen an nahe beieinander liegenden Orten zu Gruppen zusammenzufassen, ohne Rücksicht darauf, wie lange einzelne Kunden dann auf ihre Reparatur warten mussten. Der Außendiensttechniker war daran interessiert, die einzelnen Einsätze so schnell wie möglich zu beenden; die Qualität der Reparatur war zweitrangig. Wenn die Anlage anschließend wieder zusammenbrach, war das bereits ein neuer Fall und das Problem eines anderen. Die Möglichkeit, dass ein

Techniker präventive Maßnahmen durchführte, die die Wahrscheinlichkeit verringerten, dass die Anlage wieder ausfiel, wurde von vornherein durch den Imperativ zunichte gemacht, möglichst viele Einsätze hintereinander zu erledigen.

Im Prinzip hatten sämtliche Mitarbeiter des Unternehmens Zielen gerecht zu werden, die nichts mit dem zu tun hatten, was der Kunde wollte: einen verlässlichen Telefondienst, was bedeutete, dass der Dienst niemals ausfiel, und dass er, wenn er es doch einmal tat, schnell und gründlich repariert wurde. Die Theorie lautete, dass der Telefondienst des Kunden desto schneller wieder funktionierte, je schneller jeder arbeitete. Die Praxis widerlegte die Theorie jedoch.

Dieses Beispiel ist nicht untypisch – im Gegenteil, Unternehmen können häufig feststellen, dass ihre Bemühungen um eine Verbesserung ihrer Leistung durch ihre Bewertungssysteme konterkariert werden. Bei einem großen Fertigungsunternehmen zog ein Handelsvertreter einen kleinen Auftrag von einem neuen Kunden an Land, der versprach, dass eine schnelle Lieferung große Folgeaufträge nach sich ziehen würde. Wie man erwarten würde, deklarierte der Handelsvertreter den Auftrag als vorrangig und sorgte dafür, dass er die Organisation rasch durchlief. Schließlich erreichte der Auftrag die Logistikabteilung, die für den Versand zuständig war. Deren Mitarbeiter sahen lediglich, dass der Auftrag beileibe keinen Lastwagen füllte; würde man ihn losschicken, ohne ihn vorher mit ähnlich kleinen Sendungen auffüllen, hätte das erhöhte Versandkosten zur Folge. Raten Sie, wonach die Logistikabteilung bewertet wurde.

Die Versandabteilung scherte sich nicht darum, ob sie den Kunden verscheuchte und zukünftige Aufträge verlor, denn solche Überlegungen fanden in ihren Bewertungen keinen Niederschlag. Indem sie sich vielmehr streng logisch am bestehenden Bewertungssystem orientierte, hielt sie die dringende Ladung zurück, bis sie sie billiger ausliefern konnte. Vielleicht waren sich die Beschäftigten der Konsequenzen nicht bewusst, vielleicht war ihr Gesichtsfeld aber auch eingeschränkt auf das, wofür man sie verantwortlich machte – die Versandkosten und weiter nichts.

133

Ich kenne einen Halbleiterhersteller, dessen Fabrikmanager ihre Anlagen häufig während der letzten Woche des Monats anhielten, selbst wenn ein Haufen dringender Aufträge ungeduldiger Kunden wartete. Der Grund war, dass die Fabrikmanager nach der Abweichung vom Plan bewertet wurden, und sobald sie ihren Monatsplan erfüllt hatten, war es gegen ihr Interesse, mehr zu tun, was immer die Kunden auch wollten. Es ist sehr verbreitet, dass Verkäufer nach dem Volumen des von ihnen vermittelten Geschäfts bewertet und vergütet werden – also nach der Gesamtsumme ihrer Verkäufe. Das verleitet sie natürlich dazu, Verträge um fast jeden Preis abzuschließen oder den Kunden mit allerlei »kostenlosen« zusätzlichen Dienstleistungen zu locken (kostenlos für den Kunden, nicht für das Unternehmen). Das Unternehmen als Ganzes hat das Nachsehen.

Das alte Sprichwort »Sei vorsichtig, was du dir wünschst, du könntest es bekommen«, hat also eine Variante: »Seien Sie vorsichtig, was Sie messen, Sie könnten es bekommen – und es könnte Sie umbringen.«

Die Unternehmen benötigen einen neuen Bewertungsansatz, der auf die Anforderungen der Customer Economy abgestellt ist. Dieser Ansatz beginnt mit der Erkenntnis, dass die Bewertung in Wirklichkeit ein zentraler Teil der Unternehmungsführung und nicht lediglich ein Aspekt der Buchhaltung ist. Ein talmudischer Spruch lehrt uns: »Nicht auf das Studieren, auf das Handeln kommt es an.« Ebenso kommt es nicht auf das Messen, sondern auf die Verbesserung an. Der Zweck des Messens ist nicht, die Leistung des Unternehmens zu kennen, sondern Maßnahmen zu finden, um diese Leistung zu verbessern. Das Messen ist kein Selbstzweck, sondern Teil eines integrierten Systems zur Verbesserung der Unternehmensleistung. Deshalb sollte ein modernes Messsystem keine Daten ohne eine Begründung und eine Zielvorgabe liefern; die Menschen müssen wissen, warum etwas gemessen wird und, wichtiger noch, was sie damit anstellen sollen. Ein moderner Bewertungsansatz berücksichtigt zudem, dass die heutigen Unternehmen komplexe Systeme sind, für die Intuition nicht länger ausreicht. Heute kann jede Maßnahme, die ein

Manager ergreift, unzählige unvorhersehbare Folgen im ganzen Unternehmen haben. Deshalb muss die Bewertung auf der Grundlage einer sorgfältig durchdachten Analyse des Unternehmens geschehen, die die Ziele des Unternehmens mit denjenigen Dingen verknüpft, über die die Manager und die Beschäftigten vor Ort die Kontrolle haben. Nur dann kann die Beobachtung eines kritischen Messwerts zu den richtigen Maßnahmen führen, die das Problem beheben und die Leistung des Gesamtunternehmens verbessern.

Mit anderen Worten, ein modernes Bewertungssystem steht auf zwei Beinen. Das erste ist ein formelles, strukturiertes und quantifiziertes Modell vom Unternehmen – von der Art, wie Wissenschaftler und Ingenieure sie seit langem benutzen, um physikalische Systeme zu beschreiben –, das die Manager in die Lage versetzt, die Ressourcen des Unternehmens zu mobilisieren, um sicherzustellen, dass dessen übergeordnete Ziele erreicht werden. Ein solches Modell verbindet die übergreifenden Ziele des Unternehmens mit seinen kontrollierbaren Dimensionen. Es entspricht einem Schaltdiagramm, aus dem hervorgeht, wie die Betätigung dieses Hebels hier jene Tür dort drüben öffnet. Es zeigt den Managern sowohl, was sie messen, als auch, was sie mit den Messwerten tun sollen. Das zweite Bein ist ein wohl überlegter Prozess, der vorgibt, wie die Messdaten verwendet werden sollen, um die Unternehmensleistung zu verbessern – ein strukturiertes und konzentriertes Programm, das die Messdaten verwendet, um die Gründe für die ungenügende Leistung zu identifizieren und etwas dagegen zu unternehmen. Diese zwei Elemente hängen miteinander zusammen. Lassen Sie uns mit dem Begriff des Geschäftsmodells beginnen.

Vor ein paar Jahren versuchte ein Kreditkartenunternehmen, zwei wichtige Geschäftsindikatoren zu verbessern. Erstens wollte es die Kundenbindung verbessern: Es wollte den Prozentsatz derjenigen Kunden erhöhen, die ihre Kreditkarte nach Ablauf ihrer Gültigkeit verlängerten. Schließlich kann ein Kunde keine Karte verwenden, die er nicht hat. Zweitens wollte es die Kartennutzung intensivieren und die Kunden dazu bewegen, sie viel häufiger einzusetzen, um auf diese Weise die Erträge aus den Provisionen zu erhöhen, die das Unternehmen von den Händlern erhielt.

Dem Unternehmen mangelte es nicht an Ideen, wie es diese Ziele erreichen konnte: Es konnte die Jahresgebühr senken, um den Kunden einen Anreiz zu geben, bei der Karte zu bleiben; es konnte zusätzliche Dienstleistungen und Prämien wie Vielfliegermeilen und Bonuspunkte für jeden ausgegebenen Dollar einführen, um die Kartennutzung zu fördern; es konnte die Werbung verstärken, um das Image des Unternehmens zu verbessern und in den Kunden den Wunsch zu wecken, sich auch weiterhin mit ihm zu identifizieren; und dergleichen mehr.

Keine dieser Ideen war grundsätzlich abwegig. Im Gegenteil, für jede von ihnen gab es gute Argumente. Umso schwerer fiel die Entscheidung, für welche es sich lohnen würde, die beschränkten Budgetmittel auszugeben. Die Debatte brachte kein eindeutiges Ergebnis, wie das bei wichtigen Fragen häufig zu sein pflegt. Schließlich entschieden sich die oberen Manager für eine der Vorgehensweisen, aber die Verfechter der übrigen Positionen waren nicht bereit, klein beizugeben. Wie ein Witzbold meinte: »Die Entscheidung ist gefallen – lasst uns also mit der Debatte beginnen.«

Die Debatte drehte sich im Kreis, weil die Teilnehmer die Dynamik des Unternehmens nicht wirklich verstanden hatten. Welche Produkteigenschaften für die Kunden am wichtigsten waren und wie diese Eigenschaften verbessert werden konnten, um die Kundenbindung und das Ausgabeverhalten zu fördern, war gewissermaßen Ansichtssache. Um aber die Tatsachen zu bestimmen, beschlossen die Manager des Unternehmens, ein Geschäftsmodell zu erstellen.

Der erste Entwurf war qualitativer Natur. Er ging von der Idee aus, dass das Verhalten der Kunden auf einer Kombination aus ihrer Zufriedenheit mit der Karte des Unternehmens und ihrer Meinung von der Konkurrenz basierte. Während Letztere sich der Kontrolle des Unternehmens weitgehend entzog, galt dies für Erstere nicht. Das Modell spezifizierte, dass die Kundenzufriedenheit auf dem Wert der Karte (der wiederum eine Funktion des

Kartenpreises und der zusätzlich gebotenen werthaltigen Dienstleistungen darstellte), den Erfahrungen der Kunden mit der Kartennutzung, ihren Erfahrungen mit dem Unternehmen (beispielsweise hinsichtlich der Abrechnung) und dem Gesamtrenommee des Unternehmens gründete. Der zweite Entwurf war quantitativer Natur. Das Unternehmen nutzte seine umfangreiche Datenbank, die sowohl Daten zum aktuellen Kundenverhalten (Verlängerungsbereitschaft und Nutzungshäufigkeit) als auch Ergebnisse von Kundenumfragen zu den verschiedenen Komponenten des Kartenmodells enthielt, um die Bedeutung der einzelnen Faktoren zahlenmäßig zu gewichten und beispielsweise festzustellen, wie viel Einfluss die verschiedenen werthaltigen Dienstleistungen auf die Bereitschaft der Kunden hatten, ihre Karte zu erneuern oder häufiger einzusetzen.

Das Modell lieferte einige überraschende Ergebnisse. Es stellte sich heraus, dass eine Serviceverbesserung, die die Manager für sehr wichtig gehalten hatten, kaum Auswirkungen auf Kartennutzung und Kundenbindung haben würde. Eine andere Verbesserung erwies sich als wirkungsvoll, was die Kartennutzung, nicht jedoch, was die Kundenbindung betraf. Das Unternehmensimage hingegen hatte einen erstaunlich großen Einfluss auf die Kundenbindung, aber kaum auf die Kartennutzung.

Infolgedessen änderte das Unternehmen seine Prioritäten und verteilte seine Ressourcen anders. Es zog sich aus verschiedenen anderen Initiativen zurück und konzentrierte sich stattdessen auf die Entwicklung eines geschlossenen Unternehmensimages. Auch die Werbung wurde auf dieses Ziel und weniger auf einzelne Produktmerkmale ausgerichtet. Gleichzeitig tätigte das Unternehmen beträchtliche Investitionen in ein Produktmerkmal, das, wie das Kundenecho anzeigte, besonders viel Einfluss auf die Kartennutzung hatte. Nachdem all diese Schritte vollzogen waren, reagierten die Kunden genau so, wie es das Modell vorausgesagt hatte: Kartennutzung und Kundenbindung – und damit Profitabilität und Wachstum – legten sämtlich zu.

Mithilfe des Modells konnte dieses Kreditkartenunternehmen zeigen, welchen Einfluss seine Produkte und Dienstleistungen auf das gewünschte Kundenverhalten hatten. Trotz dieses entscheidenden Nutzens war das Modell noch bei weitem nicht ausreichend. Es musste mit einem Modell vom Unternehmensbetrieb und dessen Einfluss auf die Kunden gepaart werden. Die Veränderung des Produkt- und Dienstleistungsangebots stellt nicht die einzige Möglichkeit dar, wie Unternehmen ihre Leistung verbessern können; sie können beispielsweise die Geschwindigkeit erhöhen, mit der die Produkte von den Lagerregalen geholt werden, die Genauigkeit erhöhen, mit der Kundenanfragen bearbeitet werden, oder die Kosten für die Tests noch in der Entwicklung befindlicher Produkte reduzieren. Während sich all diese Ansätze in der Theorie gut anhören, haben sie doch in der Praxis wenig Wert, solange sie nicht mit bestimmten erwünschten Resultaten in Zusammenhang gebracht werden können. Die Verknüpfung dieser einzelnen Maßnahmen mit bestimmten Unternehmensresultaten ist *die* große Herausforderung im Bereich der Leistungsmessung und -verbesserung.

Die Messung der Unternehmensergebnisse wie Marktanteil, Eigenkapitalrendite und Kundenzufriedenheit ist so wichtig, weil dies die einzigen Dinge sind, die wirklich zählen. Aber wie ich bereits sagte, können Sie derlei Unternehmensergebnisse nur auf Umwegen erreichen; Ihre direkte Kontrolle über sie ist gering. Andererseits lassen sich diejenigen Aktionen am besten kontrollieren, die von einzelnen Mitarbeitern ausgeführt werden. Wenn wir beispielsweise messen, wie viel Zeit jemand braucht, um eine bestellte Ware vom Lagerregal zu holen oder eine Rechnung auszustellen, können wir diesen Einzelnen für seine Leistung verantwortlich machen und erwarten, dass er sie verbessert. Die Schwierigkeit ist hier, dass diese Tätigkeiten zwar kontrollierbar sind, die gemessene Leistung jedoch für sich genommen kaum Bedeutung hat. Die Geschwindigkeit, mit der ein einzelner Lagerarbeiter Waren zusammensucht, oder die Genauigkeit, mit der ein Buchhalter Rechnungen ausfertigt, hat nur infinitesimale Auswirkungen auf das Gesamtunternehmen. Was wir brauchen, ist ein Unternehmensmodell, dass diese zwei Extreme verbindet und gegeneinander gewichtet: das Wichtige und das Kontrollierbare.

Ein solches vielschichtiges Modell setzt bei der obersten Unternehmensebene an und erstreckt sich bis hinunter zu den individuellen Tätigkeiten.

Allmerica Financial hat ein solches Modell entworfen und mit großem Erfolg angewendet. Der in Worcester, Massachusetts, beheimatete, seit hundertsechzig Jahren bestehende Finanzdienstleister hat heute ein Kapital von 2,5 Milliarden US-Dollar. Das Unternehmen teilt sich auf in die Sparten Vermögensmanagement (Variable Annuities, Lebensversicherungen) und Risikomanagement (Casualty Insurance, Sachversicherung).

Mitte der neunziger Jahre schwamm das Unternehmen in all seinen Märkten im Mittelfeld mit. Seine Leistung war adäquat, aber nicht überwältigend. Da es stets eine Mutual Company im Besitz seiner Versicherungsnehmer gewesen war, war finanzielle Höchstleistung niemals seine höchste Priorität gewesen. Aber als Allmerica Mitte der neunziger Jahre an die Börse ging, musste es auf einmal seinen öffentlichen Anteilseignern Rechenschaft ablegen, die äußerst interessiert waren an finanzieller Leistung und Wachstum. Folglich unternahm das Unternehmen eine ernsthafte Anstrengung, um zu verstehen, wie es die Leistung verbessern konnte.

Seine Manager identifizierten drei wesentliche Ziele, um die finanziellen Ambitionen zu verwirklichen. Diese übergreifenden Unternehmensziele wurden an die Spitze des Unternehmensmodells gestellt. Das erste war Kundenbindung. Es ist heute eine Binsenweisheit, dass Sie nur erfolgreich sein können, wenn es Ihnen gelingt, Ihre bestehenden Kunden zu halten. Wenn Sie Ihre Kunden verlieren, müssen Sie sie durch neue ersetzen, was sehr kostspielig ist, besonders in Bereichen wie der Versicherungsbranche, wo die Agentenprovisionen einen erheblichen Kostenfaktor darstellen. Die Ersetzung nimmt im Übrigen Zeit und Energie in Anspruch, die andernfalls für den Erwerb zusätzlicher Kunden verwendet werden könnte.

Das zweite übergreifende Ziel war die Mitarbeiterbindung. Als serviceintensives Unternehmen ist Allmerica auf fähige und geschickte Mitarbeiter angewiesen, die die Kunden gut betreuen und die häufig komplizierten technischen Aufgaben des Versicherungsgeschäfts ausführen konnten. Eine hohe Fluktuation hätte deutliche negative Auswirkungen gehabt auf die technische Expertise, die im Versicherungsgeschäft unabdingbar ist, sowie auf die hohe Moral, ohne die kein außergewöhnlicher Kundenservice möglich ist.

Das dritte übergreifende Unternehmensziel war die Erweiterung der Produktpalette und die Gewinnung neuer Partner für den Vertrieb dieser Produkte, was beides eine Steigerung der Erträge versprach. Neue Produkte können bestehenden und neuen Kunden gleichermaßen verkauft werden, und neue Vertriebspartner bahnten Allmerica den Weg zu neuen Märkten.

Wenn auch die Identifizierung der drei erstrebenswerten Resultate ein entscheidender erster Schritt war, so waren sie damit noch nicht erreicht. Der nächste Schritt bestand darin, die Faktoren zu untersuchen, über die das Unternehmen die Kontrolle hatte, und herauszufinden, wie sie zu den gewünschten Resultaten führen konnten. So lag es beispielsweise auf der Hand, dass die Kundenbindung von der Kundenzufriedenheit abhing. Die Menschen wechseln nicht mutwillig zu einem anderen Unternehmen, sondern nur dann, wenn sie mit dem bisherigen unzufrieden sind. Wenn Allmerica das Verhalten der Kunden auch nicht direkt beeinflussen konnte, so doch wenigstens ihre Zufriedenheit.

Die Versicherungsbranche kennt ein Maß für die Kundenzufriedenheit namens Dalbar Rankings. Dalbar, die Entsprechung für die Versicherungsbranche zu J. D. Powers, kauft anonym Produkte von Versicherungsunternehmen und testet sodann deren Fähigkeiten im Bereich zahlreicher Kundenserviceanforderungen. Als Allmerica seine Initiative ergriff, rangierte das Unternehmen an siebenunddreißigster Stelle unter den fünfzig auf der Dalbar-Liste vertretenen Unternehmen. Das war zwar keine Zahl, für die es sich schämen musste, aber besonders ermutigend war sie auch nicht. Das Unternehmen machte sich daran, genau herauszufinden, was es tun konnte, um die Kunden besser zufrieden zu stellen und auf diese Weise länger zu halten. Kundenbefragung und Datenanalyse offenbarten die für die Kundenzufriedenheit ausschlaggebenden Faktoren. Dazu zählte beispielsweise die fristgerechte und fehlerfreie Ausfertigung von Versicherungsverträgen (Policen). Wenn das Unternehmen zu lange brauchte, um den Kundenantrag zu bearbeiten und den Vertrag zuzusenden, bestand die Wahrscheinlichkeit, dass der Kunde das nächste Mal, wenn er eine Versicherung brauchte, anderswohin ging. Ebenso verärgerte ihn, wenn die Police, wurde sie ihm endlich zugesandt, voller Fehler war, die korrigiert werden mussten. Rechtzeitige und korrekte Ausstellung der Police wurden deshalb als die primären Ziele der Anstrengungen des Unternehmens um Leistungsverbesserung identifiziert. Auch wenn dies im Rückblick eine Selbstverständlichkeit zu sein scheint, so war es das zur damaligen Zeit nicht. Wie ich bereits sagte, ist die Intuition in komplexen Umgebungen häufig nicht das zuverlässigste Instrument, um herauszufinden, was wirklich wichtig ist. Formale Analyse geht über die Entscheidung aus dem Bauch heraus.

Allmerica gelang es herauszufinden, was die Kunden hinsichtlich Bearbeitungszeit und Ausführungsgenauigkeit wollten; anschließend übersetzte das Unternehmen diese Zahlen in Leistungsanforderungen für die mit der Vertragsausfertigung betrauten Mitarbeiter. Den Sachbearbeitern wurde ein spezifisches Zeitlimit für die Ausarbeitung und Zusendung der Policen gesetzt. Dieses Kriterium wurde nicht willkürlich gewählt oder aus dem Hut gezaubert, wie das mit dem Leistungsziel der möglichst rasch erledigten Reparaturaufträge der Fall war, das die Telefongesellschaft ihren Außendiensttechnikern setzte. Vielmehr wurde es deshalb ausgewählt, weil es sich direkt auf die Gesamtbearbeitungszeit auswirkte, die maßgeblich war für die Kundenzufriedenheit, die wiederum Einfluss auf die Kundenbindung und damit letztlich auf die Finanzleistung des Unternehmens hatte. Anschließend implementierte das Unternehmen Systeme zur Beobachtung dieser Messwerte und installierte ein Programm zu ihrer Verbesserung.

Bevor ich fortfahre, möchte ich zu diesem Modell einige Anmerkungen machen. Erstens ist Allmericas tatsächliches Modell sehr viel komplexer, als ich es hier beschreibe. In seiner

Vermögensmanagementsparte identifiziert und misst das Unternehmen mittlerweile mehr als sechzig Leistungsaspekte mit Einfluss auf die Kundenzufriedenheit. Dennoch muss ein gutes Modell hinreichend einfach und für jeden verständlich sein, damit sämtliche Mitarbeiter des Unternehmens ihre tägliche Arbeit in den Kontext der übergreifenden Unternehmensziele positionieren können. Zu viel Komplexität und zu viele Details verwirren und machen das Modell am Ende unbrauchbar. In der Einfachheit liegt die Tiefe.

Zweitens muss jedes reale Modell multidimensional sein. Meine Erläuterung von Allmericas Modell konzentrierte sich auf nur eine Dimension eines Zieles: Zeit als Faktor der Kundenzufriedenheit. Natürlich ist es kurzsichtig, eine Dimension auf Kosten aller übrigen zu optimieren. Wenn Sie beispielsweise zu viele Ressourcen in die Beschleunigung des Antragsprozesses stecken, explodieren möglicherweise Ihre Kosten, sodass Sie gezwungen sind, höhere Gebühren zu verlangen, oder ihre Qualität leidet; damit wiederum verscheuchen Sie Kunden (wenngleich auf neue Weise). Der Trick besteht darin, Leistungsziele gleichzeitig in verschiedenen Dimensionen aufzustellen und zu erreichen.

Drittens muss jedes Unternehmensmodell als eine Arbeitshypothese aufgefasst werden. Die Beziehungen, die es zwischen bestimmten kontrollierbaren Maßnahmen und den gewünschten Ergebnissen zum Ausdruck bringt, sind nur vorläufig, bis sie getestet und durch die Erfahrung bestätigt sind. Außerdem muss das Modell von Zeit zu Zeit aktualisiert werden; veränderte Umstände und Kundenerwartungen können sich auf die quantitativen und sogar die qualitativen Aspekte des Modells auswirken. Gewisse Dinge fallen möglicherweise mehr oder weniger als zuvor ins Gewicht, oder es müssen neue Verknüpfungen berücksichtigt werden.

Bei der Übersetzung der übergeordneten Ziele in eine überschaubare Zahl von Messkriterien konzentrierte sich Allmerica auf die wirklich wichtigen Dinge. Das Unternehmen widerstand der Versuchung, mit endlosen Varianten zu experimentieren, und beschränkte sich stattdessen auf die aussichtsreichsten Verbesserungsmöglichkeiten. Innerhalb von zwei Jahren mauserte sich Allmerica zur Nummer vier auf der Dalbar-Liste – ein Aufwärtssprung um dreiunddreißig Sprossen auf der Prestigeleiter der Branche. In derselben Zeit reduzierte das Unternehmen seine Ausgaben um zehn Millionen Dollar. Es brachte das bemerkenswerte Kunststück zustande, gleichzeitig scheinbar sich widersprechende Ziele zu erreichen – Kostenreduzierung und höhere Kundenzufriedenheit –, weil es genau begriff, was beidem zugrunde lag. Die Verbesserung dieser Faktoren führte zu stärkerer Kundenbindung und Wachstum, genau so, wie das Unternehmen es sich gewünscht – und das Modell es vorausgesagt – hatte.

Allmericas Vorgehensweise bildete das genaue Gegenteil zu dem zufallsgesteuerten und unorganisierten Ansatz, den viele Unternehmen hinsichtlich Leistungsmessung und -verbesserung verfolgen – versuche dieses, versuche jenes, versuche ein Drittes, und fange anschließend wieder von vorn an. Das Unternehmen erzeugte ein präzises Modell davon, wie seine Betriebsabläufe – die Dinge also, über die es die direkte Kontrolle hatte – letztlich das Verhalten seiner Kunden beeinflussten, und verwendete sodann die Messwerte, die sich aus diesem Modell herausgeschält hatten, um das, was unter seiner Kontrolle stand, in disziplinierter Weise zu verändern.

Ganz im Sinn des allgemeinen Trends verknüpfte Allmerica zudem die Vergütung seiner Mitarbeiter mit den neuen Bewertungskriterien. Die einzelnen Mitarbeiter werden heute danach belohnt, ob sie die Ziele, über die sie die Kontrolle haben, erreichen und ob das Unternehmen als Ganzes seine Ziele erreicht. Indem es die richtigen Bewertungskriterien auswählt, sie im Unternehmen bekannt macht, die Aufmerksamkeit der Mitarbeiter darauf lenkt und ihnen ein persönliches Interesse an ihren Resultaten gibt, überlässt das Unternehmen seine Errungenschaften nicht dem Zufall, sondern macht sie zum Gegenstand der Unternehmensführung.

Duke Power hat im Rahmen einer Anstrengung zur Leistungsverbesserung ebenfalls mit Erfolg ein Geschäftsmodell entwickelt und zur Anwendung gebracht. Um sein Ziel von Toprenditen für die Anteilseigner zu erreichen, schuf das Unternehmen ein vielstufiges Modell ähnlich dem von Allmerica. Sein interner Name Gameplan zeigt, dass das Modell, abgesehen von seiner Eigenschaft als Bewertungsinstrument, die allgemeine Gewinnstrategie des Unternehmens für die neue wettbewerbsgeprägte Welt der Stromversorger verkörpert.

Dukes zwei Hauptmechanismen, um den Anteilseignern die erforderlichen Renditen zu garantieren, sind erwartungsgemäß Ertragssteigerung und Kostensenkung. Das Modell stellt diese beiden Ziele an die Spitze und identifiziert Möglichkeiten, wie sie sich erreichen lassen. Um die Erträge zu steigern, müssen existierende Kunden gehalten und neue gewonnen werden, und allen muss mehr Elektrizität verkauft werden. Kostenreduzierung erfordert eine Senkung der Kapital- und Betriebsaufwendungen. Anschließend verknüpfte Duke diese übergreifenden Ziele mit den Aktivitäten der einzelnen Mitarbeiter im gesamten Unternehmen.

Um beispielsweise das Ziel der Kundenbindung zu erreichen, identifizierte Duke die Wünsche der Kunden: »problemlose«, kostengünstige und zuverlässige Stromversorgung. »Problemlos« bedeutete für die Kunden, dass das Unternehmen leicht erreichbar war, in der Terminwahl für auszuführende Arbeiten flexibel auf die Kundenwünsche einging und diese Termine auch zuverlässig einhielt. Die Manager des Unternehmens kümmerten sich anschließend darum, dass jeder Aspekt des Unternehmensbetriebs entsprechend dieser Definition problemlos wurde.

Zu diesem Zweck begann das Unternehmen, den Prozentsatz der Installationen zu messen, die es zum zugesagten Zeitpunkt vollständig ausführte. Dieses Messkriterium wurde nicht beliebig ausgewählt; es folgte vielmehr zwingend aus der logischen Kette, die mit den übergreifenden Unternehmenszielen begann. Ein hoher Prozentsatz termingerechter Installationen war erforderlich, um die Installation »problemlos« zu machen, was wiederum der Kundenbindung und damit den zentralen Zielen des Unternehmens förderlich war. (Vielleicht erinnern Sie aus Kapitel 4, dass die Konzentration auf dieses Messkriterium auslösendes

Moment für die Bemühungen des Unternehmens war, seinen Installationsprozess neu zu gestalten.)

Duke Power hat jetzt rund zweihundert Messkriterien, was bei weitem nicht an die zehntausend herankommt, die das weiter oben zitierte Telekommunikationsunternehmen verwendete. Dukes zweihundert wurden sorgfältig ausgewählt. Jedes einzelne von ihnen misst einen wichtigen Aspekt des Fortschritts in Richtung auf die Zwillingsvoraussetzungen für finanziellen Erfolg und Aktionärsvertrauen – Ertragssteigerung und Kostenreduzierung.

Jeden Monat werden alle zweihundert Messwerte gesammelt und an alle Manager von Duke weitergegeben. Jedem Maß ist eine eigene Seite gewidmet, die seinen aktuellen Wert für das Gesamtunternehmen, seinen Trend während des letzten Monats und seinen Wert für jede lokale Niederlassung des Unternehmens dokumentiert. Zusammen bieten sie den Führungskräften des Unternehmens einen wertvollen Echtzeiteinblick, der ihnen den Puls des Unternehmens in allen wichtigen Fragen vermittelt. Die Manager sind jetzt in der Lage, den Fortschritt anhand einer überschaubaren Zahl aussagekräftiger Indikatoren zu verfolgen.

Jeder Teamleiter sieht eine Teilmenge dieser zweihundert Messkriterien. Die Scorecard, die jeder Teamleiter erhält, zählt circa ein halbes Dutzend wichtige Messkriterien auf, die mit der Arbeit des Teams zusammenhängen und von ihm beeinflussbar sind. Das sind die primären Bereiche, in denen das Team seinen größten Beitrag leisten kann, damit das Gesamtunternehmen seine Ziele erreicht.

Für den Leiter eines Teams von Außendienstmitarbeitern umfassen diese Zahlen beispielsweise den Prozentsatz an Kundenserviceaufträgen, die das Team termingerecht ausgeführt hat; den Prozentsatz erforderlicher Nacharbeiten (offensichtlich sollte die erste Zahl hoch und die zweite Zahl niedrig sein); die Kosten für die Behebung von Störfällen und die Kosten für Neuanschlüsse. Das Team ist dafür verantwortlich, dass bei jedem dieser Kriterien ein bestimmtes Leistungsniveau erreicht wird: ein bestimmter Prozentsatz fristgerechter Installationen, ein bestimmter Kostendurchschnitt pro Störfallbehebung und so weiter. Wenn der Teamleiter die monatliche Scorecard erhält, sieht er die gegenwärtige Teamleistung im Vergleich zur Zielvorgabe für jedes Messkriterium. Diese Zahlen werden von allen aufmerksam beobachtet. Wenn Teamleiter sehen, dass es um ein Kriterium nicht gut bestellt ist, konzentrieren sie sich darauf. Um der Versuchung entgegenzuwirken, einige Kriterien auf Kosten anderer überzubetonen, ist das Team für die Einhaltung bestimmter Minimallevels bei sämtlichen Messkriterien verantwortlich. Wie bei Allmerica nimmt die Leistungsbewertung und die Vergütung Bezug auf die Scorecards. Und wie bei Allmerica hat die Aufstellung und disziplinierte Anwendung des Gameplan-Modells die Unternehmensleistung von Duke deutlich verbessert.

So aufschlussreich die von Allmerica und Duke erzeugten Modelle auch sind, sie sind nutzlos, solange sie nicht mit einer formalen Methode verknüpft sind, wie die gewonnenen Messdaten verwendet werden können. Das ist das notwendige zweite Bein des modernen Mess- und Verbesserungssystems. Duke, Allmerica und zahlreiche weitere Unternehmen haben einen solchen strukturierten Prozess entwickelt. Er beginnt mit der Festlegung von Zielniveaus für jedes der Leistungskriterien, die das Modell als wichtig identifiziert. Dazu gehören übergreifende Ziele (wie beispielsweise Kundenzufriedenheit) ebenso wie kontrollierbare Betriebsaktivitäten (wie die Geschwindigkeit und die Genauigkeit, mit der ein Vertrag ausgestellt wird, oder die Zeit, die ein Sachbearbeiter für die Antragsbearbeitung benötigt). Anschließend werden Mechanismen eingerichtet, die regelmäßig den aktuellen Wert jedes dieser Kriterien kalkulieren. Jeder dieser Werte wird dann mit der Zielvorgabe verglichen. Wenn alle Kriterien die Zielvorgaben erreichen, dann ist es gut. Wenn nicht, befinden wir uns nicht mehr in der Domäne der Messung, sondern in der des Managements und der Verbesserung. Die Manager müssen jetzt tätig werden und sich mit den Gründen für die inadäquate Leistung befassen, damit die übergreifenden Ziele dennoch weiterhin erreicht werden.

Ein Eingreifen auf der persönlichen Ebene ist gefragt, wenn ein Einzelner sein Leistungsziel nicht erreicht – wenn beispielsweise ein Sachbearbeiter die Anträge nicht in der vom Modell vorgege-

benen Zeit bearbeitet. Die Manager müssen dann der Frage nachgehen, warum der Sachbearbeiter sein Ziel nicht erreicht. Vielleicht fehlen ihm die erforderlichen Fähigkeiten, wurde er nicht
ausreichend in die Arbeit eingewiesen, mangelt es ihm an den
richtigen Hilfsmitteln oder ist er einfach die falsche Person für
diesen Job. Sobald das Problem identifiziert ist, können geeignete
Gegenmaßnahmen ergriffen werden.

Angenommen, der Sachbearbeiter, nicht aber das Unternehmen
insgesamt, bearbeitet seine Anträge tatsächlich schnell genug.
Dann liegt das Problem nicht beim Einzelnen, sondern beim größeren Prozess, der die Arbeit der einzelnen Beteiligten umfasst.
Diese können sich noch so sehr anstrengen, gegen einen proble-
matischen oder begrenzten Prozessplan können sie nichts ausrichten. Wenn die Diskrepanz zwischen der erforderlichen und
der tatsächlichen Prozessleistung klein ist, müssen die Manager
den bestehenden Prozessentwurf lediglich ausbessern, um seine
Mankos zu beheben. Wenn der Abstand groß ist, müssen die
Manager den bestehenden Prozessentwurf verwerfen und einen
neuen erstellen. (Die erste Option wird in der Regel als kontinuierliche Verbesserung, die zweite als Reengineering bezeichnet.)
Sowohl Allmerica als auch Duke mussten ihre Prozesse im großen Stil überarbeiten, um die oben beschriebenen Leistungsverbesserungen zu erreichen.

Vielleicht jedoch bearbeitet das Unternehmen die Anträge so
schnell, wie es sollte, und erreicht auch alle anderen vom Modell
geforderten betrieblichen Größen, versäumt es aber dennoch, die
gewünschten Gesamtresultate zu erzielen. Jeder scheint seine
Arbeit gut zu machen, aber die gemessene Kundenzufriedenheit
ist geringer, als sie sein sollte, oder die gemessene Kundenzufriedenheit entspricht zwar den Erwartungen, aber die Kunden laufen dem Unternehmen trotzdem weg. Wie kann das sein? In diesem Fall liegt das Problem nicht bei den Leuten, die die Prozesse
ausführen, noch in deren Gestaltung, denn sämtliche Vorgaben
werden eingehalten. Das Problem liegt vielmehr in dem Modell
selbst und darin, wie es die Ziele des Unternehmens mit seiner
Arbeitsweise verknüpft. Vielleicht wurden die Vorgaben zu nied-

rig angesetzt, sodass selbst ihre Einhaltung nicht die gewünschten Resultate bringt. Oder die Autoren des Modells verstanden Kunden und Markt nicht gut genug, sodass die Imperative des Unternehmens falsch definiert wurden. Vielleicht hängt Kundenzufriedenheit nicht von einer raschen Antragsbearbeitung, sondern von etwas anderem ab. Wenn die Betriebsleistung zufrieden stellend ist, nicht aber das Unternehmensergebnis, dann muss das Modell überdacht werden. Entweder war es von Anfang an fehlerhaft, oder die Veränderungen in den Kundenbedürfnissen oder im Verhalten der Konkurrenz haben es überholt. In beiden Fällen muss das Modell aktualisiert werden, auf dass der ganze Zyklus von neuem beginnen kann.

Sie mögen in diesem Ansatz Anklänge an andere Arbeiten entdecken. Mit seinem klaren Bekenntnis zu disziplinierter Messtätigkeit und fortlaufender Verbesserung baut er auf den bahnbrechenden Ausführungen von Shewhart und Deming auf. Er hat auch Gemeinsamkeiten mit Messtechniken wie Balanced Scorecard, EVA und Service Profit Chain. Mein Ansatz verbindet die strategischen Rahmenkonzepte der letzteren mit dem Verbesserungsschwerpunkt der ersteren zu einem integrierten Mess- und Managementsystem. Bei Unternehmen wie Allmerica Financial und Duke Power ist die Messtätigkeit nichts nachträglich Hinzugefügtes, kein Rahmenprogramm zur eigentlichen Veranstaltung des Unternehmens. Sie bildet vielmehr einen integralen Bestandteil von Unternehmensbetrieb und Unternehmensführung.

Ich muss dieser Diskussion über Messtätigkeit und Verbesserung noch zwei Bemerkungen hinterherschicken. Die erste bezieht sich auf die Wahl der Metrik, die Sie verwenden, um die vom Geschäftsmodell angezeigten Kriterien zu messen. In einigen Fällen liegt diese Entscheidung auf der Hand; wie der Prozentsatz der termingerecht ausgeführten Installationen zu messen ist, ist klar. Selbst in diesen Fällen jedoch müssen unerwartete Feinheiten berücksichtigt werden. So werden Messwerte häufig »getrickst«, das heißt, sie werden dem Buchstaben, nicht jedoch dem Sinn nach erreicht. Der Außendiensttechniker mag sein Ziel der Arbeitsverrichtung für erreicht halten, wenn er rechtzeitig vor

Ort ist, ganz gleich, ob die Arbeit wirklich getan ist. Wenn er bei seiner Ankunft feststellt, dass er das geeignete Werkzeug nicht dabei hat, kann er den ersten Arbeitsauftrag als »erledigt« verbuchen und einen neuen erzeugen, den er ausführen kann, sobald er das Werkzeug bei sich hat. Die Manager müssen sorgfältig darauf achten, dass die Messkriterien von jedem so verstanden werden, wie sie gemeint sind.

In anderen Fällen ist die Entscheidung, was zu messen ist, sehr viel komplexer, weil dasselbe Phänomen auf sehr verschiedene Weise gemessen werden kann. Wie lässt sich Kundenzufriedenheit am besten messen? Sie können bei den bestehenden Kunden Umfragen durchführen, wie zufrieden sie sind, aber das ist teuer und häufig ungenau. Genauere Ergebnisse erhalten Sie, wenn Sie das Kaufverhalten einzelner Kunden über längere Zeit beobachten, aber solche Daten kommen häufig zu spät, um noch nützlich zu sein; wenn der Kunde nicht mehr kauft, ist seine Unzufriedenheit bereits endgültig. Einige Unternehmen messen Kundenzufriedenheit als den reziproken Wert zum Beschwerdevolumen, aber nicht alle unzufriedenen Kunden beschweren sich; die Verkäufer verbuchen Beschwerden möglicherweise als Anfragen oder versäumen es, sie weiterzuleiten. Die Entwickler eines Messsystems müssen sich der Probleme bewusst sein, die sich aus den verwendeten Mechanismen ergeben, und müssen bereit sein, sich mit diesen Mankos auseinander zu setzen.

Ein gutes Maß muss genau sein und tatsächlich die Bedingung einfangen, die es beschreiben soll. Es muss objektiv und über jeden Disput erhaben sein. Es muss sich leicht kommunizieren und verstehen lassen. Es muss unaufwändig und leicht zu berechnen sein. Es muss aktuell sein – das heißt, es darf keine lange Verzögerung zwischen der gemessenen Situation und der Verfügbarkeit der Daten auftreten. Die Konstruktion von Maßen, die diesen Anforderungen genügen, ist nicht so einfach wie deren Aufzählung; dabei handelt es sich eher um eine Kunst als um eine Wissenschaft.

Unsere zweite Nachbemerkung lautet, dass auch das akkurateste Messsystem der Welt scheitern muss, wenn es in einem unwirtlichen Umfeld implementiert wird. Erstellung eines Geschäfts-modells und Erzielung von Leistungsverbesserung mittels geeig-neter Maße sind mehr als eine Technik; sie stehen für eine Lebensweise. Sie repräsentieren einen fundamentalen Wandel in der Art, wie Manager sich und ihr Unternehmen betrachten. Dieser Ansatz setzt ein objektives Bild vom Unternehmen sowie die Anerkennung der Tatsache voraus, dass der Messvorgang kein Anhängsel der Buchhaltung, sondern eine integrale Dimen-sion der Betriebsführung ist. Er muss von einer Kultur getragen werden, die Objektivität über Meinung, Verbesserungsentschlos-senheit über Ausreden, Ehrlichkeit über Verantwortungslosig-keit, Offenheit über Abwehrverhalten und Problemlösung über Problemvermeidung stellt. Er setzt voraus, dass die Mitarbeiter Daten und Fakten höher bewerten als Intuition und Wunschden-ken, und dass alle zusammenarbeiten, wenn es darum geht zu verstehen, welche Leistung erreicht werden muss und warum sie bislang nicht erreicht wurde, um diese Lücke sodann zu schlie-ßen.

Wenn diese Bedingungen nicht zutreffen, dann wird selbst das bestgestaltete Messsystem mit leeren Bekundungen, Passivität, Ausreden und Tricksereien beantwortet werden. Endlose Diskus-sionen über die Gültigkeit der Messkriterien werden jeden ernst-haften Versuch, sie zu verbessern, zunichte machen.

Ironischerweise lässt sich der von der Customer Economy geforderte Mess- und Verbesserungsansatz am besten mit einem Begriff beschreiben, der bereits hundert Jahre alt ist. An der Schwelle zum zwanzigsten Jahrhundert, als die Zeiten noch ein-facher und optimistischer waren, prägte Frederick Winslow Tay-lor den Begriff des *Scientific Management*. Taylor war der Pionier des Industrial Engineering und überzeugt – wie er mit der tau-sendfachen Betätigung seiner Stoppuhr zu beweisen versuchte –, dass es stets »eine beste Methode« gab, wie ein Arbeiter eine gegebene Aufgabe verrichten konnte. Das Scientific Management zielte darauf ab, Gruben- und Stahlarbeiter in genau der von Tay-lor vorgeschriebenen Art und Weise arbeiten zu lassen, um deren maximale Effizienz sowie für ihre Unternehmen einen maximalen

Profit zu gewährleisten. Während der vergangenen hundert Jahre kamen Taylors Vorstellungen aus der Mode; sie waren geradezu verfemt. Fast das ganze zwanzigste Jahrhundert über war die Unternehmensführung alles andere als wissenschaftlich. Die Manager arbeiteten vorwiegend im Dunkeln und hatten kaum eine Vorstellung davon, was sich in ihren Unternehmen wirklich abspielte. Ihre Entscheidungen hatten mehr mit persönlichen Ansichten, Hörensagen und roher Machtausübung zu tun als mit dem tiefen Verständnis, das sich mit der wissenschaftlichen Analyse einstellt. Die Praxis der Unternehmensführung basierte mehr auf Vermutungen als auf Informationen.

Vielleicht ist es jetzt an der Zeit, Taylors Vorstellungen wiederzubeleben. Der Prozess der Erstellung eines Geschäftsmodells, des Sammelns von Testdaten, der Verwendung dieser Daten zwecks Verbesserung der Unternehmensleistung greift sicherlich auf wissenschaftliche Techniken zurück, insbesondere was die sorgfältige Durchführung der Messungen und die Formulierung und Verifikation von Hypothesen betrifft. Ob es sich nun im strengen Wortsinn um »Wissenschaft« handelt oder nicht, diese Vorgehensweise ist mit Sicherheit dem undisziplinierten und zufallsabhängigen Managementstil überlegen, wie er immer noch von viel zu vielen Unternehmen praktiziert wird. Wie der Computerpionier Grace Hopper sagte: »Ein akkurates Messverfahren ist so viel wert wie tausend Meinungen.« Für die Manager ist es höchste Zeit, sich mit dieser Idee anzufreunden.

Diese neuen Mess- und Managementmethoden lassen sich nur dann Erfolg bringend einsetzen, wenn die obersten Führungskräfte mit Wort und Tat vorangehen. Wenn die Topmanager eines Unternehmens wirklich entschlossen sind, sich den entscheidenden Fragen zu stellen – wie Jack Welch sagt: der Realität ins Auge zu sehen, wie sie wirklich ist, und nicht, wie wir sie uns wünschen –, und wenn sie gewillt sind, ihre Eitelkeit und gelegentlich auch Geld zu opfern, um bessere Resultate zu erzeugen, dann kann Frederick Taylors Vision von der wissenschaftlichen Unternehmensführung, wenn auch in etwas abgewandelter Form, endlich Wirklichkeit werden.

Agenda Punkt 5

Machen Sie die Leistungsmessung zur Grundlage der Unternehmensführung:

- Nehmen Sie die Leistungsmessung aus der Buchhaltung heraus und machen Sie sie zur Aufgabe jedes Managers.
- Verzichten Sie auf überkommene Messkriterien.
- Entwickeln Sie ein Unternehmensmodell, das Ihre übergeordneten Ziele mit spezifischen, von Ihnen kontrollierten Tätigkeiten verknüpft.
- Bestimmen Sie Messverfahren und Zielvorgaben für die zentralen Aspekte des Modells.
- Wählen Sie Messkriterien, die objektiv, aktuell, einfach zu berechnen und leicht zu verstehen sind.
- Schaffen Sie eine kontinuierliche Leistungsverbesserung, indem Sie sie in einen disziplinierten, auf Messwerten basierenden Prozess integrieren.
- Lassen Sie Fakten und Messdaten über Intuition und persönliche Meinung triumphieren.

7 Managen Sie ohne Struktur

Profitieren Sie von der Macht der Unbestimmtheit

Als Vater von vier erwachsenen Kindern werde ich häufig von jungen Eltern um Rat gefragt hinsichtlich der Pflege und Entwicklung ihres Nachwuchses. Da ich mit der Businesswelt zu tun habe, fragen sie mich manchmal, woran sich erkennen ließe, ob ihre Kleinen das Zeug zu Führungspositionen hätten. Wenn, so lautet meine Antwort, ihr achtjähriger Schützling ein Zeugnis mit der Note ungenügend in »Spielt gut mit anderen« nach Hause bringe, dann hätten sie es mit einem zukünftigen Bereichsleiter zu tun.

Unternehmensmanager sind bestimmt nicht gut im Spielen mit anderen. Sie sind mindestens so auf ihr Territorium bedacht wie Löwen und Wölfe, je höher gestellt, desto mehr. Dieses Verhalten ist nicht angeboren; es leitet sich ab von der Art, wie Unternehmen strukturiert sind. Executives haben auf die Größe und Komplexität ihrer Unternehmen immer schon damit reagiert, dass sie sie in Teile zerlegten und jedes Teil einem anderen Manager zuwiesen. Einer ist für die Herstellung zuständig, ein anderer für den Verkauf; ich leite die Einheit, die Rasenmäher herstellt und verkauft, während Sie sich um die Einheit für Baugeräte kümmern. Zwar bietet diese Aufteilung Klarheit und Fokussierung, aber sie neigt dazu, diese Fokussierung zu übertreiben.

Für mich als Manager ist mein Teil des Unternehmens, ob groß oder klein, mein Hoheitsgebiet. Ich bin für seine Leistung verantwortlich. Ich habe die Kontrolle über die Ressourcen, die nötig sind, um diese Leistung zu erbringen, und ich werde ausschließlich nach dieser Leistung bewertet und belohnt. Folglich ignoriere ich alles, was außerhalb meines Bereichs liegt, und ich steige auf die Barrikaden, wenn es gilt, ihn gegen Eindringlinge zu verteidigen. Meine Entscheidungen richten sich ausschließlich danach, was für mich und meinen Bereich gut ist, mag der Rest des Unternehmens zusehen, wo er bleibt. Ich akzeptiere (widerstrebend) Anweisungen meiner Vorgesetzten und erstatte ihnen Bericht, aber ich lasse mir sonst von niemandem etwas sagen. Den mir Gleichgestellten gegenüber empfinde ich zumeist eine starke Animosität. Schließlich sind die anderen Manager meine Konkurrenten, was Ressourcen, die Aufmerksamkeit der Vorgesetzten und die erhoffte Beförderung in jene heiligen Gefilde der Unternehmensspitze betrifft.

Georges Clemenceau, Frankreichs Premierminister zum Ende des Ersten Weltkriegs, sagte: »Keine Leidenschaft ist wie die des Funktionärs für seine Funktion.« Seine Worte wurden nirgends getreuer realisiert als im modernen Unternehmen.

Jedes Unternehmen hat seine eigenen Horrorgeschichten, zu welch bizarren, ja destruktiven Verhaltensweisen die Fragmentierung eines Unternehmens führen kann. Die folgenden Geschichten haben lediglich Beispielfunktion:

- Ein größerer Anbieter von Computerdienstleistungen ist seit längerem in eine Anzahl von Geschäftsbereichen unterteilt, deren jeder eine bestimmte Art von Dienstleistung anbietet (Outsourcing, Vertragssoftwareentwicklung, E-Business-Entwicklung und so weiter). Unglücklicherweise sind dem Unternehmen in der Vergangenheit etliche Großaufträge durch die Lappen gegangen, bei denen ein großer Kunde mit einem einzigen Anbieter Verträge über eine ganze Palette von Dienstleistungen abschließen wollte. Der Grund war, dass niemand diese Gelegenheiten verfolgte. Jeder Geschäftsbereich konzentrierte sich ausschließlich auf seine eigenen Dienstleistungen und achtete nicht auf Möglichkeiten zum Cross-sell. Der Handelsvertreter eines Bereichs sah keine Veranlassung, den Kunden zu fragen, ob er auch an den Dienstleistungen der anderen Bereiche interessiert war, weil er dafür keine Belohnung bekam. Die Bereichsleiter schirmten ihre Kunden eifersüchtig vor ihren Kollegen ab, weil sie fürchteten, dass alles Geld, das in andere Bereiche floss, ihnen verloren ginge. Aber auch sonst hatte kein Bereichsleiter ein Interesse daran, eine Kundenbeziehung aufzubauen, solange ein Großteil des Nutzens anderen Bereichen zugute kam. Denn jeder Bereichsleiter sah sich in Konkurrenz zu den übrigen stehen.

- Ein größeres Elektronikunternehmen war in etliche Geschäftseinheiten unterteilt, deren jede sich die benötigten Komponenten selbst beschaffte. Die Einkaufstätigkeit des Unternehmens verteilte sich dementsprechend auf eine große Zahl von Lieferanten, und keine der Einheiten orderte in ausreichendem Umfang, um bei den Lieferanten wesentliche Vergünstigungen zu erzielen. Das Unternehmen errechnete, dass es jährlich mehrere hundert Millionen US-Dollar mehr bezahlte, als wenn es die Möglichkeit gehabt hätte, seine Einkäufe unternehmensweit zu koordinieren. Aber die verbissene Unabhängigkeit der Einheiten schloss diese Option aus. Jede Einheit bestand darauf, dass sie »anders« war, dass ihre Anforderungen einzigartig waren und dass sie ersticken würde, wäre sie gezwungen, von denselben Lieferanten zu kaufen wie die übrigen Einheiten.
- Ein größeres Chemieunternehmen litt unter zahlreichen Problemen mit seinen überkommenen Softwaresystemen, und der CIO (Chief Information Officer) schlug vor, ein ERP-System zu erwerben und unternehmensweit einzusetzen. Sein Vorschlag löste eine Flut von Protesten aus. Die Funktionsmanager wollten kein System, das aufgrund seiner Prozessorientierung ihre Barrikaden einreißen und sie zwingen würde, miteinander zu kooperieren. Die Fabrikmanager fürchteten sich vor einem Standardsystem, das Vergleiche zwischen den Fabriken ermöglichen würde, bei denen sie möglicherweise schlecht abschnitten. Die Bereichsleiter empfanden jede Initiative der Unternehmenszentrale instinktiv als einen Angriff auf ihre Autonomie. Natürlich wurden alle diese Einwände nicht in diesen Worten vorgebracht. Stattdessen wurden lautstarke Bedenken geäußert

bezüglich so gewichtiger Fragen wie Rechnungslegungspolitik und unternehmensweite Datenstandards. Und natürlich wurden diese Fragen zur sorgfältigen Erörterung an ein Komitee delegiert, wo die Initiative nach letzten Berichten immer noch vor sich hin dümpelt.

- Ein Ölunternehmen hatte drei größere Einheiten: eine, die das Petroleum einkaufte, eine, die es raffinierte, und eine, die es an Tankstellen vermarktete. Jede Einheit wirtschaftete eigenständig und unabhängig von den übrigen. Informationen wurden zwischen ihnen nicht ausgetauscht. Die Folge davon war, dass die Raffinerieeinheit mal mehr und mal weniger produzierte, als die Vertriebseinheit benötigte; die Händler, die das Öl kauften, verpassten Gelegenheiten zum billigen Einkauf, weil sie zu spät erfuhren, dass die anderen Einheiten es benötigten; und das Unternehmen insgesamt ertrank in Lagerbeständen und Kosten.

- Ein riesiges Lebensmittelunternehmen ist durch eine Reihe von Akquisitionen entstanden, aber jede der hinzugekommenen Einheiten operiert weiterhin unabhängig unter dem neuen Dach. Infolgedessen können die Kunden nicht von einer einheitlichen Preisliste bestellen, Mengenrabatte auf Basis ihres Gesamteinkaufs bei diesem Unternehmen erzielen oder koordinierte Lieferungen mit Waren aus allen Produktgruppen erhalten. Das Unternehmen seinerseits muss eine große Zahl unabhängiger Lieferketten managen, was entsprechende Mehrkosten verursacht; es muss zudem häufig zwei halb volle Lastwagen aussenden, die jeweils Produkte von einer anderen Einheit transportieren, weil es keine Möglichkeit gibt, sie in einem Lastwagen zusammenzufassen.

- Die strategische Planungsgruppe eines Hightechunternehmens ortete ein neues Thema am Computerhorizont, das eine wichtige Gelegenheit für das Unternehmen darstellte. Die Planer fanden jedoch keine Träger, als sie die Idee den Bereichsleitern des Unternehmens nahe zu bringen versuchten. Das Problem war, dass das neue Thema in der Tat neu war und zu keiner der Tätigkeitsbeschreibungen der existierenden Abteilungen passte. Die Bereichsleiter waren mit ihren zugewiesenen Aufgaben beschäftigt und hatten keine Zeit für etwas übrig, das außerhalb ihrer formalen Zuständigkeit lag. Bis das Unternehmen den mühsamen Prozess der Einrichtung einer neuen Einheit durchlaufen hatte, um von dem neuen Thema zu profitieren, war wertvolle Zeit verstrichen, und ein beweglicherer Wettbewerber hatte sich an die Spitze gesetzt.

- Bei einem großen Hersteller hatte eine Abteilung überschüssige Fertigungskapazitäten, eine andere jedoch Kapazitätsengpässe. Es wäre logisch gewesen, wenn die erste ihre überschüssigen Kapazitäten der zweiten zur Verfügung gestellt hätte, damit beide davon profitierten. Aber der Leiter der ersten Abteilung entschied sich dagegen, auch wenn dies für beide Abteilungen einen Verlust bedeutete, weil er sich ausrechnete, dass die andere mehr verlor. Im Wettbewerb der Bereichsleiter um den Posten des CEO ist es häufig nicht notwendig, gut zu sein, sondern lediglich besser als die anderen. Die meisten Bereichsleiter würden es vorziehen, wenn sie selbst fünf und ihre Kollegen vier, als wenn sie selbst acht und ihre Kollegen neun Punkte erzielten.

Dann ist da der Bereich eines Unternehmens für medizinische Produkte, der dermaßen auf seine Unabhängigkeit erpicht ist, dass er sich weigert, den Namen des Mutterunternehmens auf sein Briefpapier zu drucken; und das Versicherungsunternehmen, in dem man mir erzählte: »Unsere Bereichsleiter sprechen niemals miteinander, und wenn, dann belügen sie sich.« Ich könnte endlos fortfahren mit Variationen über dieses Thema, und ich kann mir vorstellen, dass auch Sie so manches Beispiel anführen könnten.

Ein solch groteskes Verhalten ist nicht auf die mahagonigetäfelten Flure der Executiveebene beschränkt. Es pflanzt sich abwärts in alle Ebenen der Organisation fort, indem jeder Manager seinen Unterstellten Vorgaben macht, die die Zuständigkeiten und den Horizont der Mitarbeiter immer weiter einschränken. Der Organisationsansatz des Teilens und Herrschens ist zu einem Teilen und Beherrschtwerden geworden; im modernen Unternehmen ist das Ganze häufig weniger als die Summe seiner Teile.

Wenngleich diese Probleme nicht neu sind, so haben sie doch in den letzten dreißig Jahren eine neue Höhe (oder Tiefe) erklommen, seit das Konzept der strategischen Geschäftseinheit (SGE) zum Standard wurde.

Bis zur Mitte des zwanzigsten Jahrhunderts waren die Unternehmen größtenteils in funktionale Einheiten strukturiert. Das heißt, die Unternehmen waren in große, separate Bereiche unterteilt, einer für die Herstellung, ein anderer für die Finanzen, noch andere für Logistik, Verkauf, Marketing und so weiter, wobei sich jede Abteilung ausschließlich auf ihre spezielle Funktion konzentrierte. Als die Unternehmen jedoch immer größer wurden, wurde dieser Ansatz zunehmend ineffektiv; die Abteilungen wurden zu groß, um noch steuerbar zu sein. Die Unternehmen zogen zudem ein immer größeres Spektrum von Kunden an und erweiterten ihre Produktlinien, um ihnen gerecht zu werden. Infolgedessen waren die Abteilungen gezwungen, den Schwerpunkt ihrer spezifischen Aktivitäten zu erweitern. Von der Herstellung wurde beispielsweise erwartet, dass sie sowohl Rechner als auch Cruise Missiles produzierte, während sich die Marketingabteilung gleichzeitig um Verbraucher und industrielle Kunden kümmern sollte. Als Antwort darauf entstand die Idee von der strategischen Geschäftseinheit (SGE).

Eine SGE ist eine abgeschlossene Einheit, die bestimmte Produkte für bestimmte Kunden bereitstellt und auf eigenständiger Basis von ihrem eigenen General Manager geführt wird. Sie entwickelt, produziert, verkauft und betreut ihre eigenen Produkte mit ihren eigenen Leuten. Das Mutterunternehmen versorgt jede Einheit mit Kapital und erwartet dafür eine bestimmte finanzielle Leistung; abgesehen davon ist die SGE in der Regel auf sich selbst gestellt und agiert unabhängig vom Rest des Unternehmens. (In einigen Unternehmen haben die SGEs Zugang zu Spitzentechnologie, die von der Forschungseinheit des Unternehmens zentral entwickelt wird.) Jede SGE ist eine geschäftlich abgeschlossene Einheit, die unter der Führung eines Entrepreneurial President oder General Manager frei ist, ihre eigenen Interessen zu verfolgen. Die meisten Wirtschaftshistoriker schreiben es GE zu, das

Konzept in den frühen Siebzigern eingeführt zu haben. Heute hat GE SGEs, die Flugzeugtriebwerke herstellen, Kunststoffe produzieren und verkaufen und eine Vielzahl von Finanzdienstleistungen anbieten, während sich das SGE-Konzept auf die gesamte amerikanische Industrielandschaft ausgebreitet hat und mittlerweile so gut wie Standard ist.

Diese klar segmentierte Methode der Unternehmensstrukturierung hat ihre Vorteile, insbesondere was Klarheit und Übersichtlichkeit betrifft. Im SGE-Modell ist jede Einheit gehalten, ihre Leistung zu optimieren, und sie erhält die Ressourcen und die Autonomie, die sie dazu benötigt. Der Leiter jeder Einheit tut das, was er für das Beste hält. Sämtliche Konflikte zwischen den Bereichsleitern werden an die Senior Executives des Mutterunternehmens weitergereicht.

Die Logik dahinter lautet, dass dadurch, dass das Ganze in separate Teile aufgesplittet wird, deren jeder einen Chef mit der nötigen Autonomie hat, um die jeweiligen Ziele zu erreichen, notgedrungen auch die Erfordernisse des Ganzen erfüllt werden. Der Theorie zufolge hilft eine SGE-Struktur, jene Komplexität und Inflexibilität oder gar Verknöcherung zu vermeiden, die drohen, wenn ein einziges Führungsteam versucht, die Aktivitäten eines großen und vielseitigen Unternehmens zu lenken. Aber wie alles im (Wirtschafts-)Leben hat auch dieser Ansatz seine Vor- und Nachteile.

Nicht lange nachdem der SGE-Begriff geboren war, begannen einige, ihn infrage zu stellen. Wenn jede SGE unabhängig operiert, worin besteht dann der Sinn und Zweck des Gesamtunternehmens? Bedeutet es für die SGE irgendeinen Vorteil, dass sie zu einem Mutterunternehmen gehört, das zufällig noch andere Einheiten besitzt? Anfänglich wurden die Antworten auf diese Fragen in strategischen Begriffen formuliert. Dem Dogma der sechziger und siebziger Jahre zufolge bestand das Wesen einer Unternehmensstrategie darin, ein Portfolio von teils schnell wachsenden, teils stabilen und teils ertragreichen SGEs zusammenzustellen und die Cash-Reserven der einen zu nutzen, um das Wachstum der anderen zu finanzieren. Dass die einzelnen SGEs von der gemeinsamen Struktur möglicherweise nicht profitierten, wurde durch ihr kollektives Wachstum und das Wachstum des Mutterunternehmens kompensiert. Die Apotheose dieses Denkens fand sich in Konglomeraten wie ITT und Litton, Ansammlungen von Geschäftsbereichen, die wenig gemeinsam hatten außer der Jahresbilanz.

In den letzten zwei Jahrzehnten ist diese Portfoliotheorie vom Unternehmen aus der Mode gekommen. Heute ist man sich einig, dass ein Unternehmen mehr sein muss als eine Holding, dass es eine Art Leim benötigt, um seine Geschäftseinheiten zusammenzuhalten. Eine weithin akzeptierte Sichtweise besagt, dass jede Einheit die Kernkompetenzen des Unternehmens zum Ausdruck bringen muss. Verschiedene Einheiten stellen möglicherweise unterschiedliche Produkte für unterschiedliche Kunden her, sie sollten jedoch alle auf einem gemeinsamen Fundament fachlicher Qualifikation basieren. Eine andere Theorie besagt, dass das Mutterunternehmen seinen Töchtern dadurch hilft, dass es für die Einhaltung bestimmter Managementregeln sorgt. So sind die GE-Töchter zwar in so unterschiedlichen Branchen wie Fernsehen und medizinische Systeme tätig, dennoch werden sie durch eine Reihe von Managementpraktiken zusammengehalten, die unter der Ägide von Jack Welch entwickelt wurden und durch Crotonville, das berühmte Schulungszentrum des Unternehmens, weitergetragen werden. Workout und Six Sigma Quality sind zwei der bekanntesten Managementtechniken, die GE quer durch alle SGEs implementiert hat.

Heute hat das SGE-Konzept trotz seiner Popularität (besonders unter den Executives, die diese Einheiten leiten) ausgedient. Die mit dem SGE-Ansatz verbundenen Nachteile, wie etwa die in meiner Aufzählung von Horrorstorys beschriebenen Probleme, sind in der Customer Economy nicht länger hinnehmbar. Die Unternehmen können sich die internen Redundanzen und Ineffizienzen, die Unbequemlichkeiten für die Kunden und die strukturelle Inflexibilität, wie sie aus der Aufteilung in zahllose unabhängige Einheiten folgen, nicht länger leisten. SGEs mögen ein Mittel sein, um ein großes Unternehmen in überschaubare Einheiten zu unterteilen, gleichzeitig zerstören sie jedoch die Kraft des Unternehmens als eines integrierten Ganzen.

Der Niedergang der SGE kam nicht plötzlich. Während des letzten Jahrzehnts haben die Mauern, die die SGEs umgeben, schützen und definieren, zahlreiche Risse bekommen. Sie stellten keine ideologischen Risse dar; das heißt, sie standen nicht für eine bewusste Abkehr von den konventionellen Vorstellungen über Unternehmensstruktur. Es waren vielmehr taktische Reaktionen auf spezifische Geschäftssituationen. Aber in der Summe haben sie die Gültigkeit des SGE-basierten Unternehmens infrage gestellt und es durch etwas ersetzt, das einen ganz anderen Charakter aufweist.

Der erste spürbare Riss wurde durch das Konzept der *Shared Services* bewirkt. In den frühen Neunzigern suchten viele Unternehmen verzweifelt nach Möglichkeiten, wie sie Kosten reduzieren und Verwaltungsballast abbauen konnten. Sie hatten sich bereits mit eher mäßigem Erfolg am Downsizing versucht und suchten nun nach anderen, einfach zu implementierenden Techniken. Viele erkannten schließlich, dass ihre SGEs zahlreiche Redundanzen aufwiesen. Die Executives entdeckten, dass viele über ihr Unternehmen verteilte Mitarbeiter mit denselben administrativen Routinetätigkeiten befasst waren, wie beispielsweise dem Verschicken von Rechnungen, der Verwaltung von Außenständen und Verbindlichkeiten, der Beschaffung von Büromaterial, der Aktualisierung der Mitarbeiterkarteien und der Beantwortung von Mitarbeiterfragen zum Vergütungs- und Bonussystem. Viele, die diese Tätigkeiten ausführten, hatten nicht das nötige Arbeitsvolumen, um wirklich effizient zu sein; mit anderen Worten, sie waren nicht in der Lage, Größenvorteile zu nutzen. Zudem wurden die Arbeiten uneinheitlich ausgeführt, was dazu führte, dass auch die Qualität nicht einheitlich war. Einige Einheiten verfolgten bessere Arbeitsmethoden als andere. Einige Mitarbeiter waren besser geschult und leisteten bessere Arbeit als andere. Schließlich lenkten diese administrativen Aktivitäten von der eigentlichen Arbeit der Geschäftseinheiten ab und behinderten die Konzentration auf die primären Schwerpunkte.

Die Antwort auf dieses Redundanzproblem war das *Shared Services Center* (SSC): eine zentralisierte Gruppe, deren Aufgabe die Verrichtung von Transaktionsaktivitäten für das ganze Unternehmen war. Anstatt dass sie ihre Rechnungen selbst überwiesen, beauftragten sie das SSC damit und bezahlten es für seine Dienste. Mitarbeiter mit Fragen zum Pensionsplan des Unternehmens konsultierten das SSC. Das SSC, das sich ausschließlich mit diesen Aufgaben beschäftigte, konnte jetzt von Größenvorteilen profitieren. Seine Manager konnten sich darauf konzentrieren, die Qualität dieser Arbeit zu verbessern und die Kosten zu senken; Investitionen in produktivitätsverbessernde Technologien wurden rentabel. Die Kombination dieser Faktoren führte häufig zu spektakulären Kosteneinsparungen.

Ein Beispiel ist Ahold USA, eine Tochter des niederländischen Supermarktriesen Ahold, zu deren Geschäftseinheiten Stop & Shop, Giant Food Stores, BiLo Supermarkets und andere größere Lebensmittelketten gehören. In der Vergangenheit operierte jede dieser Einheiten autonom im Sinn des SGE-Modells, aber der unablässige Margendruck in der Lebensmittelbranche zwang Ahold schließlich, sich mit Shared Services zu befassen. 1999 implementierte das Unternehmen ein SSC für finanzielle Transaktionen. Die Folge davon ist, dass heute vierhundert Mitarbeiter dieselbe Arbeit verrichten wie zuvor fünfhundertsechzig. Durch Zentralisierung und Standardisierung reduzierte das Unternehmen zudem die Kosten für die Anschaffung und Wartung der Softwaresysteme, mit denen es diese Transaktionen durchführt.

Gelegentlich wird vor lauter Enthusiasmus über den Erfolg des Shared-Services-Konzepts übersehen, dass es die Autonomie der SGEs infrage stellt. Der Leiter einer SGE ist nicht länger alleiniger Kapitän auf seinem Schiff. Ein Teil der für die Aufrechterhaltung des Geschäftsbetriebs erforderlichen Arbeiten wird jetzt von Leuten geleistet, über die der Chef der SGE keine direkte Kontrolle hat. Eine SGE hat keinen maßgeblichen Einfluss auf das SSC, das sie mit Dienstleistungen versorgt; ihre Rolle ist vielmehr die eines Kunden des SSC. In einigen Unternehmen verwahrten sich die Leiter der SGEs gegen eine solche Beschränkung ihrer Unabhängigkeit, indem sie behaupteten, dass es unfair sei, sie für die finanzielle Leistung der SGE verantwortlich zu machen, solange diese von Ausgaben (der Rechnung des SSC für die erbrachten Dienstleistungen) abhing, über die sie keine Kontrolle hatten. Diese Einwände halfen ihnen wenig. Die Aussicht auf Kosteneinsparungen zählte mehr als das Risiko einer eingeschränkten SGE-Autonomie. Aber die aufgebrachten Bereichsleiter hatten natürlich Recht. Die einstige Isolation der SGE verlor ihre Aktualität.

Der zweite Angriff auf die SGEs geschah in Reaktion auf die zunehmende Forderung der Kunden nach Einfachheit. Wenn die SGE-Struktur die interne Unternehmensführung vereinfachte, dann verkomplizierte sie gleichzeitig das Leben der Kunden. Nehmen wir beispielsweise an, ein Einzelhändler kauft bei einem diversifizierten Konsumgüterhersteller ein, der aus einzelnen, auf die verschiedenen Produktkategorien spezialisierten SGEs besteht. Der Einzelhändler muss mit jeder SGE einzeln verhandeln. Das bedeutet separate Bestellungen, Lieferungen und Rechnungen – kurz, eine massive zusätzliche Arbeitsbelastung. In einer Zeit, als die Einzelhändler relativ machtlos waren, mussten sie sich damit abfinden. Aber in der Customer Economy können die Einzelhändler darauf bestehen, dass ein SGE-Unternehmen ihnen ein einheitliches Gesicht präsentiert.

Zu diesem Zweck erwogen einige Unternehmen, ihre Geschäftseinheiten um Kunden oder Märkte statt um Produkte herum zu strukturieren. Anstatt dass sich eine Einheit auf Snack Food, eine zweite auf Käse und eine dritte auf Fleischprodukte konzentrierte, betreute eine Einheit die Großkaufhäuser, eine zweite die Großhändler und eine dritte die Einzelhändler und so weiter. Aber das ist nicht realistisch. Damit jede Einheit als echte abgeschlossene SGE operieren könnte, müsste sie all ihre Produkte selbst entwickeln und herstellen. Das würde enorme Redundanzen und keine Größenvorteile in Bereichen wie Forschung, Herstellung und Beschaffung bringen.

Ein praktiablerer Ansatz wurde in Kapitel 2 diskutiert: Man schaffe kundenorientierte Betreuungsteams, die zahlreiche SGEs repräsentieren. Ein Team kann entweder ausschließlich aus Verkäufern bestehen oder es kann Kundenservicevertreter, Logistik-spezialisten und andere enthalten, die ebenfalls mit dem Kunden interagieren. Diese Teams bieten dem Kunden eine einheitliche Schnittstelle zu allen SGEs des Unternehmens. Aber während dieser Ansatz viel dazu beiträgt, das Problem des Kunden zu lösen, hat er gleichzeitig die unbeabsichtigte Nebenfolge, die scharfen Ränder der SGEs aufzuweichen. Der Leiter der SGE kann seinen Handelsvertretern nicht länger vorschreiben, sich ausschließlich auf die Produkte und Ziele der SGE zu konzentrieren. Die Vertreter sind jetzt Mitglieder eines Teams, das die Ziele der verschiedenen SGEs gegen diejenigen des Gesamtunternehmens abwägen muss. Manchmal muss ein Kundenbetreuungsteam möglicherweise die Interessen einer SGE hintanstellen (beispielsweise, indem es deren Produkte stark unter Preis anbietet), um dem Kunden ein größeres Gesamtgeschäft für das Unternehmen zu entlocken. Das ist eine entscheidende Abkehr vom traditionellen SGE-Modell.

Der dritte Riss im Schutzmantel der SGEs hat mit der Prozessstandardisierung zu tun. Lassen Sie uns noch einmal einen Blick auf die Bemühungen von Duke Power zur termingerechten Bereitstellung von Stromanschlüssen (Kapitel 4) werfen. Duke Power ist nach geografischen Regionen strukturiert, die zusammen das Servicegebiet des Unternehmens in North Carolina und South Carolina abdecken. Früher war im Prinzip jede Region eine SGE. Jeder regionale Vice President war dafür verantwortlich, bestimmte finanzielle Ziele zu erreichen, und verfügte über die dafür erforderlichen Mitarbeiter und Ressourcen. Innerhalb dieses Auftrags waren die Vice Presidents so gut wie autonom. Kooperation zwischen ihnen war selten. Da sie fast ausschließlich mit Kunden aus ihrer Region zu tun hatten, gab es wenig Grund für eine Kommunikation untereinander.

Als die Topmanager von Duke Power sich dazu entschlossen, die Leistung des Installationsprozesses zu verbessern, mussten sie entscheiden, ob sie die Methode quer durch das Unternehmen standardisieren oder ob sie jeder Region erlauben wollten, ihre eigene Version zu implementieren. Hätten die Regionen und ihre

Kunden deutliche Unterschiede aufgewiesen, wären möglicherweise spezifische Installationsprozesse erforderlich gewesen. Da dies jedoch nicht der Fall war – Sie legen einen Stromanschluss in North Carolina nicht anders als in South Carolina –, beschloss das Unternehmen, dass es nur einen Prozess benötigte.

Dazu ernannte das Unternehmen einen einzigen Prozesseigentümer, dessen Aufgabe es war, einen standardisierten Prozess für das ganze Unternehmen zu entwerfen. Dieser Prozesseigentümer und die Eigentümer aller übrigen Unternehmensprozesse wurden mit den regionalen Vice Presidents auf eine Ebene gestellt, und alle unterstanden gleichermaßen dem Unternehmenschef. Auf diese Weise wurde die Kontrolle der Arbeit von der Kontrolle der Mitarbeiter, die sie ausführen, getrennt. Die Prozesseigentümer entwerfen die Prozesse, und die regionalen Vice Presidents sind dafür verantwortlich, dass sie ausgeführt werden. Was zuvor eine uneingeschränkte regionale Autorität war, wurde aufgeteilt, sodass ein Teil der Verantwortung zum Prozesseigentümer wechselte, während ein anderer Teil beim regionalen Vice President verblieb.

Diesen drei Phänomenen – Shared Services Centers, ein einheitliches Gesicht gegenüber dem Kunden und Prozessstandardisierung – ist gemeinsam, dass sie auf die Sinnlosigkeit des Versuchs hinweisen, Unternehmen in unabhängige SGEs aufzuteilen. Die Welt ist nicht eindimensional, und die Unternehmen sind keine Diamanten, die sich entlang glatter Facetten in eigenständige Komponenten zerlegen lassen. Es ist unmöglich, ein Unternehmen sauber in SGEs zu zerlegen, die unabhängig voneinander operieren können. In der heutigen Welt werden zwei »unabhängige« Geschäftseinheiten unweigerlich überlappen, gemeinsame Kunden, Produktlinien, Unterstützungsaktivitäten oder Front-Office-Prozesse haben. In einer mehrdimensionalen Welt ist die autonome SGE eine Fiktion. Wenn wir das ignorieren, riskieren wir höhere Kosten und unzufriedene Kunden – und beides ist nicht länger akzeptabel.

Die Lösung für das strukturelle Problem besteht jedoch nicht in mehr Struktur, sondern in einer Antistruktur. Der Niedergang der SGE ist gleichzeitig das Ende des Primats der Organisations-struktur. Nichts weniger als die Existenz wohl definierter Organisationsgrenzen wird hier infrage gestellt und damit gleichzeitig die Autonomie des Managers und die Bedeutung des Organisationsplans.

Dieser Gedanke wird viele Executives, die unter der weit verbreiteten Seuche der »Strukturitis« leiden, einigermaßen schockieren. Das primäre Symptom dieses Syndroms ist die Neigung, als erste Lösung für jedes Geschäftsproblem einen neuen Organisationsplan zu erstellen. Einige Unternehmen finden die Übung der Umbildung der Unternehmensspitze, wobei jeder einen neuen Bereich zugewiesen bekommt, so heilsam, dass sie sie regelmäßig, sogar jährlich (oder noch häufiger) veranstalten. Viele gehen die periodischen Umbesetzungen mit dem Eifer einer Pilgerfahrt zu den Quellen irgendeines religiösen Glaubens an. In Unternehmen, die an Strukturitis leiden, ist der Organisationsplan ein Thema von unendlicher Faszination und Gegenstand großer Verehrung.

Natürlich bringen diese periodischen Reorganisationen in der Regel wenig, weil sie die Wurzel der meisten realen Geschäftsprobleme unberücksichtigt lassen. Häufig sind die Reorganisationen lediglich Ersatz für tiefere strategische Überlegungen, disziplinierte Leistungsverbesserung und substanziellen Wandel.

Es ist Zeit, dass sich die Manager weniger um Organisationsstrukturen und Organisationspläne als vielmehr um den Einsatz ihrer Ressourcen zum Nutzen der Kunden Gedanken machen. Dass ein Unternehmen insgesamt in unabhängige Einheiten zerlegt werden könnte, ist eine veraltete Vorstellung. An ihre Stelle tritt heute eine viel subtilere und komplexere Struktur, in der kein Manager vollständige Unabhängigkeit genießt; vielmehr kooperieren die Führungskräfte zum kollektiven Nutzen des gesamten Unternehmens.

Um zu sehen, wie das funktioniert, wollen wir uns wieder Duke Power zuwenden, wo weder der Prozesseigentümer noch der regionale Chef komplette Autonomie genießt. Ersterer kontrolliert den Prozessplan, Letzterer die Mitarbeiter, die ihn ausführen. Diese Aufteilung der Zuständigkeiten erfordert eine außergewöhnliche Kooperation zwischen den Prozesseigentümern und den regionalen Chefs. Der Prozesseigentümer muss bei der Gestaltung des Prozesses die Fähigkeiten der regionalen Belegschaften berücksichtigen, während der regionale Chef bei der Auswahl seiner Mitarbeiter die Erfordernisse des Prozesses beachten muss. Keiner kann zum anderen sagen: »Mach's auf meine Weise.« Wenn einer versucht, die totale Kontrolle an sich zu reißen oder die Zuständigkeiten des anderen zu usurpieren, scheitert das ganze Unternehmen. Duke hat keine Hierarchie mit klaren Autoritätslinien; vielmehr schwimmen seine Executives in einem Kontinuum gemeinsamer Verantwortung. Wenn der Prozesseigentümer und der regionale Chef gut zusammenarbeiten, sind beide erfolgreich; andernfalls scheitern sie beide.

Diejenigen, die immer noch der Klarheit der traditionellen Strukturen anhängen, mögen fragen: Wem ist ein Mitarbeiter, der in einer bestimmten Region einen Prozess ausführt, unterstellt, dem Prozesseigentümer oder dem regionalen Chef? Wie ich in Kapitel 4 sagte, habe ich diese Frage etlichen höheren Führungskräften von Duke Power gestellt, die bezeichnenderweise stets dieselbe Antwort geben: »Das spielt keine Rolle.« Das liegt daran, dass der Prozesseigentümer und der regionale Chef identische Ziele haben. Beide werden nach den zentralen Messkriterien bewertet und belohnt, die das Unternehmen in seinem Gameplan identifizierte, den wir in Kapitel 6 vorstellten. Beide werden danach bewertet, wie gut die regionalen Mitarbeiter die Prozesse ausführen und wie gut das Unternehmen finanziell dasteht.

Duke Power ist dafür bekannt, dass es die Konflikte minimierte, die durch abweichende und inkongruente Ziele hervorgerufen werden. Anstatt dass der Prozesseigentümer sich auf die Prozessleistung und der regionale Chef auf die Profitabilität der Region konzentriert, sind beide an beiden Kriterien interessiert und deshalb motiviert zusammenzuarbeiten, um diese gemeinsamen Kriterien zu verbessern. Daher spielt es keine Rolle, auf wessen Anordnungen jemand, der den Prozess ausführt, hört; er wird von beiden Quellen dieselbe Anleitung und dieselben Imperative bekommen.

Manchen mag die Struktur von Duke Power an die berühmt-berüchtigte Matrixorganisation erinnern. Die Idee der Matrix entstand in den siebziger Jahren als früher Versuch, einem Unternehmen die Fähigkeit zu verleihen, sich auf viele Dinge zugleich zu konzentrieren. In Matrixorganisationen konnte ein Mitarbeiter zwei oder drei Manager haben. Ein in Kalifornien arbeitender Ingenieur war möglicherweise gleichzeitig dem Manager der Technikabteilung, dem Manager der Region Kalifornien und dem Manager für die Produktlinie, für die er tätig war, unterstellt. Das fatale Manko der Matrix war, dass diese Manager in der Regel divergierende Ziele hatten. Sie hatten scharf getrennte Zuständigkeiten und wurden nach unterschiedlichen Kriterien bewertet, sodass sie sich unweigerlich auf ihre jeweiligen eng begrenzten Gebiete konzentrierten – nur auf die Produktivität der Ingenieurstätigkeit, auf die Kosten der regionalen Einheit oder auf den Erfolg der Produktlinie. Jeder verfolgte eine eng gefasste Agenda, häufig auf Kosten anderer Aspekte und so gut wie ohne Rücksicht auf die Leistung des Gesamtunternehmens. In diesem System war jeder, der zwei oder drei Managern unterstellt war, einem endlosen Tauziehen ausgeliefert und verschwendete kostbare Zeit und Energie auf die Entscheidung, wessen Wünschen der Vorrang gebührte. Die unvermeidlichen Intrigen waren unerträglich. Die Struktur von Duke Power umgeht dieses Problem, indem sie alle Beteiligten um ein gemeinsames Ziel herum gruppiert.

Bei Duke Power ist Kooperation nicht nur zwischen Prozesseigentümern und regionalen Chefs erforderlich. Die Prozesseigentümer arbeiten zudem eng zusammen, denn die Prozesse sind keine separaten Inseln. Auch sie überlappen, denn dieselben Mitarbeiter sind häufig in mehreren Prozessen gleichzeitig involviert. Beispielsweise führen dieselben Außendienstmitarbeiter die Prozesse der Installation und der Wartung von Stromanschlüssen durch. Anfangs führte diese Überlappung zu Konflikten. Beide Prozesseigentümer versuchten die regionalen Chefs zu überreden, ihrem Prozess mehr Mitarbeiter zuzuweisen.

Nach kurzer Zeit stellten jedoch die zwei Prozesseigentümer fest, dass dieser Konflikt für sie beide nachteilig war, und sie vereinbarten ein neues Arrangement. Sie erkannten, dass ihre Arbeit saisonalen Schwankungen unterworfen ist. Dementsprechend wurden einige Mitarbeiter den einzelnen Prozessen fest zugewiesen, damit wichtige Arbeiten stets ohne Verzögerung ausgeführt werden konnten; die Übrigen jedoch bildeten ein Reservoir von Kräften, die für beide Prozesse zur Verfügung standen. Der Eigentümer des Wartungsprozesses erklärte sich dazu bereit, Routinewartungseinsätze nach Möglichkeit auf Frühjahr und Herbst zu verlegen, um Installationskapazität für den Sommer freizumachen, wenn die Nachfrage danach am höchsten war. Dukes gemeinsame Ziele ermunterten diese beiden Prozesseigentümer, die Mauern um ihre unabhängigen Zuständigkeitsbereiche einzureißen. Die Macht des wechselseitigen Nutzens machte ihre Zusammenarbeit nicht nur vorteilhaft, sondern unvermeidlich.

Bei Duke Power ist die Zeit der wohl definierten Fürstentümer, die von autonomen Managern geführt werden, vorbei. Das heißt aber nicht, dass die Anpassung an diese neue Verfahrensweise einfach war. Für Dukes Manager, die sich über lange Zeit an ihre stolze Unabhängigkeit gewöhnt hatten, bedeutete die Zusammenarbeit einen tiefen Wandel. Zusammenarbeit zur Verfolgung gemeinsamer Ziele ist nicht gerade etwas, was unsere traditionellen Organisationen in ihren Managern entwickeln oder fördern. Anfangs verhielten sich die Prozesseigentümer und die regionalen Chefs instinktiv mehr wie Rivalen als wie Partner. Das Problem wurde erst gelöst, als sich alle Manager zusammensetzten und eine Art Konstitution für die kooperative Entscheidungsfindung erarbeiteten. Dieses Dokument, die so genannte Decision Rights Matrix, spezifizierte die Rollen, die die verschiedenen Manager spielen sollten, wenn diverse größere Entscheidungen anstanden, wie beispielsweise die Veränderung eines Prozessplans, die Einstellung von Mitarbeitern oder die Festlegung eines Budgets. Sie legte im Einzelnen fest, welche Manager die Entscheidung letztlich zu treffen hatten, welche vorher konsultiert und welche hinterher informiert werden mussten.

Die Decision Rights Matrix wurde praktisch zur Orientierungskarte für die Zusammenarbeit der Manager in diesem

Unternehmen. Nachdem die Matrix einmal entwickelt war, stellten die Manager fest, dass sie selten darauf zurückgreifen mussten. Der Prozess ihrer Erstellung hatte bewirkt, dass sie von allen verinnerlicht und der neue Managementstil allen näher gebracht worden war. Die Klarheit des Dokuments vermittelte den Managern eine konkrete Vorstellung davon, wie die neue Organisation funktionieren sollte.

Dieser Stil des kooperativen Managements spiegelt die Teamarbeit wider, die mittlerweile unter den Beschäftigten zur Norm geworden ist. Und dasselbe kann natürlich von den Executives erwartet werden. Es wäre Heuchelei, wenn die Führungskräfte von ihren Beschäftigten etwas verlangten, wozu sie selbst nicht bereit sind. Aber um der Autonomie der Manager ein Ende zu setzen, braucht es mehr, als dass die Manager in gelegentlichen Projektteams zusammenarbeiten. Bei Duke Power ist Zusammenarbeit der Kern der Managertätigkeit, nicht eine gelegentliche Ausnahme.

Im Rückblick betrachtet bedeuteten die Shared Services Centers das einheitliche Gesicht gegenüber dem Kunden und der Prozess der Standardisierung den Beginn vom Ende der traditionellen Sichtweise vom Unternehmen als klar strukturierter Organisation mit hochgradig autonomen Managern. Aber dieser Wandel ist noch nicht abgeschlossen. Diese drei Phänomene beginnen sich gegenseitig zu verstärken, mit der Folge, dass die Strukturen in vielen Organisationen immer loser werden. Einige Unternehmen gehen so weit, im Interesse eines einheitlichen Gesichts gegenüber dem Kunden Prozessstandardisierung und Shared Services zu kombinieren. Das heißt, sobald ein Unternehmen beschließt, dass ein Prozess in allen Unternehmenseinheiten in derselben Weise und unter der Ägide eines einzigen Prozesseigentümers ausgeführt werden soll, ist es nur ein kleiner Schritt, die Mitarbeiter, die diesen Prozess ausführen, aus den betreffenden Einheiten herauszulösen und in so etwas wie einem Shared Services Center für nicht administrative Arbeiten zusammenzuführen.

Solches geschah bei einem größeren Hersteller von Baubedarf. In der Vergangenheit war das Unternehmen in konventionelle unabhängige Geschäftseinheiten aufgeteilt, jede mit einer eigenen

Produktlinie wie beispielsweise Isoliermaterial oder Dachdecker-bedarf. Jede Einheit hatte ihren eigenen General Manager, dessen Aufgabe es war, den Profit seines Bereichs zu optimieren, unabhängig davon, wie gut oder schlecht die übrigen Einheiten abschnitten. Aber dieses System begann zu bröckeln, als neue Großkunden wie Home Depot und andere überregionale Baumärkte, die nicht einsahen, warum sie die Folgen der Fragmentierung des Herstellers ausbaden sollten, die Bildfläche betraten. Der Hersteller reagierte darauf, indem er die Leistung des Auftragserfüllungsprozesses (Bestellannahme, Warenversand, Prüfung des Zahlungseingangs und so weiter) den produktbasierten SGEs entzog, die sich daraufhin ganz auf die Produktentwicklung und -herstellung konzentrieren konnten.

Die Auftragserfüllung wurde zur Zuständigkeit dreier neuer Einheiten, jeweils einer für die wesentlichen Kundentypen des Unternehmens: große Einzelhändler wie Home Depot, große Bauunternehmer und Zwischenhändler, die die Waren an kleinere Einzelhändler weiterverkauften. Jede dieser Einheiten konnte für jedes Produkt Bestellungen entgegennehmen, sie koordinierte den Warenversand und präsentierte dem Kunden eine geschlossene Rechnung.

Heute werden Sie bei diesem Hersteller nur noch wenige Überreste des konventionellen Modells der unabhängigen Geschäftseinheiten finden. Die Produkteinheiten haben nicht alle Fähigkeiten, die eine geschlossene Geschäftseinheit ausmachen. Zwar entwickeln und fertigen sie Produkte, aber sie haben nicht mit den Kunden zu tun. Die kundennahen Einheiten bieten zwar die Schnittstelle zum Kunden, aber sie stellen selbst keine Produkte her. Das Unternehmen ist auch nicht zur funktionalen Struktur zurückgekehrt, in der die gesamte Herstellung bei einer Abteilung und das gesamte Marketing bei einer anderen angesiedelt ist. Dieses Unternehmen ist eher wie ein Epoxidkleber, der nur funktioniert, wenn seine Komponenten miteinander vermischt werden. Wenn Sie eine Kundeneinheit mit einer Produkteinheit kombinieren, erhalten Sie eine komplette Geschäftseinheit – aber nur, wenn Sie sie aufeinander einwirken lassen.

Überraschend ist bei dieser kompletten Geschäftseinheit, dass sie nirgends auf dem Organisationsplan des Unternehmens erscheint. Kein einzelner Manager ist dafür zuständig. Aber wenn die Chefs einer Produkt- und einer Kundeneinheit zusammenarbeiten, bilden sie gewissermaßen eine Legierung, das Äquivalent zum traditionellen General Manager, der für seinen Bereich verantwortlich ist. Natürlich können die Chefs der Produkt- und der Kundeneinheiten nur über eine außergewöhnlich gute Zusammenarbeit ihre unterschiedlichen Fähigkeiten übergangslos miteinander verbinden und auf diese Weise praktisch eine komplette Geschäftseinheit leiten.

Ist dieser Hersteller nach Produkten oder nach Märkten strukturiert? Die Antwort – sowohl als auch und weder noch – spiegelt die mehrdimensionale Realität der heutigen Geschäftswelt wider. Produkte, Kundensegmente, geografische Gegebenheiten und Märkte sind jeweils wichtige Facetten eines Unternehmens, ohne dass eine von ihnen die übrigen dominieren darf. Jede Aufteilung des Unternehmens entlang einer einzigen Dimension führt unweigerlich zu Widersprüchen und Redundanzen. Zwar sind Produkt- und Marktdimension gleichermaßen wichtig für einen Hersteller von Baubedarf, dennoch kann keine ohne die andere erfolgreich funktionieren. Ich möchte wiederholen, dass die soeben beschriebene Struktur keine traditionelle Matrixstruktur ist, die verschiedenen Managern mit divergierenden Prioritäten erlaubt, ihre Beschäftigten in unterschiedliche Richtungen zu ziehen. Hier haben die verschiedenen Manager zwar unterschiedliche Tätigkeitsschwerpunkte, es wird ihnen jedoch jeder denkbare Anreiz gegeben, ihre Interessen auf einen Nenner zu bringen und auf diese Weise zum Erfolg des Gesamtunternehmens beizutragen.

Innerhalb dieser Konfiguration ist die Frage, wer höher steht, unwichtig und häufig lediglich von der subjektiven Perspektive abhängig. Ein Produktchef mag der Ansicht sein, das Unternehmen sei nach Produkten strukturiert und die Vermarktungseinheiten seien lediglich von den Produkteinheiten gemeinsam genutzte Vertriebskanäle. Die Chefs der Vermarktungseinheiten denken möglicherweise das Gegenteil. Wer ist der Nutznießer? Wer ist der Nutzbringer? Wen interessiert das?

Mit der Neubewertung der Grenzen zwischen den Einheiten geht eine Neubewertung der Verantwortlichkeit für Gewinn und Verlust einher, die in der Vergangenheit bei den Chefs der SGEs lag. Jetzt muss diese Verantwortlichkeit breiter verteilt werden. Jede Vermarktungseinheit ist für die Profitabilität ihres Marktsegments verantwortlich. Jede Produkteinheit ist für die Profitabilität ihrer Produktklasse verantwortlich. Die Kosten der Produkteinheiten gehen in die Gewinn-und-Verlust-Rechnung sämtlicher Vermarktungseinheiten ein und andersherum.

In einer wichtigen Hinsicht war die feste SGE-Struktur ein Produkt der begrenzten Buchhaltungstechnik des mittleren zwanzigsten Jahrhunderts. Bis vor kurzem konnten die Unternehmen nur eine Dimension für die Gewinn-und-Verlust-Verantwortlichkeit verwenden, weil die Bilanzbücher und die frühen Computersysteme, die sie simulierten, mehr nicht zuließen. Es gab nur eine Möglichkeit, die Konten zu strukturieren, und jedermann war daran gebunden. Folglich waren allein die Chefs der SGEs für die Bilanzsumme verantwortlich.

Mit der modernen Informationstechnologie ist es jedoch möglich, den Informationskubus, wie er manchmal genannt wird, in beliebiger Weise zu zerlegen und zu sezieren. Derselbe Transaktionsvorgang, bei dem ein Produkt einem Kunden verkauft wurde, kann nach Kunden-, Produkt-, geografischen und anderen relevanten Kriterien analysiert werden. Nicht nur gibt es keine primäre Dimension für die Strukturierung einer Organisation, die Zahl der möglichen Dimensionen ist unbegrenzt. So sollte es auch sein. Um Produkte effektiv zu managen, ist es wichtig zu wissen, welche profitabel sind und welche nicht; dasselbe gilt für das effiziente Management von Märkten und Kundensegmenten. Einen Zwang, sich für die eine oder andere Organisationsstruktur zu entscheiden, gibt es nicht mehr.

Carly Fiorina hat vor kurzem Hewlett-Packard diesem Ansatz entsprechend umstrukturiert. Früher war HP ein Konglomerat von dreiundachtzig separaten Einheiten, deren jede auf eine einzige Produktlinie spezialisiert war. Fiorina hat diese Einheiten in drei Produkterzeugungseinheiten neu gruppiert, deren jede für die Erzeugung einer breiten Produktkategorie, wie beispielsweise Computer oder Druckersysteme, verantwortlich ist, sowie in zwei kundennahe Organisationen, eine für Geschäfts- und eine für Privatkunden. (Es gibt auch eine Serviceeinheit mit Eigenschaften sowohl einer produktseitigen als auch einer kundenseitigen Organisation.) Die Verantwortung für Gewinn und Verlust wird jetzt gemeinsam getragen. Die kundenseitigen und die produktseitigen Organisationen haben gemeinsame Ziele und Bewertungskriterien, um sicherzustellen, dass sie den gleichen Anreiz haben, Resultate zu liefern.

Wie im Fall von Duke Power muss der Betrieb einer solchen Organisation auf Zusammenarbeit und Konsens statt auf Befehl und Dekret beruhen. Die verschiedenen Vermarktungseinheiten geben ihren Produktbedarf an die Produkteinheiten weiter, die potenzielle Konflikte umschiffen und Produkte herstellen, die einer möglichst breiten Palette von Kundenwünschen gerecht werden. Umgekehrt teilen die Produkteinheiten ihre Wünsche den Vermarktungseinheiten mit, die entsprechende Kundenprozesse entwerfen, um für die verschiedenen Produkte Nachfrage zu schaffen. In diesem Umfeld werden die Weisungsbeziehungen unklar und im Wesentlichen irrelevant. Wenn einer, der in der Auftragserfüllung arbeitet, gefragt wird, ob er für eine Produktlinie oder für ein Kundensegment arbeitet, wird er wahrscheinlich mit einem Schulterzucken reagieren. Welche Rolle spielt das?

Anstelle des konventionellen allmächtigen SGE-Managers wird in dieser Art von Unternehmen der Manager der Einheit zu einer Art Anwalt für die Belange der Einheit. Der Leiter einer Vermarktungseinheit betreibt Lobby für sein Marktsegment, ein Produktmanager für seine Produkte. Die verschiedenen Anwälte verhandeln und entwerfen Pläne, die die Beschäftigten anschließend befolgen.

Für diese kooperative Arbeitsweise gibt es interessanterweise einen Vorläufer in der konventionellen Rolle des Produktmanagers, der in einem Fertigungsunternehmen alle Ressourcen zusammenbringt, die erforderlich sind, um den Erfolg eines Produkts sicherzustellen, ohne dass er die Kontrolle über sie hat. Und dennoch hätte der Produktmanager der Vergangenheit den traditionellen Chef einer eigenständigen SGE über sich gehabt. Jetzt haben auch die Manager der Betriebseinheiten dieselbe flexible Basis wie die traditionellen Produktmanager.

Diese neue Art von Nichtstruktur erfordert einen anderen Managertyp mit neuartigen Fähigkeiten. Ein Executive von Duke Power, der seine Positionen vor und nach der Umstellung verglich, meinte, sie unterschieden sich wie Tag und Nacht. Ein anderer sagte, die drei wichtigsten Erfordernisse für seinen neuen Job seien »Überzeugungskraft, Überzeugungskraft und nochmal Überzeugungskraft«. Seitdem es weder strikte Hierarchien noch absolute Autorität gibt, können die Manager nur etwas erreichen, wenn sie mit anderen zusammenarbeiten, nicht jedoch mit Befehlen.

Die traditionelle Managerrolle verlieh jedem Autorität und Macht, der sie zufällig gerade ausfüllte. Diese Zeiten sind vorbei. Heute sind die Managerrollen nur das, was ihre Inhaber aus ihnen machen. Solange die Manager energische Vertreter ihrer Schützlinge und gleichzeitig effektive Teamspieler sind, werden sie selbst und ihre Unternehmen Erfolg haben. Wenn nicht, dann werden sie auf den Zuschauerbänken des Geschäftslebens Platz nehmen müssen. Die Manager können sich nicht länger auf die Krücke der durch ihre Position verliehenen Autorität stützen; sie müssen selbst gehen und managen.

Diese neue Art von Organisation ist zugleich strukturiert und unstrukturiert. Sie ist außerordentlich flexibel und empfänglich für neue Anforderungen, und sie erfordert sehr wenig Überbau, um effektiv zu funktionieren. Ihre Stärke ist jedoch zugleich ihre Schwäche. Das Fehlen scharf abgegrenzter Bereiche und eindeutiger Kontrollstrukturen fördert ein Umfeld mit wenig Klarheit und viel Unbestimmtheit. In einer amorphen, fließenden Organisation, in der verschiedene Manager unterschiedliche Schwerpunkte repräsentieren, aber niemand die absolute Kontrolle hat, ist es sehr leicht, in Konflikte und endlose Diskussionen abzuglei-

175

ten. Was passiert beispielsweise, wenn zwei verschiedene Märkte divergierende Anforderungen an eine Produkteinheit stellen? Oder wenn zwei Prozesseigentümer jeweils zusätzliche Ressourcen benötigen, um ihre Arbeit tun zu können? Solche Fragen, die sich in der alten autoritären Struktur leicht lösen ließen, können sich in der neuen egalitären Struktur paralysierend auswirken. Die Gefahr eines strukturlosen Umfelds besteht darin, dass jeder so lange für seine Anliegen Lobby betreiben kann, bis nichts mehr geht.

Es sollte klar sein, dass gemeinsame Bewertungskriterien und Ziele die Voraussetzung für den kooperativen Arbeitsstil sind, der nötig ist, um diese Gefahren zu vermeiden. Solange die Beteiligten unterschiedliche Ziele verfolgen, werden sie sich durch nichts überreden lassen, ihre Ziele zugunsten der Ziele eines anderen aufzugeben. Nur wenn sich die Beteiligten zusammentun, um übergreifende Ziele zu verfolgen, die ihre engen Bereiche übersteigen, werden sich die separaten Dimensionen einer Organisation zu einem Ganzen zusammenfügen. Aber gemeinsame Bewertungsmaßstäbe und Ziele sind nicht genug.

Ohne Zweifel ist die wichtigste Voraussetzung dafür, dass eine solche strukturlose Organisation funktioniert, eine dynamische und starke Führungspersönlichkeit an der Spitze des Unternehmens. Strukturlos bedeutet nicht führungslos. Im Gegenteil: Eine echte Führungsperson, nicht ein Bürokrat oder ein Diktator, ist die absolute Voraussetzung dafür, dass ein Unternehmen von der Macht der strukturellen Unbestimmtheit profitieren kann. Ein starker Unternehmenschef sorgt durch die Kraft seiner Persönlichkeit und seiner Vision für den Zusammenhalt, den andernfalls die formale Struktur liefern würde. Eine solche Führungsperson verkörpert eine zwingende Vision vom Unternehmen, die alle Mitglieder des Managementteams auf die größeren Ziele des Unternehmens ausrichtet. Es ist diese Führungsperson, die aus einer bunten Ansammlung von Managern mit unterschiedlichen Orientierungen ein einheitliches Team formt.

Diese Art von Führungsrolle ist ein neuartiges Phänomen. In der anbieterdominierten Wirtschaft konnten sich die Unternehmen treiben lassen, und ihre Topmanager konnten es sich leisten, sich als Verwalter und Aufseher zu begreifen. Das ist vorbei. In der Customer Economy wird eine von einem traditionellen Manager »geführte« Organisation an den Nähten reißen. Nur eine Organisation ohne Nähte kann den Erschütterungen standhalten, denen es in Zukunft ausgesetzt sein wird. Der Unternehmensführer von heute muss sein Unternehmen zusammenhalten, weil kein anderer es für ihn tun wird. Der Niedergang der SGE muss seine Entsprechung finden im Aufstieg des inspirierten und charismatischen Unternehmensführers.

Auch wenn ich den jungen Eltern etwas anderes erzähle, so ist das Managerverhalten doch angelernt und nicht angeboren. Selbst für die existierenden Managerkader ist es nicht zu spät, diesen neuen Managementstil zu erlernen. Vielleicht stellen sie sogar fest, dass der persönliche Lohn – die Kameraderie und der *Esprit*, die aus der gemeinsamen Zielvorstellung folgen – die Mühen der Umstellung mehr als aufwiegen. Wir wollen es hoffen. Andernfalls sollten wir uns einmal eingehend mit den Lehrern unserer Drittklässler unterhalten.

Agenda Punkt 6

Beenden Sie die Tyrannei des Organisationsplans:

- Verabschieden Sie sich von der Vorstellung scharf definierter Geschäftseinheiten mit autonomen Managern.
- Definieren Sie Manager als die Interessenvertreter von Märkten, Produkten und Prozessen, nicht als deren unumschränkte Herrscher.
- Machen Sie Teamarbeit und Kooperation unter Managern zur Regel statt zur Ausnahme.
- Erziehen Sie Ihre Manager dazu, dass sie den Erfordernissen des Gesamtunternehmens höchste Priorität einräumen.
- Untermauern Sie mit Belohnungen das Primat der Gruppe über das Individuum.
- Ersetzen Sie formale Struktur durch inspirierte Führung.

8 Konzentrieren Sie sich auf den Endkunden

Verwandeln Sie Vertriebsketten in Vertriebsgemeinschaften

Wissen Sie, wer Ihre Kunden sind?

Es klingt fast wie eine Selbstverständlichkeit, dass in einer Customer Economy jedes Unternehmen seine Kunden kennen und verstehen und starke Beziehungen zu ihnen haben sollte. Aber in sehr vielen Branchen ist das nicht der Fall, einfach deshalb, weil die Unternehmen keine Vorstellung haben, wer ihre Kunden sind. Der Grund ist, dass sie von ihren wahren Kunden – den Menschen und Unternehmen, die von ihren Produkten und Dienstleistungen Gebrauch machen – durch ihre Vertriebsketten (oder -kanäle) abgeschirmt sind: Großhändler, Regionalvertreter, Einzelhändler, Zwischenhändler und etliche andere Zwischeninstanzen.

Einige Unternehmen verkaufen direkt an ihre Kunden. Boeing verkauft direkt an Fluggesellschaften, Stahlproduzenten verkaufen an Autohersteller, Kreditbanken an Hausbesitzer. Aber die allermeisten Produkte und Dienstleistungen erreichen ihr Bestimmungsziel erst, nachdem sie eine oder mehrere Zwischeninstanzen durchlaufen haben, deren Rolle im Kaufen und Verkaufen besteht. Von Konsumgütern bis zu gewerblichen Maschinen überbrücken die Vertriebskanäle die Lücke zwischen den Herstellern des Produkts und seinen letztendlichen Käufern. Gleichzeitig trennen sie die beiden jedoch.

Vertriebskanäle bilden einen Schirm, der wenig Informationen durchlässt. Auf der einen Seite sitzt der Produkthersteller, der alles über seine Produkte und herzlich wenig über seine Kunden weiß; auf der anderen sind die Zwischenhändler, die genau das Entgegengesetzte wissen. Wenn die Informationen den Kanal nicht passieren können, leidet jeder darunter.

Kapitel 3 untersuchte, wie Trane, der Hersteller von Air-Conditioning-Geräten, sich von einem Gerätehersteller in einen Anbieter komfortabler Gebäude verwandelte. Dort konzentrierten wir uns auf denjenigen Teil von Trane, der Komponenten für große Systeme für große Gebäude herstellt. Ein anderer Teil von Trane verkauft kleinere Einheiten an Eigentümer kleinerer Gebäude wie Häuser und kleine Unternehmen. Die Kunden kaufen sowohl neue Trane-Geräte als auch Ersatzteile für Geräte, die sie bereits besitzen. Aber Trane selbst hat bei den Ersatzteilen für die eigenen Geräte nur einen kleinen Marktanteil. Warum? Weil das Unternehmen kaum eine Vorstellung davon hat, wer seine Geräte besitzt und wann diese Kunden Teile kaufen. Es erreicht seine Kunden nur über ein Netz von Händlern und Bauunternehmern. Die Besitzer von Trane-Geräten kaufen zumeist von Händlern generische Versionen von Trane-Teilen, und Trane hat keine Möglichkeit, ihnen dies auszureden. Das Problem betrifft nicht nur Trane. Es ist in vielen Branchen, von Autos bis zu Elektronik, weit verbreitet.

Andererseits können Tranes Vertragshändler und Bauunternehmer Probleme bekommen, wenn sie die aktuellen Informationen zu Tranes Produkten verspätet bekommen. Die Hochglanzbroschüren und CD-ROMs, mit denen die Unternehmen ihre Vertriebskanäle heutzutage auf dem Laufenden halten, sind in der Herstellung aufwändig und deshalb anfällig für Verzögerungen. Die Vertragspartner von Trane wissen darum häufig über die neuesten Angebote des Unternehmens nicht ausreichend Bescheid, um sie ihren Kunden so ohne weiteres empfehlen zu können; für die Erstellung eines Angebots müssen sie sich durch Stapel von Broschüren und CD-ROMs hindurcharbeiten, um die richtigen Produktdaten und Preisinformationen zu bekommen, was die Kosten steigert und die Fehlerwahrscheinlichkeit erhöht.

Traditionelle Vertriebssysteme sind zudem ineffizient und mit unnötigen Kosten überladen. Schließlich wird dasselbe Produkt auf seinem Weg durch den Vertriebskanal mehrere Male verkauft, und jede dieser Transaktionen erhöht die Kosten, nicht aber den Wert des Produkts. Ein Air-Conditioning-Gerät wird nicht dadurch besser, dass es vom Hersteller an den Zwischenhändler und vom Zwischenhändler an den Installateur verkauft wurde. Vertriebssysteme erzeugen außerdem große Lagerbestände. Die Zwischenhändler wissen nie, was die Kunden bestellen werden oder wie lange der Hersteller brauchen wird, um auf eine Lieferanfrage zu reagieren, und unterhalten entsprechend große Lager.

Betrachten wir beispielsweise jenen Bereich der Lebensmittelproduktion, der als Trockenwaren bezeichnet wird – im Prinzip die verpackten Waren in den zentralen Supermarktregalen. Im Durchschnitt liegen zwischen dem Augenblick, an dem diese Produkte die Produktionsbänder der Hersteller verlassen, und dem Augenblick, an dem der Kunde sie aus dem Regal nimmt, mehr als einhundert Tage. Das sind über drei Monate. Das Problem sind nicht langsame Lastwagen, viel eher schon die vielen Hände, durch die die Produkte gehen: Mehr als vierzig Prozent aller Nahrungsmittelprodukte legen zwischen dem Hersteller und dem Ladenregal mindestens zwei Zwischenstopps ein. Jedes Mal muss das Produkt abgeladen, gelagert, wieder aus dem Lager geholt und aufgeladen werden. Der Gesamtwert der im Rahmen dieses Vertriebssystems in Lagern verweilenden Produkte übersteigt hundert Milliarden US-Dollar.

Diese Probleme sind nicht neu – sie sind aus mehrstufigen Vertriebskanälen gar nicht wegzudenken. Neu ist, dass sie nicht länger hinnehmbar sind. In jenen Tagen, als die Kunden schwach und machtlos waren, war dieses System hinnehmbar. Die Kunden mussten sich mit den zusätzlichen Kosten, den Verzögerungen und der schlechten Leistung abfinden. Heute sind sie dazu nicht mehr bereit. Ein Unternehmen, das die mächtigen Kunden von heute über traditionelle Vertriebskanäle erreichen will, ist wie ein Chirurg, der mit dicken Winterhandschuhen zu operieren versucht.

Die Unternehmen erkennen mittlerweile, dass sie dem Endkunden näher kommen müssen, um ihn an sich zu binden, ihm höherwertige (up-sell) und verwandte (cross-sell) Produkte zu

verkaufen und sich die Möglichkeit zu verschaffen, bei Folgeverkäufen höhere Margen zu erzielen. Sie müssen dem Endkunden
näher kommen, um ihn rasch und genau bedienen zu können. Sie
müssen dem Endkunden näher kommen, um die durch die bestehenden Kanäle verursachten gewaltigen Kosten und Ineffizienzen, Redundanzen und riesigen Lagerbestände zu vermeiden. So
viel haben die Unternehmen begriffen. Sie wissen jedoch nicht,
wie sie dies anstellen sollen.

Unglücklicherweise haben sich viele Unternehmen in den letzten Jahren des zwanzigsten Jahrhunderts von einem Sirenenruf
irreleiten lassen, der sie erst recht in die Misere brachte: Disintermediation. In seinem Kern bedeutet Disintermediation einfach
die Ausschaltung von Zwischeninstanzen, jenen Vermittlern, die
die Brücke schlagen zwischen Unternehmen und Kunden, sodass
beide miteinander ins Geschäft kommen können. Durch Disintermediation, so lautete die Theorie, könnten Kosten eingespart, der
Service verbessert und die Lagerbestände vermindert werden, auf
dass alle glücklich wären – bis auf die jetzt überflüssigen Zwischenhändler. Das wundersame Werkzeug, das die Disintermediation ermöglichen und die Zwischenhändler in die niederen
Regionen verbannen sollte, war, natürlich, das Internet.

Der Begriff *Disintermediation* fand erstmals Eingang in die
Wirtschaftslexika während der Revolution der Finanzdienstleistungen im Gefolge des außergewöhnlich hohen Zinsniveaus der
siebziger Jahre. Davor pflegten die Kunden ihr Geld auf Sparkonten zu legen, die von den Banken genutzt wurden, um in Kredite
und Geldmarktinstrumente zu investieren. Als klassische Vermittlerinstanzen zahlten sie minimale Zinsen für das Recht, mit dem
Geld der Sparer zu arbeiten. Angesichts von Inflation und höheren Zinssätzen entdeckten die Verbraucher jedoch die Vorteile
von Geldmarktfonds, die ihnen erlaubten, unmittelbar in dieselben Instrumente zu investieren wie die Banken. Auf der Unternehmensebene wiederum begannen große Kreditsuchende, die Banken zu umgehen und sich unmittelbar auf dem Wertpapiermarkt
nach einer Finanzierung umzusehen. Analysten verfassten damals
Jeremiaden, in denen sie den Kollaps des US-amerikanischen Ban

kensystems prognostizierten, falls sich diese Trends fortsetzten. Selbstverständlich waren die Berichte über den Bankentod, um mit Mark Twain zu sprechen, »maßlos übertrieben«. Die Banken haben als finanzielle Vermittler überlebt, indem sie sich anderen wertschöpfenden Dienstleistungsformen zuwandten.

Für seine Verfechter war das Internet so etwas wie der absolute Disintermediator, indem es dem Kunden erlaubte, seine Bestellung direkt an den Hersteller zu adressieren und die traditionellen Vertriebskanäle zu umgehen. Der kometenhafte Erfolg von Amazon trug trotz der Tatsache, dass es sich dabei um einen Vermittler zwischen den Verlagen und den Buchkäufern handelt, dazu bei, die Phantasien fast sämtlicher Branchen hinsichtlich der Möglichkeiten neuer Vertriebsformen zu beflügeln.

Amazon ist der prominenteste Name im B2C-Bereich (Business to Customer) des E-Commerce. Das als Onlinebuchhandlung gegründete Unternehmen bietet heute eine breite Produktpalette von Elektronik bis Musik. Auch wenn das Unternehmen bislang keine schwarzen Zahlen schreibt und auch keine Garantie besteht, dass es je dahin kommen wird, so hat es doch einen metaphorischen Status erreicht, der weit über seine Branche hinausweist. Sein Erfolg hat zu einem hübschen Neologismus geführt – dem englischen Verb *to amazon*, was so viel bedeutet wie die Eroberung einer Branche durch einen internetgewieften Wettbewerber, der sich direkt mit dem Kunden kurzschließt und so die Kosten eines Vertriebskanals umgeht. Während einiger Monate in den Jahren 1999 und 2000 machten Berater und Journalisten den Executives fast aller Branchen Angst mit der Aussicht, sie könnten »amazonisiert« werden. Um nicht nur zu überleben, sondern überdies gewitzt und modern zu erscheinen, bemühten sich viele Executives, es dem Beispiel von Amazon gleichzutun und sich der Disintermediation zu verschreiben.

Amazon bleibt etliche Antworten schuldig. Mag das Unternehmen bei der Popularisierung des elektronischen Handels auch noch so erfolgreich gewesen sein, so ist es doch auch verantwortlich für weit verbreitete Irritationen, Massenhysterie und so manches Desaster, das über etablierte Unternehmen hereinbrach, die in ihrer Furcht vor einer »Amazonisierung« unüberlegt reagierten. Wie mancher gute Wein ist Amazons einzigartiges Geschäftsmodell nicht sonderlich transportfähig. Vielleicht erklärt sich der Erfolg des Unternehmens in der Hauptsache aus der weitsichtigen Entscheidung, Bücher zur primären Ware zu machen. Im Unterschied zu vielen Konsumgütern sind Bücher in vieler Hinsicht das perfekte Produkt für den elektronischen Handel.

Die meisten Menschen treffen ihre Entscheidung zum Kauf eines Buches aufgrund einer eher bescheidenen Anzahl von Informationen: Autor, Titel, Thema, Rezensionen und die Empfehlungen anderer Leser. All diese Informationen lassen sich dem potenziellen Buchkäufer elektronisch übermitteln. Amazon vermittelt diese Informationen sogar effektiver als viele traditionelle Buchhandlungen.

Bei den meisten anderen Produkten will der Verbraucher jedoch unmittelbar einen Eindruck von dem bekommen, was er zu kaufen im Begriff ist. Das Internet ist nicht in der Lage, das sinnliche Erlebnis zu reproduzieren, das wir erwarten, bevor wir uns für den Kauf eines Sofas, eines Segelboots oder eines Anzugs entscheiden. Die meisten Menschen kaufen keinen Stuhl, ohne zuvor auf ihm Probe zu sitzen, um zu sehen, ob er ihrer Anatomie entspricht, und ohne seinen Stoff betastet und sich seine Farbe im Kontext ihres Wohnzimmers vorgestellt zu haben. Diese Dinge lassen sich auf dem Computerbildschirm nur schwer erkennen, selbst wenn dieser die Farben optimal wiedergibt.

Nicht nur lässt sich ein Buch für den Käufer leicht auswählen, auch der Versand bereitet Amazon kein Problem. Bücher sind klein und leicht und lassen sich ohne weiteres mit einem Lieferwagen transportieren. Die Kosten für die Direktanlieferung eines Sofas vom Hersteller zum Kunden hingegen sind unerschwinglich hoch, weshalb diese und andere Artikel in der Regel in einem großen Lastwagen zusammen mit anderen Sendungen zu einem in der Nähe des Kunden befindlichen Ort gebracht werden, wo die Ladung aufgesplittet wird und die Artikel die letzten Kilometer bis zu den Käufern einzeln ausgefahren werden. Wir haben einen Namen für solche Umschlagspunkte: Lager.

Das Unternehmen Amazon ist zudem in der glücklichen Lage, dass es nicht zugleich mit jedem Buch einen Vertreter ausschicken muss, der den Lesern beibringt, wie man ein Buch liest oder in ein Bücherregal stellt, und der ihnen schwierige Passagen erklärt oder eingerissene Seiten klebt. Mit anderen Worten, Bücher erfordern weder Training noch Installation, Support oder Wartung. Das ist bei den meisten Produkten anders.

In Wahrheit war die internetbasierte Disintermediation in Bezug auf die meisten Produkte ein höchst naiver und unrealistischer Traum. Bei den meisten Produkten erzeugen die Zwischeninstanzen nicht nur zusätzliche Kosten; sie erzeugen auch zusätzlichen Wert. Sie sind mehr als nur eine Reihe von Haltestationen für Waren auf ihrem Weg vom Hersteller zum Endkunden. Die Zwischeninstanzen bereichern das Produkt um zusätzlichen Wert, den der Endkunde will und für dessen Schaffung der Hersteller nicht der ideale Kandidat ist. Die Zwischeninstanzen helfen den Kunden, Produkte auszuwählen und zu erwerben, bieten Support und Wartungsdienste und vieles mehr. Die Probleme mit den konventionellen Vertriebskanälen – hohe Kosten, übermäßige Lagerhaltung, unzureichender Informationsfluss – sind sehr real, aber ihre Lösung liegt nicht in ihrer kompletten Ausschaltung zugunsten eines Vertriebsmodells im Sinn der Disintermediation. Damit würden wir nur eine schlechte Idee durch eine andere ersetzen.

Die Hersteller und ihre Zwischenhändler müssen sich stattdessen gemeinsam darum bemühen, die jeweiligen Fähigkeiten optimal zu nutzen, um ein Vertriebssystem einzurichten, das den Wert für den Endkunden maximiert und gleichzeitig die eigenen Kosten minimiert. Wir müssen beginnen, den Vertrieb von außen nach innen – das heißt, aus dem Blickwinkel des Endkunden – statt von innen nach außen zu durchdenken. Wir müssen unseren Wortschatz verändern. Anstatt Produkte *an* den Kunden zu vertreiben, müssen wir dies *für* ihn tun. Die Frage lautet nicht länger, wie wir uns am einfachsten unserer Produkte entledigen, sondern wie wir dem Kunden am Ende der Wegstrecke, der all unsere Gehälter zahlt, den größten Wert zukommen lassen.

Nehmen wir beispielsweise an, Sie seien der Besitzer eines kleinen Unternehmens und benötigten für Ihr Gebäude eine Klimatisierung. Dazu müssen Sie entscheiden, wie viele Geräte Sie benötigen, um das Gebäude ausreichend zu kühlen, und welche Air-Conditioning-Produkte diesen Anforderungen am ehesten genügen. Sie müssen entscheiden, welche Produkte Sie außerdem benötigen, wie beispielsweise Verkleidungen oder zusätzliche Leitungen. Dann müssen Sie sie kaufen und installieren. Mit der Zeit wird die Anlage Service und Ersatzteile benötigen. All dies muss getan werden, aber Sie selbst sind nicht dazu in der Lage. Der Hersteller ist zu weit weg, um Ihnen helfen zu können, und er ist auch nicht darauf eingerichtet, sich mit vielen kleinen Kunden wie Ihnen herumzuschlagen. Er hat beschlossen, sich auf den Entwurf und die Herstellung seiner Produkte zu konzentrieren statt auf die Lösung unzähliger Kundenprobleme und -problemchen.

Sie müssen sich also an einen Installateur von Klimaanlagen wenden. Aber auch der Installateur hat möglicherweise Schwierigkeiten, Ihre Probleme zu lösen. Vielleicht verfügt er nicht über die aktuellsten Produktinformationen, oder seine technischen Kenntnisse reichen für die präzise Berechnung des Energiebedarfs nicht aus. Deshalb bekommen Sie möglicherweise nicht die besten Empfehlungen hinsichtlich der Wahl der Geräte. Weil der Händler, von dem der Installateur die Geräte bezieht, in Erwartung Ihrer Bestellung ein Lager unterhält, entstehen ihm (und damit Ihnen) zusätzliche Kosten; und falls der Händler das Gerät nicht verfügbar hat, müssen Sie auch noch warten.

Trane hat in dieser Situation eine Chance erkannt, um mit seinen Vertragsinstallateuren und -händlern in einer Weise zusammenzuarbeiten, die allen Seiten zugute kommt. Das Unternehmen hat ein internetgestütztes System eingerichtet, das den Vertriebskanal stärker einbindet, anstatt ihn auszuschalten. Trane bietet auf seiner Website unter dem Link ComfortSite eine breite Palette von Dienstleistungen: Einige davon enthalten Informationen, die den Installateuren und Händlern erlauben, die Endkunden besser zu beraten, während andere die Kosten sparende Durchführung von Transaktionen ermöglichen.

Erstens bietet ComfortSite den Installateuren aktuelle Produktinformationen, die es ihnen ermöglichen, ein Trane-System zu konfigurieren, das das erforderliche Air-Conditioning mit einem Minimum an Aufwand und einem Maximum an Genauigkeit realisiert. Der Angebotsgenerator der Website, der dem Installateur erlaubt, für den potenziellen Kunden rasch ein passendes Angebot zusammenzustellen, eliminiert viel Schreibarbeit, vermeidet potenzielle Fehler und erspart allen Beteiligten Zeitverlust und Ärger. Die Website hält Anleitungen zur Installation von Trane-Geräten sowie diverse Tools bereit, die dem Installateur helfen, spezifische Geräteprobleme zu diagnostizieren und zu beheben. (Ein »Comfort Calculator«, mit dem ein Installateur den genauen Energiebedarf eines Kunden bestimmen kann, ist ebenfalls vorgesehen.)

Auf den Transaktionsseiten können Installateure Trane-Produkte inklusive Ersatzteile bestellen. Außerdem akzeptiert die Site die Bestellung ergänzender Produkte von anderen Herstellern, wie beispielsweise Blenden oder Einfassungen, die Trane weiterleitet. Die Installateure können hier ihre Garantieansprüche geltend machen, wodurch sich ihre Kosten reduzieren und ihr Cashflow verbessert.

Aufgrund der durch die Website gebotenen Möglichkeiten ist es Trane und seinem Vertriebskanal besser möglich, den Bedürfnissen der Endkunden gerecht zu werden und gleichzeitig die eigene finanzielle Leistung zu verbessern. Die beiden Ziele bilden keinen Widerspruch. In der Customer Economy muss jedes Unternehmen beide Ziele verwirklichen.

Tranes Endkunden bekommen bessere Lösungen zu einem geringeren Preis; die Installateure und Händler arbeiten mit weniger Gemein- und Betriebskosten und können besser gegen andere Anbieter konkurrieren, die von ihren Lieferanten nicht in ähnlicher Weise unterstützt werden; und Trane profitiert von einem verstärkten Umsatz und reduzierten Kosten.

Trane arbeitet jetzt an einer Ausweitung der Fähigkeiten der Website, damit auch Endkunden darauf zugreifen können. Hausbesitzer beispielsweise werden mittels einer ähnlichen Site in der

Lage sein, einen Trane-Vertragsinstallateur in ihrer Nähe zu finden, Wartungsbesuche zu organisieren und den Garantiestatus ihrer Geräte zu überprüfen. Für größere Kunden – landesweit vertretene Organisationen, die für mehrere Gebäude Klimaanlagen kaufen, wie beispielsweise Schnellrestaurantketten – werden zusätzliche Dienstleistungen zur Verfügung stehen. Die Website wird diesen Großkunden bei der Verwaltung ihrer Geräte behilflich sein, indem sie es möglich macht, den Überblick über alle installierten Geräte zu behalten; sie wird für jedes Gerät ein Serviceprotokoll führen, darauf aufmerksam machen, wenn Wartungen fällig sind, und ein Tool bereitstellen, mit dessen Hilfe sich berechnen lässt, wann ein Gerät das Ende seiner ökonomischen Lebenszeit erreicht hat und ersetzt werden sollte. Die Installateure sind nicht in der Position, diese Dienstleistungen anzubieten, da sie meistens ein geografisch beschränktes Einsatzgebiet haben, während die Gebäude dieser Großkunden überall im Land verstreut sind. Den meisten Installateuren fehlt zudem das technische Fachwissen, um diese Art von Problemen zu lösen. Mit seinem Engagement in diesem Bereich beabsichtigt der Gerätehersteller also nicht, die lokalen Vertriebskanäle zu erübrigen, sondern ihnen mit einem zusätzlichen werthaltigen Angebot für die Kunden unter die Arme zu greifen.

Indem das Unternehmen den Schleier durchlässig macht, der es von seinen Kunden trennt, bekommt es Zugang zu Informationen, die ihm dabei helfen können, zu diesen Kunden Beziehungen aufzubauen. Es wünscht sich diese Informationen nicht deshalb, um die Kunden von den Installateuren abzuwerben. Vielmehr möchte es wissen, wer seine Endkunden sind, damit es mit ihnen in Kontakt bleiben und sich ein Bild von ihren veränderlichen Erfordernissen machen kann; nur dann wird es wissen, was es wann produzieren muss, um sicherzustellen, dass die Kunden seine Kunden bleiben und niemals Produkte anderer Hersteller, ob Ersatzteile oder Neugeräte, kaufen werden.

Noch interessanter als der zweckmäßige Einsatz der Internettechnologie ist die Art und Weise, wie das Unternehmen seine Beziehungen zu seinen Vertragspartnern neu definiert hat. In der

Vergangenheit verkaufte das Unternehmen seine Produkte über einen Händler an einen Installateur, der für den Kunden arbeitete. Obwohl das Produkt auch heute noch denselben Vertriebskanal durchläuft, ist die Verantwortung für die Ausführung der wertschöpfenden Tätigkeiten, nach denen der Kunde verlangt, heute über das ganze System verteilt. Trane und die Installateure treten nicht mehr als unabhängige Einheiten mit potenziell entgegengesetzten Zielen auf, sondern sie arbeiten gemeinsam daran, den Wunsch des Kunden nach einer funktionierenden Klimaanlage zu erfüllen. Jede Seite profitiert von diesem neuen kooperativen Ansatz.

Tranes Initiative verkörpert zwei der zentralen Themen dieses Buches. Erstens erhöht das Unternehmen den Wert, den es seinen Kunden bietet, indem es die Rezepte von Kapitel 3 befolgt. Zweitens tut Trane dies nicht im Alleingang. Das Unternehmen löst die Grenzen zwischen sich und seinen Vertragspartnern auf, indem es diesen hilft, den Wünschen der Endkunden gerecht zu werden. Die folgenden beiden Kapitel werden dieses Thema eingehender behandeln.

Der wirkliche Zweck eines Vertriebskanals ist nicht, den Endkunden Produkte zu verkaufen, sondern die Probleme der Kunden zu lösen. Einfache Produkte, wie beispielsweise Bücher, haben möglicherweise wenig Bedarf an einem Vertriebskanal, wie Amazon bewiesen hat. Die meisten Produkte jedoch bereiten ihren Endkunden eine Menge Probleme, was bedeutet, dass der Vertriebskanal nach besseren Möglichkeiten suchen muss, diese Probleme zu lösen.

Wenige Produktkategorien stellen die Käufer vor so große Herausforderungen wie die drahtlose Kommunikation (Mobiltelefone und Piepser). Die Kunden haben die Wahl zwischen unzähligen, in unverständliche Klauseln gefassten Tarifmodellen und ebenso vielen Telefonmodellen mit all ihren verschiedenen Leistungsmerkmalen. Noch dazu verändert sich die Angebotspalette ständig. Um sich in diesem Durcheinander zurechtzufinden, wenden sich die Kunden an Verkäufer, die für die Anbieter von Mobiltelefonen und Piepsern arbeiten, wozu Mobilfunkbetreiber wie Verizon und AT&T sowie Händler wie Best Buy und Radio-Shack gehören.

Wie Trane hat auch Motorola Schritte unternommen, um den Weg, den die Produkte des Unternehmens – Mobiltelefone, Sprechfunkgeräte, Piepser und Zubehör – durch die Vertriebskanäle nehmen, zu transformieren. Indem das Unternehmen die Fähigkeiten seiner Vertragspartner erweitert, macht es seinen Vertragspartnern, seinen Kunden und sich selbst das Leben einfacher. Auf Motorolas Website können die Vertragspartner Zubehör und Werbematerial bestellen; sie können den Status einer Bestellung bis hin zur Identität des beauftragten Versandunternehmens und der genauen Position der Sendung zum gegebenen Zeitpunkt überprüfen; und sie können Retouren und Garantiefälle bearbeiten. (Die Bestellung der Produkte selbst wird in Kürze folgen.) Früher mussten die Händler für diese Aufgaben einen Handelsvertreter des Unternehmens oder ein Call Center kontaktieren, was kostspielig und für beide Seiten unbequem war. Jetzt können die Händler diese Tätigkeiten jeden Augenblick selbst erledigen, was den Verkäufern von Motorola ermöglicht, sich auf den Verkauf zu konzentrieren, die Händler zu besuchen und sie zu ermuntern, mehr Motorola-Produkte anzubieten.

Vor allem aber können Motorolas Vertriebspartner auf der Website aktuelle Informationen zu den Produkten des Unternehmens erhalten, was ihnen und ihren Kunden viel Geld und Zeit spart. Die Website hält Anleitungen zu Motorola-Produkten und sogar ein Zertifizierungsprogramm bereit. Das Unternehmen bietet den Handelsvertretern seiner Vertriebspartner ein internetgestütztes formelles Trainingsprogramm an. Die Teilnehmer müssen bestimmte Unterrichtseinheiten studieren und eine Reihe von Fragen beantworten. Die Website merkt sich, welche Verkäufer welche Einheiten durchgenommen und wer ein Zertifikat erhalten hat; diese Informationen lässt Motorola dem Management des Vertriebspartners zukommen. Im Interesse der Erhöhung des eigenen Umsatzes hilft das Unternehmen also seinen Vertragspartnern, ihre Verkaufskräfte zu managen.

Ein anderes Unternehmen, das sich für seinen Vertriebskanal ins Zeug legt, ist Kawasaki Motors Corp. USA. Es verkauft seine Motorräder in den Vereinigten Staaten über ein Netz von tausendfünfhundert Vertragshändlern. Abgesehen von den Motorrädern verkaufen die Händler auch noch Ersatzteile und Zubehör, wie beispielsweise Helme und Jacken. Die meisten Händler haben ein gemischtes Verhältnis zum Zubehör. Einerseits handelt es sich um hochmargige Artikel, denn wenn ein Motorradbesitzer eine Kawasaki-Jacke haben will, wird er sie nur an wenigen Orten finden. Andererseits bereiten diese Artikel einige Probleme hinsichtlich der Lagerhaltung. Um die Kundenvorlieben in Sachen Motorradmode zu befriedigen, müssen die Händler eine große Anzahl verschiedener Jacken auf Lager halten, noch dazu in verschiedenen Farben und Größen. Das Management von Modebeständen ist nicht gerade die Stärke von Motorradhändlern.

Hier springt jetzt Kawasaki ein. Das Unternehmen hat zwei Websites geschaffen: eine für die Händler, um Produkte vom Unternehmen zu bestellen, und eine, auf der die Kunden Zubehör bestellen können. Kawasaki übernimmt die Bearbeitung der Bestellungen und liefert direkt an die Kunden. Ähnlich wie Bücher lassen sich die meisten Motorradzubehörartikel leicht versenden und erfordern kaum Instruktionen. Zudem müssen die Kunden, bevor sie eine Bestellung aufgeben können, einen Händler benennen, bei dem sie Kunde sind (oder gern sein wollen); Kawasaki gibt diesem Händler dann sechzig Prozent der Differenz zwischen dem Händlerpreis und dem Einkaufslistenpreis, um den Händler für das Geschäft zu entschädigen, das ihm entgangen ist, weil der Kunde den Artikel nicht bei ihm gekauft hat.

Kawasaki geht entschieden nicht den Weg der Disintermediation. Im Gegenteil, das Unternehmen belohnt die Händler dafür, dass sie die Kunden animieren, Zubehörartikel zu kaufen. Zudem verkauft Kawasaki keine Motorräder direkt an die Kunden. Das wäre eine Bedrohung für die Händler, und die Käufer wären bei der Entscheidung für ein Motorrad auf sich allein gestellt.

Dieses Arrangement ist für alle Seiten von Vorteil. Der Kunde bekommt die Jacke, die er will, ohne dass er lauter Händler abklappern muss, um das gewünschte Modell in der richtigen Farbe und Größe zu finden; der Händler erhält einen Gutteil des Gewinns, obwohl er kaum etwas zu tun braucht und sich um sein Lager keine Gedanken mehr zu machen braucht; und Kawasaki sichert sich die Treue der Kunden und der Händler und verkauft einen hochmargigen Artikel.

Wenn Kawasaki zwischen Motorrädern und Zubehör unterscheidet und verschiedene Vertriebsstrategien für die beiden Kategorien entwickelt hat, dann hat ein Möbelhersteller dasselbe getan, indem er seine Produkte in Möbel und Einrichtungsgegenstände unterteilt hat. Unter Möbeln sind große, schwere Stücke wie Sofas oder Stühle zu verstehen, die sowohl eine fachkundige Auswahl als auch Hilfe bei der Installation und der Reparatur erfordern. Einrichtungsgegenstände hingegen sind kleinere Artikel wie Lampen, die sich online begutachten und auswählen lassen und viel leichter zu verschicken und zu warten sind.

Dieser Hersteller hat eine Website eingerichtet, auf der der nach Möbeln suchende Verbraucher die Sofas betrachten kann, um anschließend einen ortsansässigen Händler aufzusuchen und die Möbel auszuprobieren. Die Sofas können vom Hersteller online oder über den Händler bestellt werden. Die bestellten Produkte werden nicht direkt an den Kunden geliefert, sondern en gros an den Händler, der Auslieferung, Installation und laufenden Service übernimmt. Der Händler bleibt auf diese Weise für alle praktischen Zwecke der Ansprechpartner, auch wenn er mit der finanziellen Seite nicht mehr befasst ist. Das heißt, der Händler kauft nicht länger das Sofa vom Hersteller, um es in seinem Lager vorrätig zu halten und irgendwann dem Kunden zu verkaufen. Wie ich bereits sagte, erhöht dieser Vorgang die Kosten, nicht aber den Wert. Stattdessen kauft der Kunde das Sofa direkt (was die Bezahlung betrifft) vom Hersteller und erhält es (was die Anlieferung der Ware angeht) vom Händler. Im Prinzip bietet der Händler dem Kunden im Namen des Herstellers eine Dienstleistung – und wird dafür vom Hersteller mit einer Provision (fünfundzwanzig Prozent des Kaufpreises) entschädigt.

Einrichtungsgegenstände hingegen sind einfach und klein genug, um vollständig ohne Händler auszukommen. Der Verbraucher kann diese Produkte direkt auf der Website des Herstellers bestellen, ohne sie tatsächlich gesehen zu haben, und der Hersteller stellt sie dem Verbraucher direkt zu. Der Hersteller könnte versucht sein, den Händler ganz aus diesen Verkäufen auszuschließen, aber stattdessen gewährt er dem Händler, der dem Kunden am nächstgelegenen ist, eine zehnprozentige Provision auf Einrichtungsgegenstände. Er tut dies als Gegenleistung für den Wert, den der Händler beisteuert, indem er für die Marke des Herstellers wirbt und ihr eine lokale Präsenz verleiht, ohne die der Verbraucher möglicherweise gar nicht auf die Idee gekommen wäre, die Website des Herstellers zu besuchen. Der Hersteller gewährt dem Händler diese zehn Prozent, um ihn seinen anderen Produkten gegenüber gewogen zu halten – denjenigen, die viele Kunden weiterhin lieber in echten Läden als im Cyberspace kaufen. Der Möbelhersteller hat folglich seine eigene Rolle und die Rollen seiner Vertriebspartner neu konzipiert, um dem Endkunden besser gerecht werden zu können – und nebenbei Geld zu sparen.

Eine ähnliche Evolution spielt sich in der Automobilindustrie ab. Vom Blickwinkel des Verbrauchers aus gesehen stellt der Kauf eines Autos einen dreistufigen Prozess dar. Zuerst machen Sie sich darüber Gedanken, welche Art von Auto Sie sich wünschen, und Sie stellen eine kleine Liste mit Marken und Modellen zusammen, die für Sie in die engere Auswahl kommen. Als Nächstes unternehmen Sie Probefahrten und entscheiden sich für ein Modell, das Sie wirklich kaufen wollen. Schließlich handeln Sie die Konditionen aus, bezahlen und fahren von dannen. Aber weder das existierende Vertriebssystem noch seine um die Zwischenhändler verminderte Variante, die Disintermediation, wird den Bedürfnissen der meisten Menschen, die nach einem neuen Auto Ausschau halten, gerecht.

Im existierenden Vertriebssystem kaufen die Händler transporterweise Autos, stellen sie auf großen Stellplätzen ab und warten auf Kunden. Diese Reihen um Reihen unverkaufter Autos auf teuer gemieteten Stellflächen treiben die Kosten in die Höhe, die letztlich der Kunde zu zahlen hat. Andererseits hat bislang niemand ein internetgestütztes, händlerfreies Modell für den Autoverkauf entworfen. Man kann sich schwer vorstellen, wie ein Kunde ein Auto virtuell unter Bedingungen testen will, die das tatsächliche Erlebnis einer Überlandfahrt simulieren, während der Kunde gemütlich zu Hause sitzt.

Infolgedessen hat sich ein Hybridmodell herausgebildet. In naher Zukunft werden sich die Händler auf Ausstellungsräume beschränken, in denen sie einige wenige Vorführmodelle präsentieren. Der Verbraucher wird erst dann zwecks Probefahrt einen Händler aufsuchen, wenn er sich zuvor im Internet ausführlich informiert hat (zahlreiche Websites bieten den Autokäufern bereits jede Menge Informationen), um anschließend zum Internet zurückzukehren und auf der Website des Herstellers eine Bestellung aufzugeben.

Die Autohersteller steuern mittlerweile auf Fertigungsprozesse zu, die in der Lage sein werden, Autos nach speziellen Kundenwünschen in Fristen fertig zu stellen, die noch vor fünf Jahren undenkbar gewesen wären. Einige Hersteller sprechen von einer Gesamtzeit von zehn Tagen von der Bestellung bis zur Auslieferung. Dann werden Sie nicht länger eine Ewigkeit auf Ihr Wunschmodell warten oder aber, wenn Sie nicht warten können, das Auto kaufen müssen, das Ihr Händler gerade vorrätig hat; Sie werden genau das Auto bestellen, das Sie wünschen, und Sie werden es innerhalb weniger Tage frisch aus der Fabrik erhalten.

Die Händler werden nicht mehr in dem Sinn verkaufen, wie sie es jetzt tun. Die Transaktion wird zwischen dem Verbraucher und dem Hersteller stattfinden; der Händler wird sich um die Autos kümmern, sie aber niemals besitzen. Wie der Möbel- und der Kawasaki-Händler wird auch der Autohändler eine Provision für jedes Auto erhalten, das über seine Ausstellungsräume bestellt wurde, aber er wird sein Geld vorrangig mit der Betreuung von Kundenautos machen. Mit anderen Worten, der Händler wird nicht länger verkaufen, sondern er wird Wert schaffen. Traditionelle Aktivitäten, die für den Kunden Wert bringen, werden weiterhin das Portfolio des Händlers schmücken; nicht hingegen Aktivitäten, die lediglich die Kosten erhöhen.

Die Vertriebskanäle, wie wir sie heute kennen, bildeten sich in einem Umfeld heraus, das sich von dem unseren stark unterscheidet, und sie dienten zur Lösung von Problemen, die ebenfalls weit von dem entfernt sind, womit sich die Unternehmen heute auseinander zu setzen haben. Kurz gesagt, die traditionellen Vertriebskanäle dienten der Bequemlichkeit der Anbieter von Produkten und Dienstleistungen. Die Hersteller konzentrierten sich auf die Verbesserung der Produktqualität und die Senkung der Kosten; für sie war der Umgang mit dem Kunden eine störende Ablenkung. Deshalb delegierten die meisten diese Zuständigkeit an die Zwischenhändler, nach dem Motto: »Kümmert ihr euch um die Kunden; wir kümmern uns um die Produkte.« Dieser Ansatz entsprach auch dem Wunsch der Hersteller nach langen Produktionslaufzeiten, die unweigerlich zu großen Lagerbeständen an fertigen Produkten führten, die auf die Bestellung durch Kunden warteten. Wenn die Händler diese Waren vorrätig hielten, brauchten die Hersteller es nicht zu tun; und wenn die Hersteller die falschen Waren produzierten, traf das Risiko der Unverkäuflichkeit die Händler. Die Hersteller brauchten auch nicht viel Geld auszugeben, um große Mengen kleiner Bestellungen zu bearbeiten; sie konnten es den Händlern überlassen, daraus eine kleine Anzahl großer Bestellungen zu machen.

Selbstverständlich sind diese Bedingungen und Überlegungen seit langem überholt. Aber die Geschäftssysteme haben häufig ein längeres Leben als die Umstände, für die sie geschaffen wurden. Prognosesysteme und Fertigungsmethoden sind mittlerweile so weit entwickelt, dass die Hersteller keine großen Bestände mehr vorrätig halten müssen; ebenso wenig ist der Kunde bereit, weiterhin die Kosten eines umständlichen Vertriebssystems zu tragen. Aber die Vertriebssysteme haben mit den Zeiten nicht Schritt gehalten. Der faustische Handel, den die Hersteller mit ihren Vertriebssystemen eingingen, kehrt mittlerweile als Fluch zu ihnen zurück.

In der Customer Economy müssen wir aufhören, uns einen Vertriebskanal als eine Folge unabhängiger Einheiten zu denken, die die Produkte der Reihe nach kaufen und verkaufen, bis diese zu einem aufgeblasenen Preis den Endkunden erreichen. Dieses System liefert den Kunden zusätzliche Kosten statt zusätzlichem Wert. Stattdessen müssen wir alle Beteiligten des Vertriebskanals als Partner begreifen, die gemeinsam bemüht sind, den Wünschen des Endkunden gerecht zu werden. Wir müssen von der Prämisse ausgehen, dass der Zweck des Vertriebskanals nicht darin besteht, dem Hersteller dabei zu helfen, seine Produkte loszuwerden, sondern darin, den Kunden beim Erwerb und bei der Nutzung des Produkts beizustehen. Deshalb müssen wir uns den Prozess vor Augen führen, wie der Kunde ein Produkt erwirbt und nutzt. Welchen Problemen begegnet der Kunde im Lauf dieses Prozesses, und wie können der Hersteller und seine Vertriebspartner am besten zur Lösung dieses Problems beitragen?

Diese Denkweise wird insbesondere denjenigen Branchen schwer fallen, die so sehr vor dem traditionellen Vertriebssystem kapituliert haben, dass sie aus der Not eine Tugend machten. Diese Branchen verwechseln die Distributionskanäle, die sie nutzen, um ihre Kunden zu erreichen, mit den Kunden selbst. Konsumgüterhersteller beispielsweise bezeichnen heute häufig Lebensmittelketten und Kaufhäuser als ihre »Kunden«, während die Menschen, die ihre Produkte kaufen, verdauen, anwenden, versprayen oder anderweitig verwenden, als »Verbraucher« abgetan werden. In gewisser Weise ist das eine Gegenreaktion auf ein Pendel, das zuvor allzu weit in die Gegenrichtung ausgeschlagen hatte. Es gab eine Zeit, als viele Konsumgüterhersteller ihre Vertriebspartner mit Herablassung und Arroganz behandelten. Sie glaubten, dass es die Macht ihrer Marken war, die die Verbraucher scharenweise in die Geschäfte zog, wo sie sich auf ihre Markenprodukte stürzten, und dass die Ladenbesitzer deshalb tun müssten, was immer die Markeninhaber von ihnen verlangten. Da es zudem nicht an Läden mangelte, hatte keiner von ihnen gegenüber den Herstellern eine gute Verhandlungsposition. Als die Markenverbundenheit der Verbraucher mit der Zeit stark abnahm und sich die Händler zu einer kleinen Zahl von Riesen mit einer beträchtlichen Verhandlungsmacht zusammenschlossen, begannen die Konsumgüterhersteller natürlich ihren Einzelhändlern mehr Beachtung zu schenken. Dennoch machen sie einen Fehler, wenn sie sie mit ihren realen Kunden (»Verbrauchern«) verwechseln. Für jedes Produkt gibt es nur einen Kunden: den Menschen oder das Unternehmen, der oder das es kauft und nicht wieder verkauft.

Neue Beziehungen erfordern eine neue Terminologie. Der Begriff *Vertriebskanal* oder *Vertriebskette* weckt eine lineare Vorstellung, mit einem Hersteller und einem Endkunden an den beiden Enden einer langen Reihe, die sich gegenseitig nicht sehen können. Er impliziert ferner distanzierte Verbindungen zwischen je zwei Kettengliedern. Im Zeitalter der Customer Economy eignet sich vielleicht besser der Begriff *Vertriebsgemeinschaft*. Unter dem Einfluss der Kundenmacht und der modernen Technologien werden aus Vertriebskanälen Vertriebsgemeinschaften, Gruppen von Unternehmen, die zusammenarbeiten, um die Bedürfnisse der Endkunden zu befriedigen.

Das ist kein kleiner Übergang. Bislang bestand zwischen den Herstellern und ihren Vertriebspartnern ein eher gespanntes Verhältnis. Sie brauchten einander, aber jeder betrachtete den anderen als Antagonisten und als jemanden, aus dem es den besten Preis herauszupressen galt. Heute müssen sich alle Seiten bewusst werden, dass nur der Endkunde irgendjemandem etwas bezahlt und dass jede Reibung oder Verschwendung innerhalb der Gemeinschaft auf alle zurückfällt. Kooperation und die Bereitschaft, Informationen zu teilen, müssen ebenso zur Norm werden wie die Einsicht, dass die Rollen des »Herstellers« und des »Händlers« neu definiert werden müssen.

Neue Fragen werden auftauchen, beispielsweise wie das, was der Endkunde zahlt, zwischen den Mitgliedern der Gemeinschaft aufzuteilen ist. Wie viel sollte der Aussteller (der ehemalige Händler) für seinen Beitrag zur gesamten Wertschöpfung für den Autokäufer erhalten? Die alte Formel von Kosten plus Gewinnaufschlag wird keine Gültigkeit mehr haben. Wir befinden uns in bestenfalls ansatzweise kartografierten Gewässern, die kreatives Denken für die Lösung neuer Probleme erfordern.

Auch wenn es schwierig sein wird, die bestehenden Vertriebskanäle in Vertriebsgemeinschaften zu verwandeln, so bleibt uns doch kaum eine andere Wahl. Das traditionelle Vertriebssystem ist den Anforderungen der Customer Economy schlechterdings nicht gewachsen. Das *Kommunistische Manifest* endet mit dem Ruf zu den Waffen: »Die Proletarier haben nichts zu verlieren als ihre Ketten. Sie haben eine Welt zu gewinnen. Proletarier aller Länder, vereinigt euch!« Ich beende dieses Kapitel mit einer ähnlichen, wenn auch weniger wohlklingenden Ermahnung: »Die Hersteller haben nichts zu verlieren als ihre antiquierten Vertriebsketten (die zusätzliche Kosten verursachen, den Lagerbedarf in die Höhe treiben und dem Endkunden den größtmöglichen Wert vorenthalten). Sie haben eine wettbewerbsbestimmte Welt zu gewinnen. Hersteller und Händler der Welt, vereinigt euch (in Vertriebsgemeinschaften).« Wer hat da behauptet, die Geschäftswelt könne von Marx nichts lernen?

Agenda Punkt 7

Vertreiben Sie für, nicht an den Endkunden:

- Machen Sie die Wertmaximierung und die Kostenminimierung für den Endkunden zu Ihrer ersten Priorität.
- Verwandeln Sie Ihre Vertriebskanäle in Gemeinschaften, die gemeinsam auf ein Ziel hinarbeiten.
- Nutzen Sie das Internet, um Informationen auszutauschen und Transaktionen zu vereinfachen.
- Stellen Sie sicher, dass jeder in der Gemeinschaft das tut, was er am besten kann.
- Eliminieren Sie Redundanzen, besonders den wiederholten Kauf und Verkauf von Produkten.
- Seien Sie bereit, traditionelle Rollen auf unkonventionelle Weise neu zu definieren.

9 Reißen Sie Ihre Außenwände ein

Kooperieren Sie, wo immer Sie können

Wenn Sie wie viele Geschäftsleute sind, die ich kenne, denken Sie wahrscheinlich, dass Sie bei der Beseitigung von Ineffizienz und unnötigem Überbau aus Ihrem Unternehmen bereits gute Arbeit geleistet haben. Vielleicht hatte es eine Zeit gegeben, als Sie zuließen, dass sich in Ihrem Unternehmen Verschwendung, Redundanz und sinnlose Aktivität einschlichen und es unter den unvermeidlichen Folgen litt: Verzögerungen, Mehrkosten, Fehler, Inflexibilität und all die anderen Symptome nichtwertschöpfender Arbeit. Aber mittlerweile haben Sie Ihre Sünden bereut und Wiedergutmachung geleistet. Während der letzten zehn Jahre haben Sie systematisch sämtliche unsinnigen Tätigkeiten, die nur auf Ihre Unternehmensleistung drückten, eliminiert. Durch Anwendung von Total Quality Management, Six Sigma, Reengineering oder einer anderen Methodik Ihrer Wahl haben Sie und Ihre Kollegen sämtliche Tätigkeiten analysiert und dabei alles Unwesentliche gestrichen. Es war nicht einfach, aber jetzt haben Sie das gute Gefühl, dass Ihr Unternehmen schlank und rank, flexibel und effizient und ohne überflüssiges Fett auf den Knochen ist.

Träumen Sie nur weiter.

Möglicherweise haben Sie bei der Eliminierung nichtwertschöpfender Arbeit und der Verbesserung der Effizienz tatsächlich gute Arbeit geleistet. Vielleicht haben sich die Dinge während des vergangenen Jahrzehnts tatsächlich zum Positiven gewandelt. Aber im größeren Maßstab gesehen haben Sie gerade erst angefangen, und Ihr Unternehmen schwimmt immer noch in Gemeinkosten und Verschwendung. Denn Sie haben noch nicht einmal damit begonnen, sich mit den wichtigsten Quellen unproduktiver Arbeit in Ihrem Unternehmen zu befassen. Sie haben diese Quellen übersehen, weil sie nicht innerhalb Ihres Unternehmens zu suchen sind, sondern an seinen Rändern. Was Ihre Leistung vermindert, ist nicht länger Ihre interne Arbeitsweise, sondern die Art, wie Sie an Ihren Außengrenzen mit Kunden, Zulieferern und anderen umgehen. Die dort präsenten Ineffizienzen abzubauen wird das »nächste große Ding« in der Verbesserung Ihrer Betriebsleistung sein.

The Next Big Thing ist jener populäre Begriff, mit dem in Silicon Valley die nächste Hardware- oder Softwaretechnologie bezeichnet wird, die die Computerbranche zu revolutionieren, die Welt zu verändern und alle jene zu Milliardären zu machen verspricht, die rechtzeitig auf den Zug aufgesprungen sind. Ich verwende den Ausdruck hier in einem breiteren Sinn, gemünzt auf jede wichtige Veränderung in der Geschäftslandschaft. Ich habe eine Faustregel für jeden, der hofft, derlei Wellen voraussagen zu können: »The Next Big Thing« stellt häufig eine Erweiterung von »The Last Big Thing« dar.

Diese Idee ist eigentlich eine geschäftliche Version von Shakespeares berühmter Zeile aus dem *Sturm*: »Was war, ist Prolog«. Das bedeutet, dass wichtige Entwicklungen in der Geschäftsarena selten unangekündigt vom Himmel fallen. Durch eine geeignete Brille betrachtet sind sie meist Erweiterungen vorausgegangener Innovationen. In der technologischen Sphäre beispielsweise waren die Minicomputer der siebziger Jahre eine Erweiterung des Mainframecomputers, während der PC der Achtziger gleichermaßen eine Erweiterung des Minicomputers darstellte. Um zu verstehen, was als Nächstes geschehen wird, müssen wir verstehen, was zuletzt geschah.

Wenn die Geschichtsbücher von morgen geschrieben sein werden, werden sie die Neunziger als ein Jahrzehnt beschreiben, in dem die Mauern innerhalb der Unternehmen einzustürzen begannen. Die Unternehmen, die vor der Notwendigkeit standen, ihre

Leistung zu verbessern, rissen systematisch die Grenzen zwischen ihren internen Funktionen und ihren geografischen Einheiten nieder. Wie wir in Kapitel 4 sahen, taten sie dies, indem sie ERP-Systeme (integrierte Softwaresysteme) implementierten und sich auf vollständige Geschäftsprozesse konzentrierten. Diese Mauern waren für eine Reihe von Leistungsproblemen verantwortlich gewesen, die bis dato jeden Versuch einer Verbesserung vereitelt hatten. Sie führten zu großen Mengen nichtwertschöpfender Arbeit, weil jede Abteilung beträchtliche Ressourcen für die Abstimmung mit anderen Abteilungen aufwenden musste, von denen sie ihre Arbeit bekam oder an die sie sie weiterleitete. Überprüfen, Protokollieren, Zuweisen, Gewichten, Planen, Begutachten und Überwachen sind nur einige der nichtwertschöpfenden und zeitfressenden Tätigkeiten, die infolge der unternehmensinternen Mauern anfielen. Zu den Konsequenzen dieser nichtwertschöpfenden Arbeit gehörten massive Verzögerungen, hohe Fehlerraten, übermäßige Kosten und Inflexibilität gegenüber Kundenbedürfnissen. Diese Probleme bestanden unvermindert fort, bis die Unternehmen schließlich die zugrunde liegenden Ursachen frontal anpackten. Glücklicherweise trugen die in den neunziger Jahren unternommenen Anstrengungen zur Lösung dieser Probleme durch Einreißen der verantwortlichen Barrieren beachtliche Früchte. Mittels des Prozessapparats erreichten die Unternehmen atemberaubende Leistungsverbesserungen.

The Last Big Thing bestand also in der Demontage der Mauern *innerhalb* der Unternehmen. The Next Big Thing, das die Geschäftsdebatte des kommenden Jahrzehnts dominieren wird, ist die Zerstörung der Mauern *zwischen* den Unternehmen. So hoch und schwierig zu überwinden die Mauern zwischen den funktionalen und den geografischen Einheiten auch sein mögen, sie sind verschwindend klein im Vergleich zu den Mauern zwischen den Unternehmen – besonders jenen Mauern, die die Unternehmen von ihren Zulieferern und Kunden trennen. Die Marketing- und die Konstruktionsabteilungen mögen einander als »die anderen« betrachten, aber ihre gegenseitige Missachtung ist nichts gegen diejenige zwischen Käufer und Verkäufer. Mögen zwei Abteilungen eines Unternehmens auch die Optimierung gegensätzlicher Leistungskriterien anstreben, sie haben immer noch weit mehr Gemeinsamkeiten als zwei unterschiedliche Unternehmen. Die mit der Anfrage einer Unternehmenseinheit an eine andere verbundenen Gemeinkosten verblassen im Vergleich zu dem Verwaltungsaufwand und der nichtwertschöpfenden Arbeit, die für eine Transaktion zwischen zwei Unternehmen erforderlich sind. Die Zurückhaltung, mit der verschiedene Teile eines Unternehmens Informationen untereinander herausrücken, wirkt geradezu wie Übereifer im Vergleich zur Weigerung der Unternehmen, Informationen über Zulieferer oder Kunden nach außen preiszugeben.

Die scharf definierten Grenzen, hinter denen die Unternehmen arbeiten und über die hinweg sie kommunizieren, sind so tief in unserer Vorstellung von der Natur des Unternehmens verwurzelt, dass wir sie kaum wahrnehmen. Sie sind das Erbe einer Ära, in der die Unternehmensmanager alle Hände voll zu tun hatten, um ihr eigenes Schiff auf Kurs zu halten, und keinen Gedanken für die anderen Schiffe übrig hatten, die sich im Meer um sie herum tummelten. Das traditionelle Unternehmen betrachtete jeden außerhalb seiner Festungsmauern mit tiefem Misstrauen. Die Unternehmen behandelten einander bestenfalls als notwendiges Übel – als Quelle einer benötigten Ware oder Dienstleistung, oder als Mittel, um Produktion in Erträge zu verwandeln. Es war eine Hobbes'sche Welt des »jeder gegen jeden«.

Wenn wir blind für diese Mauern geworden sind, dann sehen wir auch ihre hohen Kosten nicht. Die Unternehmensmauern fordern einen hohen Tribut in Form von nichtwertschöpfendem Überbau und allem, was diesen Überbau passiert. Die Strafen sind dieselben wie im unternehmensinternen Kontext – Kosten, Verzögerungen, Komplexität, Lagerhaltungsbedarf und die ganze Litanei – nur um vieles vergrößert.

Die jüngsten Erfahrungen eines Unternehmens beleuchten die ungeheuren Kosten dieser Außenmauern. Geon, ein größeres Chemieunternehmen mit Sitz in Avon Lake, Ohio, ist der weltgrößte Hersteller von PVC-Verbindungen. Das Unternehmen, das einst zu BF Goodrich gehörte, war zu der Zeit, von der ich spreche, ein unabhängiges Unternehmen mit rund 1,3 Milliarden US-Dollar Umsatz. (Inzwischen hat es sich mit M. A. Hanna zu PolyOne zusammengeschlossen.)

Ursprünglich war Geon ein vertikal integriertes Unternehmen. Es kaufte von Zulieferern Chlor und Äthylen und verwendete sie zur Herstellung von VCM (Vinylchloridmonomer), dem wichtigsten Ausgangsprodukt des Unternehmens. VCM wird in ein synthetisches Harz transformiert, das wiederum durch Beigabe von Pigmenten und Ölen und durch Anwendung anderer Techniken in nützliche Verbindungen umgewandelt wird. Mitte der neunziger Jahre unternahm Geon eine Anstrengung zur Abtragung der Mauern innerhalb des Unternehmens, um größeren Kundenwert zu schaffen, den Kundenservice zu verbessern und die Kosten zu reduzieren. Das Unternehmen befolgte dabei ein Programm, das mittlerweile vertraut klingt: Integration und Vereinfachung vollständiger Geschäftsprozesse und Implementierung eines ERP-Systems zu ihrer Unterstützung. Dadurch konnten Informationen und Transaktionen frei zwischen den verschiedenen Teilen des Unternehmens hin- und herfließen, was diesen ermöglichte, ihre Tätigkeiten aufeinander abzustimmen. Infolgedessen erhöhte sich der Prozentsatz der termingerecht versandten Bestelllieferungen, verschwanden die Kundenbeschwerden fast vollständig, gingen die Kosten für Extrafrachtkosten aufgrund von Terminproblemen gegen null, konnten die Lagerbestände dezimiert werden und stieg die Produktivität sprunghaft an. Was die Finanzen betraf, so reduzierten sich die Kosten um Zigmillionen US-Dollar, und die Betriebskosten sanken von über sechzehn Prozent des Umsatzes auf unter vierzehn Prozent. Das sind wahrlich beeindruckende Resultate.

Dann entdeckte das Unternehmen im Jahr 1999, dass es nicht das nötige Umsatzvolumen hatte, um VCM und synthetische Harze in Mengen zu produzieren, die die Kosten auf ein wettbewerbsfähiges Niveau drücken würden. Folglich änderte es seine Geschäftsstrategie. Geon beschloss, sich ganz auf die Weiterverarbeitung zu konzentrieren, die mit höherer Wertschöpfung verbunden war und weniger von der Größenordnung als vielmehr von der technischen Geschicklichkeit abhing, um die spezifischen Wünsche der Kunden zu erfüllen. Das Unternehmen untermauerte die neue Strategie damit, dass es die Bereiche VCM und Harze an ein Jointventure mit Occidental Chemicals unter dem Namen OxyVinyls abtrat, das zu seinem Hauptrohstofflieferanten wurde.

Während Geons Entscheidungen strategisch gesund waren, waren sie in betrieblicher Hinsicht ein Desaster. Das Unternehmen errichtete gewissermaßen eine hohe (Außen-)Mauer zwischen sich und OxyVinyls, nachdem es gerade erst eine niedrige (interne) Mauer eingerissen hatte. Die Produktion von VCM und Harzen war gerade erst mit der Weiterverarbeitung integriert worden, und jetzt wurde beides wieder auseinander gerissen. Die Bereiche, die bis vor kurzem lediglich getrennte Abteilungen gewesen waren, wurden jetzt zu Teilen getrennter Unternehmen. Informationen wurden nicht länger gemeinsam genutzt, Verwaltungsballast wurde neu geschaffen und Abstand trat an die Stelle von Gemeinsamkeit.

Als Teile des ursprünglich ganz zu Geon gehörigen Produktions- und Auftragserfüllungsprozesses hinter den Mauern von OxyVinyls verschwanden, kam der vormals reibungslose Betrieb ins Stocken. Weder Geon noch der neue Zulieferer wussten, wie große Lagerbestände die jeweils andere Seite hatte. Keiner wusste von den Warenlieferungen des anderen, und keiner hatte einen Überblick darüber, was der andere benötigte. Geons Planungshorizont verkürzte sich von sechs bis acht auf zwei bis vier Wochen.

Als Folge des höheren Verwaltungsaufwands bei Transaktionen mit unternehmensexternen Geschäftspartnern verlängerte sich die für die Auftragsbearbeitung benötigte Zeit sprunghaft. Spediteure, Planer und zahlreiche Bürokräfte waren vonnöten, um die Schnittstelle zwischen Geon und OxyVinyls zu managen; etliche Arbeit musste doppelt geleistet werden, einmal auf jeder Seite der neu geschaffenen Scheidewand. Natürlich erhöhte die zusätzliche Arbeit die Kosten. In den Dokumenten häuften sich die Fehler. Sämtliche Daten mussten jetzt zweimal eingegeben werden: einmal bei Geon und einmal bei OxyVinyls. Das Ergebnis war eine Fehlerrate von acht Prozent bei den Bestellungen von Geon an OxyVinyls: falsche Bestellauftragsnummern, falsche Produktnummern, falsche Preise, falsche sonstwas.

Praktisch alle Vorteile, die durch die mühsame Anstrengung der Prozessintegration erreicht worden waren, gingen verloren, und in vielerlei Hinsicht wurde die Situation sogar schlechter, als sie gewesen war, bevor Geons interne Integration begonnen hatte. Die Bilanz der Barriere zwischen Geon und OxyVinyls war, dass die Lagerhaltung um fünfzehn Prozent zunahm, die Betriebskosten um zwölf Prozent stiegen und Geons Auftragserfüllungszeiten sich verdreifachten. Jeder, der Zweifel an den negativen Auswirkungen von Unternehmensaußenmauern hat, sollte sich das Beispiel Geons zu Gemüte führen.

Die neunziger Jahre lehrten uns, dass die internen Mauern dazu da sind, eingerissen zu werden, und wir lernen heute, dass dasselbe für die äußeren Mauern gilt. Der neue Imperativ für die Unternehmen lautet, dass sie ihre Außenmauern einreißen müssen, um die Geschäftsbeziehungen untereinander zu integrieren, zu vereinfachen und neu zu entwerfen. Das bedeutet, sie müssen erkennen, dass so, wie Unternehmensabteilungen Komponenten größerer Geschäftsprozesse sind, auch Unternehmen als Ganzes Komponenten größerer unternehmensübergreifender Geschäftsprozesse sind. Sie müssen verstehen, dass es nicht genügt, wenn sie ihre eigenen unternehmensinternen Prozesse von Ballast befreien, solange er noch auf ihren Partnerunternehmen lastet, und dass sie sich davon nur befreien können, indem sie diese Prozesse in ihrer Gesamtheit unter die Lupe nehmen. Eine solche Perspektive erlaubt es, die Unternehmensgrenzen zu ignorieren und Methoden zu finden, wie sich Ballast, Redundanzen, Verzögerung und überzähliger Lagerbedarf eliminieren lassen. Wir müssen lernen, dass kein Unternehmen eine Insel ist, um mit John Donne zu sprechen. Ein Unternehmen kann nicht Erfolg haben, solange es gegen seine Zulieferer und Kunden kämpft. Und was im besten Interesse aller ist, ist auch im besten Interesse jedes Einzelnen.

Die alte Washingtoner Maxime »Politics stops at the water's edge« besagt, dass politische Grabenkämpfe in der Außenpolitik nichts zu suchen hätten. In ähnlicher Weise hörten bislang die Prozesse und die Informationssysteme, die sie unterstützten, an den Unternehmensgrenzen auf. Das ist jetzt vorbei. Heute erkennen wir, dass die Unternehmensgrenzen nicht weniger künstlich sind als die funktionalen und dass die Prozesse häufig über sie hinausweisen.

Wie in Kapitel 4 erwähnt, hat fast jedes Unternehmen einen Auftragserfüllungsprozess, der aus Bestellungen Lieferungen macht. Mein Auftragserfüllungsprozess ist jedoch lediglich das Gegenstück zu Ihrem Beschaffungsprozess, der beginnt, wenn Sie erkennen, dass Sie meine Waren oder Dienstleistungen benötigen, und endet, wenn Sie sie erhalten. Wenn diese beiden Prozesse getrennt gesehen und gemanagt werden, kommt es an der Grenze zwischen ihnen zu reichlich Verwaltungsballast und Redundanz. Sie geben Ihren Bedarf in Ihr Computersystem ein, drucken eine Bestellung aus und senden sie an mich, damit ich dieselben Daten in meinen Computer eingeben kann. Die ganze Prozedur wiederholt sich, wenn ich die Rechnung kalkuliere, ausdrucke und Ihnen zusende, damit Sie die Daten wiederum in Ihr Computersystem eingeben und eine Zahlung veranlassen können. Das ist absurd. Wenn wir uns von dieser Absurdität und dem ganzen Verwaltungsaufwand, der damit verbunden ist, befreien wollen, müssen wir zuerst einsehen, dass diese zwei Prozesse in Wirklichkeit als ein einziger gesehen werden müssen.

Diese neue Perspektive wird durch die neue Technologie, insbesondere das Internet, verstärkt. So wie ERP-Systeme die ausschlaggebende Technologie für die Prozessintegration innerhalb der Unternehmen war, ist das Internet die entscheidende Technologie für die Prozessintegration zwischen den Unternehmen. Darin liegt die eigentliche Bedeutung des Internets, das Gegenstand ausgiebiger Diskussionen und zahlreicher Missverständnisse war und bis heute ist. Das ist möglicherweise nicht überraschend, wenn man bedenkt, dass die meisten Technologien in ihren frühen Tagen nur unzureichend verstanden werden. Als Thomas

Alva Edison den Phonographen erfand, sah er dessen Zweck darin, »die Wünsche sterbender Gentlemen auf ihrem Todesbett« festzuhalten. Als Marconi das Radio erfand, sah er dessen Zweck darin, die Telegrafie zu ersetzen – daher der Name »drahtloser Telegraf«. Wenn zukünftige Geschäftsleute auf unsere Obsession für Portale und Dotcom-Einzelhändler zurückblicken, werden sie bestimmt fragen: »Was haben die sich dabei gedacht?«

Die eigentliche Stärke des Internets liegt in Wirklichkeit in seiner Fähigkeit, Geschäftsprozesse und die sie unterstützenden Informationssysteme über Unternehmensgrenzen hinweg zu integrieren. Das Internet ist gewissermaßen die Abbruchbirne für die Mauern, die die Unternehmen voneinander trennen.

Während der letzten zwei Jahrzehnte wurden zahlreiche Instrumente, vom Fax bis zum elektronischen Datenaustausch (Electronic Data Interchange), dazu genutzt, die Kommunikation über Unternehmensgrenzen hinweg zu verbessern, aber all diese Technologien waren umständlich, teuer und sehr beschränkt. Heute ermöglicht das Internet zusammen mit einer Reihe verwandter Technologien wie XML und fortgeschrittener Protokolle wie RosettaNet die Integration von Prozessen verschiedener Unternehmen zu großen Einheiten. Die Unternehmensgrenzen werden niemals mehr dieselben sein.

Geon, unser Demonstrationsbeispiel für die Probleme, die aus Mauern zwischen den Unternehmen resultieren, ist zu einem Pionier im Niederreißen dieser Mauern geworden. Das Unternehmen hat das Internet dazu verwendet, um seine Prozesse und die sie unterstützenden Computersysteme mit den entsprechenden Prozessen und Systemen bei OxyVinyls und seinen Kunden zu verknüpfen. Geons Prognoseprozess arbeitet heute in Kooperation mit dem von OxyVinyls; sobald Geon von seinen Kunden gewonnene Daten verwendet, um die zukünftige Nachfrage nach PVC-Verbindungen abzuschätzen, wird diese Schätzung an Oxy-Vinyls übermittelt, wo sie dazu verwendet wird, den Bedarf an Harzen und Monomeren zu prognostizieren. Innerhalb von vierundzwanzig Stunden nach Eingang einer Kundenbestellung übersetzt Geon diese Bestellung in die Materialien, die es von OxyVinyls benötigt, und gibt automatisch eine Bestellung auf; diese Bestellung geht direkt in die internen Auftragserfüllungsprozesse und -systeme von OxyVinyls ein. Ebenso automatisch finden Auftragsbestätigungen, Liefervorankündigungen und Rechnungen ihren Weg von OxyVinyls zu Geon. Vor kurzem ging Geon noch einen Schritt weiter. Das Unternehmen hat in den Lagern einiger seiner größeren Kunden Sensoren installiert, sodass es jetzt weiß, wie viel von seinen Produkten der Kunde vorrätig hat. Wenn diese Zahl unter ein vereinbartes Niveau fällt, wartet Geon nicht auf die Bestellung des Kunden, sondern füllt die Vorräte automatisch auf. (Das ist natürlich eine Version unseres alten Freundes VMI aus Kapitel 3.) Mit anderen Worten, die Prozesse der drei Unternehmen – der Beschaffungsprozess für Geons Kunden, Auftragserfüllungs- und Beschaffungsprozess von Geon und der Auftragserfüllungsprozess von OxyVinyls – sind mittlerweile alle integriert. Sie stellen nicht länger eigenständige, mit Reibung und Verwaltung belastete Prozesse dar. Vielmehr operieren sie als eine gut geölte Einheit, in der die Unternehmensgrenzen vollkommen irrelevant geworden sind.

Die Erfolge können sich sehen lassen. Die achtprozentige Fehlerrate bei den Bestellungen ist auf null Prozent gefallen; die Auftragserfüllungszeit hat ihren zweihundertprozentigen Anstieg rückgängig gemacht; die Lagerbestände sind um fünfzehn Prozent zurückgegangen; die Arbeitskosten sind gesunken, seit die nichtwertschöpfende Arbeit eliminiert wurde; und die Mitarbeiter sind nun nicht mehr damit beschäftigt, den Prozess zusammenzustückeln, sondern damit, für die Kunden hochwertige Arbeit zu leisten. Kurz, das Unternehmen hat eine Rundreise zurückgelegt, indem es zuerst eine Mauer errichtete und sie anschließend wieder einriss, um schließlich zu demselben hohen Leistungsniveau zurückzukehren, von dem es ausgegangen war.

Einige werden die Geschichte als eine Illustration dafür verstehen, wie effektiv sich mittels des Internets unabhängige Informationssysteme miteinander verknüpfen lassen. Diese technische Beschreibung ist sicherlich korrekt, dennoch ist ein anderer Punkt entscheidend. In Geons Geschichte wurden getrennte Prozesse in getrennten Unternehmen miteinander verknüpft und arbeiten heute wie ein einziger Prozess. Auch wenn Geon und OxyVinyls in Wirklichkeit separate Unternehmen bleiben, arbeiten sie so reibungs- und mühelos zusammen, wie sie es taten, als OxyVinyls' Produktionseinheiten noch Bestandteil von Geon waren.

Vieles hat sich infolge dieses neu integrierten Prozesses gewandelt. So hat sich beispielsweise der Job des Produktionsplaners verändert. Früher verbrachten die Produktionsplaner viel Zeit am Telefon mit dem (häufig vergeblichen) Versuch herauszufinden, was in der anderen Organisation vor sich ging. Heute sind diese Informationen jederzeit für sie verfügbar, und die Produktionsplaner können sich darauf konzentrieren, sie effektiv zu nutzen. Sie haben jetzt auch die Zeit und die Informationen, um komplexe Ausnahmesituationen zu deichseln – die wiederum immer seltener werden. Beispielsweise können sich die Produktionsplaner von Geon und OxyVinyls gemeinsam um eine Anpassung an die immer engeren Märkte für Rohmaterialien bemühen, indem sie die zeitliche Planung von Produktionsläufen und Lieferungen auf die Erfordernisse beider Unternehmen ausrichten; eine Seite ist möglicherweise bereit, eine spätere Lieferung zu akzeptieren, die andere, ihre Fabrikkapazitäten umzudisponieren. Mit anderen Worten, die Menschen in den beiden Unternehmen arbeiten gemeinsam daran, die Wünsche beider Seiten zu erfüllen, anstatt dass sie in einem Vakuum an der Lösung ihrer eigenen engen Probleme herumdoktern.

Mit den Jobs und den Zuständigkeiten verändern sich auch die Bewertungskriterien. In der Vergangenheit wurden Geons Einkäufer primär nach dem Preis bewertet, den sie mit den Zulieferern aushandelten, weil er das Einzige war, worauf sie Einfluss hatten. Wenngleich die Verfügbarkeit von ausreichend Rohmaterial für die Vermeidung von Betriebsunterbrechungen wichtig war, wurden die Einkäufer dafür nicht verantwortlich gemacht, weil sie darauf angeblich keinen Einfluss hatten. Seit der integrierte Prozess den Mitarbeitern von Geon Einblick in die Zeitpläne der Zulieferer gibt, sind die Einkäufer sowohl für die Verfügbarkeit als auch für den Preis verantwortlich.

Wenn Menschen in einem integrierten unternehmensübergreifenden Prozess arbeiten, können sie auch besser verstehen, wie der andere Betrieb funktioniert und welchen Einfluss sie auf die Leistung des anderen Unternehmens und damit auf die Leistung des Gesamtprozesses haben. Die für die Beschaffung und die Planung zuständigen Geon-Mitarbeiter können jetzt nachvollziehen, dass kleine Bestellungen für OxyVinyls mit höheren Versandkosten verbunden sind, und haben ihr Verhalten dementsprechend geändert; infolgedessen sind OxyVinyls' Kosten ebenso gesunken wie der Preis, den Geon zu zahlen hat.

Grundlage und Voraussetzung für all diese Veränderungen ist ein Wandel im Verhalten und in der Unternehmenskultur. In der Vergangenheit betrachtete Geon ebenso wie die meisten Unternehmen seine Lieferanten als Gegner in einem Nullsummenspiel. Einer gewann auf Kosten des anderen, sei es, was den Preis, den Lagerbedarf oder das Risiko betraf. Heute wissen beide Unternehmen, dass sie sich in einem gemeinsamen Prozess befinden und dass das Ziel nicht darin besteht, die Kosten und das Risiko dem anderen zuzuschieben, sondern ganz zu eliminieren. Diese neue Perspektive findet ihren Ausdruck in gemeinsamen Zielen und vereinbarten Prinzipien hinsichtlich der Aufteilung von Kosten und Nutzen.

Geon und OxyVinyls sind nicht die Einzigen, die die sie trennenden Mauern eingerissen haben. Der weltweit größte Natursodaproduzent, die Alkali Chemicals Division von FMC, hat sich mit seinem Kunden, der PQ Corporation (einem Hersteller anorganischer Chemikalien in privater Hand) zusammengetan, um den Beschaffungsprozess des einen mit dem Auftragserfüllungsprozess des anderen zu verschmelzen. Das in Milpitas, Kalifornien, ansässige Unternehmen Adaptec hat einen ähnlichen Weg beschritten. Adaptec ist ein so genanntes »Fabless«-Halbleiterunternehmen, was bedeutet, dass es seine Produkte nicht selbst produziert. Stattdessen erarbeitet das Unternehmen gemeinsam mit seinen Kunden integrierte Schaltkreise, die für die Produkte des Kunden am besten geeignet sind, und schickt die Entwürfe und Bestellungen dann an Lieferanten in Asien. Die asiatischen Partner produzieren die Chips, montieren und verpacken sie und senden sie zu.

Das klingt relativ einfach, war aber bis 1997 außerordentlich schwierig. Insgesamt umfasste der Prozess Adaptecs Betrieb in Kalifornien; den taiwanesischen Partner Taiwanese Semiconductor Manufacturing Corporation (TSMC), der die Chips herstellte; ein anderes Unternehmen in Hongkong, das sie montierte; und eine Adaptec-Anlage in Singapur, die die Endprodukte für den Versand verpackte. Jedes Mal, wenn eine Bestellung an ein anderes Unternehmen ging, taten dies auch Informationen, die aus dem einen System ausgedruckt, übermittelt und in das Computersystem des nächsten Unternehmens eingegeben werden mussten. In der Praxis war das ein Albtraum.

Es brauchte vier bis sechs Tage, um die Informationen in ein Format zu bringen, das sich von Adaptec zu TSMC faxen ließ. Detaillierte Zeichnungen wurden auf großen Papierbogen ausgedruckt, zerschnitten und auf faxgerechte Papierformate aufgeklebt. Die Spezifikationslisten mussten ausgedruckt, mit den Zeichnungen kombiniert und zu einer Bestellung zusammengestellt werden. Auf der anderen Seite war noch viel mehr Zeit erforderlich. Wenn der Hersteller die Faxe erhielt, mussten die Konstrukteure sie auf die Übertragungsqualität hin überprüfen, einige Seiten noch einmal anfordern, die Daten manuell in ihre Computersysteme eingeben und die Zeichnungen einscannen.

Bei jedem Schritt schlichen sich unweigerlich Fehler ein, die Wiederholungen erforderten und Verzögerungen verursachten. Wenn die Konstrukteure von TSMC Vorschläge hatten, wie sich der Entwurf aus Herstellungsgesichtspunkten vereinfachen ließ, musste der Prozess in umgekehrter Richtung wiederholt werden. In der Regel brauchte es mehr als dreißig Tage, bis ein Konstruktionsentwurf herstellungsreif war.

Angesichts der turbulenten Entwicklung des Halbleitergeschäfts bestanden die Kunden manchmal auf einer Veränderung des Chips, während die Produktion noch lief. Dann stand alles für Tage oder Wochen still, bis die neuen Zeichnungen eintrafen. Häufig konnten die Hersteller Adaptecs Platz in der Warteschlange nicht freihalten, und das Projekt geriet an das Listenende. Diese ganze Fehlerkomödie wiederholte sich bei jeder einzelnen Prozessphase. Und zu allem Unglück kam auch noch die fünfzehnstündige Zeitdifferenz zwischen Kalifornien und Taiwan hinzu.

Diese Probleme waren nicht hinnehmbar. Adaptecs Manager errechneten, dass es nicht mehr als fünfundfünfzig Tage erfordern dürfte, um einen Entwurf zur Fertigungsreife zu bringen. In Wirklichkeit brauchte es einhundertzehn Tage.

In der Welt der Halbleiter, in der der Bedarf eines Kunden nach einem Produkt über Nacht entstehen und ebenso schnell wieder verschwinden kann, ist eine Verdopplung der Mindestzeit, in der ein Auftrag erfüllt werden kann, ein Rezept für den Untergang. Die finanziellen Konsequenzen fielen ebenfalls ins Gewicht. All diese wiederholte Dateneingabe erzeugte zusätzliche Kosten, und der lethargische Prozess erzeugte ganze Lager voll halb fertiger Produkte, die ebenfalls finanziert werden mussten.

Adaptec löste diese Probleme durch eine unternehmensübergreifende Prozessverschmelzung. Über das Internet wurden jetzt sämtliche Informationen, die zuvor ausgedruckt, aufgeklebt und gefaxt wurden, von Adaptecs Systemen direkt in die Produktionssysteme des Herstellers übermittelt. Was zuvor vier bis sechs Tage dauerte, benötigt jetzt nur noch Minuten. Die Konstrukteure des Herstellers können die Entwürfe überprüfen und Änderungsvorschläge elektronisch an Adaptec übermitteln. Die benötigte Zeit für die Erstellung eines endgültigen Chipbauplans beträgt mittlerweile maximal zehn Tage, was einer Verbesserung um sechsundsechzig Prozent entspricht. Die Verständigung zwischen Montage- und Frachtunternehmen ist ebenso unkompliziert. Sämtliche Schritte des Prozesses werden im Hinblick auf die Zeiten ständig weiter optimiert.

Die Erfolge waren außerordentlich. Die Herstellungszeit reduzierte sich um die Hälfte auf fünfundfünfzig Tage – das ursprüngliche Ziel. Zu den übrigen Vorteilen gehört, dass die Lagerhaltungskosten auf neun Millionen US-Dollar vermindert wurden und jetzt die Hälfte des Branchendurchschnitts betragen. Zudem muss Adaptec seine Herstellung nicht länger auf zahlreiche Zulieferer verteilen, um sicher zu sein, dass unvorhergesehene Nachfragespitzen aufgefangen werden können. Statt sechs Zulieferern benötigt Adaptec heute nur noch zwei. Die Pflege der Beziehung mit einem Zulieferer kostet rund eine Million US-Dollar im Jahr, sodass die Reduzierung von sechs auf zwei unmittelbare Einsparungen von vier Millionen US-Dollar zur Folge hatte. All dies erreichte das Unternehmen dadurch, dass es die Mauern abtrug, die es von seinen Zulieferern trennten.

Ähnlich hat auch IBM seinen Einstellungsprozess mit Prozessen bei den beauftragten Personalvermittlungsunternehmen integriert. IBM ist zunehmend ein Dienstleistungsunternehmen und sieht sich wie alle Dienstleistungsunternehmen immer häufiger gezwungen, auf Kundenanfragen rasch zu reagieren. Häufig verlangt die Leistungsbeschreibung des Kunden Tätigkeiten, die nur von Mitarbeitern mit bestimmten Fähigkeiten oder an bestimmten Orten ausgeführt werden können, die IBM möglicherweise nicht verfügbar hat; in Situationen, in denen die erforderlichen Qualifikationen intern nicht verfügbar sind, wendet sich das Unternehmen zwecks Schließung der Lücke an ein Personalvermittlungsunternehmen. In der Vergangenheit geschah dies mittels eines Haufens Papier: Positionsbeschreibungen, Lebensläufe und so weiter. Heute setzt IBM die Positionsbeschreibungen auf eine Website; die Personalvermittlungen besuchen diese und setzen ihrerseits Vorschläge mit Lebensläufen auf dieselbe Website, die IBM anschließend inspiziert. Auf diese Weise kann ein Prozess, der sich vorher häufig eine Woche hinzog, in der Regel an einem Tag erledigt werden. Wieder einmal bot das Internet die ausschlaggebende Technologie, der eigentliche Punkt aber war die Verknüpfung der Aktivitäten verschiedener Unternehmen zu einem einzigen grenzüberschreitenden Prozess.

Sobald wir erkannt haben, welches unsere unternehmensübergreifenden Prozesse sind, können wir damit beginnen, sie umzugestalten und auf diese Weise ihre Leistung zu verbessern. Die rudimentärste Umgestaltung ist von der Art, wie Geon, FMC, IBM und Adaptec sie durchgeführt haben: die reibungslose Verbindung der Teile des Prozesses, die zu den verschiedenen Unternehmen gehören. Diese Technik minimiert Verzögerungen, eliminiert Redundanzen und reduziert Kosten und Fehler. Eine andere Möglichkeit, wie unternehmensübergreifende Prozesse umgestaltet werden können, besteht darin, Arbeit über Unternehmensgrenzen hinweg zu verschieben. Wenn Sie in einer besseren Position sind, eine bestimmte Arbeit zu tun, als ich es in der Vergangenheit war, dann kann es unter Umständen sinnvoll sein, wenn Sie sie künftig tun, auch wenn sie »offiziell« in meine Zuständigkeit fällt. Die zusätzlichen Kosten, die Ihnen daraus erwachsen, werden durch die Vorteile des insgesamt verbesserten Prozesses mehr als ausgeglichen, Vorteile, von denen beide profitieren. (Wenn Ihnen dies vertraut vorkommt, dann deshalb, weil es eine Variation des Themas Kundenmitarbeit darstellt, von dem in Kapitel 2 die Rede war.)

IBM beispielsweise schätzt, dass das Unternehmen im Jahr 1998 durchschnittlich zweihundertdreiunddreißig US-Dollar für die Erledigung eines Kundenauftrags ausgegeben hat. Davon gingen zwanzig Prozent in das »Auftragsmanagement« – Entgegennahme der Bestellung, Überprüfung, ob es sich um den richtigen Preis für den speziellen Kunden handelte, Beantwortung von Kundenfragen zum Zahlungsstatus und dergleichen. Ein großer Teil des Auftragsmanagements war Ballast aus der Zeit, als IBM durch eine undurchsichtige Wand von seinen Kunden getrennt war. Folglich mussten alle Kundeninteraktionen von einem IBM-Mitarbeiter – häufig einem Handelsvertreter – weitervermittelt werden. Indem das Unternehmen die Wand zwischen sich und seinen Kunden einriss, verschmolz es seinen Auftragserfüllungsprozess mit den Beschaffungsprozessen der Kunden und gestaltete diesen größeren Prozess um. Heute können die Kunden einen Großteil der Arbeit, die IBM früher für sie getan hat, selbst erledigen – und das ist für sie bequemer und billiger. Wie in Kapitel 2 beschrieben, können die Kunden jetzt ihre Bestellungen selbst eingeben, den Status dieser Bestellungen überprüfen und dergleichen mehr. Das Unternehmen gewinnt, weil sich seine Kosten reduzieren; die Kunden gewinnen, weil die Arbeit zu dem von ihnen gewünschten Zeitpunkt korrekt ausgeführt wird und weil sie sich die Mühe der direkten Interaktion mit den Mitarbeitern von IBM sparen. Darüber hinaus gibt es noch andere Vorteile. Eine wichtige Kundengruppe (wertschöpfende Zwischenhändler) war in der Lage, die erforderliche Lagerhaltung von IBM-Geräten um mehr als dreißig Prozent zu verringern. Seit sie ihre Bestellungen schneller in den IBM-Prozess eingeben und eine Auskunft bekommen können, wann ein Auftrag tatsächlich ausgeführt werden wird, kommen sie mit geringeren Vorräten aus. Das macht sie zu glücklicheren Kunden, die, wie IBM weiß, zugleich treuere Kunden sind.

Andererseits tut IBM jetzt auch Dinge, die einige Kunden früher selbst erledigen mussten. IBMs große Firmenkunden standardisieren üblicherweise die Computer, die sie organisationsweit einsetzen. Von jedem Mitarbeiter des Unternehmens, der einen PC bestellt, wird erwartet, dass er mit dieser Standardkonfiguration vorlieb nimmt. In der Praxis irren sich jedoch viele Mitarbeiter bei den Spezifikationen oder machen andere Fehler bei der Bestellaufgabe; IBM erlebte nicht selten eine Fehlerquote von über fünfzig Prozent bei den Bestellungen aus Kundenunternehmen. Der Bestellprozess des Kunden war im Prinzip unvollständig (fehlerhafte Bestellungen wurden nicht aussortiert), was IBM kompensieren musste. Jetzt hat IBM die Arbeit der Überprüfung von Kundenbestellungen übernommen. Der Kunde liefert IBM eine vollständige Beschreibung der abgesegneten Konfiguration. IBM bietet daraufhin den Käufern aus der Kundenorganisation lediglich diese Konfiguration an. Sowohl IBM als auch der Kunde gewinnen, denn sie müssen weniger Zeit mit der Berichtigung inkorrekter Bestellungen zubringen.

Koordination – wobei beide Unternehmen genau die gleichen Daten verwenden – ist die dritte Möglichkeit, die Leistung eines unternehmensübergreifenden Prozesses zu verbessern. In traditionellen Organisationen passieren die Informationen niemals die Tore. Zum Teil liegt das an den technologischen Beschränkungen, die es den Unternehmen auch dann schwierig machten, Informationen weiterzugeben, wenn sie dies wollten. Zum anderen Teil aber liegt es daran, dass sie es eben nicht wollten. Die weit verbreitete Politik der geschlossenen Türen nach dem Motto: »Wir wissen, was wir wissen, Sie wissen, was Sie wissen, und damit ist es gut«, spiegelt das Misstrauen der Unternehmen gegenüber jedermann wider. Aber dieses Versteckspiel hat ernsthafte Konsequenzen. Wenn die Unternehmen nur über sich selbst Bescheid wissen, nicht aber über ihre Kunden und Zulieferer, treffen sie alle möglichen Entscheidungen ohne adäquate Informationsbasis. Ich meine damit nicht nur gewichtige strategische Entscheidungen, sondern alltägliche taktische und betriebliche Entscheidungen, die die Arbeitsweise eines Unternehmens bestimmen: Wie viel sollen wir produzieren? Welches Material benötigen wir? Wie viele Mitarbeiter sollen an welchen Standorten arbeiten? Wie viel Transportkapazität benötigen wir?

Ein Unternehmen kann nur dann erfolgreich sein, wenn es in diesen Fragen die richtigen Entscheidungen trifft. Ohne zutreffende Informationen über den Zustand der Welt jenseits seiner Mauern ist es dazu jedoch nicht in der Lage. In der Vergangenheit stellten die Unternehmen in der Regel Schätzungen an bezüglich der Kapazitäten ihrer Lieferanten, der zukünftigen Nachfrage und des Transportvolumens ihrer Spediteure, die wiederum den Transportbedarf ihrer Kunden nur schätzen konnten.

Schlechte Entscheidungen sind das Ergebnis inkorrekter Schätzungen, und sie führen zu falschen Zeitplänen, falschen Materialien und zu Mitarbeitern mit den falschen Voraussetzungen für die falschen Jobs. All das bedeutet Vergeudung – ungenutzte Vorräte, unbeschäftigte Mitarbeiter und Waren, die in den Lagerhäusern vermodern, weil niemand sie haben will.

Diese Situation verändert sich, wenn die Unternehmen Informationen über ihre Außengrenzen hinweg weitergeben, was heute technisch kein Problem mehr ist. Stellen Sie sich eine Welt vor, in der Sie über die Produktionspläne und die Materialvorräte Ihres Zulieferers stets informiert sind. Stellen Sie sich zudem vor, dass Sie stets auf dem Laufenden sind über die Vorräte Ihres Kunden an Ihren Produkten und über seinen Bedarf an entsprechendem Nachschub. Stellen Sie sich vor, Sie wüssten in jedem Augenblick, welche Kapazitäten Ihr Spediteur gerade verfügbar hat – an jedem Ort der Welt. Und dabei hat es diese Informationen immer schon gegeben; jedes dieser Unternehmen hat sorgfältig über sie Buch geführt. Sie zu sammeln war nicht das Problem; dafür aber ihre Weitergabe über die Unternehmensgrenzen hinweg.

Matthew Arnolds Gedicht »Dover Beach« beschreibt, wie die Unternehmen funktionieren, die noch nicht die Vorteile der gemeinsamen Nutzung von Informationen entdeckt haben: »And we are here as on a darkling plain / Swept with confused alarms of struggle and flight / Where ignorant armies clash by night.«

Solcherart war die Dunkelheit, die ein größeres Getränkeunternehmen und einen seiner wichtigsten Zulieferer, ein Verpackungsunternehmen, umgab. Das Getränkeunternehmen prognostizierte regelmäßig seinen erwarteten Umsatz, überschlug seinen Verpackungsbedarf und teilte diese Informationen dem Zulieferunternehmen mit, damit dieses sich schon einmal auf die zu erwartende Bestellung vorbereiten konnte. Das Problem war, dass sich die Prognosen häufig veränderten, ohne dass das Getränkeunternehmen den Verpackungshersteller jedes Mal davon unterrichtete. Der Getränkehersteller erfuhr beispielsweise von einer bevorstehenden Großveranstaltung in Chicago und erhöhte dementsprechend die Produktion. Es wäre logisch gewesen, auch den Verpackungshersteller zu informieren, damit dieser seinen Produktionsplan ebenfalls anpassen konnte. Das geschah aber nicht. Die Mauern zwischen den zwei Organisationen waren so hoch, dass der Produktionsplaner des Getränkeherstellers nicht einmal wusste, wen er beim Verpackungshersteller kontaktieren musste. Kurz, Kommunikation und Kooperationen waren zu umständlich.

Der Produktionsplaner zuckte die Schultern und entschied, dass der Zulieferer selbst sehen mochte, wie er zurechtkam. So war es unvermeidlich, dass der Getränkehersteller dem Zulieferer am Ende eine Bestellung präsentierte, auf die dieser nicht vorbereitet war. Der Zulieferer musste daraufhin Extraschichten einlegen, zusätzliches Personal einstellen oder Verpackungsmaterial von anderen Bestimmungsorten nach Chicago umleiten, was einen Engpass an einer anderen Stelle verursachte und das ganze System in Mitleidenschaft zog.

Das ist nicht länger erforderlich. Die beiden Unternehmen nutzen heute das Internet, um Informationen zwischen ihren Planungs- und Produktionsprozessen auszutauschen. Sobald der Produktionsplaner des Getränkeherstellers neue Informationen hat, korrigiert er die Prognosen und stellt sie auf die Website, die dazu programmiert wurde, die neuen Prognosen dem Verpackungsunternehmen zukommen zu lassen. Jetzt kann der Produktionsplaner des Zulieferers Vorbereitungen entweder für eine Erweiterung oder für eine Reduzierung der Bestellung treffen. Wenn der Verpacker die Notwendigkeit voraussieht, Material von einem anderen Ort abzuziehen, gibt er dies ebenfalls auf der Website bekannt, die so programmiert ist, dass sie die Informationen automatisch dem Getränkeunternehmen zuleitet. Die dortigen Planer können dann versuchen, ihre Produktionspläne an die neuen Liefertermine anzupassen. Durch die gemeinsame Nutzung von Informationen haben die beiden Unternehmen praktisch einen einzigen unternehmensübergreifenden Planungsprozess geschaffen.

Heute rückt eine Vision in greifbare Nähe, der zufolge sich vollständige Lieferketten harmonisch und synchronisiert managen lassen. Der Lieferant der Ausgangsmaterialien kann auf der Grundlage des Umsatzes der Endprodukte in den Regalen der Einzelhändler entscheiden, wie viel er wovon produzieren will. Der Hersteller kann auf der Grundlage der tatsächlich verfügbaren Transportkapazitäten des Spediteurs entscheiden, was er verschicken will. Das ist die Vision von einem reibungslosen Geschäftsumfeld.

Der Begriff der *Lieferkette* wurde wie viele andere Wirtschaftsbegriffe zweckentfremdet, verfälscht und auf einen Euphemismus für Beschaffung reduziert, ähnlich wie aus *Humanressourcen* ein politisch korrekter Ausdruck für Personal geworden ist. In Wirklichkeit jedoch umfasst die Lieferkette eines Unternehmens alle Unternehmen, sowohl vorgelagert als auch nachgelagert, die zur Erzeugung des Endprodukts beitragen, das der Endkunde schließlich kauft. Die vielleicht anschaulichste Definition einer Lieferkette stammt von einem großen

Hersteller von Papierprodukten, unter anderem Toilettenpapier. Dieses Unternehmen behauptet, seine Lieferkette erstrecke sich »from stump to rump«.

Je länger eine Lieferkette ist, desto weniger weiß das eine Ende, was sich am anderen zuträgt, und desto mehr nehmen die Transaktionen zu, wenn die Produkte wiederholt eingekauft und weiterverkauft werden. Die Folge sind unermessliche Lagerbestände und unsinnig hohe Kosten. Hewlett-Packard arbeitet forciert an einer Lösung dieses Problems, indem das Unternehmen die Kraft der Kooperation nutzt, um die Arbeit einer ausgedehnten Lieferkette zum Nutzen aller Beteiligten zu synchronisieren.

Der typische Käufer eines HP-Computermonitors macht sich vermutlich keine Vorstellung, wie viele Unternehmen an dessen Herstellung beteiligt sind. Wie die meisten Computerhersteller hat HP die Fertigung weitgehend an Vertragsunternehmen wie Solectron und Celestica ausgelagert. Der Vertragshersteller kauft das Gehäuse von einem Spritzgießer, der das verwendete Material von einem Plastikhersteller (zum Beispiel Geon) erwirbt, der wiederum die für die Plastikverbindung benötigten Harze von einem Lieferanten bezieht. Diese Lieferkette ist leicht beschrieben und fast unmöglich zu managen.

Die Zulieferer am anderen Ende der Kette haben keine Vorstellung davon, wie viel Monitore HP tatsächlich benötigt; sie wissen möglicherweise nicht einmal, dass HP der letztendliche Adressat ihrer Harze oder ihres Kunststoffs ist. Infolgedessen muss jeder von ihnen große Vorräte »nur für den Fall« bereithalten, dass eine HP-Bestellung entlang der Lieferkette über sie hereinbricht. Und dabei lässt es sich nicht vermeiden, dass die vorhandenen Lagerbestände auch einmal nicht mit dem übereinstimmen, was HP in dem gegebenen Augenblick benötigt; wenn HP eine bestimmte Art von Monitor bestellt, dann haben die vorgelagerten Zulieferer möglicherweise reichlich Vorräte, nur eben nicht das, was HP benötigt. Das hat zur Folge, dass HP seinem Kunden nicht das geben kann, was er haben will, sodass der Kunde anderswohin geht und jeder in der Lieferkette Ertragseinbußen hat. Ebenso können Probleme bei den geschäftlichen Transaktionen der vorgelagerten Zulieferer untereinander (wie etwa Terminstreitigkeiten oder Zahlungsverzug) zu Verzögerungen bei der Materiallieferung von einem Zulieferer zum nächsten in der Kette führen, mit der Folge, dass HP die Monitore nicht dann zur Verfügung hat, wenn das Unternehmen sie braucht.

Die ungleiche Größe der einzelnen Teilnehmer dieser Lieferkette hat einige besondere Konsequenzen. HP und der Harzlieferant sind große Unternehmen, und die beiden Vertragshersteller haben ebenfalls einiges Gewicht. Aber die meisten Spritzgießer sind vergleichsweise kleine Betriebe, ebenso die Kunststoffmischer. Das bedeutet, dass HPs Gehäusebestellungen in der Regel auf viele Kunststoffhersteller aufgeteilt werden, die die benötigten Harze jeweils nur in relativ kleinen Mengen – und zu entsprechend hohen Preisen – einkaufen. HP ist durch die Vertragshersteller und Spritzgießer praktisch abgeschirmt von den Harz- und Kunststofflieferanten. Das bedeutet, dass HP keine klare Vorstellung von der Leistung dieser vorgelagerten Zulieferer hat, was Konditionen, Qualität und Lieferpünktlichkeit der einzelnen Anbieter betrifft. (Wie übrigens auch sonst niemand.) HP bekommt auch nichts über neue Ideen dieser Zulieferer zu hören, die möglicherweise Einfluss auf den Entwurf und die Spezifikationen der Monitore haben könnten.

In einer langen und komplexen Kette wie der beschriebenen ist es außerdem unvermeidlich, dass viele Leute damit beschäftigt sind, sie zusammenzuhalten. Wenn HP eine Bestellung aufgibt, sollten die Zulieferer theoretisch loslegen können. In der Praxis jedoch kommt es ständig zu Veränderungen. Im Durchschnitt wird jede Bestellung für ein bestimmtes Kontingent von Monitoren bis zu ihrer vollständigen Erfüllung viermal abgewandelt, meistens in Reaktion auf eine veränderte Marktnachfrage. Menge, erforderlicher Liefertermin und Farbe sind nur einige der Aspekte, die von diesen Änderungen betroffen sind. Mit anderen Worten, die Ausnahme ist die Regel. Auch in der Lieferkette selbst können Probleme auftauchen: Es kommt zu Produktionspannen, Arbeitskräfte sind knapp, Materialien gehen zur Neige – Überraschungen jeder Art können den besten Plan zunichte machen. Wie im Fall des Getränkeherstellers ist die Kommunikation zwischen den Unternehmen hinsichtlich dieser Änderungen in der Regel unzureichend. Eine ganze Armee von Mitarbeitern ist damit beschäftigt, die Koordination zu gewährleisten, in der Praxis funktioniert dies jedoch nur selten. Die Produktionssysteme des Vertragspartners enthalten unweigerlich andere Informationen als die des Zulieferers, was Termine, Lieferungen und Mengen anbetrifft. Die Folge davon sind verschwendete Mühe, Verzögerungen, Unmengen ungenutzten Materials und verzweifelte Anstrengungen, Lieferungen in letzter Minute zu beschleunigen.

All diese Probleme resultierten letztlich aus dem Umstand, dass niemand den vollständigen Prozess managte, der mit HP begann und mit den Harzlieferanten endete. Eine über die verschiedenen Unternehmen verstreute Armee von Mitarbeitern, die diverse inkompatible Informationssysteme verwendeten, war damit beschäftigt, den Prozess unter großen Kosten und Mühen kontinuierlich zusammenzuhalten, ohne dass irgendeiner ihn wirklich managte. 1999 sprang HP in diese Lücke und beschloss, die Rolle des aktiven Managers für den gesamten Prozess zu übernehmen. Anstatt Verantwortung auf die Zulieferkette abzuschieben und das Risiko den Zulieferern aufzubürden, handelt HP heute als Koordinator des Prozesses, der die gesamte Plastiklieferkette umfasst. HP hat die Verantwortung dafür übernommen, dass alle Beteiligten der Lieferkette zusammenarbeiten, Informationen austauschen und ihren Betrieb in einer Weise gestalten, die allen Beteiligten geringe Kosten und hohe Verfügbarkeit garantiert.

Dieser neu integrierte Prozess wird durch ein Computersystem möglich, das HP entworfen hat, um allen Mitgliedern der Lieferkette einen gemeinsamen Informationszugriff zu gewährleisten. HP gibt hier seine Bedarfsprognosen sowie sämtliche Änderungen bekannt, sodass alle Übrigen ihre eigenen Prognosen daran ausrichten können. In ähnlicher Weise werden die Pläne und Termine der anderen Teilnehmer sichtbar gemacht. Wenn in der Lieferkette irgendwo Probleme auftauchen, die die Deckung des von HP prognostizierten Bedarfs gefährden, dann erfährt HP rechtzeitig davon und kann anders planen. Die Übrigen nutzen diese Plattform zudem, um sich untereinander abzustimmen; sie senden einander elektronische Bestellungen, Bestätigungen und Rechnungen. Auf diese Weise werden Veränderungen in den Bestellungen von HP augenblicklich entlang der gesamten Lieferkette weitergegeben, sodass sich alle darauf einstellen können.

Vor allem erhält der Harzlieferant jetzt von HP eine Komplettprognose, auf deren Basis ein Gesamtpreis ausgehandelt wird, der sämtliches in die Lieferkette von HP fließendes Harz umfasst. Denn genau genommen ist HP der eigentliche Käufer des Harzes; der Kunststoffmischer ist lediglich das erste Glied in der Kette. Jetzt tritt HP als der Kunde des Harzlieferanten auf, auch wenn das Produkt über zahlreiche Kunststoffproduzenten geliefert wird. Der Harzlieferant schickt HP eine einzige Rechnung über das gesamte Harz. Dieses System ist für den Harzlieferanten viel besser, insofern als es für ihn einfacher und sicherer ist, mit einem einzigen großen Kunden als mit einer Unzahl kleiner zu tun zu haben, und im Gegenzug bietet er HP deutliche Preisabschläge.

HPs Beschaffungsbeauftragte fungieren fortan als die Manager dieses unternehmensübergreifenden Prozesses. Sie sind nicht länger damit beschäftigt, Verkaufs- und Lieferbedingungen auszuhandeln, vielmehr besteht ihr neuer Job darin, den reibungslosen Prozessbetrieb sicherzustellen. Sie beobachten die Leistung der vorgelagerten Zulieferer; sie intervenieren, um Probleme im Zusammenhang mit dem Geldfluss zwischen diesen Zulieferern zu lösen; sie greifen in die gesamte Lieferkette ein, um Missstimmigkeiten zwischen Angebot und Nachfrage zu vermeiden und Risiken zu mindern. Diese Tätigkeit ist von der traditionellen Rolle des Einkäufers weit entfernt.

Diese Situation bringt allen Beteiligten Vorteile, auch wenn HP möglicherweise mehr als alle anderen davon profitiert. In den Pilotimplementierungen dieses frisch integrierten Prozesses ist der von HP für die Harze bezahlte Preis um zwei bis fünf Prozent gesunken, die Zahl der für die Koordination der Lieferkette benötigten Mitarbeiter hat sich halbiert, und die Auftragserfüllungszeit für einen Computermonitor hat sich um fünfundzwanzig Prozent verkürzt. Und vor allem schätzt HP, dass der Umsatz in den Bereichen, in denen der Prozess bereits implementiert wurde, um zwei Prozent zunimmt. Das sind Umsätze, die dem Unternehmen bislang entgingen, weil es nicht die richtigen Produkte zur richtigen Zeit beschaffen konnte. HP muss nicht länger die Todsünde begehen, Kunden unverrichteter Dinge fortzuschicken. Die Zerstörung von Unternehmensmauern ist eine wunderbare Sache.

HP und Zulieferer haben ihre unternehmensübergreifenden Prozesse mittels aller drei von mir beschriebenen Mechanismen umgestaltet. Elektronische Transaktionen sorgen für reibungslose Übergänge zwischen Käufern und Verkäufern; bestimmte Tätigkeiten, die zuvor den Kunststoffproduzenten oblagen (der Harzeinkauf), wurde über Unternehmensgrenzen hinweg auf HP übertragen; und alle Seiten stützen sich auf eine gemeinsame Datenbank mit Nachfrage- und Produktionsdaten. Die Mauern, die diese Unternehmen voneinander trennen, sind so durchlässig geworden, dass sie kaum noch wahrnehmbar sind. HP arbeitet so eng und reibungslos mit der Lieferkette zusammen, als sei diese insgesamt ein Teil von HP – oder noch besser. Die Partnerunternehmen arbeiten wirklich kooperativ zusammen. Das Reengineering der unternehmensübergreifenden Prozesse zwecks enger Kooperation führt die Arbeit zu Ende, die mit dem unternehmensinternen Reengineering der neunziger Jahre begonnen hat: die Eliminierung der letzten Spuren von unproduktiver Arbeit aus ihrem Unternehmen.

Die Konsumgüterbranche kann es sich ebenfalls kaum leisten, auf Umsätze aufgrund der Nichtverfügbarkeit von Produkten zu verzichten; und dennoch passierte dies in der Vergangenheit viel zu häufig. Sowohl die Hersteller als auch die Händler entwickelten Umsatzprognosen für die Produkte des Herstellers, aber weil diese Prognosen unabhängig voneinander entwickelt wurden, waren sie häufig inkonsistent, was zu Lieferengpässen und zu Überbeständen in den Lagern der Herstellern führte. Der Hersteller plante möglicherweise eine neue Anzeigenkampagne, oder der Einzelhändler setzte eine Sonderaktion an, ohne dass die andere

Seite davon erfuhr. Das eigentliche Problem war, dass Hersteller und Händler jeweils ihre eigenen Prognoseprozesse hatten, die nicht aufeinander abgestimmt wurden. Mittlerweile werden diese getrennten Prognoseprozesse immer häufiger zu einem einzigen kombiniert. Kimberly-Clark und Kmart verwenden einen einheitlichen Prozess für Kleenex-Tücher, mit beachtlichen Resultaten: ein vierzehnprozentiger Anstieg des im Laden verfügbaren Angebots, ein zwanzigprozentiger Rückgang der Lagerhaltung auf der Einzelhändlerseite und ein siebzehnprozentiger Anstieg der Umsatzerlöse. Wenn Unternehmen ihren Betrieb aufeinander abstimmen, profitieren alle Seiten.

Die Macht der Kooperation ist auch in der Pharmabranche zu spüren. Wie in vielen anderen Branchen, die über Zwischenhändler arbeiten, können hier sehr große Kunden (wie beispielsweise größere Klinikbetreiber) mit den Arzneimittelherstellern besondere Preise aushandeln. Die Bestellungen eines Krankenhauses werden von einem lokalen Händler ausgeführt, dem es einen besonderen Preis zahlt, der unter Umständen deutlich unter den üblichen Sätzen des Händlers liegt. In einem Arrangement mit dem Namen »Ausgleichsbuchung« kann der Händler dem Hersteller einen zu vereinbarenden Kompensationsbetrag für die entgangene Marge in Rechnung stellen.

Sie müssen kein Pharmazeutikexperte sein, um zu ahnen, dass diese Situation sehr chaosanfällig ist. Jeder hat vermutlich unterschiedliche Informationen zu den Preisen und zu den tatsächlich verkauften Mengen. Möglicherweise gibt es drei Versionen, in welcher Menge ein bestimmtes Produkt dem Krankenhaus geliefert wurde; auf welche Ausgleichsbuchung der Händler Anspruch hat; was das Krankenhaus ursprünglich zu zahlen bereit war; und welche Bedingungen zwischen dem Hersteller und dem Händler ausgehandelt wurden. Selbst wenn die Versionen übereinstimmen sollten, wird das ein Ende haben, sobald das Krankenhaus seinen Vertrag mit dem Hersteller erneut verhandelt und Letzterer die Konditionen für sein Geschäft mit dem Händler modifiziert.

Es gibt zwei Missstände. Erstens erfordern diese Diskrepanzen zahlreiche (meistens vergebliche) Einigungsbemühungen und zusätzliche Anstrengungen, um die unweigerlich angeschlagenen Beziehungen zu glätten. In jedem Unternehmen sitzen Leute, deren einzige Aufgabe darin besteht, mit ihren Pendants in den anderen Institutionen zu reden, Vereinbarungen abzuklären und Fehler zu korrigieren. Zweitens ist es fast immer so, dass einer zu wenig zahlt. Entweder zahlt das Krankenhaus dem Händler zu wenig, oder der Händler erwartet eine höhere Ausgleichszahlung vom Hersteller, als dieser ihm gewährt. Um es sich jedoch mit dem Zwischenhändler und dem Endkunden nicht zu verderben, ist der Hersteller häufig bereit, diese Fehler zu absorbieren und erhebliche Ertragseinbußen hinzunehmen, nur um im Geschäft zu bleiben. Es lässt sich schwer sagen, welches dieser beiden Probleme schwerer wiegt.

Mittlerweile hat mindestens ein größeres Pharmaunternehmen den Prozess, der all diese Parteien verbindet, integriert. Eine einheitliche Version der Preis- und der Lieferinformationen wird auf einer Website festgehalten, zu der alle Zugang haben. Wenn ein Vertrag ausgehandelt wird, wird er auf die Website gestellt, ebenso wie Protokolle der tatsächlich erfolgten Lieferungen an die Krankenhäuser. Der Händler weiß dann, wie viel er dem Krankenhaus berechnen soll, und das Krankenhaus weiß, was es dem Händler zahlen muss; der Händler und der Hersteller einigen sich über die Höhe der Ausgleichszahlung. Die gemeinsame Nutzung einer Datenbank eliminiert Ungenauigkeiten und die mit dem notwendigen Einigungsprozess verbundenen Kosten.

Zwei Erdölunternehmen erarbeiteten eine ähnliche Kooperationsvereinbarung. In Anbetracht der Tatsache, dass Benzin allen Behauptungen der Werbung zum Trotz praktisch immer identisch ist, kaufen und verkaufen Erdölunternehmen große Mengen davon untereinander, um Transportkosten zu sparen und lokale Engpässe zu vermeiden. Zum Monatsende schickt jedes Unternehmen allen übrigen eine Rechnung, und entsprechende Zahlungen gehen den umgekehrten Weg.

Angesichts Tausender von Transaktionen, die jeden Monat zwischen diesen zwei Unternehmen getätigt werden, sind Fehler unvermeidlich. Jedes Unternehmen hat seine eigene Version von seinen Transaktionen mit dem anderen Unternehmen, sodass es viel Zeit und Energie erfordert, um all diese Transaktionen daraufhin zu überprüfen, wo der Fehler lag. In der Vergangenheit dauerte diese Arbeit, die manuell ausgeführt wurde und viele Mitarbeiter in Anspruch nahm, unter Umständen bis zu zwei Monaten.

Heute erübrigt sich die Fehlersuche fast völlig. Die Transaktionen zwischen den Unternehmen werden unmittelbar in einer gemeinsamen Datenbank festgehalten, die auf einer Website untergebracht ist, mit der beide Unternehmen ihre finanziellen Transaktionen abgleichen. Infolgedessen wurde der Abgleichungsaufwand um mehr als neunzig Prozent gesenkt, und die erforderliche Restarbeit bemisst sich nicht mehr nach Monaten, sondern nach Stunden. Keines der beiden Unternehmen muss Geld bereithalten, um am Monatsende unerwartete Zahlungen an die andere Seite leisten zu können.

Die meisten der bislang besprochenen Kooperationsbeispiele stammen aus dem Bereich des Supply Chain Management: die Zusammenarbeit einer Gruppe von Unternehmen zwecks Lieferung dessen, was der Endkunde verlangt hat. Es überrascht nicht, dass die unternehmensübergreifende Prozessintegration gerade hier die größten Fortschritte gemacht hat. So wie der erste interne Prozess, den die meisten Unternehmen einem Reengineering unterzogen, die Auftragserfüllung war, so ist die Lieferkette der erste unternehmensübergreifende Prozess, auf den eine ähnliche Aufmerksamkeit fällt. Die Krankheitssymptome liegen direkt an der Oberfläche, und ihre Behandlung liefert eine unmittelbare Rendite in Form von Kundenzufriedenheit und verringerten Kosten.

Allmählich kommen ungeheure Chancen in anderen Bereichen zum Vorschein. Die nächste größere Welle wird vermutlich die gemeinschaftliche Produktentwicklung betreffen. Dabei tauschen ein Unternehmen, seine Zulieferer und womöglich seine Kunden (über das Internet) Informationen über ein Produkt aus, während es noch in der Entwicklungsphase ist. Die Zulieferer erhalten dadurch die Chance, mit der Entwicklung der Produktteile, die in

ihre Zuständigkeit fallen, bereits zu beginnen, bevor der Gesamt-
entwurf steht; ein Zulieferer kann zudem frühzeitig Rückmel-
dung geben, ob er denkt, dass er die Teile im veranschlagten Kos-
ten- und Zeitrahmen herstellen kann. Die Kunden können das
Produkt schon während seines Entstehens testen und Hinweise
geben, die gewährleisten, dass das Endprodukt später einmal
ihren Bedürfnissen gerecht wird. Zudem sind unvermeidliche
Änderungen bei den Kundenbedürfnissen, Produktspezifikatio-
nen und Komponentenanforderungen jederzeit für alle Seiten
zugänglich. Es gibt künftig keinen Grund mehr, warum irgendwer für Wochen oder Monate von den neuesten Nachrichten und
Entwicklungen ausgeschlossen sein sollte. Die unternehmensübergreifende kooperative Produktentwicklung ist das Analogon
zum Concurrent Engineering, das die unternehmensinterne Produktentwicklung während der vergangenen fünfzehn Jahre verändert hat.

Hinter dieser Welle der Kooperation baut sich eine noch größere Welle auf, die die unternehmensübergreifende Kooperation auf
bislang nicht kartografiertes Gebiet ausdehnt. Diese Welle zwingt
uns, neue Worte zur Beschreibung von Geschäftsbeziehungen zu
finden, die bislang unsichtbar für uns waren.

Das traditionelle Vokabular für Geschäftsbeziehungen ist
mager: Wenn sie mir etwas verkaufen, bin ich Ihr Abnehmer oder
Kunde und sind Sie mein Anbieter oder Lieferant; wenn ein anderer versucht, mir das Gleiche zu verkaufen, ist er Ihr Wettbewerber. Das ist es auch schon, weil dies die einzigen Beziehungen
waren, die für uns eine Rolle spielten. Aber was ist, wenn ich und
Sie beide das gleiche Produkt oder die gleiche Dienstleistung von
demselben Anbieter beziehen? In der Vergangenheit war es
unwahrscheinlich, dass einer von uns entdeckte, dass wir in einer
solchen Beziehung standen, und wenn, dann hatte die Information für uns wenig Bedeutung. Folglich hatten wir auch keine
sprachliche Bezeichnung dafür. Und was ist, wenn Sie und ich
verschiedene Produkte an denselben Kunden verkauften? Wir
waren keine Wettbewerber, also was dann? Bis vor kurzem hat
uns das nicht interessiert. Das hat sich geändert.

General Mills, ein Gigant der Konsumgüterbranche, besitzt diverse Marken von Cheerios bis Yoplait. In dieser Branche sind die Margen kontinuierlich gefallen, nachdem sich die Vertriebskanäle zu konsolidieren begannen und die Kunden wählerischer wurden. 1990 wies das Unternehmen seiner Branche den Weg, indem es unnötige Kosten aus seiner Lieferkette eliminierte. Durch verstärkte Einkaufseffektivität, Fertigungsproduktivität und Vertriebseffizienz gelang es General Mills tatsächlich, die Kosten je Produkteinheit innerhalb eines Jahrzehnts um zehn Prozent zu senken. Aber als das neue Jahrzehnt anbrach, erkannte das Unternehmen, dass es über die Grenzen seiner linearen Lieferketten hinausgehen musste, um neue Gelegenheiten zur Kosteneinsparung zu finden. So wie es in den neunziger Jahren das Denken in Schablonen überwunden hatte, überwand es jetzt das Denken in Linealen. Zu den ersten Ideen gehörte ein neuer Ansatz für den Vertrieb gekühlter Produkte wie beispielsweise Joghurt.

Die Kühlregalabteilung Ihres Supermarkts unterscheidet sich in mehr Aspekten von den anderen Gängen, als Ihnen auf Anhieb bewusst sein wird. In den »trockenen« Kategorien der abgepackten Produkte bestreiten die sieben wichtigsten Hersteller (wie beispielsweise General Mills und Kraft) zusammen annähernd vierzig Prozent des Supermarktumsatzes. Das bedeutet, dass jeder Hersteller groß genug ist, um sein eigenes Vertriebsnetz (Lastwagen und Lager), das die Produkte von seinen Fabriken zu den Lagern des Supermarkts transportiert, effizient zu betreiben. In der Kategorie der gekühlten Produkte jedoch repräsentieren die obersten sieben Hersteller lediglich fünfzehn Prozent des Supermarktumsatzes, und bis auf einem fehlt ihnen das erforderliche Volumen für ein wirklich effizientes Vertriebsnetz. Dennoch unterhält jedes Unternehmen ein solches Netz; aber wie nicht anders zu erwarten, funktioniert keines so, wie es sollte.

Wenn ein mit Yoplait beladener Kühltransporter ein Lager von General Mills in Richtung lokaler Supermärkte verlässt, ist er bedauerlicherweise häufig nicht voll. Noch häufiger transportiert der Lastwagen Joghurt für mehrere Supermärkte, was bedeutet,

228

dass er unterwegs mehrere Male halten muss. Wenn der Lastwagen im Verkehr aufgehalten wird oder bei einem der ersten Stopps auf ein Problem trifft, kann es vorkommen, dass er es an diesem Tag nicht bis zum letzten Supermarkt seiner Route schafft. Wenn dieser Supermarkt gerade in der Sonntagszeitung eine Anzeige mit einer Yoplait-Sonderaktion geschaltet hat, dann werden viele Kunden verärgert reagieren, und General Mills hat es mit einem frustrierten Supermarkt zu tun.

Das Unternehmen erkannte, dass es diese Probleme nur lösen konnte, indem es mit einem anderen Unternehmen zusammenarbeitete, das sich zuvor außerhalb seines Horizonts befunden hatte: Land O'Lakes, der Butter- und Margarinehersteller. Anstatt jeweils ein eigenes, nicht optimales Vertriebsnetz zu betreiben, beschlossen die beiden Unternehmen zu kooperieren. Joghurt von General Mills und Butter von Land O'Lakes werden jetzt in denselben Kühlhäusern verladen und reisen in denselben Lastwagen zu denselben Supermärkten. (In Prozessbegriffen gesprochen haben die beiden Unternehmen ihre separaten Auftragserfüllungsprozesse zu einem gemeinsamen verschmolzen.) Das bedeutet, dass die Lastwagen jetzt voller losfahren; und weil jeder von ihnen mehr Ware zu den einzelnen Supermärkten bringt, müssen sie weniger Stopps einlegen, wodurch sich die Wahrscheinlichkeit erhöht, dass sie alle geplanten Lieferungen ausführen können. Deutliche Kosteneinsparungen und eine verbesserte Kundenzufriedenheit für beide Hersteller sind die Folge. Die beiden Hersteller arbeiten derzeit an einer gemeinsamen Bestellliste für die Supermärkte und an einer Zusammenfassung der Rechnungen.

Diese Geschichte weist zurück auf die Diskussion in Kapitel 2 über die Wichtigkeit, dem Kunden ein einheitliches Gesicht zu präsentieren. Dort ging es um mehrere Teile ein und desselben Unternehmens – J & J und AlliedSignal Aerospace waren unsere Beispiele. Hier nun habe ich dieses Konzept auf mehrere Unternehmen erweitert. Seit General Mills und Land O'Lakes die sie trennenden Mauern abgetragen haben, erscheinen sie dem Supermarkt gegenüber als ein einziges Unternehmen. Interessanterweise hat General Mills für sich die Regel aufgestellt, dass eine Kooperation nach außen erst dann möglich ist, wenn sie im Inneren bereits funktioniert. Der erste Schritt besteht also darin, dass Sie die verschiedenen Teile Ihres eigenen Unternehmens zusammenarbeiten lassen; anschließend können Sie das Prinzip nach außen fortsetzen.

General Mills und Land O'Lakes, die sich vorher überhaupt nicht füreinander interessiert hatten, haben heute eine tiefe und dauerhafte Beziehung – aber es fehlt der Begriff, um sie zu beschreiben. Ich schlage den Neologismus *Co-Supplier* vor (*co* könnte für komplementär oder für kooperativ stehen). Die beiden Unternehmen sind nicht miteinander im Wettbewerb stehende Lieferanten derselben Supermärkte, und es ist zu ihrem beiderseitigen Vorteil (wie auch zu dem des Supermarkts), wenn sie Möglichkeiten der Zusammenarbeit finden.

Diese Beziehung zwischen General Mills und Land O'Lakes hat immer schon existiert, wenn auch unsichtbar. Neu hingegen ist, dass die Unternehmen sie auszunutzen verstehen. In der Vergangenheit wäre die manuelle Koordination der Lieferungen über ein gemeinsames Vertriebsnetz ein logistischer Albtraum gewesen. Aber das Grenzen überwindende Internet macht plötzlich etwas möglich, was lange Zeit ein Wunschtraum war.

Co-Customer ist der nahe liegende komplementäre Begriff für Unternehmen, die bei einem gemeinsamen Zulieferer einkaufen. Das Internet macht es möglich, dass sie einander finden und mit dem Zulieferer verhandeln, als seien sie ein einziges großes Unternehmen mit der entsprechenden Verhandlungsmacht.

United Missouri Banks (UMB), eine große regionale Bank, hat erkannt, welche Macht sie durch den Aufbau von Beziehungen zu ihren Co-Customers erringen kann. Wegen ihrer Größe ist die Bank in der Lage, mit vielen ihrer Zulieferer (für Produkte von Papier bis zu Möbeln) vorteilhafte Preise auszuhandeln. Zu ihren Kunden wiederum gehören viele kleine lokale Banken überall im Mittleren Westen; UMB bietet ihnen eine Vielzahl finanzieller Produkte an sowie bestimmte Kredit- und Verwaltungsdienste. Diese kleinen Banken kaufen viele der gleichen Produkte von denselben Anbietern wie auch UMB, nur zu höheren Preisen. Sie sind also gleichzeitig Kunden und Co-Customers von UMB. Mittlerweile kooperiert die größere Bank mit den kleineren beim Einkauf. Sie hat ein internetbasiertes System eingerichtet, über das sie den Einkauf bei ihren Zulieferern abwickelt, und sie erlaubt den kleineren Banken unter ihren Kunden, sich ebenfalls dieses Systems zu bedienen. Jeder hat davon einen Nutzen, die Anbieter eingeschlossen. Sie können sich eines größeren Marktanteils sicher sein und brauchen den kleinen Banken keine Einzelrechnungen mehr zu schicken. Stattdessen schicken sie eine gemeinsame Rechnung an UMB, die UMB für sich und für die kleinen Banken bezahlt. UMB fasst diese Forderungen dann mit anderen Posten zusammen und schickt den kleineren Banken, ähnlich wie HP dem Harzlieferanten, ebenfalls konsolidierte Rechnungen. UMB profitiert davon auf vielfältige Weise: Die Bank erhält eine Bearbeitungsgebühr für die Begleichung der Rechnungen der kleinen Banken; ihr Kaufvolumen steigert sich, was die Kosten weiter verringert; und sie bindet die kleinen Banken als Kunden durch den zusätzlichen Service, den sie ihnen bietet, stärker an sich. Die kleinen Banken profitieren offensichtlich von den geringeren Preisen und dem vereinfachten Einkauf. Der nächste Schritt wird darin bestehen, diese Kooperation auf die Kunden der kleinen Banken, kleine Einzelhändler und Fertigungsunternehmen, auszudehnen, die von denselben Möglichkeiten Gebrauch machen können, sodass jeder davon seinen Nutzen hat.

Einige beschreiben das, was UMB unternommen hat, als Schaffung eines privaten E-Marketplace. Im Gegensatz zu den so genannten öffentlichen E-Marketplaces, die alle Besucher willkommen heißen, nehmen an diesem Projekt nur Unternehmen teil, die von UMB dazu eingeladen wurden. Aber wenn die Idee Sie interessiert und Sie dem Beispiel von UBM folgen möchten, sollten Sie sorgsam vorgehen. Viele Unternehmen haben sich von der Vorstellung irreführen lassen, E-Marketplaces (ob privat oder öffentlich) seien ein gutes Mittel, um Anbieterpreise zu drücken. Demnach könnten Co-Customers einen E-Marketplace dazu verwenden, um gemeinsam den Zulieferern zuzusetzen: Man mache mittels Preisdetekteien den Anbieter mit dem niedrigsten Preisangebot ausfindig; anschließend verwende man Sammelbestellungen und »dynamische Preisgestaltung« (wie beispielsweise »umgekehrte Auktionen«), um den Preis weiter zu drücken. Diejenigen, die diesen Weg verfolgten, wurden regelmäßig enttäuscht. Obwohl die Misserfolge der E-Marketplaces nicht so viel Aufmerksamkeit erregten wie der Kollaps der internetbasierten B2C-Einzelhändler, waren sie doch ebenso verheerend. Der wesentliche Grund ist, dass die meisten Anbieter in Wirklichkeit keine ausgeprägte Todessehnsucht haben; sie sind nicht bereit, in einem E-Marketplace mitzubieten, dessen einziges Ziel darin besteht, sie an den Rand des Ruins zu bringen. Der Umstand, dass die Zulieferer von UBM von diesem neuen Prozess profitierten, war nicht zufällig, sondern entscheidende Voraussetzung. Nur wenn alle Seiten die Chance sehen, Vorteile zu realisieren, werden sie ihr Misstrauen ablegen und ihre Mauern abtragen. Es gibt einen alten Wall-Street-Spruch, der besagt: Bären machen Geld und Bullen machen Geld, aber Schweine werden geschlachtet. Wer versucht, alle Vorteile für sich zu behalten und den anderen nichts zu lassen, pflastert seinen eigenen Weg ins Schlachthaus.

Je mehr Seiten eine Möglichkeit für Vorteile sehen, desto mehr Vorteile gibt es zu verteilen. General Mills hat die Gültigkeit dieser Regel mit der Kooperation sowohl mit Co-Customers als auch mit Co-Suppliers im Bereich der kooperativen Logistik bewiesen.

Die US-amerikanische Spediteurbranche ist stark segmentiert. Es gibt mehr als vierhundertfünfzigtausend Spediteure, Hunderttausende von Unternehmen, die Waren transportieren lassen, und Milliarden Sendungen jährlich. In einem solchen Umfeld überrascht es nicht, wenn die Lastwagen im Durchschnitt nicht ausgelastet sind. Denn wenn ich einen Lastwagen beauftrage, Waren von Punkt A nach Punkt B zu bringen, dann ist die Wahrscheinlichkeit gering, dass der Transporteur ausgerechnet an Punkt B jemanden findet, der etwas zu transportieren hat. Folglich muss der Lastwagen von Punkt B leer zu dem Ort fahren, wo die nächste Ladung auf ihn wartet. Wenn Sie diese Leerfahrten mit einem Faktor von vielen Millionen multiplizieren, bekommen Sie eine Vorstellung von der Größenordnung des Dilemmas. Zu jeder Zeit fahren ungefähr zwanzig Prozent der US-amerikanischen Lastwagenkapazität ungenutzt durch die Gegend. Die Folge davon sind natürlich höhere Kosten für alle Beteiligten.

General Mills hat den Weg gewiesen, wie sich ein Konsortium (oder, in unserem Sprachgebrauch, eine Gemeinschaft) von Versendern und Spediteuren bilden lässt, um diesem Problem zu Leibe zu rücken. Angenommen, General Mills benötigt einen Warentransport von Cedar Rapids, Iowa, nach Wells, Maine, an einem bestimmten Datum (oder in regelmäßigen Abständen). Das Unternehmen wird diese Information auf der gemeinschaftlichen Website bekannt geben, sodass andere potenzielle Warenversender der Gemeinschaft prüfen können, ob sich die Erfordernisse von General Mills möglicherweise mit ihren eigenen ergänzen. Angenommen, Fort James Paper benötigt einen Transport von Bangor, Maine, nach Chicago, Illinois. Das ist eine nahezu perfekte Übereinstimmung. Dieses neue Paar von Co-Customers gibt dann seine gemeinsamen Transportwünsche auf derselben Website bekannt, auf der die Speditionsunternehmen vorbeischauen, um zu sehen, ob die Erfordernisse der Unternehmen zufällig mit ihren eigenen Terminen und Verfügbarkeiten zusammenpassen. Die Gemeinschaft hat bestimmte Regeln hinsichtlich der Frage, wer wessen Transportanfragen zu sehen bekommt, welche Spediteure bevorzugt eine Chance bekommen und wie die Kosteneinsparungen infolge der Reduzierung der Leerfahrten unter General Mills, Fort James Paper und dem Spediteur aufgeteilt werden.

Die Details sind zu komplex, um sie hier ausführlich darzulegen, aber das Wesen dieser Kooperation ist klar, ebenso wie die Vorteile. Die Kosten vermindern sich, weil der reibungslose Prozess dazu führt, dass jede Seite weit weniger Verwaltungspersonal benötigt. Außerdem werden alle Ressourcen, von den Lagern bis zu den Lastwagen, effizienter genutzt. Unterm Strich hat General Mills Millionen US-Dollar eingespart. Das Unternehmen hat errechnet, dass die kooperative Logistik in Bezug auf die interne

Investitionsrendite zu den obersten fünf Prozent aller Projekte gehört, die General Mills in den vergangenen fünf Jahren durchgeführt hat.

Ich habe etwas nachlässig von »dem Internet« als der entscheidenden Technologie gesprochen, die die Transformierung der unternehmensübergreifenden Projekte ermöglicht hat, aber der Begriff ist zu vage. Wir benötigen einen präziseren Namen für die internetbasierte Plattform, auf der die Transaktionen zwischen den kooperierenden Unternehmen abgewickelt und die Informationen ausgetauscht werden, was erst die unternehmensübergreifende Prozessintegration und Kooperation möglich macht. Ein Terminus, der immer häufiger von sich reden macht, ist der des *Collaborative Hub*. Wo diese »Nabe« angesiedelt ist, wer sie besitzt und managt und auf welcher Technologie sie basiert, wird stets vom konkreten Kontext abhängen.

Unternehmensübergreifende Kooperation ist für die meisten Unternehmen eine absolute Terra incognita. Wenn manche Unternehmen in den allerletzten Jahren einige vorsichtige Schritte in Richtung Aufbau einer »Partnerschaft mit Zulieferern und Kunden« unternahmen, dann handelte es sich meistens lediglich um rhetorische Floskeln oder flüchtige Projekte. Der Gedanke, dass die Unternehmen regelrecht kooperieren müssen, ist hingegen nichts weniger als revolutionär.

Ich stelle im Folgenden einige Prinzipien vor, die den Unternehmen bei ihrer Reise in die unbekannten Weiten der Kooperation als Orientierung dienen mögen:

- *Die (End-)Kunden gehen vor.* Alle Mitglieder der Kooperationsgemeinschaft müssen sich gemeinsam darum bemühen, den Bedürfnissen der Kunden gerecht zu werden. Die einzelnen Teilnehmer müssen ihre engeren Ziele zugunsten dieses höheren Ziels zurückstellen. Die Beteiligten müssen sich bewusst machen, dass ein Unternehmen, welches sie immer als Kunden betrachtet hatten, möglicherweise nur ein weiteres Mitglied jener Gemeinschaft ist, deren Zweck der Dienst am wahren Kunden ist.

- *Der gesamte Prozess muss als eine Einheit geplant werden.* Jeder kooperative Prozess, sei es Produktentwicklung, Lieferkette oder sonst etwas, muss in holistischen Begriffen durchdacht werden. Anstatt dass jeder Teilnehmer unabhängig seinen Teil des Gesamtprozesses plant und implementiert, müssen alle zusammen ein übergreifendes Konzept erarbeiten.
- *Keine Tätigkeit sollte mehr als einmal ausgeführt werden.* Die Eliminierung redundanter Tätigkeiten über Unternehmensgrenzen hinweg ist eine der wirkungsvollsten Möglichkeiten der unternehmensübergreifenden Prozessumgestaltung.
- *Jede Tätigkeit sollte von dem ausgeführt werden, der dazu am besten in der Lage ist.* IBM achtet auf die Einhaltung der Computerstandards seiner Kunden; HP kauft Harz für die Zulieferer der Zulieferer seiner Zulieferer. Es widerspricht dem Sinn einer Kooperationsgemeinschaft, wenn man versucht, alles selbst zu machen. Jeder sollte das tun, was er am besten kann, und andere das tun lassen, was diese am besten können.
- *Die gesamte Kooperationsgemeinschaft sollte mit einer einzigen Datenbank arbeiten.* Wenn jeder dieselbe Version aller Informationen hat, entfällt die Mühe der Schlichtung von Missverständnissen und können die Ressourcen präzise und effizient eingesetzt werden.

Kooperative Gemeinschaften zwingen die Unternehmen dazu, Antworten auf Fragen zu finden, die sie sich niemals zuvor gestellt haben. Wem soll die verantwortungsvolle Aufgabe zufallen, die technologische Plattform, das Collaborative Hub, einzurichten und zu betreuen? Sollen direkte Wettbewerber zur Gemeinschaft zugelassen werden? Wie wird der errungene Vorteil auf die Teilnehmer verteilt? Wie wird die Teilnahme an mehreren Gemeinschaften geregelt? Welche Risiken sind mit der Abhängigkeit von den Gemeinschaftspartnern verbunden, und wie können sie gemildert werden? Bis zu diesem Punkt haben wir kaum die Fragen identifiziert, geschweige denn Antworten darauf entwickelt.

Aber es zeichnet sich bereits ab, dass der kulturelle Wandel in Richtung unternehmensübergreifender Kooperation schwierig werden wird. Viele Manager werden sich äußerst schwer tun damit, Informationen mit anderen Unternehmen zu teilen, besonders wenn sie diese bislang als Gegner betrachteten. Sie müssen sich der Versuchung erwehren, Chancen zu ihrem kurzfristigen Vorteil zu nutzen, die der gemeinsamen Sache langfristig schaden. Plötzlich bei Dingen von anderen abhängig zu sein, die man lange Zeit als die Domäne des eigenen Unternehmens angesehen hat, wird ebenfalls für manche gewöhnungsbedürftig sein. Kooperation setzt voraus, dass tief sitzende Verhaltensweisen und Praktiken geändert werden, die womöglich das Selbstverständnis des Unternehmens entscheidend geprägt hatten. So zahlreich die Vorteile der Kooperation sind, so zahlreich sind auch ihre Komplikationen.

Die unternehmensübergreifende Kooperation vereint in sich mehrere Themen, denen wir bereits zuvor in diesem Buch begegnet sind: Sie baut auf der Vorstellung von der Kundenorientierung auf (Kapitel 2 und 3); sie erweitert Prozesse (Kapitel 4) über die Unternehmensgrenzen hinaus; sie hebt die Autonomie der Unternehmen ebenso auf, wie zuvor die Autonomie der Geschäftseinheiten aufgehoben wurde (Kapitel 7); und eine Kooperationsgemeinschaft von Herstellern und Zwischenhändlern ist im Prinzip eine neue Vertriebsgemeinschaft (Kapitel 8).

Wenn wir die Außenmauern der Unternehmen einreißen, müssen wir das Wesen des Unternehmens neu definieren. Wenn zwei Unternehmen ihre Prozesse verschmelzen und mit denselben Daten arbeiten, dann arbeiten sie im Prinzip wie ein einziges Unternehmen.

Robert Frost gab möglicherweise den entscheidenden Kommentar zu Unternehmensgrenzen in seinem 1914 entstandenen Gedicht »Mending Wall«. Während er ironisch die Meinung seines Nachbarn zitiert als »good fences make good neighbors«, gibt er seine eigene Ansicht folgendermaßen wieder: »Before I built a wall I'd ask to know / What I was walling in or walling out.« Frost hatte Recht. Gute Zäune schaffen sicherlich keine gute Unternehmensnachbarschaft; sie erzeugen lediglich monströse Gemeinkosten. Mauern grenzen Informationen ein und Kooperation aus. Es ist höchste Zeit, dass wir aufhören, unsere Mauern auszubessern, und stattdessen beginnen, sie niederzureißen.

Solches Tun hat jedoch weit reichende Konsequenzen. Sobald ein Unternehmen seine äußeren Mauern abträgt und mit anderen eine enge Zusammenarbeit eingeht, sieht es sich womöglich mit Fragen zu seiner Identität konfrontiert. Kann man noch von einer unabhängigen Existenz sprechen, wenn das Unternehmen nicht länger eigenständig agieren und seinen Geschäften nur noch zusammen mit anderen nachgehen kann? Wenn die Kooperation ihre ganze Kraft entfaltet, ist das Unternehmen dann noch ein Unternehmen oder ist es Teil von etwas Größerem?

Die Antwort auf dieses metaphysische Rätsel ist das Thema unseres nächsten Kapitels.

Agenda Punkt 8
Schaffen Sie reibungslose unternehmensübergreifende Prozesse:

- Befreien Sie sich durch Umgestaltung unternehmensübergreifender Prozesse von Verwaltungsballast, Kostenquellen und überflüssigem Lagerbedarf.
- Schaffen Sie reibungslose Übergänge zwischen Ihren Prozessen und denen Ihrer Kunden und Zulieferer.
- Verteilen Sie die Tätigkeiten so, dass jeder das tut, was er am besten kann.
- Verbessern Sie die Koordination, indem Sie einen freien Datenaustausch zwischen den Unternehmen gewährleisten.
- Nutzen Sie Gelegenheiten zur Kooperation mit Co-Customers und Co-Suppliers.
- Stellen Sie sich offen den kulturellen Herausforderungen der unternehmensübergreifenden Kooperation und des Informationsaustauschs.

10 Erweitern Sie Ihr Unternehmen

Integrieren Sie virtuell, nicht vertikal

Ich scheine den Großteil meines beruflichen Lebens in einer einseitigen Konversation mit Henry Ford zu verbringen. Ich vermute, dass er keine allzu große Meinung von mir gehabt hätte. Er ist für seinen Ausspruch bekannt: »Geschichte ist mehr oder weniger Nonsens«, und wie inzwischen klar geworden sein sollte, bin ich überzeugt, dass wir dann am besten sehen, wohin unsere Reise führt, wenn wir darauf schauen, woher wir kommen. Seine Sichtweise lautete: »Nichts ist allzu schwer, solange wir es in kleine Schritte aufteilen«, was so ziemlich die Negation meines Glaubens an den Prozess ist. Dennoch war sein Schatten in der Wirtschaftsgeschichte der letzten hundert Jahre so präsent, dass es mir scheint, als sei ich ständig damit beschäftigt, auf seine Ideen und sein Werk zu antworten.

Auch wenn das industrielle Zeitalter bereits im England des achtzehnten Jahrhunderts einsetzte, erlangte das moderne Unternehmen doch erst im Amerika des zwanzigsten Jahrhunderts seine Mündigkeit. Und während eine lange Linie von US-amerikanischen Unternehmensführern von Alfred Sloan bis Jack Welch dazu beitrug, das moderne Unternehmen zu formen und zu definieren, hatte niemand mehr Einfluss auf die Art, wie wir Unternehmen strukturieren und managen, als Henry Ford. Es ist kein Zufall, dass sowohl *Fortune* als auch *The Economist* Henry Ford zum Geschäftsmann des zwanzigsten Jahrhunderts erklärten. Seine Ideen waren ausschlaggebend für das Geschäftsverständnis der Menschen während der vergangenen hundert Jahre.

Ford hat das Fließband möglicherweise nicht erfunden, aber er war der Erste, der es in großem Umfang einsetzte. Sein Model T ist ewiges Symbol für die Massenfertigung. Sein System der austauschbaren Teile trieb den letzten Nagel in den Sarg des vorindustriellen Handwerkers und schuf den modernen Fließbandarbeiter. Sein revolutionärer Fünf-Dollar-Tageslohn legte den Grundstein für eine Gesellschaft, in der die Arbeiter zu einem Teil der Mittelklasse wurden und in der Lage waren, die Güter zu kaufen, die sie herstellten. Viele seiner wirtschaftsphilosophischen Aussprüche (wie beispielsweise: »Schon als ich jung war, schien mir, dass man vieles besser machen könnte«, oder: »Nicht der Arbeitgeber zahlt die Löhne, sondern das Produkt.«) nahmen viele moderne Ideen voraus. Seinen dauerhaftesten Einfluss auf das Wirtschaftsdenken übte er aber möglicherweise als Verfechter einer vertikalen Integration aus.

Henry Ford begann im Jahr 1917 den Bau seines riesigen Werks »River Rouge« bei Detroit. Es war nicht nur eine Montagehalle für Automobile, sondern ein ganzer Industriekomplex, der Rohmaterialien in fertige Produkte verwandelte. Frachter und Eisenbahnwaggons mit Eisenerz, Kohle und Kautschuk aus dem Fernen Osten fuhren nach River Rouge hinein, und am anderen Ende kamen fahrbereite neue Fords heraus.

River Rouge war ein vollkommen in sich geschlossener Betrieb, der fast alles produzierte, was für die Herstellung eines Automobils, das Henry Fords Namen trug, benötigt wurde. In dem Werkskomplex stellte Ford den Stahl für die Chassis und die Karosserien, Teile von den Motoren über die Bremsen bis zu den Reifen und das Glas für die Windschutzscheiben her. Von seinen eigenen Wäldern kam das Holz für die Verschalungen.

Warum bestand Ford darauf, eine solche Autarkie zu schaffen – ein in sich geschlossenes Wirtschaftsunternehmen? Weil er ein glühender Verfechter der vertikalen Integration war. Für Ford verhieß Vertikalität den Sieg. Denken Sie an die Leiter aus Kapitel 3, auf der die Kunden des Unternehmens oben sitzen und sich unten die Rohmaterialien befinden. Um vom unteren zum oberen Ende zu gelangen, ist ein ganzes Universum von Transformationen erforderlich. Teile müssen angefertigt und montiert werden; Waren müssen transportiert werden; die Kunden müssen überredet werden, das Produkt zu kaufen. Vertikale Integration bedeutet, dass diese ganze Leiter – das heißt die ganze Wertkette – von einer einzigen Organisation besetzt wird. In der ersten Hälfte des zwanzigsten Jahrhunderts war vertikale Integration das Ideal, das alle Unternehmen anstrebten.

Warum?

Erstens behält ein Unternehmen desto mehr vom Profit, je größer der Anteil der Wertkette ist, den es kontrolliert. Warum wollen Sie Teile von anderen Herstellern kaufen, die damit ihren eigenen Profit machen? Warum stellen Sie die Teile nicht selbst her und behalten die entsprechende Marge für sich?

Wenn zweitens ein anderer Ihre Teile herstellt, dann sind Ihre Autos Gefangene des anderen Unternehmens und seiner Fehler. Warum sollten Sie sich von anderen abhängig machen, die Sie im Stich lassen könnten? Wenn Ihre Zulieferer Ihnen fehlerhafte Teile verkaufen, können Sie sie nicht verwenden. Wenn sich Ihre Spediteure verspäten, kommen Ihre Autos nicht rechtzeitig zu den Händlern – und Sie können ja schließlich keine leeren Ausstellungsräume verkaufen. Aus Fords Perspektive stellte die Abhängigkeit von irgendeinem anderen Unternehmen außer dem eigenen ein Risiko dar, das er nicht eingehen wollte. Er lebte nach der Richtschnur: »Wenn du willst, dass etwas richtig gemacht wird, dann mach es selbst.«

Wenn Ford ein paar Jahre länger gelebt hätte, hätte er mit Sicherheit einen jener Publikumshits aus Irving Berlins Musicalhit *Annie Get Your Gun* zu seiner Hymne erkoren: »Anything you can do, I can do better.« Ford war überzeugt, dass sein vertikal integriertes Unternehmen alles besser konnte als irgendwer sonst.

Im weiteren Verlauf des zwanzigsten Jahrhunderts wurde es immer schwerer, das platonische Ideal von der reinen vertikalen Integration zu verwirklichen. In einigen Fällen intervenierten die staatlichen Kartellwächter, die fürchteten, dass die komplette Kontrolle über eine Wertkette zu einer ungebührlichen Konzentration von Marktmacht führen könnte. Beispielsweise produzierten die ersten Filmstudios nicht nur Filme, sie besaßen auch die Kinotheater, in denen ihre Streifen gezeigt wurden. Der US Supreme Court setzte dieser Praxis 1948 ein Ende.

Ein weiteres Hindernis für eine vollständige vertikale Integration war Kapitalknappheit. In Zeiten des Wachstums muss sich ein Unternehmen unter Umständen entscheiden, ob es seine begrenzten Ressourcen für den Bau einer weiteren Fabrikhalle oder für die Erweiterung seiner Lastwagenflotte einsetzt. Beides ist nicht drin, und so muss das Unternehmen den Teil, den es nicht selbst bewältigen kann, an andere vergeben. Auch die Investment-Community ist mittlerweile von der Vorstellung abgerückt, es komme im Interesse der Unternehmensleistung darauf an, die Gesamtmarge der Wertkette durch vertikale Integration einzufangen. Heute werden die Unternehmen nicht mehr so sehr nach der Rentabilität an sich als vielmehr nach der Gesamtkapitalrentabilität – das heißt nach der Rentabilität unter Berücksichtigung der Kosten des eingesetzten Kapitals – bewertet. Wenn ein Unternehmen, um wenig zusätzlichen Profit aus der Wertkette herauszuholen, viel Kapital investieren muss, indem es beispielsweise ein anderes Unternehmen aufkauft, dann werden seine Aktien alsbald unter den Druck aufgebrachter Investoren geraten.

Wegen seiner starken Attraktivität hat das Ideal der vertikalen Integration jedoch noch lange überlebt, nachdem die Praxis bereits auf dem absteigenden Ast war. Aber während des letzten Jahrzehnts hat das Konzept vollends den Rückzug angetreten. Heute tritt an seine Stelle sein totales Gegenteil, das ich als *virtuelle Integration* bezeichne.

Anstatt alles zu tun, was mit der Erzeugung eines Produkts oder einer Dienstleistung zusammenhängt, konzentriert sich ein virtuell integriertes Unternehmen auf die Ausführung weniger Dinge, die es besser kann als irgendwer sonst. Es arbeitet in enger Partnerschaft mit anderen Organisationen, die sich ebenfalls auf das konzentrieren, was sie am besten können, und liefert so dem Endkunden die besten Resultate, die eine Gruppe von kooperierenden Unternehmen erzielen kann.

Virtuelle Integration bedeutet die Dekonstruktion des traditionellen Unternehmens. Sie beginnt mit der Erkenntnis, dass die alte Fordsche Formel in der geschäftlichen Wirklichkeit nicht länger sinnvoll ist. Kein Unternehmen macht alles gleichermaßen gut. Die Unternehmen, die an der vertikalen Integration festhalten, laufen Gefahr, das, was sie gut machen, mit dem zu verwässern, was sie mäßig beherrschen. Es ist besser, eine Unterscheidung zu treffen: Sie sollten davon profitieren, dass ein anderes Unternehmen Dinge gut macht, die Sie weniger beherrschen, und umgekehrt. Indem Sie Ihre jeweiligen Stärken zusammenlegen, werden Sie stärker, als Sie es einzeln sein könnten.

Es gehört zu den großen Ironien der modernen Geschäftswelt, dass das alte Unternehmen Henry Fords nun selbst diesen Ansatz in der Autoherstellung befolgt, noch dazu auf eben diesem Gelände namens River Rouge. Seit vielen Jahren schon produzieren die Autohersteller keine eigenen Reifen und keinen eigenen Stahl mehr, und seit einem Jahrzehnt stellen sie auch immer weniger Teile her. Ein typischer Autohersteller hat heute Tausende von Zulieferunternehmen, die ihm alles liefern, von Muttern und Schrauben bis zu kompletten Brems- und Lenkradsystemen.

Bis vor kurzem behandelten sämtliche Autohersteller ihre Zulieferer auf eine Weise, die der alte Henry gutgeheißen hätte. Zwar kauften sie die Teile der Zulieferer, sie taten es jedoch widerwillig. Für sie waren die Zulieferer ein notwendiges Übel, das Resultat eines unumgänglichen Kompromisses, aber in ihrem Herzen trauerten sie den guten alten Zeiten der vertikalen Integration nach. Die Autohersteller behandelten ihre Zulieferer mit Misstrauen und Herablassung.

Der Autohersteller Ford entwarf seine Teile zusammen mit seinen Fahrzeugen und entschied anschließend, welche er selbst herstellen wollte und welche nicht. Für die letztere Kategorie legte das Unternehmen strenge Spezifikationen fest. Den Zulieferern wurde genau gesagt, wie sie jedes Teil formen, welche Materialien sie verwenden und wie viel sie dafür berechnen sollten. Auf Anweisung stellten die Zulieferer die Teile her und lieferten sie an Ford, wo Ford-Mitarbeiter sie in die Fahrzeuge einbauten.

Das ist jetzt anders geworden. Das Unternehmen hat mittlerweile erkannt, dass es sich damit, dass es seine Zulieferer hinsichtlich des Entwurfs vor vollendete Tatsachen stellt, die Chance vergibt, vom Fachwissen der Zulieferer zu profitieren, das in die Konstruktion nicht nur der Teile, sondern des Gesamtfahrzeugs einfließen sollte. Es ist schließlich nicht sinnvoll, ein Fahrzeug zu konstruieren, das von schwer herstellbaren Teilen abhängt. Wenn die Teile einfacher wären, hätte Ford genug Fachwissen, um sie allein zu entwerfen, aber je komplexer sie werden, desto weniger kann der Autohersteller davon ausgehen, dass er über das erforderliche Wissen verfügt.

Das Unternehmen geht also allmählich zu einem System über, bei dem es eine kleine Anzahl von wichtigen Zulieferern als seine Partner für die Konstruktion und die Herstellung seiner Fahrzeuge auswählt. Jeder Zulieferer erhält die Hauptzuständigkeit für einen wichtigen Bestandteil des Fahrzeugs – das Fahrgestell, die Sitze, die Innenausstattung, den Antrieb und so weiter. (Im Branchenjargon heißen sie »Tier 5 Suppliers« [»tier« steht für Rang/Stufe] im Gegensatz zu den »Tier 1 Suppliers«, die die größeren Einzelteile liefern, den »Tier 2 Suppliers«, die die »Tier 1 Suppliers« mit Komponenten versorgen, und so weiter.) Und natürlich erwartet jeder von ihnen, ebenso wie Ford, einen Gewinn und eine angemessene Investitionsrendite.

Ford ist für die Gesamtkonstruktion des Fahrzeugs und seine Positionierung auf dem Markt zuständig, aber jeder Partner ist für die Ausarbeitung eines Teilsystems verantwortlich. In den alten Tagen gab Ford beispielsweise Johnson Controls, einem Sitzelieferanten, bis ins feinste Detail ausgearbeitete Zeichnungen. Unter dem neuen Arrangement bekommt Johnson als der Partnerlieferant für die Innenausstattung lediglich die Charakteristika eines typischen Kunden sowie die Merkmale (Becherhalter, Stauraum unter den Sitzen und dergleichen) mitgeteilt, die Ford sich für ein bestimmtes Fahrzeug wünscht. Um alles Weitere kümmert sich Johnson Controls.

Johnson Controls kooperiert mit anderen Zulieferern bei der Festlegung der Spezifikationen und der Entwürfe für jeden

Aspekt der Innenausstattung. Das Unternehmen verhandelt mit den übrigen Zulieferern, wer für welche Komponente und zu welchem Preis zuständig sein soll. Ford stimmt den Entwurf der Innenausstattung mit den Entwürfen der übrigen Teilsysteme ab, um sicherzustellen, dass sie alle harmonieren und den gesetzten Gesamtkostenrahmen einhalten.

Mit anderen Worten, das Unternehmen orchestriert eher die genaue Planung des Fahrzeugs, als dass es sie selbst durchführt. Und die Verringerung seiner Rolle ist damit noch nicht zu Ende. Ein Besucher seiner neuen Montagehallen, in denen die so genannte modulare Fertigung praktiziert wird, wird sehr viel weniger Ford-Mitarbeiter sehen.

Bei der modularen Fertigung weist der »Hersteller« (in diesem Fall Ford) Teilbereiche der Fabrik den einzelnen Partnerlieferanten zu, die dort das Teilsystem montieren, für das sie zuständig sind. Erst am Schluss, wenn die verschiedenen Teilsysteme für die Endmontage bereit sind, legen Ford-Mitarbeiter tatsächlich Hand an. Bis zu diesem Punkt beschränkt sich ihre Rolle auf Koordination und Qualitätskontrolle.

Was für eine Art von Unternehmen ist Ford? Bis vor kurzem lautete die einfache Antwort »Autohersteller«, aber mittlerweile passt das Label nicht mehr so recht. Heute ist die Beschreibung »Autokonstrukteur und -vermarkter« zutreffender. Fords primäre Wertschöpfung besteht darin, die Erfordernisse der Kunden zu verstehen und Produkte dementsprechend zu positionieren. Während das Unternehmen Marktsegmente identifiziert und den Entwurf seiner Fahrzeuge darauf abstimmt, überlässt es viele Details seinen Zulieferpartnern. Die Fertigung ist nach wie vor unerlässlich, aber Ford ist möglicherweise nicht der beste Kandidat dafür.

Die neue Ford Motor Company ähnelt der alten kaum noch. Einst war sie einer der drei hellen Sterne, die einsam und ruhmreich den Himmel schmückten. Heute ist sie Teil eines umfangreichen Sternbilds geworden. Ihre Rolle ist gewiss unverzichtbar, aber die Rollen der übrigen Mitglieder der Konstellation sind es ebenso.

Noch eindrücklicher ist der Wandel im Bereich von Arbeitsstil und Unternehmenskultur. In den alten Tagen war der stereotype

Autohersteller arrogant, ja sogar narzisstisch. Hätten Sie einem Treffen zwischen einem großen Autounternehmen und seinen Zulieferern beigewohnt, wären Sie ebenso wie ich von der Feindseligkeit und dem Misstrauen betroffen gewesen, die das Geschehen dominierten.

Heute weiß das Unternehmen, dass sein eigener Erfolg eng mit dem der Zulieferer verknüpft ist, die mittlerweile seine Partner sind. Anstatt zu versuchen, sie zu kontrollieren und ihre Preise zu drücken, versteht das Unternehmen, dass Kooperation und ein hoher Grad an Autonomie zu niedrigeren Kosten für das Gesamtsystem führen und genug Profit erzeugen werden, damit jeder seinen Teil abbekommt.

In der Vergangenheit waren Informationen über Profitmargen, Kosten, Kapazitäten, Lagerbestände und dergleichen ein Verhandlungsinstrument, das die verschiedenen Seiten in ihrem unerbittlichen Kampf gegeneinander einsetzten. Heute betreiben der Autohersteller und seine Zulieferer einen regen Datenaustausch. Alle nützlichen Daten der einzelnen Seiten stehen im Interesse des größeren Systems allen zur Verfügung.

Wenn dieses neue System erst vollständig umgesetzt ist, wird es der Besucher eines Ford-Product-Meetings oder einer Ford-Fabrik schwer haben, die Mitarbeiter des Unternehmens von denen zu unterscheiden, die für seine Partner arbeiten. Aber eines wird deutlich werden: Alle diese Leute, unabhängig davon, wer ihre Löhne bezahlt, arbeiten zusammen für eine gemeinsame Sache. So muss es auch sein in der neuen Welt der virtuellen Integration.

Durch virtuelle Integration stürzen die Mauern, die durch die in Kapitel 9 beschriebene Zusammenarbeit bereits tiefe Lücken bekommen haben, vollständig ein. Durch virtuelle Integration hören die Unternehmen auf, abgeschlossene Einheiten zu sein, die Produkte oder Dienstleistungen produzieren, und werden Elemente eines größeren Systems.

Die virtuelle Integration repräsentiert die Konvergenz und die Kulmination einer breiten Palette von Themen bezüglich der Arbeitsweise der Unternehmen, von denen wir einige in diesem Buch bereits erörtert haben. Da ist zuerst einmal das Konzept von der Erhöhung des Mehrwerts für den Kunden, das in Kapitel 3 diskutiert wurde. Je mehr Sie für Ihre Kunden tun und je mehr von deren Arbeit Sie übernehmen, desto schwerer lässt sich die Linie ausmachen, die Sie und Ihre Kunden voneinander trennt. Indem die Unternehmen mehr von der Arbeit ihrer Kunden verrichten, um sich von Wettbewerbern abzuheben und höhere Margen zu verdienen, integrieren sie sich praktisch in den Betrieb ihrer Kunden.

Der zweite Trend, unternehmensübergreifende Kooperation und Prozessintegration, wurde im letzten Kapitel untersucht. Das Internet ermöglicht es den Unternehmen, die Prozesse, die sie mit ihren Kunden, Zulieferern und anderen wichtigen Seiten verbinden, zu transformieren. Von der intensiven Zusammenarbeit mit anderen Unternehmen ist es nur ein kleiner Schritt bis zur Aufweichung getrennter Identitäten.

Die virtuelle Integration bekam zudem zusätzlichen Auftrieb durch die Konvergenz von Outsourcing und Kernkompetenzen. Das Outsourcing, das in Kapitel 7 als einer der Faktoren präsentiert wurde, die zu einer strukturlosen Organisation führen, begann damit, dass die Unternehmen Aufgaben auslagerten, die für sie eine störende Ablenkung darstellten. Die Datenverarbeitungsbranche ist ein gutes Beispiel. EDS ist eines von mehreren Unternehmen, die ihr Wachstum der Tatsache zu verdanken haben, dass sich die Executives in anderen Branchen der Aufgabe entledigen wollten, eine ihnen unverständliche Computerwelt zu managen, die ihnen nicht von der Hand zu gehen schien, was auch immer sie anstellten.

In letzter Zeit hat das Outsourcing durch seine Verknüpfung mit dem Begriff der *Kernkompetenz* jedoch eine neue Dimension angenommen. Der Ausdruck Kernkompetenz, der in den neunziger Jahren in die Managementwörterbücher Einzug hielt, bezeichnet die relativ kleine Zahl von Tätigkeiten, die ein Unternehmen spitzenmäßig beherrschen muss, wenn es erfolgreich sein will. Die ursprüngliche Intention hinter dem Begriff war, den Unternehmen zu helfen, Wachstumsstrategien zu entwickeln, indem sie dasjenige identifizieren und nutzbringend einsetzen, was sie am besten können. Etliche Gaspipelinebetreiber erkannten beispielsweise, dass ihre Kernkompetenz in Wirklichkeit im Network Management bestand – der Fähigkeit, ein System von »Leitungen« zu managen, die bestimmte Dinge von einem Ort zum anderen transportieren. Sie übertrugen dieses Fachwissen auf neue Gebiete und bieten mittlerweile Network-Management-Dienstleistungen in Bereichen an, die von Telekommunikation bis Wasser reichen. Aber der Begriff der Kernkompetenz hat noch einen anderen wichtigen Aspekt.

Erstens mag die Vermutung plausibel gewesen sein, ein Unternehmen, das in seinen Kernkompetenzen außergewöhnlich gute Leistung zeige, könne es sich leisten, in anderen Bereichen weniger gut zu sein. Das ist nicht länger der Fall. In einem Markt, der von einem standardisierten Produktangebot und intensivem Wettbewerb geprägt ist, können Sie es sich eben nicht leisten, irgendetwas nicht extrem gut zu machen. Jeder Teil Ihres Unternehmens, der zusätzliche Kosten erzeugt, länger braucht, als er sollte, oder keine optimale Qualität liefert, beeinträchtigt das Produkt oder die Dienstleistung, die der Kunde schließlich erhält. Sicherlich ist im heutigen Geschäftsumfeld kein Platz mehr für Mittelmäßigkeit. Adäquate Leistung reicht nicht länger aus; Sie müssen heute der Beste sein. Eine weniger als hervorragende Leistung in irgendeinem Bereich wird Sie irgendwann für den Wettbewerb disqualifizieren. Jack Welchs berühmte Warnung, dass jeder Geschäftsbereich von GE, der in seinem Markt nicht die Nummer eins oder zwei ist, geschlossen oder verkauft würde, ist heute Teil des Geschäftskanons. Ich würde es so formulieren, dass heute jedes Unternehmen in allem, was es tut, an der Spitze oder zumindest in unmittelbarer Nähe der Spitze stehen muss, um zu überleben. Die Manager verspüren heute einen immensen Druck, alles außer ihren Kernkompetenzen auszulagern.

Die neuen demografischen Realitäten, mit denen sich die Unternehmen konfrontiert sehen, verstärken diese Situation noch weiter. Während der Achtziger und frühen Neunziger hatten viele Unternehmen zeitweilig mit dem Problem der großen Belegschaften zu tun. Weil sie der Meinung waren, dass sie mehr Leute als

Arbeit hatten, führten viele Unternehmen ein Downsizing durch. Aber selbst in dieser kurzen Zeit hat sich die Welt dramatisch verändert. In weiten Teilen der Ersten Welt sanken die Geburtsraten; in vielen europäischen Ländern schrumpft die Bevölkerung; in den Vereinigten Staaten lassen neue Technologien die eh schon weit geöffnete Schere zwischen gut und schlecht ausgebildeten Menschen weiter auseinander klaffen; und die Arbeit wird immer komplexer. Die Folge davon ist, dass fähiges Personal heute in vielen Unternehmen die knappste Ressource ist. Es gibt einfach nicht genug gute Mitarbeiter für alles, was gut gemacht werden muss.

Die Verbindung von Kernkompetenz und Outsourcing bedeutet, dass die Unternehmen mehr von dem tun, was sie am besten können, und weniger von allem Übrigen. Sobald ein Unternehmen etwas abschüttelt, was es nicht optimal kann, greift ein anderes Unternehmen es auf – und wirft in der Regel seinerseits etwas ab, was nicht zu seinen Stärken gehört. Das Ergebnis ist, dass die Unternehmen nicht länger als geschlossene Einheiten existieren; sie umfassen nur noch die Bereiche, in denen sie Spitzenleistung erbringen. Um die Arbeit einer vollständigen Geschäftseinheit zu erbringen, müssen sie mit komplementären Unternehmen virtuell integriert sein.

Aus der Kombination von verstärkter Wertschöpfung für den Kunden, unternehmensübergreifender Integration und kompetenzorientiertem Outsourcing resultiert virtuelle Integration: Viele Unternehmen arbeiten zusammen, um die Resultate zu erzeugen, die man normalerweise von nur einem Unternehmen erwarten würde. Von innen kann jeder sehen, dass hier viele Unternehmen am Werk sind. Aus der Perspektive des Kunden jedoch verschmelzen sie zu einem einzigen Unternehmen.

Um den Kundenwünschen gerecht zu werden, müssen die Unternehmen zahlreiche Prozesse ausführen, von der Produktentwicklung und der Auftragserfüllung bis zur Fabrikwartung und der Personalentwicklung. In den traditionellen Unternehmen werden all diese Prozesse von Mitarbeitern ein und desselben Unternehmens ausgeführt. Im Rahmen der virtuellen Integration werden sie möglicherweise von verschiedenen Unternehmen ausgeführt, auch wenn ihre reibungslose Koordination den Eindruck einer betrieblichen Einheit vermittelt. In der virtuellen Integration ist der Betrieb verschiedener Unternehmen miteinander vermischt und verwoben, sodass keines von ihnen unabhängig existieren kann. Jeder Teilnehmer konzentriert sich auf diejenigen Prozesse, die er am besten beherrscht, und überlässt den Rest den anderen. Die virtuelle Integration erzeugt dieselben Leistungsvorteile wie die vertikale Integration, jedoch ohne dass mit dem Aufkauf anderer Unternehmen Kapital gebunden wird.

Eines der eindrucksvollsten Anschauungsbeispiele für virtuelle Integration stammt aus der PC-Branche, die mit der Einführung dieses radikalen Ansatzes auf die Vorgaben des Computerunternehmens Dell reagierte, das selbst eines der großen Geschäftsphänomene des ausgehenden zwanzigsten Jahrhunderts darstellt.

In der Ära vor Dell hatte jeder Akteur in der PC-Branche eine wohl definierte Rolle. Teilelieferanten entwarfen und fertigten Komponenten, die sie an die PC-Hersteller verkauften; diese wiederum setzten sie zu fertigen Geräten zusammen, die sie an die Händler weiterreichten. Wie in den alten Tagen der Autoindustrie war jeder vom anderen getrennt. Diese Art der Arbeitsaufteilung war vielleicht klar und übersichtlich, sie hatte jedoch auch dramatische betriebliche Nachteile.

Scharf definierte Grenzen und streng gehütete Informationen führten zu lokalen Effizienzen, aber gleichzeitig zu gewaltigen systemweiten Ineffizienzen – beispielsweise in der Lagerhaltung. Der Teilelieferant baute Teile, die er in einem Fertigwarenlager aufbewahrte, wo sie darauf warteten, vom PC-Hersteller angefordert zu werden. Als Nächstes machte der PC-Hersteller seine Bestellung und deponierte die Ware in einem Teilelager. Von Zeit zu Zeit setzte er sie zu vollständigen PCs zusammen, die wieder in ein Fertigwarenlager wanderten, wo sie darauf warteten, von einem Händler bestellt und in dessen Lager verfrachtet zu werden.

Alles zusammen addierten sich in diesem System die Lagerzeiten durchschnittlich zu vierzehn Wochen, was in jeder Branche erschreckend wäre, allein schon wegen der hohen Lagerhaltungskosten. In der PC-Branche jedoch, in der die Produkte und die Komponenten am Tag ihrer Herstellung bereits veraltet sind, war ein solches System potenziell tödlich. Für ein Produkt mit einer Lebenszeit von weniger als einem Jahr sind mehr als drei Monate Lageraufenthalt verheerend. Die PC-Branche versuchte sich in zahlreichen Strategien, um dieses Problem zu beheben. Eine bestand in einem so genannten »Price-Protection System«, bei dem ein Händler, der einen PC nicht zum vollen Preis verkaufen konnte, weil bereits ein neueres Modell angekündigt war, vom Hersteller für seine Verluste entschädigt wurde.

Das System schwamm jedoch nicht nur in Lagerbeständen; die Lagerhaltung selbst war weitgehend unsinnig. In mindestens vierzig Prozent der Fälle, in denen Großkunden große Stückzahlen eines bestimmten PCs bestellten, hatte der Händler die gewünschte Ware nicht auf Lager und musste sie beim Hersteller bestellen, was im Durchschnitt acht Wochen benötigte. Noch wahrscheinlicher war, dass der Kunde nicht warten wollte und seine PCs stattdessen anderswo kaufte.

Als den Händlern die Kunden wegliefen, griffen sie zu äußersten Maßnahmen. Sie kannibalisierten ihre Lager, indem sie fertig montierte Computer zerlegten, um an die erforderlichen Teile heranzukommen, die sie dann in der vom Kunden gewünschten Konfiguration neu zusammensetzten. Das trieb selbstverständlich die Kosten in die Höhe und hinterließ einen Haufen schadhafter und ungenutzter Teile, die an die Hersteller zurückgesandt werden mussten.

Bei so viel Lagerbeständen im System hätte man erwarten können, dass die Händler ein hohes Kundenserviceniveau und hohe Auftragserfüllungsraten erreichten. Der Grund, warum dies nicht so war, war die zu große Zahl möglicher Konfigurationen. Auch wenn die meisten PCs Intel-Prozessoren und ein Betriebssystem von Microsoft verwenden, gibt es weiterhin zahlreiche Variationen – Unterschiede bei Prozessorgeschwindigkeit, Speichergröße, Festplatten und Software. Es ist nicht ungewöhnlich, dass ein Hersteller einen vermeintlichen Standardcomputer in mehr als dreitausend Konfigurationen liefern kann. Bei so vielen Modellen ist es schlechterdings unmöglich, korrekte Prognosen hinsichtlich der Nachfrage für jedes einzelne von ihnen aufzustellen. Unglücklicherweise sind Großkunden in der Regel auf genau ein Modell festgelegt und können keine Kompromisse machen.

Dieses komplexe und verschwenderische System überlebte nur, solange es nicht auf die Probe gestellt wurde. Aber dann kam Dell mit seinem Built-to-Order-Modell.

Wie jedermann weiß, verkauft Dell direkt an Endkunden. Das Unternehmen baut Computer nur auf Bestellung. Es unterhält ein kleines Teilelager – in der Regel weniger als den Bedarf einer Woche. Es kommt mit so wenig aus, weil es rasch Teile von seinen Zulieferern bestellen kann und geliefert bekommt. Wenn eine Computerbestellung eingeht, baut Dell sie nach den Spezifikationen des Kunden zusammen und versendet sie fast immer innerhalb weniger Tage.

Infolgedessen sind Dells Kosten im Schnitt fünfzehn Prozent niedriger als die der konventionellen PC-Hersteller. Auf dem standardisierten PC-Markt von heute sind solche Kostendifferenzen nicht tragbar. Mitte der neunziger Jahre entdeckten die konkurrierenden PC-Hersteller die Möglichkeit, mit der Methode namens »Channel Assembly« zu überleben.

Beim Channel-Assembly-Programm werden die Rollen von Händler und Hersteller bis zur Unkenntlichkeit transformiert. Der Hersteller stellt nicht länger fertige PCs her. Schließlich weiß er nicht, welche Modelle die Kunden bestellen werden, sodass er seine Computer nur aufs Geratewohl zusammenbauen könnte. Stattdessen übernimmt nun der Händler die Aufgabe, die PCs »herzustellen«.

Angenommen, ein Großkunde bestellt bei einem Händler eine Anzahl Computer mit einer bestimmten Konfiguration. Der Händler hat sie nicht auf Lager, weil er fast gar keine fertigen Computer im Lager hält. Aber er hat die Teile vorrätig, die erforderlich sind, um jede Kombination zusammenzustellen, die der Kunde sich möglicherweise wünscht. (Nur eine kleine Zahl unterschiedlicher Teile ist erforderlich, um viele verschiedene Konfigurationen zusammenzustellen.) Der Händler bearbeitet die

Bestellung innerhalb von fünf oder weniger Tagen und liefert die Computer aus. Es gibt weder Verfügbarkeitsprobleme noch eine Kannibalisierung.

Der Händler hält den nominellen Hersteller über seinen Teilebestand und über das Muster der erhaltenen Bestellungen auf dem Laufenden. Der »Hersteller«, der in Wirklichkeit wenig oder gar nichts herstellt, entscheidet, welche Teile beim Händler aufgestockt werden sollen, und bestellt sie von den Zulieferern, die sie direkt zum Lager des Händlers liefern.

Alle Teile mit einer frühen Obsoleszenz werden schnell versandt, in der Regel über Nacht mit Luftfracht. Teile mit einer längeren Lebenszeit, wie beispielsweise Energieversorgung und Gehäuse, können auf Lastwagen transportiert werden. Das gesamte System funktioniert mit Lagerbeständen für nur wenige Tage. Es brauchen keine ungenutzten Komponenten zum Hersteller zurückverfrachtet werden. Die Kunden haben keine unerfüllten Wünsche.

Es überrascht nicht, dass dieses System sehr gut mit Dells System mithalten kann. Es ist im Prinzip mit Dells System identisch, außer dass hier zwei Unternehmen – der Händler mit der Montage und der Hersteller mit der Lagerverwaltung – die Arbeit machen, die Dell allein erledigt. Weder der Hersteller noch der Händler stellen selbst einen PC her; nur wenn sie virtuell integriert sind, entsteht ein Produkt. Zusammen bilden der »Hersteller« (der nicht herstellt) und der »Händler« (der im konventionellen Sinn nicht handelt) ein virtuelles Unternehmen.

Im Zusammenhang mit dem Channel-Assembly-Programm stellen sich einige interessante Fragen:

- Warum managt der PC-Hersteller das Lager des Händlers? Antwort: Weil er es besser kann.
- Warum ist der Händler auf einmal in der Lage, PCs nach allen Regeln der Kunst zusammenzubauen? Wie kann der Hersteller dem Händler vertrauen, dass er ein Qualitätsprodukt abliefert, das immerhin das Logo des Herstellers trägt? Antwort: Der Hersteller entwickelt den Montageprozess, schult den Händler

und macht häufige Inspektionen, um sicherzustellen, dass der Händler seine Arbeit richtig macht.

- Wofür wird der nominelle Hersteller bezahlt? Welchen Wert steuert er zum Endprodukt bei? Antwort: Seine Wertschöpfung besteht in der Durchführung der unverzichtbaren Prozesse Produktentwurf, Lagermanagement, Markenpolitik und Pflege der Zulieferbeziehungen.

Hier haben wir die Dekonstruktion des Unternehmens – das Ende der sauber definierten Grenzen auf der Basis abgerundeter Produkte und Dienstleistungen. Im Rahmen des Channel-Assembly-Programms werden Produktentwicklung, Beschaffung und Lagermanagement vom nominalen Hersteller geleistet. Bestellungsakquisition, Montage und Auftragserfüllung sind Aufgabe des Händlers. Um die Nachfrageerzeugung kümmern sich beide gemeinsam. Nur wenn Sie die Prozesse beider Unternehmen integrieren, erhalten Sie etwas, das wie ein ganzes Unternehmen aussieht.

Jeder weiß, dass Cisco Systems Router, Switcher und all die anderen Verbindungselemente herstellt, auf denen das Internet beruht. Weniger bekannt ist, dass das nicht stimmt. In Wirklichkeit stellt Cisco fast keine Geräte selbst her. Mit dem überwiegenden Teil von Ciscos Bestellungen kommt kein einziger Cisco-Mitarbeiter in Berührung.

Ciscos eigener Ausdruck für virtuelle Integration ist Single Enterprise Program (SEP). Das Unternehmen entschloss sich zu dieser Initiative, als es begriff, dass es in einer Welt agiert, die sich über Nacht verändert. Zwischen vierzig und sechzig Prozent seiner Erträge stammen von Produkten, die weniger als ein Jahr alt sind. Wie kann Cisco in einem so rasch veränderlichen Umfeld seine Spitzenposition behaupten, ohne von flinken Start-ups überrannt zu werden? Die Antwort liegt in der Beschränkung. Die Manager des Unternehmens haben beschlossen, sich auf genau zwei Dinge zu konzentrieren. Sie werden modernste Produkte entwickeln, und sie werden enge Beziehungen zu ihren Kunden unterhalten. Alles Übrige wird Partnern überlassen bleiben.

254

Jabil und Solectron gehören zu den Vertragsherstellern, die Cisco mit Montagearbeiten betraut. Ein Händler, Hamilton Avnet, koordiniert die nötigen Teilelieferungen, damit die Produkte zusammengebaut und die Aufträge erfüllt werden können. Avnet sorgt dafür, dass die Teile von den verschiedenen Zulieferern zur richtigen Zeit in der Fabrik des Vertragsherstellers sind und dass die fertigen Produkte zu Ciscos Kunden gelangen. Cisco versorgt die übrigen SEP-Mitglieder mit Informationen über erwartete Bestellungen, was diese in die Lage versetzt, Lager und Ressourcen auf die bevorstehende Bestellung vorzubereiten.

Ciscos Zuständigkeit beschränkt sich auf den Produktentwurf, die Bestellannahme und den Rechnungsverkehr mit dem Kunden. Cisco wird nur dann zu einem vollständigen Unternehmen, wenn es seine Fähigkeiten mit denen seiner Vertragshersteller und der Händler zusammenlegt.

Cisco erkannte, welche Macht in der virtuellen Integration liegt, und beschloss, die eigene Geschäftspolitik an dieser Strategie (unter dem Banner »Single Enterprise«) auszurichten. Einige andere Unternehmen, wie beispielsweise Dell, haben denselben Weg beschritten. Jeder hat einen anderen Namen für seine Initiative. »Extended Enterprise« ist vermutlich der verbreitetste.

Häufiger stellt sich die virtuelle Integration als unbeabsichtigte Konsequenz aus der Verfolgung anderer Ziele ein. Um Kosten zu sparen und sich das Leben zu vereinfachen, lagert ein Unternehmen einen Prozess an einen Zulieferer aus; um durch einen höheren Beitrag zur Wertschöpfung die Erträge zu erhöhen oder um durch Kooperationsmöglichkeiten Kosten einzusparen, dringt der Zulieferer immer mehr auf das Terrain des Kunden vor, indem er mehr Dienstleistungen anbietet und immer mehr von den Aktivitäten des Kunden übernimmt. Gleichzeitig erkennt der Kunde, dass er die Kosten seines Zulieferers (und damit seine eigenen) senken kann, indem er einige Tätigkeiten übernimmt, die zuvor in der Zuständigkeit des Zulieferers gelegen hatten. Binnen kurzem sind die beiden Unternehmen unentwirrbar miteinander verknüpft, und die Entscheidung, wo das eine endet und das andere beginnt, wird zu einer philosophischen Frage.

So hat beispielsweise der Lastwagenhersteller Navistar die Verwaltung seiner Reifenlager an Goodyear abgetreten. Das Unternehmen Goodyear bietet diesen Service nicht nur für seine eigenen Reifen an, sondern auch für die Reifen seiner Wettbewerber: Bridgestone/Firestone und Michelin.

Aufgrund dieser Vereinbarung kann sich Navistar auf die eigenen Kernkompetenzen – Entwurf, Herstellung und Verkauf von Lastwagen – konzentrieren, ohne sich über das Management von Reifenlagern Gedanken machen zu müssen. Weil Goodyear sich in dieser Tätigkeit gut auskennt, erhält Navistar einen besseren Reifenservice zu geringeren Kosten, als dies jemals der Fall war, solange sich das Unternehmen noch selbst um diese Tätigkeit kümmerte.

Goodyears ursprüngliches Interesse an diesem Arrangement beruhte auf der Möglichkeit, einem Kunden zusätzlichen Wert zu verschaffen (wie in Kapitel 3 diskutiert wurde). Goodyear profitiert zudem von der Gebühr, die Navistar für diese Dienstleistungen bezahlt, sowie vom Zugang zu außerordentlich wertvollen Daten. Seit der Reifenhersteller weiß, wie viele Reifen sich in Navistars Lager befinden, kann er mit der Steuerung seiner Produktion die eigenen Lagerkosten minimieren und die Herstellungskosten senken.

Dies war nur der Anfang der Reise von Goodyear und Navistar in Richtung einer virtuellen Integration. Goodyear hat es auch übernommen, die Reifen auf die Felgen aufzuziehen. In einem Jointventure mit Accuride, einem Felgenlieferanten, versorgen die beiden Unternehmen Navistar mit einem ständigen Nachschub an Felgen mit fertig montierten und ausgewuchteten Reifen. Navistar muss die Räder lediglich auf seine Lastwagen schrauben.

Goodyear und Accuride tun noch mehr von dem, was sie am besten können, auf dass auch Navistar mehr von dem tun kann, was der Lastwagenhersteller am besten beherrscht. Von außen gesehen sind die drei Unternehmen nicht von einem einzigen gut gemanagten Unternehmen zu unterscheiden. Vielleicht verwundert es nicht, dass sich der Anteil von Goodyear an Navistars

Geschäft seit dem Beginn dieser Bemühungen um eine virtuelle Integration verdoppelt hat.

Die Branche der Elektronikhersteller demonstriert ebenfalls den evolutionären Charakter der virtuellen Integration. Unternehmen wie Solectron und Jabil wurden in den späten Siebzigern ursprünglich gegründet, um Elektronikherstellern in Spitzenzeiten unter die Arme zu greifen. Anstatt für Perioden außergewöhnlicher Nachfrage zusätzliche Fabriken zu errichten und Personal einzustellen, lagerten die Hersteller einen Teil der Montagetätigkeit während dieser Perioden aus, indem sie den Vertragsunternehmen Kisten mit Teilen und detaillierten Montageanweisungen sandten. Binnen kurzem wurde offensichtlich, dass die Hersteller in Wirklichkeit nicht besonders gut in der Herstellung waren; die Kisten und die Instruktionen, die sie ihren Vertragspartnern sandten und die sie selbst verwendeten, waren häufig unvollständig und fehlerhaft.

Deshalb entschieden Unternehmen wie HP oder Nortel, dass sie ihre Energien und ihr Kapital besser für die Produktentwicklung und den Kundenservice als für die Herstellung einsetzten. Sie lagerten einen immer größeren Teil ihrer Fertigung an die Vertragspartner aus, die sich ihrerseits auf die Entwicklung optimaler Fertigungsfähigkeiten konzentrierten. (Interessanterweise entstand Celestica, eines der führenden Unternehmen der Branche, als IBM seinen kanadischen Fertigungsbereich abstieß.) Das Ergebnis war ein kometenhaftes Wachstum: Solectron beispielsweise steigerte seinen Umsatz von rund vierhundert Millionen US-Dollar im Jahr 1992 auf über zehn Milliarden im Jahr 2000. Derzeit sind rund dreißig Prozent der Elektronikherstellung ausgelagert, und die Branche der Vertragshersteller wächst jedes Jahr um rund dreißig Prozent. In absehbarer Zeit wird die Fertigung vermutlich zu über fünfundsiebzig Prozent in den Händen dieser Spezialisten liegen.

Die Solectrons und Celesticas der Welt begnügen sich nicht länger mit der Rolle der kaum wertschöpfenden Fertigungstätigkeit für ihre Kunden. Stattdessen bieten sie zunehmend Dienstleistungen an, die sie noch mehr in den Betrieb ihrer Kunden einbinden.

Eine dieser Dienstleistungen ist die Systemintegration. Die moderne Elektronik ist eine schnell veränderliche und komplexe Branche: Die Produkte haben kurze Lebensspannen, und ihre Spezifikationen ändern sich häufig sogar innerhalb dieser Perioden; die Nachfrage nach bestimmten Produkten entsteht ebenso plötzlich, wie sie wieder verschwindet; Lagervorräte zu halten ist beinahe ein Kapitalverbrechen; und Dutzende verschiedener Unternehmen liefern die für ein bestimmtes Produkt benötigten Teile oder Komponenten. In diesem Umfeld braucht es jemanden, der dafür sorgt, dass alle Zulieferer sowie die Zulieferer der Zulieferer stets auf dem Laufenden sind: wenn ein Produkt entwickelt wird, wenn eine Bestellung eintrifft und wenn ein Produkt innerhalb seiner Lebenszeit modifiziert wird. Jemand muss den Kontakt halten, um sicherzustellen, dass alle Seiten dieselbe Version der Produktspezifikation vor sich haben und wissen, was zu welcher Zeit zu tun ist. Diese Rolle unterscheidet sich stark von der Aufgabe, Teile nach einer gedruckten Anleitung zusammenzubauen, und doch sind die Vertragshersteller in die Bresche gesprungen und haben den Kunden diese komplexe Verantwortung abgenommen.

Sie bieten außerdem Beschaffungsdienstleistungen; die Vertragspartner können für ihre verschiedenen Kunden gemeinsam einkaufen und sogar bessere Preise erwirken als ihre großen Kunden. Ein weiterer Service ist die Produktunterstützung: Weil der Vertragshersteller das Produkt tatsächlich herstellt, ist er am besten in der Lage, den Kunden bei der Lösung von Problemen mit dem Produkt zu helfen.

Die Entwicklung von RosettaNet beschleunigt die virtuelle Integration der Elektronikbranche zusätzlich. RosettaNet ist eine Kollektion von Kommunikationsstandards – das heißt im Prinzip von standardisierten Definitionen von Prozessschnittstellen. Die Unternehmen, die sich an die RosettaNet-Standards halten, präsentieren anderen Unternehmen eine vertraute Schnittstelle für Beschaffungs- und Auftragserfüllungsprozesse, die es diesen Unternehmen ermöglicht, ihre Prozesse reibungslos miteinander zu kombinieren und zu vernetzen.

Auch in der Transportbranche sind die Unternehmen besonders daran interessiert, sich in den Betrieb ihrer Kunden zu integrieren. Spediteure, die dies nicht tun, laufen Gefahr, Preiskämpfen, sinkenden Gewinnen und den anderen mit dem Verkauf von Standarddienstleistungen verbundenen Problemen zum Opfer zu fallen.

Wie viele andere Unternehmen hat Nike eine Website, nike.com, eingerichtet, die den Kunden des Unternehmens einen neuen Kanal für die Warenbestellung bietet. Aber das Unternehmen weiß, dass es seinen Kunden dann am besten gerecht wird, wenn es sich auf Produktentwurf und Markenpolitik und auf möglichst wenig sonst konzentriert. Wenn das Unternehmen also auf seiner Website eine Bestellung erhält, leitet es diese umgehend an das Transportunternehmen UPS weiter, das das Vertriebszentrum managt, von dem aus die Bestellungen ausgeführt werden.

UPS spielt nicht länger nur die Rolle des Transporteurs, der passiv darauf wartet, dass sich jemand meldet, der eine Sendung zu einem Kunden gebracht haben will. Immer häufiger erzeugt UPS selbst die Sendung, die versandt werden soll. Im Fall von Nike nimmt UPS die Bestellung entgegen und sammelt, verpackt und transportiert die bestellten Waren. Das Unternehmen tut dies in einem Vertriebszentrum, das es selbst für Nike managt und das in der Nähe seiner eigenen Verladeeinrichtungen gelegen ist. Auf diese Weise kann UPS für Bestellungen, die vor acht Uhr abends eingehen, eine Auslieferung für den nächsten Tag garantieren. Aber das ist nicht das Ende der Geschichte. UPS bearbeitet für Nike zudem Retouren. Wenn ein Kunde beschließt, ein Paar Schuhe zurückzusenden, holt UPS sie ab, bringt sie ins Vertriebszentrum zurück und stellt sie wieder ins Lager. Weil keine Übergabe zwischen Nike und UPS stattfindet, lassen sich Retouren schneller handhaben und liegen die Produkte nicht herum und veralten, während sie darauf warten, wieder dem aktiven Lager zugeführt zu werden. UPS betreibt auch Nikes Call Center. Wenn ein Kunde mit Fragen zu Produkten oder Vertrieb bei Nike anruft, wird der Anruf in Wirklichkeit von UPS-Mitarbeitern entgegengenommen, auch wenn der Kunde das mit ziemlicher

Sicherheit nicht weiß. Die Kundenbestellungen werden erfolgreich von einem Hybrid aus Nike und UPS bearbeitet. Es lässt sich nur schwer sagen, wo das eine Unternehmen beginnt und das andere aufhört.

UPS bietet einer ganzen Reihe von anderen Unternehmen, von Hightechfirmen bis zu Autoherstellern, ähnliche Dienstleistungen. Die traditionellen Fähigkeiten von UPS hatten im Transport kleiner Sendungen gelegen; mittlerweile hat das Unternehmen diese Fähigkeiten auf das Management komplexer Vertriebsnetze ausgeweitet. Weil sich das Unternehmen auf verwandte Fähigkeiten stützen kann, ist es für diese Art von Tätigkeiten besser geeignet als Unternehmen, deren Stärken in anderen Bereichen liegen. Heute managt UPS beispielsweise die Lieferung von jährlich 4,5 Millionen Fahrzeugen von einundzwanzig Ford-Werken an sechstausenddreihundert Ford-Händler über eine Kombination aus Schiene und Straße. Im ersten Jahr, als das Unternehmen diesen Dienst anbot, konnte es die Zeit, die ein Ford-Fahrzeug von der Fabrik zum Händler braucht, um ein Drittel kürzen. UPS rationalisierte zudem das dreiteilige Vertriebsnetz, das Compaq betrieben hatte (je ein Bereich für Compaqs eigene Produkte und für diejenigen, die DEC und Tandem, zwei von Compaq erworbene Unternehmen, herstellen), wobei UPS gleichzeitig die Zahl der Zwischenlager um sechzig Prozent verringerte.

Aber UPS tut noch mehr für seine Kunden, wobei das Unternehmen zunehmend den Bereich der reinen Logistik verlässt und Tätigkeiten übernimmt, die es für den Kunden besser machen kann als der Kunde selbst. Es betreibt Reparatureinrichtungen für Abnehmer von Hightech, das heißt, es holt nicht nur die kaputten Teile ab und liefert Ersatzteile, sondern es nimmt auch die tatsächlichen Reparaturen vor. Da UPS die Teile schon transportiert, ist es sinnvoll, dass UPS sie auch gleich repariert, anstatt dass der Hersteller dies tut. UPS übernimmt für einige Kunden auch die finanzielle Abwicklung. Das Unternehmen bietet seit langem an, dass es für ein Produkt, das es liefert, die Zahlung entgegennimmt und dem Hersteller einen Scheck sendet. Mittlerweile deponiert das Unternehmen solche Zahlungen auf dem eigenen Konto und schickt dem Hersteller anderntags eine elektronische Überweisung. Das gibt dem Hersteller größere Liquidität und enthebt ihn der Mühe, große Mengen von Quittungen zu bearbeiten. Auf diese Weise werden die Beziehungen zwischen UPS und seinen Kunden immer enger. Zahlungsabwicklung ist nicht die einzige finanzielle Dienstleistung, die UPS anbietet. Für einen italienischen Krawattenhersteller beispielsweise finanziert UPS den Einkauf von Rohmaterial in China, bietet Kreditbriefe und eine Finanzierung durch Exportakkreditive und führt die Inkassoabwicklung in den Vereinigten Staaten durch. Einerseits sind diese Aktivitäten weit entfernt vom traditionellen Geschäftsfeld des Unternehmens, andererseits sind sie jedoch Teil einer natürlichen Evolution in Richtung größerer Wertschöpfung und virtueller Integration.

In vielen Teilen der Vereinigten Staaten werden Xerox-Kopierer von Leuten geliefert, installiert und betreut, die in Wirklichkeit für Ryder Transportation Services arbeiten. Wie UPS tut das Unternehmen mehr für seine Kunden und lässt sich deshalb immer schwerer von diesen unterscheiden.

Bose, der Hersteller hochwertiger Audiogeräte, nutzt Roadway Express, um Produkte an seine Einzelhändler zu senden und Teile von seinen Komponentenherstellern zu beziehen. Zu jeder größeren Bose-Einrichtung entsendet Roadway einen Vor-Ort-Vertreter, der als vollgültiges Mitglied des Logistikteams von Bose angesehen wird. Der Vor-Ort-Vertreter ist dabei behilflich, Sendungen zu planen, den Status von Sendungen zu überprüfen, Notfälle zu regeln, Lager zu managen und dergleichen mehr. Dieser Mitarbeiter lässt sich am besten als jemand beschreiben, der für Bose arbeitet, aber von Roadway bezahlt wird.

Virtuelle Integration schafft ebenso wie die Politik seltsame Koalitionen. Kapitel 7 zeigte, dass unabhängige Geschäftseinheiten zunehmend an Bedeutung verlieren, seit die Einheiten wechselseitig von ihren Fähigkeiten profitieren. Virtuelle Integration funktioniert ähnlich, nur auf der Ebene ganzer Unternehmen statt auf der Ebene interner Geschäftseinheiten. In der Customer Economy müssen die Unternehmen lernen, ihre traditionellen

Vorstellungen von Autonomie aufzugeben, so wie dies ihre internen Einheiten bereits getan haben.

Die Entstehung des virtuellen Unternehmens hat weit reichende Implikationen. Indem die virtuelle Integration die vertikale Integration Henry Fords praktisch auf den Kopf stellt, erschüttert sie viele unserer fundamentalen Überzeugungen von Unternehmensführung. Sie zwingt die Manager, sich intensiver als je zuvor zu fragen, was sie tun und wer sie sind: Welche unserer Prozesse definieren uns und unser Geschäft? Worauf sollen wir setzen? Was sollen wir tun, und was sollen wir lassen? Welche Prozesse sollten wir abstoßen, und welche sollten wir erwerben?

UPS geht über die Warenauslieferung hinaus und erwirbt neue Fähigkeiten im Lagermanagement und bei den Finanzdienstleistungen. Hersteller von Elektronik und von Autos verabschieden sich von ihrer Rolle als Montageunternehmen und verstärken ihre Fähigkeiten in den Bereichen Vermarktung und Markenmanagement.

Natürlich birgt es gewisse Risiken, wenn wir Prozesse preisgeben, besonders wenn es sich um zentrale Geschäftsprozesse handelt. Ein Unternehmen kann in die Abhängigkeit anderer geraten und zu einem Gefangenen ihrer Fähigkeiten werden, sodass es nicht länger in der Lage ist, einen eigenen Kurs zu steuern. Aber auch das Festhalten an gewissen Prozessen ist mit Kosten und Risiken verbunden. Diese Prozesse können zu Standardprozessen verkommen oder obsolet werden; es können andere kommen, die sie besser beherrschen – in diesen Fällen bleibt kein Geschäft übrig.

Strategisch gesehen ist es sinnvoll, an denjenigen Prozessen festzuhalten, die den größten Wert zum Endprodukt beisteuern. Aber die Bestimmung desjenigen Prozesses, der den »größten Wert« liefert, kann kompliziert sein.

Was schafft mehr Wert: ein Produkt zu entwerfen, herzustellen oder zum Kunden zu bringen? Die Frage ist absurd. Natürlich sind alle Aspekte unverzichtbar. Je zwei von ihnen reichen nicht aus, um dem Endkunden Wert zu geben. In der Vergangenheit war der relative Wert der drei Aspekte eine theoretische Frage, weil jedes Unternehmen alle drei ausführte und den gesamten Profit bekam. Wenn heute möglicherweise drei Seiten beteiligt sind und den Profit unter sich aufteilen müssen, dann bekommt die Frage, wer wie viel für den Kunden tut, eine eminent praktische Bedeutung. Sie muss von Fall zu Fall beantwortet werden; denn bislang gibt es keine Lösungsformel.

Mit zunehmender virtueller Integration müssen die Unternehmen eine neue Kompetenz entwickeln: die reibungslose Koordination mit Zulieferern, Kunden, Co-Suppliers und Co-Customers. Branchenstandards (von denen RosettaNet nur der Erste ist) werden eine große Rolle für die Schnittstellen zwischen den Unternehmen spielen. Aber die Implementierung der von diesen Schnittstellen verlangten Fähigkeiten wird eine erhebliche Herausforderung bleiben.

Man kann sich schwerlich tiefgreifendere kulturelle Veränderungen vorstellen als diejenigen, die durch die neue Realität der virtuellen Integration ausgelöst werden. Anstelle der traditionellen Werte »selbstbewusster Stolz« und »Misstrauen gegenüber allen Außenstehenden« muss ein Unternehmen heute Vertrauen, Kooperation und Partnerschaft hochhalten. Es muss Informationen mit anderen teilen, nicht widerstrebend, sondern aus Überzeugung. Es muss bereit sein, zugunsten des Wohls des größeren virtuellen Unternehmens, dessen Teil es ist, auf kurzfristige Gewinne zu verzichten. Es muss erkennen, dass in einem virtuellen Unternehmen entweder alle Teilnehmer erfolgreich sind oder keiner. Das wird ein schwieriges Unterfangen sein für Unternehmen, die lange Zeit ihre leichtesten Opfer unter ihren engsten Verbündeten fanden, Zulieferer hintergingen oder Kunden betrogen, um eine schlechte Vierteljahresbilanz zu beschönigen. Benjamin Franklins Spruch: »Wir müssen alle zusammenhalten, oder wir werden alle allein hängen«, sollte zur Parole jedes Unternehmens werden.

Von allen Ideen und Prinzipien dieses Buches ist die virtuelle Integration bei weitem die radikalste. Sie stellt nicht nur die Art und Weise infrage, wie Unternehmen strukturiert, geführt und gemanagt werden; sie repräsentiert eine fundamentale Herausforderung für unsere elementarsten Vorstellungen vom Wesen des Unternehmens. Zuerst habe ich etwas gezögert, ob ich das Konzept in dieses Buch aufnehmen sollte. Aber dann erinnerte ich mich an ein Gespräch, das ich vor kurzem mit einem Arzt geführt hatte. Er hatte mich gefragt, wie ich mir die Struktur des amerikanischen Gesundheitssystems in fünf Jahren vorstelle. Ich nutzte die Gelegenheit, um etliche extreme Ideen zu formulieren, die sich in mir seit einiger Zeit gebildet hatten. Nach ein paar Minuten hatte ich Mitleid mit ihm und entschuldigte mich mit den Worten: »Was ich da vor mich hin spinne, muss Ihnen völlig absurd vorkommen.« Worauf er nur erwiderte: »Ja, und? Was heute Wirklichkeit ist, wäre mir sogar vor zwei Jahren noch absurd erschienen.« In den Zeiten, in denen wir leben, haben selbst die extremsten Vorstellungen die irritierende Tendenz, binnen kurzem Wirklichkeit zu werden.

Agenda Punkt 9

Machen Sie sich die radikale Vision von der virtuellen Integration zu Eigen:

- Begreifen Sie Ihr Unternehmen nicht als eine in sich abgeschlossene Einheit, sondern als Teil einer erweiterten Konstellation von Unternehmen, die gemeinsam für den Kunden Wert erzeugen.
- Definieren Sie Ihr Unternehmen über die Prozesse, die Sie leisten, nicht über die Produkte und Dienstleistungen, die Sie bereitstellen.
- Identifizieren und stärken Sie die Schlüsselprozesse, die Sie am besten beherrschen.
- Lagern Sie alles Übrige an jemanden aus, der die besseren Voraussetzungen dafür mitbringt.
- Lernen Sie, eng mit anderen zusammenzuarbeiten.
- Seien Sie bereit, Identität und Strategie Ihres Unternehmens radikal zu überdenken.

11 Lassen Sie es geschehen

Verwirklichen Sie die Agenda

In den letzten neun Kapiteln habe ich eine Agenda entwickelt, die beschreibt, was die Unternehmen tun müssen, um in der Customer Economy zu gedeihen. Hier ist sie in komprimierter Form:

1. Gestalten Sie den Umgang mit Ihrem Unternehmen unkompliziert. Es sind nicht so sehr Ihre Produkte und Dienstleistungen, die Ihren Kunden missfallen; es ist vielmehr der ganze Ärger, den es sie kostet, Ihre Produkte zu bestellen, in Empfang zu nehmen und zu bezahlen. Betrachten Sie sich einmal eingehend aus der Perspektive Ihrer Kunden, und verändern Sie daraufhin Ihre Arbeitsweise, um Ihren Kunden Zeit, Kosten und Frustrationen zu ersparen.

2. Geben Sie Ihren Kunden zusätzlichen Wert. Um der Falle der Standardisierung zu entgehen, die bedeuten würde, dass Sie sich mit einer Horde mehr oder weniger identischer Wettbewerber um minimale Margen streiten müssten, müssen Sie Ihren Kunden mehr bieten. Belassen Sie es nicht dabei, Ihren Kunden Ihre Produkte oder Dienstleistungen vor die Tür zu stellen. Gehen Sie durch die Tür hindurch, sehen Sie nach, was der Kunde als Nächstes vorhat, und tun Sie es für ihn.

3. Werden Sie zum Prozessfanatiker. Kunden interessieren sich nur für Resultate, und Resultate kommen nur von vollständigen Prozessen. Managen Sie sie, verbessern Sie sie, weisen Sie ihnen

Prozesseigentümer zu, und schärfen Sie jedermanns Bewusstsein für sie. Das ist der einzige Weg, um die Leistung zu erbringen, die die Kunden verlangen.

4. *Verwandeln Sie kreative Arbeit in Prozessarbeit.* Innovation muss nicht chaotisch sein, im Gegenteil. Wenden Sie die Macht der Disziplin und der Struktur auf den Verkauf, die Produktentwicklung und andere kreative Tätigkeiten an. Machen Sie Erfolg in diesen Bereichen von Planung und Management statt vom Glück abhängig; das Glück hat die gemeine Eigenschaft, dass es sich rar macht, wenn Sie es am meisten brauchen.

5. *Verwenden Sie die Leistungsbewertung zur Verbesserung, nicht zur Buchhaltung.* Die meisten Ihrer Messwerte sind wertlos; sie erzählen Ihnen, was geschah (mehr oder weniger), aber nicht, was Sie in Zukunft tun müssen. Erzeugen Sie ein Modell Ihres Unternehmens, das Ihre übergreifenden Ziele mit Dingen in Beziehung setzt, die Sie beeinflussen können; messen Sie Dinge, die von Bedeutung sind; und betten Sie Ihre Messaktivität in ein Programm zur planmäßigen Leistungsverbesserung ein.

6. *Lockern Sie Ihre Organisationsstruktur auf.* Die Tage des stolzen unabhängigen Managers, der eine scharf definierte Abteilung leitet, sind vorbei. Kooperation und Teamarbeit sind heute in der Executive Suite ebenso wichtig wie an der Kundenfront. Bringen Sie Ihren Managern bei, im Interesse des Gesamtunternehmens zu kooperieren, anstatt sich gegenseitig ob kleinlicher Gewinne das Messer in den Rücken zu bohren.

7. *Verkaufen Sie durch, nicht an Ihre Vertriebskanäle.* Lassen Sie sich von Ihren Vertriebskanälen nicht den Blick auf Ihren Endkunden verstellen, der die Gehälter aller Beteiligten zahlt. Verwandeln Sie den Vertrieb aus einer Kette von Wiederverkäufern in eine Gemeinschaft, die zum Nutzen des Endkunden zusammenarbeitet. Seien Sie bereit, für dieses Ziel die Rollen aller Beteiligten neu zu definieren.

8. Machen Sie bei der Suche nach Effizienz nicht an Ihren Grenzen Halt. Die letzten Spuren von Ballast lauern nicht tief im Innern Ihres Unternehmens, sondern an seinen Außengrenzen. Nutzen Sie die ganze Macht des Internets, um die Prozesse, die Sie mit Ihren Kunden und Zulieferern verbinden, reibungslos zu gestalten. Kooperieren Sie, wo immer Sie können, um Betriebs- und Gemeinkosten zu senken.

9. Geben Sie Ihre Identität zugunsten eines erweiterten Unternehmens auf. Verabschieden Sie sich von der Idee eines in sich geschlossenen Unternehmens, das ein komplettes Produkt liefern kann. Gewöhnen Sie sich an die Vorstellung, dass Sie nur dann etwas erreichen können, wenn Sie virtuell mit anderen verschmelzen. Konzentrieren Sie sich auf das, was Sie am besten können, entledigen Sie sich alles Übrigen und ermuntern Sie andere, ebenso zu verfahren.

So weit wunderbar. Sie wissen jetzt, was Sie zu tun haben. Bleibt nur noch, es in die Tat umzusetzen, aber das dürfte der leichtere Teil der Übung sein, oder?

Vielleicht auch nicht.

Vor nicht langer Zeit sprach ich mit einer leitenden Managerin eines großen Finanzdienstleisters über die Fähigkeiten ihres Unternehmens. »Wir wissen ziemlich gut, was wir tun müssten«, sagte sie. »Die Schwierigkeit ist nur, es auch wirklich zu tun.«

Sie und ihr Unternehmen sind damit nicht allein. Während der letzten zehn Jahre habe ich zahlreiche Unternehmen beobachtet, die die eine oder andere größere Veränderungsanstrengung unternahmen, von Reengineering über die Implementierung eines ERP-Systems bis zur Installation eines Balanced-Scorecard-Bewertungssystems oder der Schaffung einer E-Procurement-Plattform. Sie alle wussten, was sie erreichen wollten, aber während viele Erfolg hatten, gab es auch diejenigen, die damit scheiterten; und selbst die, die am Ende erfolgreich waren, durchliefen einen ziemlich wechselhaften Prozess.

267

So war es beispielsweise bei DTE Energy Mitte der neunziger Jahre. DTE Energy, die Mutter von Detroit Edison, ist ein diversifiziertes Strom- und Gasversorgungsunternehmen mit einem Jahresumsatz von über sechs Milliarden US-Dollar. 1994 beschloss es, sich in ein Prozessunternehmen zu transformieren. Die Implementierung der Veränderung erwies sich als schwierig und schmerzhaft, auch wenn die Anstrengung am Ende von Erfolg gekrönt war und zu dramatischen Verbesserungen in der Betriebsleistung des Unternehmens führte. Die Beschäftigten hatten Schwierigkeiten, den Sinn des Vorhabens zu verstehen, und viele waren dagegen eingestellt. Das komplexe Programm wurde nicht immer kohärent gemanagt. Infolgedessen dauerte seine Durchführung länger als geplant und hinterließ Wunden, die erst nach Jahren heilten. Die Nachwehen der Veränderung belasteten die Organisation über ein Jahr, und es brauchte Jahre, bis sie sich vollständig erholte. Und dabei umfasste der Übergang nur wenige der in den letzten neun Kapiteln beschriebenen Agendapunkte. Ähnliche Geschichten ließen sich von Hunderten von Unternehmen erzählen.

Dass DTE und so viele andere Unternehmen die vollständige oder teilweise Implementierung der neuen Agenda als so schwierig empfinden, ist nicht überraschend; die Erfahrung ist fast völlig neu für sie. Die Unternehmen wissen bei vielen neuen Dingen, wie sie es anstellen müssen, sie wissen, wie sie neue Kunden finden, wie sie neue Produkte entwickeln und einführen und wie sie neue Fabriken anlegen können. Sie kennen sich damit aus, weil sie es immer schon so gemacht haben. Sich selbst nach Kunden- statt nach Produktgesichtspunkten neu zu definieren, eine neue Generation von Bewertungssystemen einzurichten und Vertriebskanäle in Vertriebsgemeinschaften zu verwandeln sind dagegen Dinge, in denen sich die Unternehmen nicht auskennen, denn sie haben niemals zuvor etwas Ähnliches in Angriff genommen. Wenn die Unternehmen solche Anstrengungen unternehmen, operieren sie ohne Sicherheitsnetz. Über das Ziel sind sie sich nicht völlig im Klaren, und der Weg dahin ist weder ausgeschildert noch beleuchtet. Infolgedessen sind sie gezwungen, zu improvisieren und spontane Entscheidungen zu treffen. Natürlich unterlaufen ihnen Fehler, indem sie Techniken verwenden, die nicht funktionieren, oder wichtige Fragen übersehen. Einige dieser Fehler können sich als fatal erweisen; und selbst jene Unternehmen – wie die in diesem Buch zitierten –, die die Verwandlung überleben, bleiben mit Narben zurück.

Die Agenda, die ich Ihnen vorgestellt habe, ist weder kurz noch einfach. Ihre Verwirklichung wird sich als große Herausforderung erweisen. Der Ausblick auf all diese Veränderungen wird Ihnen vermutlich Angst machen. Können Sie es tatsächlich schaffen? Handelt es sich um ein riskantes Spiel? Wie stehen Ihre Erfolgschancen?

Sie sind mit Recht besorgt. Die Implementierung der Agenda wird Ihr gesamtes Unternehmen auf den Kopf stellen. Ich habe mehrfach darauf hingewiesen, dass die allermeisten Unternehmen, ob groß oder klein, in einer Weise strukturiert sind und geführt werden, die in direktem Konflikt zu den Prinzipien dieser Agenda steht. Die Kunden werden hintangestellt, für Prozesse ist niemand verantwortlich, und jeder ist instinktiv zuerst bemüht, seine Besitztümer zu verteidigen. Diese Tendenzen sind keine abstrakten Spitzfindigkeiten. Sie prägen vielmehr jeden Aspekt Ihres Unternehmens, die Art, wie die Mitarbeiter sich und ihre Jobs betrachten, wie sie geschult und bezahlt werden und wie das Unternehmen strukturiert ist. Die Implementierung irgendeines Punktes der Agenda, ganz zu schweigen von ihrer Gesamtheit, wird Ihr Unternehmen und den Arbeitsalltag Ihrer Mitarbeiter radikal verändern.

Lassen Sie uns nur auf eine Komponente nur eines Agendapunkts schauen: die Transformierung unternehmensübergreifender Prozesse zwecks Verbesserung der systemweiten Leistung (wie in Kapitel 9 beschrieben). Anstatt dass Sie lediglich Ihr eigenes Lagerhaltungsvolumen minimieren und den Preis drücken, den sie Ihren Zulieferern zahlen, müssen Sie sich auf die gesamten, über die Vertriebskette verteilten Lagerbestände und auf die Gesamtkosten für den Endkunden konzentrieren.

Was wird das für Ihre Einkäufer und Ihre Handelsvertreter bedeuten? Die Einkäufer müssen sich über mehr Gedanken machen als nur darüber, wie sie von ihren Zulieferern den niedrigsten Preis herauspressen können, und sie müssen ihnen helfen, ihren Betrieb zu verbessern; die Handelsvertreter müssen das Entsprechende mit den Kunden machen. Das wird ihre Welt auf den Kopf stellen. Traditionell wurden die Einkäufer danach bewertet und belohnt, wie effektiv sie ihren Zulieferern Preiszugeständnisse entlockten, während die Handelsvertreter ausschließlich danach schauten, wie sie die Kunden bewegen konnten, mehr zu kaufen. Die Verringerung der Speicherbestände und der Frachtkosten mag zwar für jeden inklusive Sie selbst von Nutzen sein, aber das Bewertungssystem des Einkäufers honoriert und belohnt dies nicht. Die Vorteile der geringeren Frachtkosten werden der Versandabteilung gutgeschrieben, das Lagerhaus kann einen verbesserten Durchsatz vorweisen, aber der Einkäufer wird für sein löbliches Handeln womöglich noch bestraft. Und selbst wenn Sie die Einkäufer von der Richtigkeit der neuen Verhaltensweisen überzeugen können, dann ist es immer noch möglich, dass sie darauf nicht vorbereitet sind, denn sie wurden höchstens als Preisunterhändler, nicht aber als Prozessingenieure ausgebildet. Ähnliche Veränderungen stehen den Handelsvertretern bevor.

Mit anderen Worten, fast jeder Punkt der Agenda erfordert systemweite statt nur schmalspurige Veränderungen. Natürlich ist es geradezu aberwitzig schwierig, eine derart umfassende Veränderung zu managen. Und Sie können auch nicht mit dem Luxus allgemeiner Zustimmung rechnen. Die Wirklichkeit sieht leider so aus, dass größere Veränderungen unweigerlich einige Verlierer in der Organisation schaffen, und sei es übergangsweise. Das zweite Gesetz der Thermodynamik lehrt uns, dass wir in der Welt der Physik nichts umsonst bekommen. Eine ähnliche Regel gilt für die Welt der Organisationen. Einige Menschen werden immer vom Status quo profitieren, und nicht nur im finanziellen Sinn; für sie verheißt jeder Fortschritt Verlust. Wenn Sie die Bedeutung der Geschäftsprozesse erhöhen, werden die Manager der funktionalen Abteilungen notgedrungen einen Teil ihrer Macht einbüßen. Wenn Sie die Grenzen, die die separaten Geschäfteinheiten voneinander trennen, auflösen, dann müssen die Executives auf einen Teil ihrer Autonomie verzichten. Wenn Sie den Verkauf als eine überlegte, teamorientierte Anstrengung managen, dann verlieren die Handelsvertreter etwas von ihrem heroischen Status. Langfristig können sich diese Veränderungen durchaus für alle als vorteilhaft erweisen; aber fürs Erste werden sie kaum so wahrgenommen. Die Störung der etablierten Macht- und Kontrollstrukturen provoziert unweigerlich Trotz und Widerstand.

Fühlen Sie sich überwältigt? Das wäre normal, und doch haben Sie keine andere Wahl, als fortzufahren. In Zeiten fundamentaler Veränderung besteht die riskanteste Strategie darin, nicht mutig zu handeln, sondern im alten Trott zu bleiben. Das führt mit Sicherheit zum Scheitern. Wenn Sie handeln, haben Sie zumindest ein Chance. Außerdem liegt gerade in der Schwierigkeit, die Agenda zu verwirklichen, Ihre Chance. Denn wenn es einfach wäre, hätte es jeder bereits getan. Diejenigen, die die nötige Entschlusskraft aufbringen, die Hindernisse auf dem Weg zur Verwirklichung der Agenda zu überwinden, werden eine reiche Belohnung ernten. Aber die Entscheidung zur Implementierung der Agenda ist lediglich der erste Schritt auf dem Weg zum Triumph über Ihre Wettbewerber. Sie müssen diese Entscheidung auch konsequent umsetzen.

Nachdem ich Sie in den Sumpf der Verzweiflung geführt habe, wollen wir uns jetzt mit einem möglichen Ausweg befassen. Wie ich bereits sagte, empfanden selbst die Unternehmen, die die Teile der Agenda am Ende erfolgreich implementierten, den Weg als äußerst mühsam. Sie mussten sich mit neuen und beängstigenden Schwierigkeiten herumplagen und konnten auf keine vorgefertigten Implementierungshilfsmittel zurückgreifen. Und doch schafften es diese Unternehmen, die Herausforderung zu meistern. Sie entwickelten die benötigten Hilfsmittel, wo sie sie brauchte, erfanden Implementierungstechniken, um sie unmittelbar in die Praxis umzusetzen. Natürlich machten sie Fehler, aber ebenso vieles machten sie richtig. Während ich die Erfahrungen von Dutzenden und Aberdutzenden dieser Unternehmen studierte, kam mir zu Bewusstsein, dass sie im Großen und Ganzen unabhängig voneinander identische Instrumente entwickelt und angewandt hatten. Ob es im Einzelfall darum ging, eine neue Art von Computersystem zu implementieren, einen Geschäftsprozess einem Reengineering zu unterziehen oder den Vertrieb zu transformieren, und ob es sich um einen Elektronikhersteller, ein Versicherungsunternehmen oder einen Stromversorger handelte, es schälte sich dieselbe Gruppe von sechs taktischen Prinzipien heraus. Dieser bemerkenswerte Umstand sollte Ihnen Mut und Hoffnung machen. Wenn diese Techniken bei so vielen Unternehmen funktionierten, dann sollten sie auch bei Ihrem Unternehmen greifen.

Seit vielen Jahrzehnten besteht der Heilige Gral der Physik in der Entdeckung einer großen einheitlichen Theorie, die alle physikalischen Phänomene erklären würde. Ich möchte behaupten, dass die von diesen Unternehmen entdeckten Prinzipien und Leitlinien den Beginn einer großen einheitlichen Theorie der Veränderungsimplementierung darstellen, eines Satzes von Techniken, die jedes Unternehmen wie das Ihre anwenden kann, um die Agenda zu realisieren. Im Folgenden will ich diese sechs Erfolgsschlüssel zusammenfassen.

1. Integrieren und fokussieren Sie Ihre Anstrengungen
Dieses Buch hat neun Themen dargelegt, die den Kern dessen darstellen, was ein Unternehmen tun muss, um sich auf die Customer Economy einzustellen. Aber es wäre ein katastrophaler Fehler, wenn wir aus diesen neun Themen neun unabhängige und eigenständige Projekte machen würden: eines, um ein neues Messsystem zu erzeugen, ein anderes, um das Vertriebssystem umzustrukturieren, ein drittes, um Managern beizubringen, miteinander zusammenzuarbeiten und zu kooperieren und so weiter. Solche gesplitteten Vorgehensweisen sind zum Scheitern verurteilt, weil Organisationen lediglich eine begrenzte Kapazität für Veränderungsinitiativen haben.

Jeder, der sich mit Logik befasst, kennt »Ockhams Rasiermesser«, ein nach dem mittelalterlichen Philosophen Wilhelm von Ockham benanntes Prinzip, wonach die einfachste Erklärung für ein Phänomen auch die beste ist. Wörtlich hält uns Ockhams Rasiermesser an, »die Multiplikation von Einheiten zu vermeiden«. Dasselbe Prinzip gilt für Veränderungsprogramme: Je mehr Programme ein Unternehmen durchführt, desto geringer ist die Wahrscheinlichkeit, dass eines von ihnen zum Erfolg führt. Wenn eine Organisation vielfältige Initiativen verfolgt, werden die Menschen zynisch. Sie schließen daraus (häufig zu Recht), dass das Management Qualität durch Quantität zu ersetzen versucht; die Vielzahl der Programme, so ihr Eindruck, weist darauf hin, dass die Unternehmensspitze keines von ihnen besonders ernst meint und dass die Executives des Unternehmens, statt alles auf den Erfolg eines bestimmten Plans zu setzen, beschlossen haben, ihre Einsätze zu streuen, in der Hoffnung, dass sich etwas davon auf wundersame Weise bezahlt machen werde. Wenn sich die Mitarbeiter mit zahlreichen Veränderungsprogrammen konfrontiert sehen, verlieren sie unweigerlich die Orientierung, was die Querverbindungen und die Unterschiede zwischen diesen Initiativen betrifft. Infolgedessen müssen die Manager viel Zeit investieren, um Prioritäten zu setzen, Konflikte zu lösen und mit der Situation zurechtzukommen, dass die verschiedenen Implementierungsteams um Ressourcen und die Aufmerksamkeit der Führungsspitze wetteifern.

Stattdessen muss die Unternehmensleitung ein Dach schaffen, unter dem sie alle Bemühungen im Zusammenhang mit der Anpassung an die Customer Economy zusammenfasst – ein einziges Thema, das alle diese Projekte umfasst. Das hat weniger mit der Wahl eines geeigneten Slogans oder Projektnamens als vielmehr mit der Formulierung einer überzeugenden Zielsetzung zu tun, mit der sich jeder im Unternehmen identifizieren kann und die alle Aspekte der Agenda rechtfertigt. Ein Konsumgüterunternehmen beispielsweise setzte sich das Ziel der »unbestrittenen Führungsrolle im Nahrungsmittelgeschäft«, und es verwendet dieses Ziel als Motivation für die Implementierung einer weit gefassten Agenda, die von der Aufweichung der Abteilungsgrenzen bis zur Reduzierung der Fertigwarenlager reicht; eine große Bank leistete dasselbe unter dem Vorzeichen der Wachstumssteigerung mittels einer Intensivierung der Geschäftsbeziehungen zum bestehenden Kundenstamm.

Die meisten Unternehmen leiden unter einer Vielzahl bestehender Veränderungsinitiativen, von der Task Force zur Kundenzufriedenheit bis zum Innovationskomitee. All diese existierenden Programme sollten entweder eingestellt oder in das Gesamtprojekt eingebettet werden. Andernfalls sind Ressourcenverschwendung und fortgesetzte Ablenkung die Folge.

Die Unternehmensleitung darf nicht nachlassen, den Mitarbeitern klar zu machen, dass es sich bei dieser Gesamtanstrengung nicht um eine augenblickliche Managementmode handelt, die alsbald der nächsten Tageslosung Platz machen wird. Sie müssen überzeugend erklären, warum Veränderung notwendig ist und wie die einzelnen Aspekte des Plans mit dem Grundanliegen zusammenhängen. Ihr Ziel muss es sein, dafür zu sorgen, dass jeder in der Organisation genau versteht, was geschieht und warum es geschieht. Wenn die Mitarbeiter die realen und unausweichlichen Gründe für ein Veränderungsprogramm kennen, ist die Wahrscheinlichkeit sehr viel größer, dass sie es ernst nehmen. Diese Zustimmung lässt sich nur durch einen beispiellosen Grad an Offenheit und Ehrlichkeit hinsichtlich der wettbewerblichen und finanziellen Situation des Unternehmens und der früheren Fehler der Unternehmensleitung erreichen. Viele Kommunikationsprogramme in den Unternehmen sind so enthusiastisch wie ein Streifenhörnchen, das unter einer Überdosis Adrenalin leidet. Eine kräftige Portion Aufrichtigkeit und eine Prise *mea culpa* werden Wunder wirken, um das nötige Zutrauen und den guten Willen der Beschäftigten zu gewinnen.

Um diese Gesamtinitiative erfolgreich managen zu können, benötigen Sie ausgeprägte Fähigkeiten im Programmmanagement – der Kunst, eine große Anzahl von Projekten zu koordinieren. Im Grundsatz bedeutet Progammmanagement Komplexitätsmanagement. Viele Unternehmen haben Erfahrung mit der parallelen Durchführung von ein oder zwei Projekten, aber abgesehen von großen Raumfahrt- und Bauunternehmen wissen nur wenige, wie sich eine Vielzahl von Projekten gleichzeitig managen lässt.

Jedes Unternehmen muss Programmmanagement zu einer seiner Kernkompetenzen machen und diese Kompetenz bei der Veränderungsimplementierung zur Anwendung bringen. Ohne Programmmanagement wird die Umsetzung der Agenda im Chaos münden.

2. Schenken Sie den menschlichen Faktoren mehr Aufmerksamkeit, als Sie für erforderlich halten

Vor vielen Jahren, als ich noch Engineering-Professor am MIT war, belehrte mich ein Wirtschaftskollege: »Die technischen sind die leichtesten Probleme.« Anfangs war sich der Ingenieur in mir nicht sicher, was er meinte; seither jedoch habe ich seinen Rat in höchstem Maß zu schätzen gelernt. Die wirklichen Fragen, von denen der Erfolg oder Misserfolg eines jeden wichtigen Vorhabens abhängt, sind fast nie technischer Natur, sondern handeln stattdessen von Mensch und Kultur. Die Schaffung eines neuen Bewertungssystems beispielsweise ist mit einer Vielzahl technisch anspruchsvoller Probleme verbunden: die Bestimmung der zu beobachtenden Phänomene, die Aufstellung von Bewertungskriterien, die aussagefähige und handliche Messwerte liefern, die Einrichtung eines geeigneten Datenerfassungsmechanismus und dergleichen mehr. Viel problematischer und schwieriger ist es jedoch, die Menschen davon zu überzeugen, dass sie auf Bewertungskriterien verzichten müssen, an die sie seit langem gewöhnt sind, ihnen beizubringen, wie sie ihre Entscheidungen an quantitativen Kriterien ausrichten können, und eine Kultur zu schaffen, in der harte Messdaten mehr zählen als Meinung und Intuition. Analoge Beobachtungen ließen sich zu jedem anderen Punkt der Agenda machen. Selbst wenn Sie mit konzentrierter Aufmerksamkeit alle technischen Probleme in den Griff bekommen, werden Ihnen die schwer fassbaren Mitarbeiterprobleme noch zu schaffen machen.

Unglücklicherweise betrachten die Executives diese menschlichen Probleme allzu häufig als unwichtig, sodass sie Implementierungspläne entwickeln, die sich ausschließlich auf die »harten« Themen konzentrieren. Allenfalls als politisch korrekten Nachgedanken ergänzen sie diese Pläne dann mit Aktivitäten, die die Sorgen der Mitarbeiter ansprechen. Diese Aktivitäten erhalten regelmäßig eine geringe Priorität und eine unzureichende finanzielle Ausstattung; im Fall von Budgetknappheit sind sie die Ersten, die gestrichen werden. Anschließend sind die Executives schockiert, wenn ihre ambitionierten Veränderungsbemühungen scheitern. Ich habe dies immer wieder beobachtet, im Zusammenhang mit ERP-Implementierungen, E-Business-Initiativen, Programmen zur Prozessumgestaltung und vielen anderen Anstrengungen.

Gegen dieses Gift können Sie sich impfen, indem Sie folgende Faustregel beherzigen: Widmen Sie ein Drittel des Budgets dem Entwurf und der Implementierung der eigentlichen Veränderung, ein Drittel der unterstützenden Technologie und ein Drittel den Mitarbeiterfragen. Wenngleich eine so grobe Richtlinie nicht mit einer exakten Vorgabe zu verwechseln ist, so bietet sie doch einen gewissen Ausgabenrahmen. Ich will damit sagen, dass die Mitarbeiterthemen keine zweitrangige Nebenveranstaltung bestreiten, sondern ebenso wichtig sind wie jeder andere Aspekt des Vorhabens und die entsprechende Aufmerksamkeit und finanzielle Ausstattung verdienen. Wenn Ihre Pläne weniger als das normative Drittel der Ausgaben für diese Themen vorsehen, müssen Sie bereit sein, die Gründe dafür zu erläutern. Training, Ausbildung, Kommunikation und Veränderungsmanagement sind wichtige Themen, die in den Mitarbeiterbereich des Implementierungsbudgets fallen, und Sie tun gut daran, die Kosten für diese Aktivitäten eher zu hoch als zu niedrig anzusetzen. Wenn Sie hier sparen, könnte das fatale Folgen für Sie haben.

3. Managen Sie jede Interessengruppe anders

Die Menschen in einem Unternehmen reagieren auf Veränderungsprogramme nicht alle gleich. Ich habe in diesem Zusammenhang eine sehr nützliche Formel gefunden, die ich die 20/60/20-Regel nenne.

Wenn eine wichtige Unternehmensinitiative angekündigt wird, wird sie in der Regel von rund zwanzig Prozent der Belegschaft begeistert aufgenommen. Die Executives sind häufig überrascht, dass diese bedeutende Minderheit des Unternehmens nicht mit

Feindseligkeit oder Verwirrung reagiert, sondern eher im Sinn von: »Warum erst jetzt?« Irgendwo zwischen einem Fünftel und einem Drittel liegt der Anteil der Leute, die ausgesprochen bereit sind, die vorgeschlagene Innovation mitzutragen. (Häufig sind es sogar immer dieselben Leute, die auf jede Art von Innovation positiv reagieren.) Diese Mitarbeiter, die häufig vermehrt mit Kunden zu tun haben, kennen aus eigener Erfahrung die Probleme, die aus den traditionellen Arbeitsweisen für das Unternehmen und seine Kunden resultieren. Sie erkennen intuitiv die Stärke der neuen Methoden, und sie sind frustriert, wenn die Manager, die für Veränderungen zuständig wären, nichts unternehmen. Wenn ein Veränderungsprogramm schließlich angekündigt wird, fühlt sich diese Gruppe bestätigt oder sogar befreit.

Ihren Eifer sollten Sie sich zunutze machen. Sie müssen aus diesen Enthusiasten Botschafter und Evangelisten der geplanten Veränderung machen. Finden und fördern Sie sie. Stellen Sie sicher, dass diese Leute stets über die aktuellen Entwicklungen informiert sind, und ermutigen Sie sie, andere mit ihrer positiven Einstellung anzustecken. Andere werden negative Sichtweisen verbreiten, und die positiv eingestellten Mitarbeiter bieten eine viel bessere Gegenkraft als Abgesandte aus dem fernen Management. Diese enthusiastischen zwanzig Prozent bergen jedoch auch ein Risiko. In dem Moment, wo Sie Ihre Veränderungspläne reduzieren oder zurücknehmen, werden diese Veränderungsverfechter nicht nur enttäuscht sein, sondern sich betrogen fühlen. Ihr Enthusiasmus wird sich in Zynismus verwandeln, und Sie werden eine wertvolle Ressource vergeudet haben. Ohne Charlie Browns nicht endenden Optimismus wird die Gruppe irgendwann aufhören, daran zu glauben, dass Lucy den Ball immer noch für sie halten wird. Sie werden zu dem Schluss kommen, dass Sie es mit der Veränderung nicht ernst meinen und dass das Unternehmen keine Zukunft hat, weshalb es sich auch nicht lohnt, länger dafür zu arbeiten. Sie werden ihre Vorliebe für Veränderungen dann an einen anderen Ort mitnehmen. Ein Unternehmen, das seine veränderungswilligen Mitarbeiter vergrault, wird es viel schwerer haben, Veränderung umzusetzen.

Das liegt insbesondere daran, dass eine andere Gruppe von ebenfalls zwanzig Prozent verbissen gegen diese Veränderung – und überhaupt gegen jede Veränderung – eingestellt ist. In einigen Fällen sind dies diejenigen, die bei der geplanten Innovation wirklich etwas zu verlieren haben – weil ihre Jobs transformiert oder gestrichen werden, ihre Autorität beschnitten wird oder sie ihren persönlichen Arbeitsstil verändern müssen. In vielen Fällen jedoch werden diejenigen am entschiedensten auf die Barrikaden gehen, deren Widerstand keinerlei »rationale« Grundlage hat. Von »objektiver« Warte aus betrachtet werden sie möglicherweise sogar profitieren. Ihre Jobs werden einfacher, sie werden die Möglichkeit haben, mehr Geld zu verdienen, und ihre Zukunft wird rosiger aussehen. Und trotzdem. Weil sie die alten Arbeitsweisen tief verinnerlicht haben, können sie sich keine andere Arbeits- oder Verhaltensweise vorstellen.

Besonders problematisch ist, dass diese zwanzig Prozent häufig in den Managerrängen konzentriert sind, wo die Verbundenheit mit dem Status quo am ausgeprägtesten ist, was nicht zuletzt mit dem Zuwachs an Einkommen und Autorität zusammenhängt, den der Aufstieg auf der Unternehmensleiter für diese Manager bedeutete. Natürlich eignet sich ihre Position besonders gut, um gegen eine Veränderung zu agitieren, die sie als gegen ihre Interessen gerichtet und als eine unerwünschte Einmischung in ihr wohl geordnetes Leben empfinden. Sie können die Idee verunglimpfen, scheinbar gut gemeinte Einwände erheben, deren einziger Zweck in der Verzögerung liegt, dem Projekt ihre engagierte Unterstützung und Mitarbeit verweigern oder auf andere nur erdenkliche Weise den Fortschritt der Innovation behindern.

Einige Unternehmensführer denken, sie seien in der Lage, jeden auf ihre Reise in die Zukunft mitzunehmen. So löblich die Absicht ist, so ist diese Hoffnung doch, wie ich feststellen musste, vergeblich. Diese rund zwanzig Prozent sind tatsächlich unverbesserlich und so vehement gegen die neuen Arbeitsmethoden eingestellt, dass niemand es schafft, sie umzustimmen. Der Umgang mit ihnen stellt jedoch in zweierlei Hinsicht eine Herausforderung dar. Erstens sind sie nicht leicht auszumachen. Einige werden ihre Opposition lange Zeit unter Verschluss halten. Andere werden Einwände so formulieren, als wollten sie lediglich Fragen klären, die für den Erfolg der Veränderung von entscheidender Bedeutung sind. Zweitens ist ihre direkte Entfernung aus dem Unternehmen mit Traumata und hohen Kosten verbunden.

Am besten werden Sie mit ihnen fertig, indem Sie sie zwingen, sich selbst zu offenbaren, was sie tun werden, sobald Sie alle Beteiligten uneingeschränkt darüber aufklären, mit welchen Konsequenzen die Veränderung verbunden sein wird. Das heißt, Sie müssen unzweideutig Klarheit schaffen über die bevorstehenden Veränderungen und deren Implikationen im Unternehmen und die Auswirkungen auf die Beschäftigten. Freundliches Drumherumreden ist gefährlich und abstrakte Verklausulierung nutzlos. Stattdessen müssen Sie explizit und detailliert darlegen, wie sich die Gegebenheiten des Unternehmens – die Jobs der Handelsvertreter, die Autorität der Executives, die Struktur des Vergütungsprogramms und so weiter – ändern werden. Sie müssen die Auswirkungen auf die neuen Betriebsweisen präzise ausbuchstabieren. Die unverbesserlichen zwanzig Prozent werden irgendwann erkennen, dass die Veränderung real ist und ihnen kein Glück verheißt. Viele werden gehen, bevor sie sich mit ihr wirklich auseinander setzen müssen. Natürlich müssen Sie sich auf diese Abschiede vorbereiten und sie willkommen heißen, aber Sie sollten sich dennoch auf Überraschungen gefasst machen. Einige von denen, die gehen, werden zu den besten Leuten des Unternehmens gehören – den »besten« im Sinn der alten Arbeitsweisen. Sie dürfen an diesem Punkt nicht kneifen. Es ist besser, eine neue Generation von Spitzenkräften heranwachsen zu lassen, als an den alten festzuhalten und damit die Veränderungsagenda aufs Spiel zu setzen.

Die sechzig Prozent in der Mitte sind natürlich diejenigen, die letztlich über Erfolg oder Misserfolg entscheiden. Auf sie müssen Sie das ganze Arsenal der Veränderungsmanagementtechniken – Kommunikation, Anreize, Beteiligung und so weiter – anwenden. Paradoxerweise machen viele Executives den Fehler, dass sie sich vorrangig auf die anderen beiden Segmente konzentrieren, weil sie denken, hier sei ihr Engagement besonders gefragt und erfolgversprechend. Sie irren sich. Die oberen zwanzig Prozent brauchen nicht erst überzeugt zu werden, und die unteren zwanzig Prozent lassen sich nicht überzeugen. Setzen Sie Ihre Energien lieber dort ein, wo Sie etwas bewirken können.

4. Demonstrieren Sie die Entschlossenheit der Unternehmensspitze

Es ist eine Binsenweisheit, dass größere Veränderungen die Entschlossenheit der Führungsetage voraussetzen. Leider ist nicht immer klar, was das tatsächlich bedeutet. Ich für meinen Teil halte es mit dem, was man als Forrest-Gump-Schule bezeichnen könnte: Führung zeigt sich im Handeln. Es gibt fünf spezifische und konkrete Handlungsweisen, mit denen die Unternehmensspitze ihr entschlossenes Engagement für ein fundamentales Veränderungsprogramm demonstrieren kann.

Der erste Schritt ist, dass die obersten Führungskräfte ihre eigene Glaubwürdigkeit öffentlich mit dem Erfolg der Veränderungsbemühungen verbinden. Ein Transformationsprogramm hat viel größere Erfolgsaussichten, wenn die Führungskräfte ihre Reputation davon abhängig machen. Sie sollten sich von vornherein und öffentlich zu konkreten Zielen bekennen, indem sie eine Garantie für bestimmte finanzielle oder betriebliche Ergebnisse abgeben, die ohne die erfolgreiche Durchführung der Veränderungsbedingungen schlechterdings nicht zu erreichen sind. Sie sollten zudem die Belohnungs- und Vergütungsprogramme so ändern, dass sie konkrete finanzielle Belohnungen für diejenigen vorsehen, die sich im Sinn der neuen Strategie verhalten oder dazu beitragen, sie zu verwirklichen. Die Verantwortungsträger dürfen weder kneifen noch zögern. Jede Demonstration von Schwäche, etwa in Form halbherziger finanzieller Ausstattung, unklarer Terminologie oder eines unentschlossenen Vorgehens gegen Blockierer, überträgt sich unmittelbar auf die gesamte Organisation. Wenn die Unternehmensspitze sich erkältet, bekommt das Fußvolk eine Lungenentzündung, und alsbald ist die Veränderungsinitiative gestorben.

Die zweite Aktion besteht darin, die erforderlichen Ressourcen bereitzustellen und sie gegen jede Beschneidung zu verteidigen. Wenngleich die Implementierung der Agenda nicht extravagant teuer ist im Vergleich zu vielen anderen Unternehmensaktivitäten, von der Errichtung neuer Fabriken bis zur Einführung neuer Produkte, so ist sie doch nicht gratis. Sie müssen die notwendigen Investitionen leisten, um sie in Gang zu bringen. Indem Sie eine größere Veränderungsinitiative unterfinanzieren, halten Sie ihr die notwendigen Ressourcen vor und senden ein deutliches Signal an die Organisation, dass Sie lediglich zu symbolischen Gesten der Unterstützung bereit sind. Indem Sie aber die erforderlichen Investitionen bereitstellen und sich weigern, sie unter dem Druck knapper Budgets zurückzunehmen, demonstrieren Sie genau das Gegenteil.

In diesem Sinn ist es wichtig, dass Sie einige der »Best and Brightest« Ihres Unternehmens auf die Initiative ansetzen. Wie ich immer wieder feststellen konnte, setzen Sie Ihre gesamte Initiative aufs Spiel, wenn Sie statt Spitzenkräften lediglich »kompetente« Leute engagieren oder wenn Sie zwar auf Spitzenkräfte zurückgreifen, diese aber nur auf Teilzeitbasis in das Projekt einbinden. Die Entwicklung und die Implementierung neuer Arbeitsweisen ist ein außerordentlich schwieriges Vorhaben, das die allerbesten Talente des Unternehmens einbeziehen muss. Jeder wird dies einsehen, jeder wird aber auch verstehen, dass Sie es von vornherein nicht ernst gemeint haben können, wenn Sie auf die Einbeziehung dieser Leute verzichten. Ebenso vergeblich ist der Versuch, die Arbeitszeit der besten Leute auf den normalen Betrieb und die Veränderungsinitiative aufzuteilen. Damit zerstreuen Sie Ihre Energien, unterwerfen sie internen Konflikten, bürden ihnen zusätzlichen Ballast auf und vermitteln der Organisation, dass die Veränderung in Wirklichkeit nicht so wichtig ist.

Die dritte Möglichkeit, wie Executives ihre Entschlossenheit demonstrieren können, ist, dass sie sich persönlich daran beteiligen. Mitarbeiter haben ein feines Gespür für die impliziten Botschaften, die ihre Führungskräfte durch ihr Verhalten zum Ausdruck bringen, beispielsweise dadurch, wie sie mit ihrer Zeit umgehen. Wenn die Leute an der Spitze ihre Zeit einem bestimmten Programm widmen, erfährt das jeder; sie vermitteln damit die erforderliche und wünschenswerte Botschaft, dass das Projekt wichtig ist. Wenn sie hingegen uninspirierte Reden halten, aber alle übrigen Zuständigkeiten delegieren und sich nur oberflächlich auf dem Laufenden halten, werden die Mitarbeiter zu einer ganz anderen Schlussfolgerung kommen.

Viertens muss die Unternehmensspitze eine Passion für die Veränderung demonstrieren. *Passion* ist ein Wort, das in der Geschäftswelt längst nicht so häufig verwendet wird, wie ihm zustünde. Rationale Argumente hinsichtlich einer Verbesserung der Betriebsleistung, der Steigerung der finanziellen Leistung oder gar der Verbesserung der Qualität des Arbeitslebens sind gut, aber bei weitem nicht ausreichend. Ein CEO erzählte mir, dass man, wenn man Veränderung wirklich will, »die Leute tief in ihren Herzen erreichen« muss. Beachten Sie die Verwendung des Wortes *Herz* anstelle von *Kopf*. Die Menschen müssen überzeugt sein, dass eine gründliche Veränderung transzendente Bedeutung hat und nicht nur ökonomisch vernünftig ist. Niemand kann erwarten, dass sich das Fußvolk eines Unternehmens in einer Veränderungsinitiative begeisterter oder engagierter zeigt als seine Führer. Es reicht nicht, dass Sie das, was Sie tun, für eine gute Idee halten; Sie müssen in Ihrem Innersten daran glauben. Ihr Einsatz muss so echt und überzeugend sein, dass die Menschen um Sie herum gar nicht anders können, als sich von Ihrem Enthusiasmus anstecken zu lassen.

Und schließlich zeichnen sich engagierte Unternehmensführer dadurch aus, dass sie eine breite Beteiligung und ein allgemeines Engagement für die Verwirklichung der Veränderung nicht nur anmahnen, sondern unerbittlich einfordern, und dass sie die Linienmanager für ihre Resultate verantwortlich machen. Die Mitarbeiter müssen erkennen, dass die Beteiligung an der Veränderung obligatorisch ist und dass Ausreden nicht hingenommen werden. Sie dürfen nicht zögern, Mitglieder des oberen Managements, die die Veränderung nicht mittragen und deren fehlende Unterstützung für das Unternehmen wahrnehmbar ist, zu entfernen; damit überzeugen Sie auch die zynischsten und skeptischsten Mitarbeiter.

5. Gewährleisten Sie eine effektive Kommunikation

Die Schaffung eines kundenorientierten Unternehmens setzt voraus, dass jeder extra hart arbeitet, neue Fähigkeiten erwirbt, sich mit unvertrauten Problemen herumschlägt und in der Situation lernt. Wenn die Menschen das, was sie erleben, nicht verstehen, nicht daran glauben oder sich nicht dafür interessieren, dann werden sie keine Beteiligung zeigen. Verständnis, Glauben und Interesse vermitteln Sie ihnen, indem Sie mit ihnen kommunizieren. Die meisten Unternehmen zeigen jedoch eine erschreckende Unfähigkeit zur internen Kommunikation. Mögen sie noch so sehr die Meister der Wünsche ihrer Kunden sein, mit ihren Mitarbeitern eine echte Beziehung aufzubauen fällt ihnen schwer. Ihre Versuche zur Kontaktaufnahme sind häufig ungeschlacht und naiv. Viele glauben, sie können die Herzen und Seelen gewinnen, indem sie allen Mitarbeitern ein Video vorsetzen, in dem der CEO auf einer schwach beleuchteten Bühne eine klischeeüberladene Rede hält, oder indem sie Kaffeebecher mit irgendeiner Losung verteilen. Solche Idiotien schrecken die Leute nur ab und verstärken ihre Skepsis und ihren Zynismus.

Man könnte und sollte ein ganzes Buch über die Bedeutung einer effektiven internen Kommunikation für den Erfolg größerer Veränderungsinitiativen schreiben. An dieser Stelle will ich lediglich fünf Prinzipien betonen:

Sie können niemals genug kommunizieren. Allzu viele Senior Executives denken, wenn sie etwas einmal gesagt haben, hätte das Publikum die Botschaft gehört und verstanden. Nichts könnte von der Wahrheit weiter entfernt sein. Die Menschen in den Unternehmen werden mit so vielen Informationen bombardiert, dass sie instinktiv fast immer abschalten. Sie müssen eine Botschaft ständig wiederholen, wenn Sie die Abwehrmechanismen der Zuhörer überwinden wollen.

Gestalten Sie die Kommunikation besonders. Glauben Sie wirklich, dass die Leute gleich aufmerken, wenn sie wieder so eine müde Notiz hinsichtlich noch einer weiteren »mutigen« Initiative in ihrem Postfach finden? Schon ihr Äußeres suggeriert Unwichtigkeit, und so wandert sie denn womöglich ungelesen in den Papierkorb. Die Menschen in Unternehmen werden mit öder Kommunikation geradezu überschüttet. Gestalten Sie Ihre Botschaft fesselnd, witzig, kontrovers und einprägsam. Sorgen Sie dafür, dass sie ins Auge fällt, zum Lachen bringt und die Zungen nicht stillstehen lässt. Verwenden Sie lebhafte Farben, Scherze, Cartoons, Geschichten, Knittelverse – alles, was Aufmerksamkeit erregt. Denken Sie daran, dass das Medium für eine Botschaft ausschlaggebend ist. Wenn Ihr Unternehmen einprägsame Werbemittel für seine Produkte entwickeln kann, dann kann es sicherlich auch lernen, seinen Mitarbeitern Veränderung zu verkaufen.

Erzählen Sie niemals Lügen. Niemals. Kein einziges Mal. Nicht einmal eine halbe Lüge. Die Versuchung ist groß, die Wahrheit etwas zurechtzubiegen, um bestimmte Nachrichten leichter verdaulich – oder leichter aussprechbar – zu machen. Über heikle Themen wie beispielsweise die Auswirkungen eines Veränderungsprogramms auf die Jobs und Gehälter wird selten, wenn überhaupt, offen gesprochen. Aber eine Belegschaft spürt fast immer, wenn sie belogen wird, und reagiert darauf entsprechend. Auslassungen sind ebenso gravierend wie explizite Lügen; indem Sie um ein schmerzliches Thema herumreden, lenken Sie jedermanns Aufmerksamkeit darauf. Ehrlichkeit ist stets die beste Politik. Sprechen Sie heikle Themen unumwunden an, und schrecken Sie im Zweifelsfall nicht davor zurück, offen zu sagen: »Ich weiß es nicht.«

Beteiligen Sie das obere Management an der Kommunikation. Ein CEO nannte sich zutreffend Chief Change Agent. Es liegt in der Verantwortung der obersten Führungskräfte, die Botschaft der Veränderung persönlich im Unternehmen zu verbreiten. Nur indem sie ihre eigene Glaubwürdigkeit einsetzen und ihre besondere Macht in die Waagschale werfen, können sie sicherstellen, dass die Botschaft ernst genommen wird.

Machen Sie die Kommunikation zweiseitig. Die Mitarbeiter beginnen eine Botschaft dann zu verinnerlichen, wenn sie sich mit ihr auseinander setzen müssen. Einseitige Kommunikation ist unwirksam. Niemand möchte gern behandelt werden, als sei er ein stummes Möbelstück; bemühen Sie sich also um das Gespräch, und fordern Sie Ihre Mitarbeiter dazu auf, Ideen zu äußern. Diskussionen, Feedback-Sessions und Umfragen sind nur einige Möglichkeiten, wie Sie Ihre Mitarbeiter einbeziehen können. Fragen Sie sie, wie sie Ihre Botschaft aufgenommen haben. Ihre Antworten werden Ihnen signalisieren, wie gut Sie sich verständlich gemacht haben.

6. Gehen Sie schrittweise vor

Wie ich bereits sagte, wissen die Unternehmen sehr wohl, wie sie gewisse Arten neuer Dinge tun müssen: neue Produkte einführen, neue Fabriken eröffnen, in neue Märkte expandieren und so weiter. Zu ihrer Vorgehensweise gehört eine gründliche Planung. Sie identifizieren alles, was zu tun ist, um das gegebene Ziel zu erreichen; sie bestimmen den Ressourcenbedarf und die Abhängigkeiten, dann erstellen sie einen detaillierten Arbeitsplan mit spezifischen Meilensteinen, die sich sukzessive überprüfen lassen. Die Unternehmen sind zu Recht stolz auf ihre Fähigkeit, mit diesen Techniken neue Dinge zu tun. Aber sobald sie versuchen, diesen Ansatz auf die Umsetzung der Agenda dieses Buches zu übertragen, werden sie mit hoher Wahrscheinlichkeit auf die Nase fallen.

Der Grund ist, dass die »neuen« Dinge, für die die Unternehmen ihre Implementierungsmethoden verwenden, bestenfalls halbneu sind. Das heißt, das Produkt oder die Fabrik mögen neu sein, aber der Vorgang ihrer Einführung ist es nicht. Die Manager wissen genau, was sie tun, wenn sie diese Anstrengungen unternehmen; sie haben eine klare Vorstellung von ihrem Ziel und können dementsprechend planen.

Keines dieser Kriterien trifft auf die Implementierung von Vertriebsgemeinschaften, die Schaffung neuer Formen von Kundenwert oder die Verwandlung von Managern in Mitglieder eines kooperativen Teams zu. Diese Dinge, ebenso wie die anderen Punkte der Agenda, sind wirklich neu. Das Unternehmen kann bei keinem dieser Punkte auf Erfahrungen zurückgreifen, und somit fehlt auch die Grundlage für die Entwicklung verlässlicher Pläne zu ihrer Verwirklichung. Das volle Wesen dieser Veränderungen lässt sich nicht im Voraus ermessen; unerwartete Probleme sind unvermeidlich; und die erforderlichen Zeiten sind kaum abzuschätzen. Angesichts so vieler Unsicherheiten muss eine traditionelle Implementierungsstrategie in die Irre führen.

Die Konsequenzen einer misslungenen Implementierung wiegen in Anbetracht des hohen Einsatzes besonders schwer. Schließlich sind dies keine Routineinitiativen. Es handelt sich vielmehr um weithin sichtbare, mehrdimensionale, strategische Veränderungen, die das zukünftige Schicksal des Unternehmens und seiner Mitarbeiter bestimmen werden. Ihre Ankündigung wird in der ganzen Organisation Unruhe auslösen, und es besteht die Gefahr eines breiten Widerstands. Lassen sich die Meilensteine eines unrealistischen Planes nicht einhalten, werden viele dies als ein Scheitern der Gesamtinitiative interpretieren.

Zudem liefern traditionelle Implementierungen in der Regel erst Ergebnisse, wenn sie abgeschlossen sind. Wenn ein Computersystem installiert ist und angeschaltet wird, wenn eine Fabrik steht und in Betrieb genommen wird, beginnen die Amortisationsraten der Investition zu fließen. Aber wenn Sie Veränderungen durchführen, wie sie von der Agenda verlangt werden, können Sie unmöglich so lange warten. Die Zwänge der Customer Economy und die Ängste im Unternehmen fordern eine frühe Rendite und rasche Erfolge, damit jedermann weiß, dass Sie auf dem richtigen Weg sind.

Diese Umstände erfordern einen neuen Implementierungsansatz, der sich deutlich von jenem traditionellen unterscheidet, den die meisten Unternehmen am besten kennen – dem »Urknall«, bei dem alles in einem großen Schritt geschieht. Die Implementierung muss stattdessen eine Reihe kleinerer Schritte durchlaufen, deren jeder einen Fortschritt in Richtung auf das Endziel repräsentiert. Jeder dieser Schritte muss relativ schnell erfolgen, und er muss den einen oder anderen konkreten Nutzen bringen (auch wenn dieser möglicherweise geringer ist als der bei Erreichen des endgültigen Ziels). Anstatt dass ein Unternehmen beispielsweise versucht, seinen Vertriebskanal in einem Schritt zu transformieren, könnte es damit beginnen, seinen Zwischenhändlern eine kleine Auswahl von internetbasierten Dienstleistungen anzubieten, die sich relativ einfach entwickeln und installieren lassen. Sobald sie erfolgreich in Betrieb genommen wurden, kann sich das Unternehmen einer anderen Gruppe von Fähigkeiten zuwenden und dann noch einer. (Das ist genau der Ansatz, den Motorola bei seinem in Kapitel 8 beschriebenen Vorhaben verwendete.) Wenn irgendwann die volle Bandbreite der geplanten Fähigkeiten implementiert ist, wird die Gesamtbeziehung zwischen dem Hersteller und seinen Zwischenhändlern transformiert sein. Der Weg bis zu diesem Ziel führt über eine Folge kleinerer, überschaubarer Schritte statt über einen riesigen, der das Unternehmen paralysieren würde.

Dies sind also die sechs entscheidenden Zutaten für eine erfolgreiche Implementierung der Agenda: Konzentrieren Sie Ihre Anstrengungen auf ein einziges übergreifendes Thema; nehmen Sie Mitarbeiterfragen ernst; berücksichtigen Sie, dass verschiedene Leute unterschiedlich reagieren werden und dementsprechend gemanagt werden müssen; demonstrieren Sie entschlossene Führung; lernen Sie, effektiv zu kommunizieren; und strukturieren Sie die Implementierung, um frühe Erfolge zu ermöglichen. Wenn Sie diese Schritte gewissenhaft befolgen, ist ein Erfolg, wenn nicht sicher, so doch höchstwahrscheinlich. Sie werden in die Fußstapfen vieler Unternehmen treten, die auf die harte Art erlebt haben, dass dieser Weg zum Triumph führt. Oben bezeichnete ich diese sechs Schritte als Werkzeuge für die Veränderung. In Wirklichkeit gibt es zu ihrer Beschreibung noch ein anderes Wort, das uns mittlerweile vertraut sein sollte: *Prozess*. Wenn Sie die Verände-

287

rungsimplementierung aus einem zufälligen Herumtasten, wie es häufig praktiziert wird, in einen systematischen Prozess auf der Basis dieser sechs Elemente verwandeln, befinden Sie sich bereits auf der Erfolgsstraße.

An diesem Punkt kann ich es dem geduldigen Leser nicht verdenken, wenn er meint, nun sei doch alles gesagt. Ich habe darüber gesprochen, wie die Unternehmen sich für die Customer Economy neu erfinden müssen, habe die Elemente einer Agenda präsentiert, die den Weg dahin beschreibt, und habe einen Prozess skizziert, wie sich diese Agenda implementieren lässt. Aber ein Blick auf das Inhaltsverzeichnis zeigt, dass dies noch nicht das letzte Kapitel war. Was steht noch aus? Lassen Sie mich nur sagen, dass die Implementierung der Agenda nicht das Ende der Geschichte ist, im Gegenteil. In vielerlei Hinsicht ist sie lediglich der Anfang. Für die Lösung dieses Puzzles lade ich Sie ein weiterzulesen.

12 Bereiten Sie sich auf eine Zukunft vor, die Sie nicht vorhersagen können

Institutionalisieren Sie Ihre Fähigkeit zur Veränderung

In einem Managementseminar, das ich Anfang 2000 gab, bat ich die Teilnehmer, die ärgsten Kopfschmerzen zu benennen, die ihrem Unternehmen während der letzten zwölf Monate zu schaffen gemacht hatten. In zufälliger Reihenfolge zähle ich hier sieben der am häufigsten genannten Krisen auf, mit denen sich diese Unternehmen im Jahr 1999 herumplagten:

- *Euro:* Die neue europäische Gemeinschaftswährung hatte – zum Teil auch für US-amerikanische Unternehmen – enorme Implikationen auf die Art, wie die Unternehmen ihre Aktivitäten organisierten, ganz zu schweigen von den Konsequenzen für das Rechnungswesen.
- *Asiatische Wirtschaftskrise:* Viele US-amerikanische Exporteure wurden vom wirtschaftlichen Kollaps des Pazifikraums Anfang 1999 vernichtend getroffen.
- *Größere Fusionen und Akquisitionen:* Branche um Branche wurde von der Paarung seiner größten Akteure aufgescheucht – DaimlerChrysler, Exxon-Mobil und AOL-Time Warner, um nur einige zu nennen.
- *Deregulierung:* Unternehmen, die an das friedliche Leben in einem regulierten Markt und praktisch ohne Wettbewerb gewohnt waren, empfanden die Veränderung hin zu mehr Wettbewerb als in höchstem Maß beunruhigend.
- *ERP-Implementierung:* Während ERP-Systeme viele Möglichkeiten für die Integration von Unternehmensprozessen und -ak-

tivitäten boten, brachte ihre Implementierung enorme Schwierigkeiten mit sich.

- *Supply Chain Integration:* Die Notwendigkeit, enger mit Zulieferern und Kunden zusammenzuarbeiten, um Lagerbestände und Kosten der gesamten Lieferkette zu reduzieren, erforderte von allen Seiten größere Anpassungen.
- *Internet:* So gut wie alle Unternehmen, ganz gleich aus welcher Branche, mussten sich erst mühsam klar machen, was diese radikal neue Technologie für sie bedeutete.

Nachdem die Gruppe ihre Probleme benannt hatte, brachte ich die Diskussion auf die strategische Planung, den vertrauten Mechanismus, mit dem sich die Unternehmen auf die Zukunft vorzubereiten pflegen. In der Regel hat der Strategieplan eines Unternehmens einen Zeithorizont von mindestens fünf Jahren.

Ich fragte meine Seminarteilnehmer unschuldig, ob ihre Strategieplaner irgendeines der Schlüsselthemen von 1999 fünf Jahre früher, also 1994, bereits identifiziert hatten. Es hob sich keine einzige Hand. Ich habe diese Frage verschiedentlich anderen Gruppen gestellt, und niemals hob sich eine Hand. Jedes Jahr erstellen demnach Hunderte von Unternehmen langfristige Strategiepläne, die allesamt Makulatur sind – vergebliche Versuche, die entscheidenden Fragen der Zukunft zu prognostizieren, um sich darauf vorbereiten zu können.

So beunruhigend dieses Bild ist, es kann noch schlimmer kommen. Ende 1999 sprach ein Senior Executive von American Express über die wichtigsten Initiativen, die das Unternehmen in jenem Jahr unternommen hatte. Dazu gehörten Innovationen wie die Blue Card, eine Kreditkarte mit einem 8K-Chip für die Internetnutzung, und ein Programm namens American Express @Work, das es Unternehmen ermöglichte, ihre American-Express-Firmenkarten online zu verwalten.

Das waren zwei der wichtigsten Neuerungen, die American Express im Jahr 1999 einführte – und doch fanden sie sich nicht im Geschäftsplan des Unternehmens für 1999, der nur ein Jahr zuvor erstellt worden war. Diese Programme wurden mit anderen Worten innerhalb eines Kalenderjahres konzipiert und verwirklicht. Die Notwendigkeit für diese Initiativen wurde nicht vor 1999 erkannt, als das Unternehmen bereits unmittelbar handeln musste. Vergessen Sie die Prognose auf fünf Jahre im Voraus; selbst zwölf Monate vorauszusehen scheint jenseits der Möglichkeiten zu liegen.

Diese Bemerkung stellt keinen Kommentar zur Unzulänglichkeit der strategischen Planung oder zu American Express dar. Sie verdeutlicht vielmehr den Umstand, dass wir in höchst ungewöhnlichen Zeiten leben, in denen der Horizont näher gerückt ist und der Zeitrahmen sich verdichtet hat. Der Ausdruck *rasanter Wandel*, Thema zahlloser Wirtschaftsbücher, Artikel und Reden, wird mittlerweile so inflationär gebraucht, dass er seine Bedeutung weitgehend eingebüßt hat. Aber Wandel ist kein abstrakter Begriff, und seine Beschleunigung ist nicht nur ein Thema für predigende Gurus.

Denken Sie an die Technologieverbreitungszeit – die Zeit, die es braucht, bis eine neue Technologie eine kritische Benutzermasse erreicht, sagen wir zehn Millionen. Für Piepser betrug die Zeit von der ursprünglichen Markteinführung bis zur Marke von zehn Millionen Nutzern einundvierzig Jahre. Faxgeräte brauchten zweiundzwanzig Jahre, Videorekorder neun, CD-Player sieben, PCs sechs Jahre und Webbrowser gerade einmal zehn Monate. Napster brauchte noch weniger. Entscheidend ist, dass diese neuen Technologien keine Austragungszeit mehr haben, während der Unternehmer und der Verbraucher über ihre Implikationen nachdenken und sich darauf einstellen können. Die Neuheit wird praktisch über Nacht zum Standard.

Als ich mich vor fünfunddreißig Jahren zum ersten Mal mit der Informationstechnologie befasste – Mitte der sechziger Jahre – betrug die erwartete Lebenszeit eines neuen Computerprodukts sieben bis zehn Jahre. Die Hersteller konnten davon ausgehen, dass das Produkt mindestens so lange marktfähig blieb. Heute ist die Lebenszeit dieser Produkte auf maximal achtzehn Monate geschrumpft – und liegt im Durchschnitt bei sechs bis neun Monaten. Sobald also ein Produkt angekündigt wird, ist es im Prinzip schon veraltet.

Die Technologie ist bei weitem nicht der einzige Bereich mit einem halsbrecherischen Veränderungstempo. Das Geschäftsumfeld verändert sich ebenfalls unablässig. Soziale, rechtliche, regulatorische und politische Rahmenbedingungen bestimmen den Handlungsspielraum der Wirtschaft. Rechtliche Schranken werden plötzlich aufgehoben oder neu gesetzt, nationale Grenzen lösen sich auf, und Volkswirtschaften boomen oder stagnieren, und das alles fast ohne Vorwarnung.

Ich stehe auf einem E-Mail-Verteiler für zweiwöchentliche Berichte über größere Veränderungen, die die Wirtschaft betreffen. In einer Woche war das Thema der starke Anstieg der Zahl von Frauen, die die Investitionsentscheidungen ihrer Familien treffen; in einer anderen war es das plötzlich gewachsene Interesse der Verbraucher, bei Unternehmen einzukaufen, die ein soziales Bewusstsein in Sachen Umwelt und Dritte-Welt-Produktion zeigen. Noch ein anderer Bericht referierte den dramatischen Bedeutungsverlust fester Preise angesichts von Auktionswebsites wie eBay und Yahoo! Das reicht, um einem den Kopf zu verwirren. Nichts ist mehr selbstverständlich für länger als einen Nachmittag. Heraklits Äußerung, wonach »alles fließt«, erweist sich als das größte Understatement unserer Zeit.

In meinen Seminaren präsentiere ich häufig eine Auswahl aktueller Überschriften aus den Wirtschaftsseiten:

- AOL erwirbt Time Warner
- Weißes Haus erwartet höheren Haushaltsüberschuss
- Nokia dominiert Mobiltelefonmarkt
- Kalifornische Versorgungsunternehmen vor der Zahlungsunfähigkeit
- Hacker legen eBay lahm

Anschließend bitte ich die Manager, sich vorzustellen, wie sie reagiert hätten, wenn sie diese Überschriften vor fünf Jahren gelesen hätten. Sie sagen, dass sie die meisten als absurd empfunden und die übrigen nicht verstanden hätten. Viele der Phänomene, die die Executives heute vorrangig beschäftigen, waren vor fünf Jahren auf ihren Radarschirmen noch nicht einmal auszumachen.

Ich bitte sodann meine Seminarteilnehmer, die stärksten und unbezwingbarsten Unternehmen zu nennen, die ihnen in den Sinn kommen. Die üblichen Kandidaten lauten: Intel, General Electric, Microsoft, Procter & Gamble und so weiter, also klassische Blue Chips.

Als Nächstes teile ich die Teilnehmer in kleine Gruppen auf, denen ich jeweils ein Unternehmen zuteile und die folgende Aufgabe stelle: Erfinden Sie ein plausibles Szenario, in dem das Ihnen zugeteilte Unternehmen innerhalb von fünf Jahren an den Rand des Ruins gebracht wird. Das entscheidende Wort ist *plausibel*. Es ist nicht gestattet, eine exogene Kraft wie beispielsweise ein wissenschaftliches Wunder oder eine an den Haaren herbeigezogene Intervention, ob göttlicher oder staatlicher Art, ins Spiel zu bringen.

Trotz dieser Beschränkungen fällt es niemandem schwer, die Aufgabe zu lösen. Nehmen wir den Fall Microsoft. Es braucht wenig Phantasie, um sich die Umrisse eines tödlichen Sturzes des mächtigen Softwarekönigs auszumalen. Das frei erhältliche alternative Betriebssystem Linux wird heute auf der Basis seines offenen Quellcodes von Tausenden von Programmierern aus aller Welt vorangetrieben. Wenn Linux noch etwas aufholt, könnte dies zu einer explosionsartigen Zunahme neuer Anwendungssoftware führen, die Windows entthronen würde. Oder aber wir erleben eine rasante Verbreitung so genannter Thin-PCs – sehr preiswerter Computer mit wenig Speicher oder Prozessorleistung, die hauptsächlich dazu dienen, seine Benutzer mit dem Internet zu verbinden. Microsofts Windows-Betriebssystem ist nicht dazu ausgelegt, auf einer so engen Plattform zu laufen, und das Unternehmen verliert seine Vormachtstellung an einige Start-ups, die das richtige Produkt zur richtigen Zeit haben.

Das heißt nicht, dass Microsoft oder eines der anderen Großunternehmen tatsächlich eines dieser Horrorszenarien erleben muss. Entscheidend ist, dass es passieren könnte. (Und laut diversen Berichten verbringt der Chairman von Microsoft, Bill Gates, viele Stunden damit, sich über eben solche Eventualitäten den Kopf zu zerbrechen.)

Das Entscheidende an diesem und an anderen Szenarios ist, dass der im Fall ihres Eintreffens bewirkte Sturz eher auf Veränderungen als auf Inkompetenz zurückzuführen wäre: Veränderungen in der Technologie, im Wettbewerb, bei den Kundenpräferenzen oder in einem anderen Aspekt des Geschäftsumfelds, in dem das entsprechende Unternehmen operiert.

Interessanterweise verschwanden einige der Unternehmen, die regelmäßig genannt wurden, als ich Mitte der neunziger Jahre mit diesen Übungen begann, wie beispielsweise Coca-Cola, Motorola oder Nike, nur einige Jahre später auf eben die Art von der Liste, wie es die Szenarios beschrieben hatten. Ebenso bemerkenswert ist, dass etliche von ihnen sich anschließend erholten und wieder Einzug in die Charts meiner Teilnehmer hielten.

Die Gründe für diese beispiellose Dynamik sind nicht schwer auszumachen. Der erste ist die Wissensexplosion; es ist ein häufig zitierter Gemeinplatz, dass rund neunzig Prozent aller Wissenschaftler und Ingenieure, die die Geschichte der Menschheit erlebt hat, heute leben und arbeiten. Da aller wissenschaftliche und technologische Fortschritt auf dem aufbaut, was vorher war, ist uns ein immer breiterer Strom technologischer Innovationen gewiss, die unweigerlich immer neue Veränderungen der Geschäftslandschaft nach sich ziehen werden. Der zweite Grund ist die moderne Telekommunikationsinfrastruktur. Es gab einmal eine Zeit, als sich neue Ideen und Techniken, wenn überhaupt, nur sehr langsam verbreiteten. Innovationen konnten sich nur mit der Geschwindigkeit des Pferdes oder der Eisenbahn ausbreiten. Heute verbreiten sich Innovationen und Ideen mit Lichtgeschwindigkeit. Was heute Morgen neu war, ist am Nachmittag Standard und am Abend bereits veraltet. Der dritte Grund ist eine Innovationskultur, die die Veränderung willkommen heißt. Noch vor nicht allzu langer Zeit bevorzugte die amerikanische Kultur das Altbewährte, Erprobte und Vertraute. Das gilt heute nicht mehr. Heute wollen die Menschen das Neueste, das Modernste, das Aktuellste. Schwang in *neumodisch* einst Unzuverlässigkeit und zweifelhafte Qualität mit, so erregt heute *traditionell* unser Misstrauen, wenn nicht gar unsere Verachtung.

Kurz, die Welt dreht sich schneller als je zuvor; Veränderung geschieht an vielen Fronten gleichzeitig und in einem unglaublichen Tempo; und eine solche Veränderung kann für die Gesundheit der Unternehmen tatsächlich sehr riskant werden. Die Implikationen sind erschreckend. Ich begann dieses Buch mit der Bemerkung, dass die glücklichen Tage der späten Neunziger mittlerweile vorbei seien und die Geschäftswelt zu ihrem normalen Zustand von Komplexität und Schwierigkeit zurückgekehrt sei. In Wirklichkeit steht es schlimmer. Die Welt des Geschäfts ist im beginnenden einundzwanzigsten Jahrhundert nicht nur so hart wie immer schon; sie ist noch viel härter. Das unerbittliche Veränderungstempo verleiht der Herausforderung, ein erfolgreiches Unternehmen zu schaffen und aufrechtzuerhalten, eine neue Stufe der Komplexität.

Es ist für mich eine große Versuchung zu behaupten – und für Sie, es zu glauben –, dass die Implementierung der neun Agendapunkte alles sei, was Sie tun müssten, damit Ihr Unternehmen in den kommenden Jahren erfolgreich sein wird. Doch das wäre grundweg falsch. Weil sich die Welt in Schwindel erregendem Tempo verändert, ist die Agenda in Wirklichkeit nicht abgeschlossen, sondern hinten offen. Bevor das Jahrzehnt zu Ende ist, wird Ihr Unternehmen vor neuen Anforderungen stehen, die weder Sie noch ich heute vorhersehen können. Neue Technologien werden entstehen, die nie dagewesene Möglichkeiten des Arbeitens und der Wertschöpfung für den Kunden bieten werden. Die Kundenbedürfnisse werden sich in unvorhersehbarer Weise wandeln. Das soziale und das politische Klima wird neue Anforderungen und Beschränkungen setzen. Kurz, Sie werden niemals am Ende der Agenda angelangen. Die sich verändernden Zeiten werden neue Punkte anfügen, sobald Sie andere von der Liste nehmen. Die Implementierung der Agenda ist keine einmalige Anstrengung, sondern eine kontinuierliche Verantwortung.

Die Frage lautet natürlich: Wie können Sie mit dieser Verantwortung umgehen?

Die konventionelle Reaktion darauf wäre, besser zu planen, das heißt, intensiver Daten zu sammeln, die die Zukunft erahnen lassen und Ihnen erlauben, neue Elemente der Agenda im Voraus zu erkennen, sodass Sie sich darauf vorbereiten können, sie zu implementieren. Aber das ist genau der Weg, den Hunderte von Unternehmen vergeblich gegangen sind. Selbst die vielversprechendsten Prognosemethoden, wie beispielsweise die von Royal Dutch Shell eingeführte Szenarioplanung, haben einen sehr beschränkten Anwendungsbereich. Wie lässt sich ein explosives neues Phänomen wie der E-Commerce überhaupt planen? Sobald es greifbar genug ist, um Szenarien zu entwerfen, ist es zu spät. Es bewegt sich zu schnell, als dass wir ihm auf den Fersen bleiben, geschweige denn ihm vorauseilen könnten.

Die Antwort besteht in einer veränderten Definition von Planung. Traditionelles Planen geht davon aus, dass man die Zukunft vorhersagen und anschließend entsprechend dieser Prognose einen detaillierten Plan erzeugen kann, der sich zuverlässig ausführen lässt. Das ist nicht länger sinnvoll.

Heute muss die Planung davon ausgehen, dass wir die Zukunft nicht vorhersehen, sondern uns lediglich auf sie vorbereiten können. Das klingt unmöglich, aber Sie können es schaffen, wenn Ihre Organisation die Fähigkeit hat, Veränderungen, die sie betreffen, augenblicklich zu erkennen und darauf zu reagieren.

Um mit turbulenten Veränderungen zurechtzukommen, müssen Sie mit anderen Worten eine in höchstem Maß anpassungsfähige Organisation schaffen, die Zeitverzögerungen eliminiert. Diese Organisation schaut nicht voraus. Sie agiert vollständig in der Gegenwart, im »Jetzt«. Wichtige Veränderungen erkennt sie und reagiert darauf praktisch im selben Atemzug. Sie hat es nicht nötig, im Voraus zu wissen, welche neuen Punkte zur Agenda hinzukommen werden; vielmehr wird sie sich in dem Augenblick mit ihnen auseinander setzen, in dem sie erscheinen.

Auch wenn dies wie jene Art von unverständlicher Abstraktion klingen mag, wie nur Berater sie lieben, ist es tatsächlich möglich, ein solch agiles Unternehmen zu schaffen. Es gibt drei konkrete Schritte, die Sie unternehmen können, um Ihr Unternehmen beweglicher zu machen, sodass es fortlaufend auf Veränderungen reagieren kann:

1. Errichten Sie ein Frühwarnsystem, um Veränderungen zu erkennen, auf die Sie schnell reagieren müssen.
2. Erlangen Sie Geschicklichkeit in der raschen Konzipierung und Implementierung neuer Arbeitsweisen, wie sie von solchen externen Veränderungen verlangt werden.
3. Erzeugen Sie eine Unternehmensinfrastruktur, die die ersten beiden Punkte unterstützt.

Lassen Sie uns die Punkte der Reihe nach durchgehen.

1. Errichten Sie ein Frühwarnsystem

Wie ich bereits sagte, besteht einer der Gründe, warum Unternehmen von Veränderungen auf dem falschen Fuß erwischt werden, darin, dass sie sie nicht erkennen, selbst wenn sie ihnen direkt ins Angesicht schauen. Einige wache Mitarbeiter bekommen möglicherweise mit, was sich da abspielt, aber die Organisation insgesamt scheint weder die Gefahr zu sehen noch den Drang zu verspüren, schnell und systematisch darauf zu reagieren. Außenstehenden ist solche Sorglosigkeit unverständlich. Warum ließ Montgomery zu, dass Sears die Vororte eroberte, und warum ließ Sears später zu, dass Wal-Mart dasselbe wiederholte? Sah Sears denn nicht, wie die eigenen Kernmärkte von den Discountern dezimiert wurden? Sahen die etablierten Buchläden nicht, wie Amazon ihnen die Käufer vor der Nase wegschnappte? Bekamen sie den donnernden Einzug des E-Commerce nicht mit? Auf all diese verblüffenden Fragen gibt es eine Antwort, die einfacher nicht sein könnte: Nein, sie bemerkten es wirklich nicht.

In den meisten Unternehmen gilt Veränderung als eine Anomalie, ein Ausnahmeereignis. Keines ihrer Sensorsysteme ist darauf geeicht, Veränderung zu entdecken. Die meisten Unternehmen haben ein tief sitzendes Vertrauen in das Obsiegen von Kontinuität und Stabilität, und dieses Vertrauen macht sie geradezu mutwillig blind für das, was um sie herum geschieht.

In vielen Unternehmen haben diejenigen, die die Zeichen der Zeit zuerst erkennen, häufig nicht die Autorität, um in irgendeiner Weise darauf zu reagieren – und diejenigen, die sie hätten, bemerken nichts. Die Executives in ihren prunkvollen Elfenbeintürmen sind selten die Schnellsten im Erkennen externer Bedrohungen. Veränderungen, die wirklich von Bedeutung sind, geschehen ganz weit unten, auf Erdgeschosshöhe in der realen Welt; ein plötzlicher Wandel bei den Kundenpräferenzen, ein neues Angebot des Wettbewerbers, das dem ihren überlegen ist, oder eine unerwartete Reaktion auf ein neues Produkt sind Probleme, von denen die meisten Senior Executives nur aus dritter Hand erfahren. In ihrer Isolation von der Welt des Arbeitsalltags leiden sie unter einem besonderen Berufsrisiko: dem Unwissen, das aus der ständigen Diät aus keimfreien und mehr oder weniger wertlosen Informationen resultiert. Wie ein Unternehmensführer sagte: »Ich weiß nur, was man mir erzählt. Ich bekomme ausschließlich komprimierte, von jedem Detail bereinigte Informationen. Sie sind einseitig und handeln vorrangig von finanziellen Fragen. Sie kommen auch furchtbar spät. Sie betreffen zumeist Ereignisse aus dem letzten Quartal, was ungefähr so viel bringt, wie wenn man mir vom letzten Jahrhundert berichten würde.«

Die Menschen, die die Veränderungen als Erste bemerken, sind die Menschen an vorderster Front – die Kundenservicevertreter, die dieselbe neue Frage von vielen verschiedenen Kunden hören, der Verkäufer, der sich ständig von neuem mit einem überraschenden Wettbewerber konfrontiert sieht, oder ein Ingenieur, der in seinen Fachpublikationen von einer neuen Technologie liest. Hier kündigen sich Veränderungen an, aber diese Anzeichen werden selten wahrgenommen. Kaum mehr als ein paar Einzelne werden ihrer gewahr. Es ist ein uraltes Problem: Die Generäle, die den Krieg führen, sind am weitesten von der Front entfernt und wissen am wenigsten über das Kampfgeschehen. In fast allen Unternehmen wissen die Machtlosen mehr als die Mächtigen. In Zeiten turbulenter Veränderung kann dieses Paradox fatal sein.

In den meisten Unternehmen bleiben Anzeichen für Veränderungen unbemerkt, weil jeder unablässig damit beschäftigt ist, dem Status quo hinterherzulaufen. Routine ist für Organisationen zugleich Segen und Fluch. Während sie tatsächlich hilft, Pläne auszuführen und Leistungsziele zu erreichen, hindert sie die Menschen jedoch daran, die vorgezeichneten Pfade zu verlassen oder offizielle Prognosen zu hinterfragen.

Ich spreche hier über mehr als Widerstand gegen Veränderungen. Ich spreche von dem Umstand, dass jemand, der nach Zeichen der Veränderung Ausschau hält, sich mit großer Wahrscheinlichkeit des Vergehens schuldig macht, seine Aufmerksamkeit nicht ausschließlich auf seine formale Arbeit zu konzentrieren – eine Zerstreuung, die in überbeschäftigten Unternehmen mit begrenzten Ressourcen und anspruchsvollen Kunden nicht gern gesehen wird. Gleichgültigkeit gegenüber Veränderung ist weniger beabsichtigt als vielmehr institutionell vorgegeben. Wenn der Job des Verkäufers im Verkaufen besteht und der des Ingenieurs in der fristgerechten Beendigung des gegenwärtigen Projekts, dann wird keiner von beiden Zeit haben, zu erkennen und andere darauf aufmerksam zu machen, dass die gegenwärtigen Methoden zur Verrichtung dieser Dinge durch etwas vollkommen anderes ersetzt werden sollten. Häufig sind besonders diejenigen Unternehmen blind gegenüber Veränderungen, die im Augenblick so gute Leistung erbringen, dass niemand Zeit hat, darüber nachzudenken.

Bei den meisten Unternehmen gehört das Erkennen von Veränderungen nicht zu jedermanns Jobbeschreibung. Möglicherweise beschäftigen sich die Strategieplaner des Unternehmens in formaler Weise damit, allzu häufig werden sie jedoch von sinnlosen, um Budgetrechnungen kreisenden Ritualen in Beschlag genommen. Selbst wenn die Strategieplaner tatsächlich Strategien planen, sind diese in der Regel so weit in die Zukunft projiziert, dass sie an Wahrsagerei grenzen.

Die Art und Weise, wie Unternehmen strukturiert sind und geführt werden, erstickt also fast immer jede natürliche Neigung der Mitarbeiter, die Veränderungsalarmglocke zu läuten. In vielen Fällen werden diejenigen, die es trotzdem tun, als Unruhestifter und schlechte »Mannschaftsspieler« angesehen. Selbst wer der Veränderung unmittelbar ins Auge schaut, findet es einfacher, den Kopf wieder in den Sand zu stecken, wo sich seine Manager bereits gemütlich verschanzt haben.

Die Informationen, die die meisten Unternehmen besitzen und verwenden, sind ebenso wenig geeignet, sie zu Veränderungen zu bewegen. Die am häufigsten verwendeten Informationen sind nach innen gerichtet, veraltet und eben wegen ihrer inwendigen Ausrichtung kaum geeignet, äußere Entwicklungen widerzuspiegeln. Wir haben Daten zuhauf über unsere Produktionskosten im letzten Quartal, aber nicht über ihre mögliche Höhe im nächsten Monat, falls wir bestimmte neue Technologien verwenden. Wir kennen unsere vergangenen Umsätze, aber wissen nicht, welchen Umsatz ein junger Wettbewerber nebenan macht. Obwohl die meisten wichtigen Veränderungen an Stellen passieren, an denen die Unternehmen sie am wenigsten erwarten, sind die Informationssysteme ausschließlich auf das Vertraute und Erwartete ausgerichtet.

Der einzige Ausweg aus dieser Sackgasse besteht darin, aus der Veränderungsbeobachtung eine formelle und explizite Tätigkeit innerhalb des Unternehmens zu machen, mit anderen Worten, einen Prozess. Anstatt lediglich die üblichen Plattitüden hinsichtlich Veränderung von sich zu geben, müssen die Unternehmen rigorose Prozesse konzipieren und implementieren, mit denen sich Veränderungen rasch entdecken und an die Unternehmensspitze melden lassen. Ein solcher Prozess besteht aus den folgenden drei Elementen:

Entwickeln Sie ein tiefes Verständnis für Ihre Kunden

Dieses Buch hat verschiedentlich die Notwendigkeit betont, dass Unternehmen zuerst an ihre Kunden und erst dann an sich denken. Aber selbst Unternehmen, die abgöttisch auf ihre Kunden »hören«, verpassen ihre Botschaft, weil sie nur auf einer Frequenz lauschen, nämlich der des Eigeninteresses. Um eine sich ankündigende Veränderung wahrzunehmen, müssen Sie von Ihrer eigenen Perspektive abstrahieren und sich die Ihrer Kunden zu Eigen machen. Steigen Sie in ihre Schuhe; leben Sie ihr Leben. Schauen Sie nicht nur durch die Brille der eigenen Notwendigkeit, den Umsatz zu steigern. Entwickeln Sie ein Verständnis für ihre ungeäußerten und unerfüllten Bedürfnisse und erkennen Sie ihre Probleme, unabhängig davon, ob sie mit dem zu tun haben, was Sie verkaufen wollen. Sie können ihre Probleme nicht mittels formalisierter Umfragen zur Kundenzufriedenheit erfassen. Sie müssen Ihre Kunden in ihrem Alltag begleiten, um mit ihnen eine umfassende und offene Konversation zu führen und in ihre Welt einzudringen. Es muss Ihr Ziel sein, die Welt Ihrer Kunden durch deren Augen zu sehen und sie besser zu verstehen, als sie sich selbst verstehen.

Analysieren Sie existierende und potenzielle Wettbewerber

In dem Maß, wie die traditionellen Barrieren zwischen den Branchen fallen und Start-ups zu einem alltäglichen Phänomen werden, müssen zukünftige Wettbewerber sorgfältig beobachtet werden. Wer heute noch keine Bedrohung für Sie ist, kann es morgen bereits sein. Carl von Clausewitz, der preußische Militärexperte, schrieb, dass man einen Feind nach seinen Fähigkeiten, nicht nach seinen Absichten beurteilen müsse. Die Unternehmen müssen unablässig den Horizont nach anderen absuchen, die das Potenzial dazu haben, konkurrierende Produkte und Dienstleistungen anzubieten. Laden Sie die Kunden dazu ein, für Sie die Konkurrenz zu analysieren – fragen Sie sie, was es Neues und Interessantes gibt, wer sonst noch versucht, sie zu gewinnen, und wer ihrer Ansicht nach im Kommen ist. Verfolgen Sie die Finanzberichte der Risikokapitalgeber. Untersuchen Sie verwandte und komplementäre Branchen. Besuchen Sie ihre Zusammenkünfte, nehmen Sie Kontakt mit deren gegenwärtigen Kunden auf und versetzen Sie sich in ihre Lage. Und befolgen Sie vor allem den Rat von Andy Grove: »Nur der Paranoide überlebt.«

Suchen Sie in der Gegenwart nach den Samen der Zukunft

Selbst die plötzlichsten Veränderungen haben frühe Vorboten, die für diejenigen erkennbar sind, die wissen, wie und wo sie danach suchen müssen. Das Internet beispielsweise war jahrelang im Werden. Es entwickelte sich aus dem staatlich geförderten Arpanet, das seit den Siebzigern in Betrieb war. Der E-Commerce fiel nicht 1998 vom Himmel. Seine Vorläufer, wie das Reservierungsnetz Sabre von American Airlines oder das Bestelleingabesystem ASAP von American Hospital Supply, warfen ihre Saat vor vielen Jahren aus. Entscheidend ist es hier, viele Samen zu inspizieren, um die wenigen zu finden, die einmal Früchte tragen werden. Das braucht Zeit und Geld, und es erfordert Kreativität, um nicht das Neue lediglich mit den Begriffen des Alten zu sehen. Vermeiden Sie den Fehler, die Samen von morgen nur auf den gestrigen Feldern zu suchen. Erwarten Sie nicht von den Menschen und den Unternehmen, deren Spezialgebiet die letzte bahnbrechende Entwicklung ist, dass sie Ihnen etwas über die nächste erzählen. Deren Investition in den Status quo macht sie weniger empfänglich für Anzeichen, dass auch seine Zeit bald abgelaufen sein wird.

Das Immunsystem des Körpers ist eine biologische Analogie zur Fähigkeit einer Organisation, Veränderungen zu erkennen. Das Immunsystem ist kein bestimmtes Organ; es ist nicht in einem einzigen Körperteil angesiedelt. Es ist vielmehr über den ganzen Körper verteilt, und immer wenn es ein Antigen – einen Fremdkörper – entdeckt, mobilisiert es die nötigen Kräfte.

Jedes Unternehmen benötigt sein eigenes Immunsystem – einen disziplinierten Prozess, um Informationen, die eine entschiedene Reaktion erforderlich machen könnten, zu identifizieren, zu sammeln, zu interpretieren, auszustreuen und weiterzugeben. Dieser Prozess muss sorgfältig und explizit durchdacht werden; zufallsbestimmte Improvisation reicht nicht aus. Der Prozess benötigt einen Prozesseigentümer, der die Konzeption und die Durchführung beaufsichtigt; wenn jedermann gleichermaßen für das Erkennen von Veränderungen verantwortlich ist, dann fühlt sich niemand zuständig. Andererseits jedoch reicht es nicht aus, wenn sich lediglich ein bestimmter Teil des Unternehmens darum kümmert. Jeder Mitarbeiter, ganz gleich auf welcher Ebene oder in welchem Bereich, muss sich für zwei Jobs zuständig fühlen: einerseits die alltägliche Arbeit und andererseits die ständige Wachsamkeit für Anzeichen von Veränderungen. Zudem muss dieser Prozess in disziplinierter Weise gemessen, müssen spezifische Leistungsziele gesetzt und die Bewertung und die Vergütung der Mitarbeiter an deren Erfüllung geknüpft werden. Andernfalls wird der Prozess keine Zähne haben.

Bislang haben nur wenige Unternehmen einen formellen Veränderungserkennungsprozess implementiert, weil die meisten noch nicht erkannt haben, wie sehr sie ihn benötigen und wie stark sie davon profitieren können. Zu den Unternehmen, die die Zeichen der Zeit erkannt und frühe Versionen dieses entscheidenden Prozesses eingeführt haben, gehören Wal-Mart und America Online. Das Unternehmen Wal-Mart verdankt seine dominante Branchenstellung vor allem seiner raschen Anpassungsfähigkeit. Sam Walton, der Gründer von Wal-Mart, schrieb den Erfolg des Unternehmens dessen Fähigkeit zu, »sich schneller als die anderen zu verändern«, nicht seiner Einkaufsmacht oder seinem logistischen Können. Diese Fähigkeit ist kein Zufallsprodukt, sondern die Folge konkreter vergangener und gegenwärtiger Schritte. Jeden Samstagmorgen kommen die Führungskräfte von Wal-Mart aus dem ganzen Land in der Zentrale in Bentonville, Arkansas, zusammen, um das Geschehen der vergangenen Woche zu analysieren und insbesondere neue Ideen und Beobachtungen auszutauschen. Was funktioniert gut? Was nicht? Was hat die Konkurrenz vor? Welche Veränderungen im Kaufverhalten der Kunden lassen sich erkennen? Themen werden diskutiert, Pläne geschmiedet und Antworten entworfen.

America Online macht etwas Ähnliches. Es gibt kaum ein Unternehmen, das eine turbulentere Zeit hinter sich hat als AOL. Dennoch ist es dem Unternehmen gelungen, die Herausforderungen zu meistern und seine Position an der Spitze einer sich ständig verändernden Branche zu halten. Zu den Geheimnissen von AOL gehören die wöchentlichen Treffen seiner Senior Executives, auf denen der Zustand des Unternehmens bilanziert und mit dem Plan verglichen wird. Nehmen die Mitgliederzahlen zu oder ab? Steigen oder fallen die Erträge? Was ist mit den Nutzungszeiten? Was ist mit dem Anzeigengeschäft? Was ist überraschend und was neu? Entsprechend den Antworten werden Veränderungen am Geschäftsplan vorgenommen. AOLs Plan ist weder sakrosankt noch auf ein Jahr festgeschrieben. Er stellt eine lebendige, veränderliche Handlungsanweisung dar.

Es ist bei AOL eine Sache des Vertrauens und der Politik, dass Probleme, die sich auf den unteren Ebenen nicht adäquat lösen lassen, rasch an die oberste Etage weitergeleitet werden. Während in anderen Unternehmen die Mitarbeiter für dieses Verhalten häufig bestraft werden, werden sie bei AOL dafür gelobt.

Die Führungskräfte von AOL verbringen viel Zeit damit, nach möglichen Bedrohungen durch Wettbewerber und nach Marktereignissen Ausschau zu halten. In allzu vielen Unternehmen verlassen sich die Executives darauf, dass andere sie auf Veränderungen aufmerksam machen. Das Führungsteam von AOL sieht seine Aufgabe darin, die Richtung des Geschehens zu bestimmen und es nicht nur zu beaufsichtigen. Wie ein Senior Executive von AOL sagt: »Für uns bedeutet Unternehmensführung, Veränderung zu managen. Es gibt andere Unternehmen, deren Manager ihre Aufgabe darin sehen, die Dinge zu belassen, wie sie sind, und sie lediglich zu verbessern. Unsere Manager sehen ihre Zuständigkeit darin, die Organisation fortlaufend zu verändern, denn sie selbst sehen sich ständig Veränderungen ausgesetzt.«

2. Trainieren Sie Ihre Anpassungsfähigkeit

Wie Will Rogers sagte: »Selbst wenn Sie auf dem richtigen Weg sind, wird man Sie ständig überholen, wenn Sie nur so dasitzen.« Veränderung zu bemerken ist gut; entsprechend zu handeln ist besser. Das ist nicht so einfach, wie es klingt.

Weil die modernen Unternehmen zumeist in einem Umfeld ohne breite und tiefe Veränderungen entstanden, haben sie es versäumt, Mechanismen zu entwickeln, um mit solchen Veränderungen fertig zu werden. Falls sich die Unternehmen überhaupt darüber

Gedanken machten, sahen sie Veränderung als ein gelegentliches traumatisches Ereignis an, das es zu überstehen galt, bis anschließend wieder die Stabilität das Ruder übernahm. Das ist nicht länger der Fall; heute sind Veränderungen der Normal- und nicht mehr der Ausnahmezustand. Statt langer, von kurzen Veränderungsintervallen unterbrochener Perioden der Ruhe haben wir es heute mit immer kürzeren Ruhezeiten zu tun. Das Unternehmen IBM beispielsweise machte sich in den frühen Neunzigern daran, seine Geschäftsweise umzugestalten, um auf die damals neuen Anforderungen des Client-Server Computing zu reagieren. Kaum waren diese Anstrengungen abgeschlossen, als das Unternehmen ein weiteres fundamentales Veränderungsprogramm starten musste, um sich an die Welt des E-Business anzupassen.

Demnach reicht es nicht, wenn Sie lernen, wie Sie mit Veränderungen umgehen müssen – Sie müssen sich das Gelernte auch merken. Mitte der neunziger Jahre führten viele Unternehmen angesichts des zunehmenden Wettbewerbs Reengineering-Maßnahmen durch, um Kosten zu reduzieren, Produktentwicklungszeiten zu verkürzen und Fehler zu minimieren. Die meisten dieser Unternehmen hatten wenig oder keine Erfahrung mit der Durchführung solcher Veränderungen. Mittels Probieren und schmerzvoller Selbsterfahrung schafften sie es, die nötigen Fähigkeiten zusammenzukratzen. Sie bildeten Konzeptions- und Implementierungsteams, entwickelten Übergangsstrategien, lernten, wie sie neue Technologien schneller anwenden konnten, und so weiter. Nachdem diese Reengineering-Projekte abgeschlossen waren, kehrte jeder zu seinem regulären Job zurück und vergaß alles, was er gelernt hatte. Heute, wo wieder Veränderungen anstehen, stellen diese Unternehmen fest, dass sie von ihren früheren Erfahrungen nicht profitieren können, weil sie es versäumt hatten, die neu entwickelten Fähigkeiten und Kenntnisse zu institutionalisieren.

Der erste Schritt zu einer solchen Institutionalisierung ist die Entwicklung eines permanenten Mitarbeiterkaders, der bei der Neuausrichtung des Unternehmens Beistand leisten kann. Beachten Sie das Wort *Beistand*; das Schlechteste, was ein Unternehmen tun kann, wäre die Einrichtung einer »Veränderungsabteilung«, denn damit würde allen Übrigen signalisiert, dass sie sich nicht um das Thema zu kümmern bräuchten und es getrost dieser Abteilung überlassen könnten. Dieser neue Expertenstamm wird die Veränderung fördern und unterstützen, aber er kann nicht die ganze Arbeit leisten. Er wird eine zentrale Rolle bei der Konzeption und der Koordination des Veränderungsprozesses spielen, aber es wäre ein gefährlicher Fehler, ihn mit dieser Tätigkeit allein zu lassen.

Der zweite Schritt ist die Schaffung eines disziplinierten Prozesses, um auf Veränderungen zu reagieren, analog dem Prozess, der ihrer Erkennung dient. Wenn große Veränderungen etwas äußerst Seltenes wären, wäre ein solcher Prozess überflüssig. Aber seit die Zeiten zwischen den großen Veränderungen fast auf null geschrumpft sind, müssen Sie Ihre Fähigkeit, mit ihnen zurechtzukommen, systematisieren.

Ich habe einen solchen Prozess bereits beschrieben. Kapitel 11 identifizierte die wesentlichen Elemente eines Prozesses, den Sie verwenden können, um die bereits in der Agenda enthaltenen Punkte zu implementieren; Sie können ihn auch für die neuen Agendapunkte verwenden, die in Zukunft auftauchen werden und deren Umrisse bislang niemand erahnen kann.

DTE Energy hat erfolgreich einen solchen Prozess zur Veränderungsimplementierung entwickelt und institutionalisiert. Vielleicht erinnern Sie sich an die Schwierigkeiten, mit denen das Unternehmen Mitte der neunziger Jahre anlässlich seiner Transformation in ein Prozessunternehmen zu kämpfen hatte. Als dies geschafft war, lehnten sich die Führungskräfte des Unternehmens nicht zurück, sondern nahmen sich kritisch unter die Lupe – und erkannten, dass das eigentliche Problem die Unfähigkeit des Unternehmens war, massive Veränderung zu managen. Sie hatten auch die weise Vorahnung, dass diese Transformation lediglich die Erste in einer langen Reihe weiterer gewesen war. Folglich konzipierten und schufen sie einen höchst disziplinierten Prozess zur Neuerfindung ihres Unternehmens.

Der Veränderungsprozess von DTE Energy besteht aus vier Hauptphasen. Die erste ist die Vorbereitung des Unternehmens, um sicherzustellen, dass jeder die Notwendigkeit zur Veränderung begreift und bereit ist, seinen Teil dazu beizutragen, und dass sowohl für den Veränderungsprozess als auch für den regelmäßigen Geschäftsbetrieb die nötigen Ressourcen vorhanden sind. Die Kommunikation dient von Anfang an dazu, den Grund vorzubereiten und die Mitarbeiter im ganzen Unternehmen darüber aufzuklären, warum die Veränderung notwendig ist, und sie lässt zu keinem Augenblick nach. Die zweite Phase ist die Planungsphase, die der Identifizierung der für die Durchführung der Veränderung erforderlichen spezifischen Schritte und der Analyse ihrer Implikationen dient. Als Nächstes folgt die Umsetzung dieses Plans, wobei besonders darauf zu achten ist, dass alle seine Teile zusammenhängend ausgeführt werden. Jede Transformationsinitiative hat eine Leitungsstruktur und ein Koordinationsbüro, um sicherzustellen, dass seine zahlreichen Projekte reibungslos ineinander greifen. Das Unternehmen entwickelt zudem für dieses Büro eine Reihe computerbasierter Managementtools. Die letzte Phase ist die Rekapitulation, bei der die Lektionen dieser Veränderungsbemühung wiederum in den Prozess eingearbeitet werden, damit er das nächste Mal noch besser funktioniert.

Die erste Anwendung dieses disziplinierten Prozesses fand 1999 statt, als DTE Energy ihn zur Lösung des Jahr-2000-Problems einsetzte. Er erwies sich als so erfolgreich, dass Wettbewerber und Kunden ihn als Benchmark für ihre eigenen Programme verwendeten. Mittlerweile nutzt das Unternehmen denselben Prozess, um diverse Innovationen durchzuführen, so zum Beispiel eine größere Fusion. Weil dieser Prozess so effektiv ist, erreicht die Post-Merger-Integration ihre aggressiven Ziele; zudem konnte die operative Schwäche, die typischerweise auf eine solche Unternehmenshochzeit folgt, vermieden werden. DTE Energy arbeitet auch daran, diesen Veränderungsimplementierungsprozess auf Programme von der Branchenregulierung bis zum Vorstoß in neue Geschäftsaktivitäten anzuwenden. Ein Unternehmen, das einst vom Neuen beinahe paralysiert war, geht damit heute routiniert um.

3. Schaffen Sie eine unterstützende Unternehmensinfrastruktur

Damit die Prozesse der Veränderungserkennung und -implementierung erfolgreich sein können, müssen sie in einer Unternehmenskultur und -struktur wurzeln, die sie willkommen heißt und sich nicht gegen sie stellt. Sie können einem rigiden Unternehmen alle Veränderungsmanagementfähigkeiten der Welt einimpfen und erreichen damit doch nicht mehr als ein rigides Unternehmen, das es versteht, Gemeinplätze zur Veränderung zu verstreuen.

Eine traditionelle hierarchische Struktur mit ihrem fragmentierten Muster spezialisierter Einheiten behindert sowohl die Erkennung als auch die Implementierung von Veränderung. In traditionellen Unternehmen verbringen die Manager ihre Zeit damit, ihre Pfründe zu schützen, Verantwortung an andere zu delegieren oder den Status quo schönzureden, anstatt sich auf das Programm zu konzentrieren.

Eine Gruppe von Veränderungsverfechtern in einem größeren *Fortune-100*-Unternehmen formulierte mitten in einer Transformationsbemühung ein Manifest, in dem sie einen solchen Mangel an Fortschritt beklagte. Darin hieß es unter anderem:

Jede Funktion versucht, so wenig wie möglich zu verändern, um die Funktion und den Status quo zu bewahren. Die Abteilungen sagen: »Wir haben die Kontrolle über die Daten«, »Wir machen's eben so«, oder: »Dafür ist im Organisationsplan kein Platz.« Ad-Hoc-Gruppen entwickeln neue Workarounds. Wir scheinen lediglich die einen komplexen Prozeduren durch andere zu ersetzen. Die Manager fürchten sich vor Veränderungen und versuchen nur, ihre Besitzstände zu verteidigen. Die neuen Prozesse werden angesichts des Widerstands im Unternehmen verwässert. Teile des oberen Managements zeigen wenig Bereitschaft zu entschlossenem Handeln. Sie bestehen nicht auf echtem Fort-

schritt und scheinen nicht daran interessiert zu sein. Sie unterstützen die vertrauten Teile, obwohl doch die am wenigsten vertrauten Teile die wichtigsten sind. Wir fürchten um den Erfolg des Programms.

Die in diesem Buch beschriebene Sorte von Unternehmen hingegen, die nach Prozessen gemanagt, aber nicht in eine steife Organisationsstruktur eingeschlossen sind, ist genau die Sorte, die bereit ist, mit dem Strom zu gehen und sich in jede Richtung zu bewegen, die durch die Umstände vorgegeben wird. In einer solchen Organisation ist es die Aufgabe der Prozesseigentümer, dafür zu sorgen, dass der Prozess unabhängig von den Umständen weiter funktioniert. Dementsprechend schauen sie nach außen auf die veränderlichen Bedingungen statt auf die unternehmensinternen Politikspielchen. Wenn nötig, haben sie ein Ohr für sich entwickelnde Kundenbedürfnisse. Ihre Motivation ist klar: Wenn sie externe Veränderungen ignorieren, können sie ihre Prozesse und ihre Leistung alsbald vergessen.

Manager mit anderen Sorgen, wie beispielsweise diejenigen, die für bestimmte Kundensegmente oder Produktlinien verantwortlich sind, sind in ähnlicher Weise gezwungen, nach Veränderungen Ausschau zu halten, die ihren Zuständigkeitsbereich betreffen könnten. Aber keiner dieser Manager versucht, seine Besitzstände zu wahren, denn er hat in Wirklichkeit keine. Die für diese Organisationen charakteristische Teamarbeit bietet das nötige Umfeld, damit größere Veränderungsinitiativen erfolgreich sein können.

Aber Struktur (oder ihr weitgehendes Fehlen) reicht noch nicht aus, um sicherzustellen, dass diese Veränderungsprozesse Wurzeln schlagen werden. Die Unternehmenskultur und die vorherrschenden Sichtweisen der Organisation bestimmen, wie sich das Wetter ändert. Wenn die Mitarbeiter eines Unternehmens Veränderung als Störfaktor, als lästige Ablenkung und als Produkt einer überhitzten Phantasie der Manager begreifen, dann werden sie sie ignorieren, ganz gleich, welche Prozesse zu ihrer Durchführung implementiert wurden. Die Führungskräfte des Unternehmens müssen eine neue Sichtweise propagieren: dass Veränderung ein unvermeidlicher Bestandteil des Alltags ist und dass ihre Ignorierung fatale Konsequenzen hat.

Ich zitiere im Folgenden eine Reihe von Äußerungen, die ich im Lauf der Jahre gehört habe und die die in veränderungsfreundlichen Unternehmen verbreiteten Ansichten widerspiegeln. Sie verkörpern kein Allheilmittel, und ich hoffe, dass ich sie niemals auf T-Shirts oder Kaffeebecher gedruckt sehen werde, aber sie sind von dem Geist geprägt, den die Führungskräfte ihren Organisationen einimpfen müssen.

- »Wir wollen das Unternehmen schaffen, das unsere Arbeit erübrigt.« Ich begegnete diesem Slogan erstmals in einer Abteilung von American Express, die trotz ihrer marktführenden Position 1999 ein größeres Programm zur Transformierung ihrer Geschäftsweise startete. Eine andere Formulierung dafür ist: »Wenn wir schon geschlachtet werden, dann wollen wir selbst das Messer führen.« Diese Sichtweise erkennt implizit an, dass nichts ewig so bleiben wird, wie es ist, und dass sich selbst die stärkste Position nur eine bestimmte Zeit lang halten lässt, bis ein anderer kommt und den Branchenführer von seinem Thron stößt. In einer solchen Machtverschiebung ist man besser der Angreifer als das Opfer.
- »Der Tag, an dem Sie sich für erfolgreich halten, ist der Tag, an dem Sie aufhören, erfolgreich zu sein.« Diese Zeile, die Herb Kelleher, dem Gründer von Southwest Airlines, zugeschrieben wurde, verweist auf den Umstand, dass Arroganz für viele große Unternehmen das Ende bedeutet. Unternehmen, die sich für erfolgreich halten, verspüren nicht länger den verzweifelten Drang, ständig vor Bedrohungen auf der Hut zu sein; zudem sind sie nicht bereit, auf diejenigen Strategien zu verzichten, durch die sie einst zu Erfolg kamen. Eine Variante dieser Beobachtung lautet: »Das Markenzeichen der wirklich erfolgreichen Organisation ist ihre Bereitschaft, das aufzugeben, was sie einst erfolgreich machte.« Ein von diesem Gefühl geleitetes Unternehmen weiß, dass es sich nicht auf seinen Lorbeeren ausruhen darf.

- »Die besten Unternehmen sind immer in Sorge.« Diese Erkenntnis stammt von Michael Porter, dem berühmten Experten für Unternehmensstrategie und Professor an der Harvard Business School. Meine eigene Erfahrung bestätigt diese Aussage. Die Unternehmen, die trotz unvermeidlicher Turbulenzen des Geschäftslebens immer wieder auf den Füßen landen, sind diejenigen, die ihren Erfolg niemals für selbstverständlich nehmen. In der Minute, in der sie einen Erfolg erreicht haben, beginnen sie am nächsten zu arbeiten. Hewlett-Packard ist stets stark geblieben und ist weiter gewachsen in einer Reihe von Hightechbranchen, in denen Veränderungen einander in beängstigendem Tempo folgen und die Lebenserwartung von Unternehmen gering ist. Vor ein paar Jahren machte sich eine Abteilung von HP daran, sich selbst neu zu erfinden, weil eine von ihren Managern in Auftrag gegebene Marktumfrage gezeigt hatte, dass fünfzig Prozent der Kunden die Leistung des Unternehmens als ebenso schlecht oder nicht besser als die der Konkurrenz einstuften. Diese alarmierende Erkenntnis hatte massive Veränderungen der Organisations- und Betriebsweise der Abteilung zur Folge. Das Interessante dabei ist, dass ein anderes Unternehmen dieselben Daten auch ganz anders hätte auslegen können: Fünfzig Prozent unserer Kunden denken, dass wir die Besten sind. Diese Formulierung, die ein Unternehmen zur Selbstgenügsamkeit verführen würde, wurde bei HP niemals gebraucht.

- »Gewinner machen mehr Fehler als Verlierer.« Eine traditionelle Organisation würde diesen Ausspruch als widersinnig bis unverständlich empfinden. Sind die Gewinner unter den Unternehmen nicht die fähigeren und klügeren? Nein, sind sie nicht. Der eigentliche Unterschied zwischen Gewinnern und Verlierern beim großen Veränderungsspiel ist, dass Gewinner mehr versuchen. Einiges von dem, was sie versuchen, funktioniert, anderes nicht. Verlierer hingegen versuchen wenig oder gar nichts. Sie machen weniger Fehler, aber sie haben auch weniger Erfolge.

- »Die beste Methode, viele gute Ideen zu haben, ist, viele Ideen zu haben und die schlechten zu verwerfen.« Diese Beobachtung, die dem Chemiker und Nobelpreisträger Linus Pauling zugeschrieben wird, drückt den Umstand aus, dass eine veränderungsfreundliche Organisation eine Vorliebe für Diskussionen und Auseinandersetzungen hat. Sie weiß Widerspruchsgeist zu schätzen. Sie ist bereit zu akzeptieren, dass nicht alle Ideen gut sein werden, und sie weiß, dass es besser ist, viele Dinge zu probieren, als alles unversucht zu lassen.

- »Wenn Sie warten, bis alle Ampeln grün sind, werden Sie niemals vom Fleck kommen.« Dieser Rat wurde mir von einem höchst effektiven Veränderungsverfechter gegeben. Eine Organisation, die auf Veränderungen reagiert, kann niemals sicher sein, wohin die Reise gehen wird. Die Erwartung völliger Sicherheit tötet jedes Programm.

- »Wenn die Erinnerungen die Oberhand über die Träume gewinnen, naht das Ende.« Diese irritierende Bemerkung beschreibt die Tatsache, dass allzu viele Unternehmen viel Energie auf ihre glorreiche Vergangenheit verschwenden. Die Unternehmen, die den Kopf ständig zurückdrehen, haben kaum Aussicht, den Güterzug zu bemerken, der frontal auf sie zufährt. In einer Welt, in der alles ständig im Fluss ist, zählen vergangene Erfolge weniger als gar nichts. Auf der Geschäftsbühne hebt sich der Vorhang jeden Tag neu. Ein Unternehmen soll auf seine vergangenen Errungenschaften stolz sein, aber es muss auch an das denken, was wir in jedem Prospekt lesen: »Vergangene Resultate garantieren noch lange keinen zukünftigen Erfolg.«

Eine veränderungsbereite Organisation schätzt also Ehrgeiz, Demut, Neugier, Wissensdurst, Risikotoleranz und Mut, und sie konzentriert sich auf die Zukunft. Ein Unternehmen, das diese Werte verkörpert und Prozesse zur Erkennung und Implementierung von Veränderung institutionalisiert, ist für die Zukunft gerüstet, mag diese noch so ungewiss sein. Sie ist bereit, auf morgen zu reagieren, sobald daraus heute wird, und es mit einer Veränderungsagenda aufzunehmen, die niemals endet.

Jetzt haben Sie und ich wirklich das Ende unserer gemeinsamen Zeit erreicht. Die Herausforderung ist benannt, die Themen sind formuliert, und die Lösungswege sind kartografiert. Wenn sie genügend Willen und Entschlossenheit aufbringen, können Sie die Herausforderung meistern. Wenn in Zukunft neue Problemstellungen auftauchen, darf Sie das nicht davon abhalten, die heute bekannten zu behandeln und zu lösen. Wie der Talmud lehrt: »Es obliegt dir nicht, die Arbeit zu vollenden, aber du bist auch nicht frei, dich ihrer zu entledigen.« So wie Sie die Arbeit Ihrer Vorläufer fortführen, so ist es Ihre Verantwortung, Ihren Nachfolgern eine bessere Plattform zu hinterlassen, auf der sie aufbauen können. Die Mission ist klar, und die Zeit ist jetzt. Die Zukunft Ihres Unternehmens liegt in Ihren Händen.

Danksagung

Manche Bücher schreiben sich wie von selbst; das vorliegende gehörte gewiss nicht dazu. Glücklicherweise erboten sich viele Schultern, einen Teil der Last zu tragen und zu helfen, den Stein den Berg hinaufzurollen. Jeff Goding und John Hughes trugen wesentlich zu den Recherchen und Vorarbeiten zu diesem Buch bei. Hannah Beal Will und Lindsay Field gaben Acht, dass weder das Buch noch ich in die Spalten fielen, die sich unter unseren Füßen immerfort auftaten. Besonderen Dank schulde ich Donna Sammons Carpenter, die mich überredete, dieses Projekt in Angriff zu nehmen, und mir immer wieder unschätzbaren und kenntnisreichen Rat gab. Bob Barnett tat mehr, als von einem Literaturagenten erwartet werden kann. John Mahaney, mein Lektor bei Crown, war ein entschiedener und wortgewandter Verfechter dieses Buches, und seine kritischen Anmerkungen und Vorschläge trafen stets ins Schwarze. Meine Frau Phyllis aber bewahrte mich mit ihrer Weisheit und ihrem Optimismus mehr als einmal davor, vom Weg abzukommen, und sie erduldete ebenso wie unsere vier Kinder mit viel Humor die Begleiterscheinungen einer schier unendlichen Folge von Entwürfen. Gegenüber den Genannten und vielen weiteren empfinde ich tiefe Dankbarkeit.

Index

3M Telecom Products 37
Adaptec 210–213
Ahold USA 162
Allegiance 58 f.
AlliedSignal Aerospace 42 f., 229
Allmerica Financial 89, 139, 148
Amazon 183 ff., 189, 297
AOL (America Onlinc) 289, 292, 303 f.
American Airlines 42, 302
American Express 63, 290 f., 310
American Express Financial Advisors 63
American Hospital Supply 302
American Standard 56, 89
Armstrong, Michael 18
Arnold, Matthew 217
AT&T 18, 190
Auftragserfüllung 45, 48, 64, 67, 70 f., 76, 107, 171, 174, 226, 249, 254
Automobilindustrie 193
Autoversicherung 38

B2C (Business to Consumer) 183, 232
Balanced Scorecards 23, 148
Bell South 112
Bewertung 85, 91, 111, 116, 125, 132, 134 f., 303

Bose 261
Bossidy, Larry 42

Carlyle, Thomas 80
Caterpillar 113–116
Celestica 219, 257
Channel Assembly 252 ff.
Charles Schwab 43
Cisco Systems 254 f.
Clausewitz, Carl von 301
Clemenceau, Georges 154
Co-Customer 230–233, 237, 273
Computer siehe Internet, PC, Softwareentwicklung
Co-Supplier 230, 232, 237, 263
CPO (Chief Process Officer) 90
Crandall, Bob 42
Crosby, Phil 51
CRP (Continuous Replenishment Program) 59
Customer Economy 15, 20, 22 f., 25 ff., 31, 38, 50, 53 f., 73 f., 92, 128, 134, 150, 160, 163, 177, 179, 187, 196 ff., 261, 265, 272 f., 286, 288

Dalbar Rankings 140
Datenbank 41 ff., 63, 93, 137, 223, 225 f., 235

317

Decision Rights Matrix 169
Dell Computer 63
Disintermediation 182 f., 185, 191, 193
Disziplin 9, 27, 77, 94, 97, 102–106, 111 ff., 116–123, 266
Drucker, Peter 19
DTE Energy 268, 306 f.
Duke Power 49, 74, 82 ff., 86 f., 143–148, 164, 166–170, 175

E-Commerce 183, 296 f., 302
ECR (Efficent Consumer Response) 59
Einstein, Albert 19
EDS (Electronic Data Systems) 113, 247
Elektronikunternehmen 77, 99, 129 f., 155
Eli Lilly 117
ERP (Enterprise Resource Planning) 93 f., 155, 201, 203, 206, 267, 276, 289
Erweiterte Unternehmen 28, 264, 267
ETDBW (Easy To Do Business With) 27, 29–32, 34, 51 f., 54, 66, 73
EVA (Economic Value Added) 23, 148

Finanzdienstleistungen 141
Fiorina, Carly 173 f.
FMC, Alkali Chemicals 210, 213
Ford Motor Company 245
Ford, Henry 22, 239 f., 243, 262
Frost, Robert 236
Führung 158, 177, 280, 287
Funktionsübergreifende Arbeitsteams 22, 113 f.

Gates, Bill 293
GE (General Electric) 293
GE Aircraft Engines 50

GE Appliances 61
GE Capital 18, 23, 50, 62, 74, 79
GE Medical Systems 62
GE Transportation Systems 62
General Mills 228 ff., 232 ff.
Geon 202–205, 207–210, 213, 219
Gerstner, Lou 75
Goodyear 256
Grainger 59
Grove, Andy 301

Hewlett-Packard 117 f., 122, 173, 219, 311
Holmes, Oliver Wendell 36
Home Depot 61 f., 171
Hopper, Grace 151

IBM 23, 45, 56, 74 f., 86 f., 117, 213 ff., 235, 257, 305
Informationstechnologie 21, 68, 173, 291
Innovation 11, 13, 22–26, 28, 102, 123, 128, 200, 266, 277 f., 290, 294, 307
Intel 24, 251, 293
Internet 15, 18, 21 f., 24, 43 f., 182 ff., 194, 198, 206 f., 212 f., 218, 226, 230, 234, 247, 254, 290, 293, 301

Jabil 255, 257
John Deere 74, 79, 92
Johnson & Johnson 36
Johnson Controls 244
Johnson, Ross 103

Kawasaki Motors Corp. USA 191 f., 194
Kay, Alan 28
Kelleher, Herb 310
Kernkompetenzen 64, 160, 247 ff., 256, 275

Kimberly-Clark 224
Kmart 224
Kommunikation 164, 207, 217, 221, 276, 279, 283 ff.
Kommunikation, drahtlose 189
Kompensation, siehe Vergütungssystem
Kontinuierliche Verbesserung 147, 152
Koordination 147
Kreativität 10, 99, 104, 119, 122 f., 302

Land O'Lakes 229 f.
Leroy, Pierre 79 f.
Lieferkette 218–223, 226, 228, 235, 290
Linux 293
Lösungen 18 f., 54–58, 65 f., 80, 95, 101, 187
Lucent 18, 40 f.

Management 17 ff., 22, 60, 77, 86, 90, 109, 150, 173, 190 f., 199, 226, 248, 256, 260, 266, 273, 277, 284
Manning, Rob 83–86
Microsoft 53, 251, 293
Modulare Fertigung 245
Motorola 18, 23, 74, 190, 287, 294
MRO (maintenance/repair/operating) 59
MVA (More Value Added) 27, 53 ff., 64 f., 73

Navistar 256
New Economy 15, 22, 25
Nike 259 f., 294
Nortel Networks 65

Outsourcing 154, 247, 249
Oxy Vinyls 204 f., 207–210

Pauling, Linus 312
Performance 36
PC (Personal Computer) 63, 75, 200, 215, 250–253, 291, 293
Peters, Tom 19
Planung 70, 76, 85, 209 f., 245, 266, 285, 290 f., 296
Platt, Lewis 118
PolyOne 203
Porter, Michael 311
Pottruck, Dave 44
PQ Corporation 210
Produktentwicklung 23, 38, 75–78, 99 f., 102 f., 106 f., 113, 115 ff., 120, 171, 226, 235, 249, 254, 257, 266, 305
Produktionsplaner 209, 217 f.
Produktmanager 105, 174 f.
Prognose 291, 296
Progressive Insurance 23, 48, 74 f.
Prozesse 27, 67 ff., 71–83, 88–91, 94–98, 103, 147, 165, 167 ff., 205–208, 213 f., 223, 236 f., 247, 249 f., 254, 258, 262, 264, 267, 269, 300, 308 f., 312
Prozesseigentümer 83–90, 96, 98, 165-170, 176, 266, 302, 309
Prozessintegration 28, 205 f., 226, 234, 247
Prozessunternehmen 78 f., 81 ff., 88–93, 95, 97 f., 268, 306

Reengineering 11
RJR Nabisco 103
Roadway Express 261
Rolls-Royce 57 f., 65
RosettaNet 207, 258, 263
Ryder Transportation Services 261

Sears 23, 297
SSC (Shared Services Center) 162 f.
SEP (Single Enterprise Program) 254 f.

Six Sigma 22, 94, 160, 199
Sloan, Alfred 22, 239
Softwareentwicklung 118 f.
Solectron 219, 255, 257
Solutia 49
SGE (Strategische Geschäftseinheit)
    158–166, 171, 173 ff., 177
Strategische Planung 156, 290
Stromversorger 49, 65, 92, 104, 144,
    272
Supermärkte 60, 112, 228 ff.
SVS (Strategic Value Selling) 113

Taylor, Frederick Winslows 150 f.
Teams 36, 39 f., 77, 89, 91, 94, 109,
    113, 115, 121, 132, 145, 164, 286
Technologien 162, 197, 206 f., 249,
    291, 295, 300, 305
Telekommunikation 248
Texas Instruments 24, 37
Trane 56 f., 64, 180, 186–190
Transport 233, 260
TSMC (Taiwanese Semiconductor
    Manufacturing Cooporation) 211
Twain, Mark 123

UMB (United Missouri Banks) 230 f.
UPS (United Parcel Service) 74

Verizon 41, 190
Verkauf 60 ff., 65, 80, 99, 101–104,
    107, 109, 111 f., 113, 120, 123,
    153, 158, 190, 198, 256, 259,
    266, 271
Vermarktung 58
Versandhäuser 44
Vertrieb 27, 116, 126, 140, 185, 228,
    259, 266, 272
Vertriebspartner 140, 190, 193,
    196
Vertriebssystem 31, 115, 185, 193,
    196, 198, 272
VMI (Vendor-Managed Inventory)
    23, 59 f., 208

Wal-Mart 23, 39, 297, 303
Walton, Sam 303
Wandel 19, 121 f., 150, 166, 169 f.,
    210, 236, 245, 291, 298
Waterman, Bob 19
Welch, Jack 60, 151, 160, 239
Wettbewerb 22, 56, 73, 90, 157, 230,
    248, 289, 294

Zusammenarbeit 28, 40, 47, 51,
    53 f., 77, 80, 82, 102, 169 f., 172,
    174, 226, 230, 237, 246 f.